Kohlhammer

Siegfried Frech/Andreas Kost (Hrsg.)

# Kommunalpolitik verstehen

Wie Kommunalpolitik in den deutschen
Ländern funktioniert

Verlag W. Kohlhammer

Dieses Werk einschließlich aller seiner Teile ist urheberrechtlich geschützt. Jede Verwendung außerhalb der engen Grenzen des Urheberrechts ist ohne Zustimmung des Verlags unzulässig und strafbar. Das gilt insbesondere für Vervielfältigungen, Übersetzungen, Mikroverfilmungen und für die Einspeicherung und Verarbeitung in elektronischen Systemen.

Dieses Werk enthält Hinweise/Links zu externen Websites Dritter, auf deren Inhalt der Verlag keinen Einfluss hat und die der Haftung der jeweiligen Seitenanbieter oder -betreiber unterliegen. Zum Zeitpunkt der Verlinkung wurden die externen Websites auf mögliche Rechtsverstöße überprüft und dabei keine Rechtsverletzung festgestellt. Ohne konkrete Hinweise auf eine solche Rechtsverletzung ist eine permanente inhaltliche Kontrolle der verlinkten Seiten nicht zumutbar. Sollten jedoch Rechtsverletzungen bekannt werden, werden die betroffenen externen Links soweit möglich unverzüglich entfernt.

1. Auflage 2025

Alle Rechte vorbehalten
© W. Kohlhammer GmbH, Stuttgart
Gesamtherstellung: W. Kohlhammer GmbH, Heßbrühlstr. 69, 70565 Stuttgart
produktsicherheit@kohlhammer.de

Print:
ISBN 978-3-17-044525-3

E-Book-Formate:
pdf:    ISBN 978-3-17-044526-0
epub:   ISBN 978-3-17-044527-7

# Inhalt

**Kommunalpolitik in Deutschland – eine Einführung** ....... 7
*Siegfried Frech und Andreas Kost*

**Baden-Württemberg** ............................................. 25
*Siegfried Frech*

**Freistaat Bayern** ................................................. 43
*Monika Franz und Ludwig Unger*

**Berlin** ............................................................. 64
*Peter Ottenberg*

**Brandenburg** ..................................................... 83
*Jochen Franzke und Peter Ulrich*

**Bremen** ........................................................... 99
*Lothar Probst unter Mitwirkung von Johanna Vogt und Matthias Güldner*

**Hamburg** ......................................................... 115
*Andreas Fraude*

**Hessen** ........................................................... 131
*Thomas Euler*

**Mecklenburg-Vorpommern** ................................... 153
*Jan Müller*

Inhalt

**Niedersachsen** .................................................. 172
*Arne Pautsch*

**Nordrhein-Westfalen** ........................................ 189
*Andreas Kost*

**Rheinland-Pfalz** ............................................... 210
*Sarah Scholl-Schneider und Hubert Stubenrauch*

**Saarland** ........................................................ 225
*Jürgen Wohlfarth*

**Freistaat Sachsen** ............................................ 240
*Werner Rellecke*

**Sachsen-Anhalt** ............................................... 260
*Jan Bartelheimer*

**Schleswig-Holstein** .......................................... 279
*Christian Martin und Anne Metten*

**Freistaat Thüringen** ......................................... 297
*Marion Reiser und Pierre Zissel*

**Die Bedeutung der kommunalen Ebene für die Demokratie** ...................................................... 319
*Siegfried Frech und Andreas Kost*

**Anhang** .......................................................... 326

**Autorinnen und Autoren** ................................... 342

# Kommunalpolitik in Deutschland – eine Einführung

*Siegfried Frech und Andreas Kost*

## 1 Kommunalpolitik im föderalen System der Bundesrepublik

Politik vollzieht sich stets in einem Rahmen, der die »Spielregeln« für das politische Handeln vorgibt. In der Politikwissenschaft wird dieser Handlungsrahmen mit dem englischen Wort *polity* bezeichnet. *Polity* meint die Ordnung eines politischen Systems, dessen Verfassung und Gesetze sowie die politischen Institutionen.

Im Grundgesetz finden sich in Art. 28 erste Hinweise zu den »Spielregeln«, nach denen Politik in Gemeinden und Städten funktioniert:

> »(1) […] In den Ländern, Kreisen und Gemeinden muss das Volk eine Vertretung haben, die aus allgemeinen, unmittelbaren, freien, gleichen und geheimen Wahlen hervorgegangen ist. Bei Wahlen in Kreisen und Gemeinden sind auch Personen, die die Staatsangehörigkeit eines Mitgliedstaates der Europäischen Gemeinschaft besitzen, nach Maßgabe von Recht der Europäischen Gemeinschaft wahlberechtigt und wählbar. […]
> 
> (2) Den Gemeinden muss das Recht gewährleistet sein, alle Angelegenheiten der örtlichen Gemeinschaft im Rahmen der Gesetze in eigener Verantwortung zu regeln. Auch die Gemeindeverbände haben im Rahmen ihres gesetzlichen Aufgabenbereichs nach Maßgabe der Gesetze das Recht der Selbstverwaltung. Die Gewährleistung der Selbstverwaltung umfasst auch die Grundlagen der finanziellen Eigenverantwortung; zu diesen Grundlagen gehört eine den Gemeinden mit Hebesatz zustehende wirtschaftskraftbezogene Steuerquelle.«

Mit Ausnahme des Wahlrechts für EU-Bürger gibt Art. 28 im ersten Absatz die üblichen demokratischen Regeln für die Wahl der Organe einer Gemeinde vor. Der zweite Absatz macht die Vorgabe, dass es in allen Bundesländern eine kommunale Selbstverwaltung geben muss. Im Rahmen dieser Selbstverwaltungsgarantie haben Gemeinden und Städte eigene Kompetenzen und Zuständigkeiten sowie eine eigenverantwortliche Finanzwirtschaft. Das Selbstverwaltungsrecht umfasst sechs Tätigkeitsfelder:

- die *Personalhoheit* räumt Gemeinden und Städten das Recht ein, ihr Personal auszuwählen, anzustellen, zu befördern und zu entlassen;
- die *Organisationshoheit* umfasst das Recht der Kommunen zur eigenen Gestaltung ihrer Verwaltungsorganisation;
- die *Planungshoheit* räumt Gemeinden und Städten das Recht ein, Bauleitpläne (Flächennutzungs- und Bebauungspläne) aufzustellen, um das Gemeindegebiet zu gestalten;
- die *Rechtsetzungshoheit* meint das Recht, kommunale Satzungen zu erlassen;
- die *Finanzhoheit* gibt Kommunen das Recht zur eigenverantwortlichen Bewirtschaftung ihrer Einnahmen- und Ausgaben;
- die *Steuerhoheit* schließlich räumt Städten und Gemeinden das Recht zur Erhebung von Steuern ein.

»Kommunalpolitik ist Ländersache« (Wehling/Kost 2010, 7). Die jeweiligen Landesverfassungen regeln die innere Ordnung der Länder (Reutter 2020, 43 ff.). Im föderalen System der Bundesrepublik Deutschland stellen die Gemeinden nach dem Bund und den Ländern die unterste (Verwaltungs-)Ebene dar. Staatsrechtlich gehören sie zu den jeweiligen Ländern, d. h. die Länderparlamente definieren in den Kommunalverfassungen die kommunalen »Spielregeln«. Die Länder legen zudem den kommunalpolitischen Handlungsrahmen für die Gemeinden fest: ihre verwaltungsmäßige Abgrenzung, den Umfang ihrer Aufgaben sowie die Einordnung in übergreifende Gebietseinheiten (Landkreise, Bezirke und Verwaltungsgemeinschaften). Die Kommunalverfassungen geben u. a. das Wahlsystem der Gemeinden, die Kompetenzen und Zuständigkeiten der Gemeindeorgane und selbst die Gemeindegrenzen – und damit die Größe – vor.

# 2 Kommunalverfassungen

## 2.1 Kommunale Verfassungen nach 1945

Nach der Befreiung Deutschlands durch die alliierten Siegermächte (Frankreich, Großbritannien, USA und UdSSR) 1945 bildeten sich in den vier Besatzungszonen unterschiedliche Kommunalverfassungen heraus. Die kommunale Ebene nahm für die Alliierten eine Schlüsselrolle bei der Demokratisierung Deutschlands ein. Die Siegermächte beteiligten bereits 1945 politisch unbelastete Deutsche an der Erledigung kommunaler Verwaltungsaufgaben. Schon 1946, d. h. im ersten Nachkriegsjahr, fanden die ersten Kommunalwahlen statt. In den westlichen Teilen Deutschlands existierten dann ab 1947 funktionsfähige kommunale Strukturen.

Beim demokratischen Wiederaufbau Deutschlands haben sich die Besatzungsmächte zum einen an den regionalen Traditionen vor 1933 orientiert, zum anderen – wie die britische Besatzungsmacht in Niedersachsen und Nordrhein-Westfalen – ihre eigenen kommunalpolitischen Ordnungsvorstellungen umgesetzt. Nach 1945 bildeten sich in den westdeutschen Ländern vier Verfassungstypen heraus, die nach der Reform in den 1990er-Jahren inzwischen weitgehend Geschichte sind. Sie haben sich vor allem auf die Rolle und (Macht-)Position der Bürgermeisterin bzw. des Bürgermeisters ausgewirkt (▶ Tab. 1). Die – heute für nahezu alle Länder geltende – *Süddeutsche Ratsverfassung* zeichnet sich durch eine Direktwahl der Bürgermeisterinnen und Bürgermeister aus, die Ratsvorsitzende sind und an der Spitze der Verwaltung stehen. In der *Norddeutschen Ratsverfassung* war dagegen der Gemeinderat das Hauptorgan der Gemeindeorganisation. Die Bürgermeisterinnen bzw. Bürgermeister wurden nicht direkt, sondern vom Rat gewählt, dem sie zwar vorsaßen, dabei aber weitgehend nur repräsentative Funktionen innehatten. Stattdessen fungierte der Stadtdirektor bzw. die Stadtdirektorin, ebenfalls vom Rat gewählt, als Verwaltungsspitze. Bei der *Magistratsverfassung* hingegen gab es ein vom Gemeinderat gewähltes Kollegialorgan, den Magistrat, der als zentrales Verwaltungsorgan fungierte. Die Bürgermeisterin oder der Bürgermeister wurde zwar direkt gewählt, war im Magistrat aber nur einfaches Mitglied. Nach der *Bürgermeisterverfassung* schließlich wurde diese Position vom Rat

gewählt. Gleichwohl hatten die Bürgermeisterinnen und Bürgermeister eine relativ starke Stellung. Sie leiteten die Verwaltung und führten den Vorsitz im Gemeinderat (Günther/Beckmann 2008, 75 ff.).
In den 1990er-Jahren kam es zur erwähnten bundesweiten Reformwelle. Im Zuge dieser haben sich alle Gemeindeverfassungen in Deutschland an der Süddeutschen Ratsverfassung orientiert.

**Tab. 1:** Kommunalverfassungen in Deutschland vor der Reformwelle der 1990er-Jahre

| Verfassungstyp | Länder | Merkmale |
|---|---|---|
| Süddeutsche Ratsverfassung | Baden-Württemberg Bayern | Der *direkt gewählte* Bürgermeister ist stimmberechtigter Vorsitzender des Gemeinderats. Er ist Repräsentant und Rechtsvertreter der Gemeinde nach außen und innen und leitet die Verwaltung. Man nennt diesen Führungstyp »Einheitsspitze«, d. h. die politische und administrative (zur Verwaltung gehörende) Führung liegt beim Bürgermeister. |
| Norddeutsche Ratsverfassung | Niedersachsen Nordrhein-Westfalen | Der Bürgermeister ist Vorsitzender des Rats und Repräsentant der Gemeinde nach außen und innen. Der Stadt- oder Gemeindedirektor leitet die Verwaltung. *Beide werden vom Rat gewählt.* Im Gegensatz zur Einheitsspitze spricht man von einer »Doppelspitze«, d. h. die politische und die administrative Führung sind voneinander getrennt. |

**Tab. 1:** Kommunalverfassungen in Deutschland vor der Reformwelle der 1990er-Jahre – Fortsetzung

| Verfassungstyp | Länder | Merkmale |
| --- | --- | --- |
| Magistratsverfassung | Hessen Schleswig-Holstein (Städte) | Der Bürgermeister ist Leiter der Verwaltung. Er ist Mitglied des Magistrats (in Städten) bzw. des Gemeindevorstands, der kollegial entscheidet. Der Bürgermeister wird *direkt gewählt*, die haupt- und ehrenamtlichen Mitglieder des Magistrats *werden vom Rat gewählt*. |
| Bürgermeisterverfassung | Schleswig-Holstein (Landgemeinden) Rheinland-Pfalz Saarland | Der Bürgermeister ist Vorsitzender des Rats. Er ist Repräsentant und Rechtsvertreter der Gemeinde nach außen und innen und leitet die Verwaltung. *Er wird vom Rat gewählt.* |

Quelle: nach Gehne 2012, 22.

## 2.2 Kommunalpolitik in den neuen Ländern

In der Deutschen Demokratischen Republik (DDR) gab es keine kommunale Selbstverwaltung. Nach der Gründung der DDR im Jahr 1949 wurde von der Volkskammer, dem Parlament der ehemaligen DDR, am 23. Juli 1952 die staatliche Neugliederung der DDR beschlossen. Im Rahmen einer Verwaltungsreform wurden – mit Ausnahme Ost-Berlins – die fünf Länder Mecklenburg, Brandenburg, Sachsen-Anhalt, Thüringen und Sachsen in 14 Bezirke aufgelöst. Nach der Abschaffung der fünf Länder funktionierte der Staatsapparat nur noch zentralistisch. Die Kommunen wurden zur bloßen untersten Verwaltungsebene des Staatsapparates herabgestuft. Das in der Verfassung der DDR von 1949 zunächst zugestandene Recht auf kommunale Selbstverwaltung wurde 1952 kurzerhand abgeschafft. Dies garantierte der DDR-Regierung den direkten

Zugriff bis in die einzelnen Kommunen hinein. Das DDR-Regime konnte von oben nach unten ohne Widerspruch »durchregieren«.

Die kommunale Selbstverwaltung wurde erst nach der demokratischen Revolution von 1989 eingeführt. Nach der deutschen Wiedervereinigung am 3. Oktober 1990 wurde die Verwaltung in den fünf Ländern Mecklenburg-Vorpommern, Brandenburg, Sachsen-Anhalt, Thüringen und Sachsen neu aufgebaut. Die neuen Länder machten von ihrem durch das Grundgesetz in Art. 28 verbrieften Selbstverwaltungsrecht Gebrauch und gaben sich eigene Kommunalordnungen. Da die personellen und organisatorischen Voraussetzungen in den neuen Ländern zunächst weitgehend fehlten, wurde für den Aufbau der kommunalen Selbstverwaltung auf »bewährte« Muster und Verfahren der westdeutschen Gemeinden und Städte zurückgegriffen. In den ostdeutschen Ländern gewannen bei der Diskussion um die zukünftige Kommunalverfassung basis- und direktdemokratische Elemente an Gewicht. Direktdemokratische Verfahren wie Bürgerbegehren, Bürgerentscheid und die Direktwahl des Bürgermeisters waren nach der Friedlichen Revolution von 1989/90 Selbstverständlichkeiten. Die von den Bürgerinnen und Bürgern der DDR getragene Revolution führte zum Mauerfall, zur Öffnung der innerdeutschen Grenze und schließlich zur Wiedervereinigung. Sie hatten hinreichend bewiesen, dass sie »reif« für die Demokratie waren, hatte doch die Bürgerrechtsbewegung maßgeblich zum Sturz des DDR-Regimes beigetragen.

## 2.3   Konvergenz der Kommunalverfassungen

In den alten Ländern war eine Volksabstimmung in Hessen am 20. Januar 1991 ein weiterer Grund für die Angleichung der Gemeindeverfassungen. Unter Hessens Ministerpräsident Walter Wallmann (CDU) wurde 1991 die Direktwahl der Bürgermeisterinnen und Bürgermeister sowie der Landrätinnen und Landräte in die hessische Verfassung aufgenommen. Um seine parlamentarische Mehrheit zu retten, setzte Wallmann auf die Popularität direktdemokratischer Elemente und betrieb deshalb diese Formen von Direktwahl (Wehling/Kost 2010, 13 ff.). Bemerkenswert ist, dass sich 82 Prozent der Abstimmenden für die Direktwahl ausgesprochen haben. Das Ergebnis machte auch andere Länder hellhörig und löste eine

Reformwelle aus. In den kommenden fünf Jahren wurden die wichtigsten Elemente des süddeutschen Modells von den anderen Ländern übernommen. Die einst »schwachen« (Ober-)Bürgermeister der Länder mit Norddeutscher Ratsverfassung und Magistratsverfassung erhielten durch die Einführung der Direktwahl mehr Kompetenzen und letztlich mehr Macht. Zur gleichen Zeit wurden auch die direktdemokratischen Mitwirkungsinstrumente Bürgerbegehren und Bürgerentscheid in den Kommunalverfassungen verankert. Die Süddeutsche Ratsverfassung wurde in den 1990er-Jahren zum »Regelmodell«. Nur Hessen blieb auf halbem Wege stehen. Die Bürgermeisterin bzw. der Bürgermeister wird auch in Hessen direkt gewählt. Beibehalten wurde jedoch der Magistrat (in Städten) bzw. der Gemeindevorstand. Diese beiden Organe erledigen die Verwaltungsgeschäfte und führen die Beschlüsse der Gemeindevertretung aus. Die Gemeindeverwaltung wird von Bürgermeister und Beigeordneten geleitet. Beigeordnete haben eigene Geschäftsbereiche, die sie selbstständig und in eigener Verantwortung leiten. Die Stimme der Bürgermeisterin bzw. des Bürgermeisters zählt nicht mehr als die Stimme eines Beigeordneten.

Im Laufe der 1990er-Jahre übernahmen die 13 Flächenländer zwei Merkmale der baden-württembergischen Gemeindeordnung:

- Die Bürgermeisterin bzw. der Bürgermeister wird durch Direktwahl von den Bürgerinnen und Bürgern der Gemeinde auf Zeit gewählt.
- Die Bürgerinnen und Bürger können durch Bürgerantrag bzw. Einwohnerantrag, Bürgerbegehren und Bürgerentscheid bei wichtigen Angelegenheiten ihre Interessen geltend machen, mitreden und politisch entscheiden.

In manchen Ländern kommen (bis zu) drei weitere Merkmale hinzu:

- Die Bürgermeister sind alleinige Chefs der Gemeindeverwaltung.
- Die Bürgermeister sind stimmberechtigte Vorsitzende des Gemeinderats sowie seiner Ausschüsse.
- Bei der Wahl des Gemeinderats können die Bürgerinnen und Bürger Kandidierende aus verschiedenen Listen wählen (panaschieren) und ihnen bis zu drei Stimmen geben (kumulieren).

## 3    Zahl und Struktur der Kommunen in Deutschland

Zum Stand 31.12.2021 gab es in der Bundesrepublik 10 994 Gemeinden. Rheinland-Pfalz hat die meisten (rund 2300), Nordrhein-Westfalen von den Flächenländern die wenigsten Gemeinden (396). Die höchste Einwohnerzahl hat Berlin mit rund 3,8 Millionen. Nach den Städten Hannover, Aachen und Saarbrücken, die ihrer Region bzw. ihrem Regionalverband zugeordnet sind, ist die Stadt Neuss mit rund 150 000 Einwohnern die größte kreisangehörige Gemeinde. Die kleinste Gemeinde der Bundesrepublik mit nur neun Einwohnern ist Dierfeld (Verbandsgemeinde Wittlich-Land, Landkreis Bernkastel-Wittlich, Rheinland-Pfalz).[1]

Für die Bundesrepublik Deutschland lag die Einwohnerdichte Ende 2019 bei 233 Personen je Quadratkilometer (Statistisches Bundesamt u. a. 2021, 13 ff.). Am dichtesten besiedelt waren die Stadtstaaten Berlin (4090 Personen je Quadratkilometer), Hamburg (2446 Personen) und Bremen (1624 Personen). Die geringste Besiedlung je Quadratkilometer wiesen die Länder Mecklenburg-Vorpommern (69 Personen), Brandenburg (85 Personen) und Sachsen-Anhalt (107 Personen) auf. Aus der Verteilung der Einwohnerinnen und Einwohner ergibt sich für 2019, dass fünf Prozent der Bevölkerung Deutschlands in Kommunen mit weniger als 2000 Einwohnern, 35 Prozent in Gemeinden mit 2000 bis unter 20 000 Personen und 27 Prozent in Gemeinden mit 20 000 bis 100 000 Personen lebten. Die übrigen 32 Prozent der Bevölkerung entfielen auf Großstädte.

Die Gemeindegröße prägt als ungeschriebene »Spielregel« die Politik in einer Kommune. Die Größe einer Gemeinde bestimmt oftmals die vor Ort auftretenden und zu lösenden Probleme. Kleinere und mittlere Kommunen haben andere Themen auf der Tagesordnung als Städte. Je nach Gemeindegröße ist die Kommunalpolitik überschaubar bzw. bei zunehmender Größe weniger überschaubar. Hinzu kommt ein weiterer Punkt: In kleineren Gemeinden wird die Politik eher von alteingesessenen und

---

1 Vgl. https://www.bbsr.bund.de/BBSR/DE/forschung/raumbeobachtung/Raumabgrenzungen/deutschland/gemeinden/gemeinden-gemeindeverbaende/gemeinden.html [02.05.2024].

vor allem bekannten Personen bestimmt. Die Kommunikation innerhalb kleinerer Kommunen ist personenbezogen. Mit zunehmender Größe hingegen gewinnen die Parteien im politischen Leben einer Kommune an Einfluss, wenngleich die Parteipolitisierung nicht den Grad erreicht, der die Bundesebene charakterisiert.

Ebenso hängt der Umfang der Aufgaben, den eine Kommune wahrnehmen kann bzw. muss, von der Größe der Gemeinde ab. Vorteile größerer Gemeinden sind zumeist eine höhere Verwaltungseffektivität und -effizienz. Nachteilig sind unter Umständen Gemeinschaftsverluste (Bogumil/Holtkamp 2023, 38).

Die Kommunalverfassungen legen in der Regel fest, wie groß eine Gemeinde sein sollte, um die Pflichtaufgaben zu erledigen. Unterschreitet die Gemeinde diese Größe, kann sie sich in den meisten Bundesländern mit benachbarten Gemeinden zu einem Gemeindeverband bzw. einer Verwaltungsgemeinschaft zusammenschließen. Nur in Hessen, Nordrhein-Westfalen und dem Saarland gibt es keine derartigen Zusammenschlüsse. Die Mitgliedsgemeinden eines Gemeindeverbandes bleiben rechtlich selbstständig, wobei ihre Pflicht- und Auftragsaufgaben gegenüber verbandsfreien Gemeinden deutlich reduziert sind. Die Bezeichnungen für Gemeindeverbände unterscheiden sich in den Ländern (z. B. Ämter, Samtgemeinden, Verbandsgemeinden, Verwaltungsgemeinschaften).

# 4 Aufgabenspektrum der Städte und Gemeinden

Tagtäglich beanspruchen Bürgerinnen und Bürger Leistungen, die von der Kommune oder dem Landkreis zur Verfügung gestellt werden: Strom, Wasserversorgung und Abwasserentsorgung, eine funktionierende Müllbeseitigung, eine gute Verkehrsinfrastruktur und nicht zuletzt Kultur- und Freizeitangebote tragen zum Wohlbefinden bei. Doch wer entscheidet über diese Selbstverständlichkeiten? Wer finanziert sie? Welche Aufgaben haben Kommunen eigentlich? Welche Dienstleistungen erbringen sie? Warum sind die Leistungen der Städte und Gemeinden unterschiedlich – an einem Ort besser, an einem anderen schlechter?

Die Aufgaben einer Gemeinde lassen sich nach drei Gruppen unterscheiden: Ein Großteil der Haushaltsmittel einer Gemeinde fließt in die Pflichtaufgaben. Man unterscheidet hierbei nach Pflichtaufgaben ohne Weisung und solchen nach Weisung (Weisungsaufgaben). Daneben gibt es die freiwilligen Aufgaben (▶ Tab. 2).

Pflichtaufgaben ohne Weisung sind z. B. die Abwasserbeseitigung, die Aufstellung und Unterhaltung einer Feuerwehr, die Einrichtung und Unterhaltung von allgemeinbildenden Schulen und von Kindergärten, die Bauleitplanung, die Straßenbeleuchtung sowie die Reinigung der Straßen und der Winterdienst. Diese Pflichtaufgaben müssen erfüllt werden, über das »Wie« jedoch entscheidet der Gemeinderat.

Pflichtaufgaben nach Weisung (Weisungsaufgaben) sind solche Aufgaben, an deren Erfüllung Bund und Land ein besonderes Interesse haben. Bei diesen ist durch gesetzliche Regelungen exakt vorgeschrieben, wie die Aufgaben zu erledigen sind. Bei der Durchführung der Weisungsaufgaben haben Städte und Gemeinden aufgrund der Vorschriften also keinen Ermessensspielraum. Zu den wichtigsten Weisungsaufgaben zählen die Aufgaben der Ortspolizei, Melde-, Pass- und Ausweisangelegenheiten (Meldewesen) sowie Aufgaben im Gewerbe- und Gaststättenrecht. Ebenso sind alle standesamtlichen Angelegenheiten Weisungsaufgaben. Größeren Kommunen können Aufgaben der unteren Baurechtsbehörde (z. B. die Bearbeitung von Bauanträgen) übertragen werden. Bei der Wahrnehmung der Weisungsaufgaben unterliegen die Kommunen der Rechtsaufsicht durch Landratsämter, Regierungspräsidien und Ministerien.

Die freiwilligen Aufgaben liegen gänzlich in der Eigenverantwortung der Kommunen. Freiwillige Aufgaben sind insbesondere die öffentlichen Einrichtungen für Sport, Kunst und Kultur, Zuschüsse für Vereine und auch die Wirtschaftsförderung. Die Erfüllung der freiwilligen Aufgaben gehört zum Entscheidungsbereich des Gemeinderats, der z. B. über den Bau eines Hallen- oder Freibades, die Einrichtung eines Museums oder die Sanierung des Ortskerns entscheidet. Die Kommunen können selbst entscheiden, ob und in welchem Umfang Freizeit-, Versorgungs- und Verkehrseinrichtungen geschaffen, sportliche und kulturelle Aktivitäten gefördert werden oder ob beispielsweise der Wirtschaftsförderung der Vorrang eingeräumt wird.

Tab. 2: Aufgaben einer Gemeinde

| Aufgabe | Entscheidungsspielraum | Aufsicht | Beispiel |
|---|---|---|---|
| Pflichtaufgaben (ohne Weisung) | Kommunen können nicht entscheiden, ob sie diese Aufgaben erfüllen, sondern nur, wie dies geschehen soll. | Entscheidung über das »Wie« erfolgt im Gemeinderat; staatliche Rechtsaufsicht. | Schulen, Friedhöfe, Abwasserbeseitigung, Betreuungseinrichtungen für Kinder, Bauleitpläne usw. |
| Weisungsaufgaben (Pflichtaufgaben nach Weisung) | Das »Ob« und das »Wie« der Aufgaben sind von Bund und Land vorgeschrieben. | Staatliche Rechts- und Fachaufsicht. | Standesamt, Baurecht, Meldewesen, Natur- und Umweltschutzrecht, Gewerberecht usw. |
| Freiwillige Aufgaben | Kommunen bestimmen, ob und wie diese Aufgaben erfüllt werden. | Entscheidung über das »Ob« und das »Wie« erfolgt im Gemeinderat. | Wirtschaftsförderung, Freizeit-, Versorgungs-, Verkehrseinrichtungen, kulturelle und sportliche Aktivitäten usw. |

Quelle: eigene Zusammenstellung.

Durch gesetzliche Regelungen und Richtlinien, Verwaltungsvorschriften, Vorgaben der Raumordnungs- und Entwicklungsplanung sowie durch Investitionsprogramme des Bundes und der Länder bewegt sich der Entscheidungsspielraum der Kommunen oft in engen Bahnen. Und auch die Rechtsetzung der Europäischen Union (EU) hat die Städte und Gemeinden längst erreicht und wirkt sich auf deren Entscheidungen und Aufgaben aus. Der altbekannte Satz »Bundesrecht bricht Landesrecht« gilt nach wie vor. Allerdings wurde er seit den 1990er-Jahren erweitert: Die europäische Rechtsetzung »bricht« alle nachgeordneten Rechte.

Zwei Beispiele sollen die Auswirkungen europäischer Rechtsetzung auf Gemeinden und Städte verdeutlichen. Die Umsetzung der 1999 verabschiedeten Feinstaubrichtlinie zog auf kommunaler Ebene Luftreinhalte- und Aktionspläne sowie die Einrichtung von Umweltzonen nach sich. Die Feinstaubrichtlinie legt Grenzwerte und einen Jahresmittelwert für Luftschadstoffe fest (z. B. Stickoxid, Schwefeldioxid, Blei). Viele Städte haben mit der Umsetzung dieser Richtlinie seit geraumer Zeit erhebliche Probleme. Ein hohes Verkehrsaufkommen führt bei einer bestimmten Wetterlage regelmäßig dazu, dass die Grenzwerte für Luftschadstoffe deutlich überschritten werden. Im politischen Alltagsgeschäft der Städte und Gemeinden spielen weitere EU-Rechtsvorschriften eine Rolle. So greift beispielsweise die 1992 von der EU verabschiedete Fauna-Flora-Habitat-Richtlinie, die wildlebende Arten und deren Lebensräume schützen soll, in die Planungshoheit der Kommunen als Träger der Bauleitplanung ein. Für besonders geschützte Tier- und Pflanzenarten gelten strenge Schutzbestimmungen. Bauliche Maßnahmen, die Gebiete mit solchen geschützten Arten betreffen, müssen daher unter dem Gesichtspunkt des Artenschutzes geprüft werden. Zu solchen baulichen Maßnahmen gehören z. B. der Bau von Straßen, Freileitungen, Gasleitungen, Windkraftanlagen, Solarparks, Industrieanlagen und Deponien.

## 5 Wie werden kommunale Aufgaben finanziert?

Steuereinnahmen sind die bedeutendste Finanzierungsquelle. Diese Haupteinnahmequelle setzt sich aus eigenen Steuern – vor allem der Gewerbe- und Grundsteuer – und einer Beteiligung an verschiedenen anderen Steuern zusammen. Nach den Steuern sind die sogenannten Finanzzuweisungen die zweite wichtige Einnahmequelle der Städte und Gemeinden. Weitere Einnahmen sind Gebühren und Entgelte sowie die »Bagatellsteuern« (z. B. Hundesteuer, Vergnügungssteuer), die nicht sonderlich ins Gewicht fallen. Den geringen Einnahmen aus den Bagatellsteuern steht ein beträchtlicher Aufwand beim Einzug gegenüber.

## 5.1 Steuereinnahmen

Die Gewerbesteuer zählt zu den Hauptertragsquellen von Städten und Gemeinden. Sie wird von der Kommune von den ortsansässigen Gewerbebetrieben erhoben. Land- und forstwirtschaftliche Betriebe, Ärzte, Anwälte oder andere selbstständig Arbeitende (z. B. Schriftsteller, Künstler) unterliegen nicht der Gewerbesteuer. Die Gewerbesteuer ist eine Gegenleistung für die Benutzung der kommunalen Infrastruktur (z. B. Straßen, Wasser, Abwasser) durch Industrie, Handwerk und Handel. Berechnungsgrundlage ist der Gewerbeertrag – d. h. der Gewinn – des Betriebs oder Unternehmens. Allerdings bleibt die Gewerbesteuer nicht in vollem Umfang bei den Kommunen. Aufgrund der Gewerbesteuerumlagen muss ein Teil der Gewerbesteuer an das Land und den Bund abgeführt werden. Vor allem für große und mittlere Städte, in denen viele Wirtschaftsbetriebe angesiedelt sind, ist die Gewerbesteuer eine bedeutende Einnahmequelle. Die Corona-Pandemie traf die Kommunen bei den Einnahmen und Ausgaben. Insgesamt lässt sich der finanzielle Schaden im Jahr 2020 bundesweit auf mindestens 17 Milliarden Euro schätzen. Infolge der Corona-Krise ist die Gewerbesteuer der Kommunen in den 13 Flächenländern gegenüber dem Vorjahreswert um fast neun Milliarden Euro eingebrochen.

Die Grundsteuer ist eine sogenannte Besitzsteuer. Wer ein Grundstück besitzt, muss darauf Grundsteuer bezahlen. Die Grundsteuer erfasst die land- und forstwirtschaftlichen Flächen (Grundsteuer A) und die sonstigen bebauten und unbebauten Grundstücke (Grundsteuer B) einer Kommune. Wie bei der Gewerbesteuer legt die Gemeinde auch bei dieser Steuer den Hebesatz fest. Allerdings sind die Spielräume beim Anheben des Hebesatzes mit Rücksicht auf die Belastbarkeit der örtlichen Steuerzahler begrenzt. Zudem besteht durch benachbarte Gemeinden, die unter Umständen einen geringeren Hebesatz haben, eine gewisse Standortkonkurrenz.

Lohn- und Einkommensteuer sowie Umsatzsteuer sind Gemeinschaftssteuern von Bund, Land und Kommunen. Der Kuchen muss also zwischen diesen dreien aufgeteilt werden. Einkommen- und Umsatzsteuer werden anteilig aufgeteilt. Bei Einkünften aus Kapitalvermögen (z. B. auf Zinsen, Dividenden, Erträge aus Investmentfonds) wird die sogenannte Abgeltungssteuer erhoben.

## 5.2  Das Finanzausgleichssystem

Das kommunale Finanzsystem ist in das Finanzausgleichssystem eingebettet (Adam 2013, 53 ff.). Der im Grundgesetz in Art. 107 festgelegte Finanzausgleich regelt die Verteilung des Steueraufkommens zwischen Bund, Ländern und Kommunen. Man unterscheidet zwischen dem vertikalen Finanzausgleich, der zwischen Bund und Ländern eingerichtet ist, dem horizontalen Ausgleich zwischen finanzstarken und finanzschwachen Ländern sowie dem kommunalen Finanzausgleich zwischen Ländern und Städten, Gemeinden bzw. Gemeindeverbänden.

Aufgrund des Finanzausgleichssystems erhalten Bund, Länder und Kommunen verbindliche Zuweisungen vom gesamten Steueraufkommen (▶ Tab. 3). Der kommunale Finanzausgleich soll durch sogenannte Schlüsselzuweisungen die unterschiedlichen Einnahmen zwischen den einzelnen Städten und Gemeinden bis zu einem gewissen Grad ausgleichen (horizontale Wirkung) und jeder Kommune eine finanzielle Mindestausstattung (vertikale Wirkung) garantieren.

Schlüsselzuweisungen heißen so, weil sie nach einem vom Land festgesetzten Schlüssel an alle Gemeinden verteilt werden. Sie sind nicht zweckgebunden. Es gibt auch Zuweisungen, die an einen bestimmten Zweck gekoppelt sind. Diese Zuschüsse sind an Auflagen gebunden, d. h. das Land legt fest, ob und unter welchen Bedingungen die Gelder fließen. Weil aber die Kommunen auch einen Eigenanteil an Steuermitteln für diese Objekte und Projekte aufwenden müssen, bekommen sie – so der Volksmund – einen »goldenen Zügel« angelegt.

**Tab. 3:** Aufteilung der Gemeinschaftssteuern 2023 (in Prozent)

| Steuer | Bund | Länder | Kommunen |
|---|---|---|---|
| Einkommensteuer (einschl. Lohnsteuer) | 42,5 | 42,5 | 15,0 |
| Abgeltungssteuer | 44,0 | 44,0 | 12,0 |
| Körperschaftssteuer | 50,0 | 50,0 | – |
| Umsatzsteuer (einschl. Einfuhrumsatzsteuer) | 44,0 | 44,0 | 12,0 |

Quelle: BMF 2024, 20.

## 5.3 Entgelte, Gebühren und Veräußerungserlöse

Weitere Einnahmequellen sind Entgelte und Gebühren für die Nutzung öffentlicher Einrichtungen (z. B. Wasserversorgung, Abwasserbeseitigung, Müllabfuhr, Erschließungsbeiträge für Straßenanlieger, Kindergartengebühren, Eintrittsgelder für Frei- und Hallenbäder). Ebenso fallen für bestimmte Amtshandlungen Gebühren an (z. B. standesamtliche Trauung, Ausstellung eines Personalausweises, Ummeldung bei Wohnungswechsel). Die öffentlich-rechtlichen Gebühren sind Gegenleistungen der Bürgerinnen und Bürger für die erbrachten Amts- und Verwaltungshandlungen. Die Gebühren, Einnahmen und Entgelte sind in der Regel nicht kostendeckend. Die Bürgerinnen und Bürger müssten ein Vielfaches bezahlen, wenn diese Entgelte allein abdecken sollten, was die Einrichtungen tatsächlich kosten. Die Einnahmen der kommunalen Bäder beispielsweise decken im Schnitt nur zwanzig Prozent der Kosten. Bei Museen und Büchereien beläuft sich die Kostendeckung auf knapp sieben Prozent. Lediglich die Abwasser- und Abfallbeseitigung, die zumeist durch Eigenbetriebe erledigt wird, erfolgt weitgehend kostendeckend (▶ Tab. 4). Kostendeckende Gebühren würden sozial schwache Bevölkerungsgruppen von der Inanspruchnahme kommunaler Leistungen ausschließen. Gebührenerhöhungen zur Kostendeckung sind auch deshalb keine Lösung, da sie zumeist auf Kritik stoßen. Manche Kommunen werden bei Gebührenerhöhungen (z. B. Parkgebühren) als »Wegelagerer« beschimpft.

Tab. 4: Kostendeckungsgrad kommunaler Gebührenhaushalte (2005)

| Einrichtungen | Kostendeckungsgrad (in %) |
|---|---|
| Abwasserbeseitigung | 87,7 |
| Abfallbeseitigung | 92,1 |
| Friedhöfe | 71,2 |
| Kindertagesstätten | 11,9 |
| Rettungsdienst | 85,0 |
| Straßenreinigung | 69,6 |
| Theater | 11,6 |
| Bäder | 21,4 |
| Volkshochschulen | 34,7 |
| Museen | 6,8 |
| Büchereien | 6,8 |
| Musikschulen | 36,0 |

Quelle: Zimmermann 2009, 132.

An Einnahmequellen sind schließlich noch Veräußerungserlöse, beispielsweise durch Grundstücksverkäufe, und Kredite zu nennen. Kredite verteilen zwar die finanziellen Lasten einer größeren Investition auf mehrere Jahre, sind allerdings eine finanzielle Belastung für die folgenden Haushaltsjahre. Die Tilgungs- und Zinszahlungen schränken den zukünftigen Handlungsspielraum von Städten und Gemeinden ein. Jedoch sind z. B. in Baden-Württemberg die allermeisten Kommunen zur Finanzierung von größeren Investitionen auf Kredite angewiesen. Kredite sollen nur dann in Anspruch genommen werden, wenn eine anderweitige Finanzierung nicht möglich ist. Kredite für Investitionen sind z. B. nur dann zugelassen, wenn die sonstigen Einnahmen zur Deckung der Ausgaben nicht ausreichen, andere Einnahmen nicht zur Verfügung stehen oder wirtschaftlich nicht zweckmäßig sind. Die Aufnahme eines Kredits muss mit der finanziellen Leistungsfähigkeit einer Kommune in Einklang gebracht werden, d. h. die Kommune muss die Lasten aus Zinsen und Tilgung auch tragen können.

# 6 Fazit

Die kommunale Ebene gilt gemeinhin als Keimzelle des bürgerschaftlichen Engagements und als »Schule der Demokratie«. Die Menschen sind mit der Politik unmittelbarer und lebensnäher konfrontiert als auf Landes- und Bundesebene. Die etwa 600 000 Bürgerinnen und Bürger, die als gewählte Vertretung in den Räten und Kreistagen sitzen, in Integrations-, Senioren- und sonstigen Beiräten mitwirken oder in kleinen Kommunen das Bürgermeisteramt ausüben, tun dies ehrenamtlich (Decker 2020, 193).

Kommunalpolitik findet buchstäblich vor der eigenen Haustür statt – schon der Gehweg vor dem Haus ist eine kommunale Angelegenheit. Kommunalpolitik betrifft die Bürgerinnen und Bürger in ihrem eigenen Umfeld unmittelbar. Die kommunale Ebene ist ein geeignetes Feld, um sich politisch zu betätigen und sozial zu engagieren. Die Verhältnisse sind überschaubar, und die politischen Entscheidungsprozesse sind unmittelbar beeinflussbar. Im Gegensatz zur »großen Politik« ist es für engagierte Bürgerinnen und Bürger leichter, sich auf der kommunalen Ebene einzubringen und die Erfolge ihres Engagements zu sehen.

Kommunen sind eine konkrete »analoge« Welt, in der die Kultur des direkten und öffentlichen Gesprächs gepflegt werden kann. Es sind Orte, an denen sich Bürgerinnen und Bürger begegnen, Probleme erkennen und Lösungsansätze erarbeiten.

Die einzelnen Beiträge des Buches verstehen sich daher auch als Handreichung, um politische Vorgänge in der Kommune besser verfolgen und kritisch beurteilen zu können. Wer sich einmischen und mitmischen will, sollte die »Spielregeln« der Kommunalpolitik beherrschen, über die Aufgaben einer Kommune Bescheid wissen und die Befugnisse, Rechte und Pflichten der kommunalpolitischen Akteure kennen.

# Literaturhinweise

Adam, Hermann (2013): Steuerpolitik in 60 Minuten. Wiesbaden (Springer VS).
BMF – Bundesministerium für Finanzen (2024): Monatsbericht März 2024. Berlin (BMF). Online verfügbar unter https://www.bundesfinanzministerium.de/Monatsberichte/Ausgabe/2024/03/monatsbericht-03-2024.html [06.12.2024].
Bogumil, Jörg/Holtkamp, Lars (2023): Kommunalpolitik und Kommunalverwaltung. Eine praxisorientierte Einführung. Bonn (Bundeszentrale für politische Bildung).
Decker, Frank (2020): Die deutsche Demokratie. Bonn (Bundeszentrale für politische Bildung).
Frech, Siegfried (2022): Kommunalpolitik. Politik vor Ort. 2. Aufl., Stuttgart (Kohlhammer Verlag).
Gehne, David H. (2012): Bürgermeister. Führungskraft zwischen Bürgerschaft, Rat und Verwaltung. Stuttgart (Richard Boorberg Verlag).
Günther, Albert/Beckmann, Edmund (2008): Kommunal-Lexikon. Basiswissen Kommunalrecht und Kommunalpolitik. Stuttgart (Richard Boorberg Verlag).
Heil, Caroline E./Kost, Andreas/Schmitt, Bettina (2018): Kommunalpolitik in meiner Stadt. Stuttgart (Richard Boorberg Verlag).
Kost, Andreas/Wehling, Hans-Georg (Hrsg.) (2010): Kommunalpolitik in den deutschen Ländern. Eine Einführung. 2. Aufl., Wiesbaden (VS Verlag für Sozialwissenschaften).
Reutter, Werner (2020): Die deutschen Länder. Eine Einführung. Wiesbaden (Springer VS).
Statistisches Bundesamt u. a. (2021): Datenreport 2021. Ein Sozialbericht für die Bundesrepublik Deutschland. Bonn (Bundeszentrale für politische Bildung).
Wehling, Hans-Georg/Kost, Andreas (2010): Kommunalpolitik in der Bundesrepublik Deutschland – eine Einführung. In: Kost, Andreas/Wehling, Hans-Georg (Hrsg.): Kommunalpolitik in den deutschen Ländern. Eine Einführung. 2. Aufl., Wiesbaden (VS Verlag für Sozialwissenschaften).
Zimmermann, Horst (2009): Kommunalfinanzen. Eine Einführung in die finanzwissenschaftliche Analyse der kommunalen Finanzwirtschaft. 2. Aufl., Berlin (Berliner Wissenschaftsverlag).

# Baden-Württemberg

*Siegfried Frech*

## 1 Zahl und Struktur der Kommunen

Das 1952 auf der Grundlage einer Volksabstimmung entstandene Land Baden-Württemberg ist mit einer Fläche von 35 748 Quadratkilometern das drittgrößte unter den deutschen Flächenländern. Nur Bayern und Niedersachsen sind größer.

Damit Gemeinden und Landkreise ihren Selbstverwaltungsaufgaben adäquat nachkommen können, haben überall in Deutschland in den 1960er- und 1970er-Jahren kommunale Gebietsreformen stattgefunden. In Baden-Württemberg sind mit Wirkung vom 1. Januar 1973 ehemals 63 Landkreise zu 35 zusammengefasst worden. Die Gemeindereform wurde am 1. Januar 1975 abgeschlossen: Anstatt 3379 gab es fortan nur noch 1110 Gemeinden. 187 Kommunen blieben als Einzelgemeinden bestehen. Die übrigen 923 Gemeinden wurden mit Wirkung vom 1. Juli 1975 in 271 Verwaltungsgemeinschaften zusammengefasst. Aktuell gibt es in Baden-Württemberg 1101 Städte und Gemeinden.

Den Landkreisen, im Grundgesetz »Gemeindeverbände« genannt, wird ebenfalls das Recht zur kommunalen Selbstverwaltung garantiert. Die 35 Landkreise in Baden-Württemberg nehmen Aufgaben wahr, die aufgrund ihrer Größenordnung einzelne Gemeinden überfordern. Landkreise investieren z. B. in Krankenhäuser und Berufsschulen oder in die Abfallwirtschaft, in den Öffentlichen Personennahverkehr (ÖPNV) und den Ausbau sowie Erhalt der Kreisstraßen. Neun baden-württembergische Städte (Baden-Baden, Freiburg, Heidelberg, Heilbronn, Karlsruhe, Mannheim, Pforzheim, Stuttgart, Ulm) sind Stadtkreise, d. h. sie sind Gemeinde und Kreis zugleich.

Neben der Kommunalverfassung prägt die Gemeindegröße als ungeschriebene »Spielregel« die Politik einer Kommune. Die Größe einer Gemeinde bestimmt oftmals die vor Ort auftretenden und zu lösenden Probleme. Kleinere und mittlere Kommunen haben andere Themen auf der Agenda als Städte. Je nach Gemeindegröße ist die Kommunalpolitik überschaubar bzw. mit zunehmender Größe komplexer und weniger transparent. Hinzu kommt ein weiterer Punkt: In kleineren Gemeinden wird das kommunalpolitische Geschehen eher von alteingesessenen und lokal bekannten Personen bestimmt. Mit zunehmender Größe einer Kommune hingegen gewinnen Parteien an Einfluss.

Baden-Württemberg ist trotz der kommunalen Gebietsreform ein Land der kleinen und mittleren Gemeinden geblieben. In den 1101 Gemeinden leben rund 11,3 Millionen Menschen (Stand: 31. Dezember 2022), davon 9,2 Millionen in den Landkreisen und knapp zwei Millionen in den neun Stadtkreisen. Die Spannweite reicht von etwas mehr als 100 Einwohnerinnen und Einwohnern (Böllen im Landkreis Lörrach) bis zu über 630 000 in der Landeshauptstadt Stuttgart. Die durchschnittliche Einwohnerzahl je Gemeinde lag laut Statistischem Landesamt bei rund 4800 (Stichtag: 7. Juni 2021).

Nur vier Städte in Baden-Württemberg haben mehr als 200 000 Einwohner: Stuttgart, Karlsruhe, Mannheim und Freiburg im Breisgau. Fünf Städte haben über 100 000 Einwohner: Heidelberg, Ulm, Heilbronn, Pforzheim sowie Reutlingen. 94 Kommunen mit mehr als 20 000 Einwohnern sind sogenannte Große Kreisstädte. Das Stadtoberhaupt einer Großen Kreisstadt darf sich Oberbürgermeisterin bzw. Oberbürgermeister nennen.

## 2   Kommunalverfassung

In den deutschen Ländern haben sich nach 1945 unterschiedliche Kommunalverfassungen entwickelt. Bis in die 1990er-Jahre gab es vier unterschiedliche Verfassungstypen, die sich vor allem auf die Rolle und (Macht-)

Position des Bürgermeisters ausgewirkt haben (Gehne 2012, 19–23). In den 1990er-Jahren kam es zu einer bundesweiten Reformwelle, in deren Verlauf sich alle Gemeindeverfassungen in Deutschland an der Süddeutschen Ratsverfassung orientiert haben. Dieser Verfassungstyp prägte (und prägt) die Kommunalpolitik in Baden-Württemberg und Bayern. Die wesentlichen Merkmale dieses kommunalen Verfassungssystems sind:

- Bürgermeisterinnen bzw. Bürgermeister werden direkt und auf Zeit gewählt.
- Sie sind alleinige Chefinnen bzw. Chefs der Gemeindeverwaltung und Vorsitzende mit Stimmrecht im Gemeinderat sowie der Ausschüsse.
- Bei der Wahl des Gemeinderats können die Bürgerinnen und Bürger Kandidierende aus verschiedenen Listen wählen (panaschieren) und den genannten Personen bis zu drei Stimmen geben (kumulieren).
- Bürgerinnen und Bürger können durch Bürgerantrag, Bürgerbegehren und Bürgerentscheid bei wichtigen kommunalen Angelegenheiten ihre Interessen geltend machen, mitreden und politisch entscheiden.

# 3 Gemeindeorgane

Kommunen handeln durch ihre beiden Verwaltungsorgane: Gemeinderat und Bürgermeisterin bzw. Bürgermeister.

## 3.1 Gemeinderat: politische Vertretung der Bürgerschaft

Der Gemeinderat ist die politische Vertretung der Bürgerschaft und laut Gemeindeordnung das Hauptorgan der Kommune. Für ihn gilt der Grundsatz der Allzuständigkeit, d. h. ihm steht die kommunalpolitische Führung der Gemeinde zu. Er entscheidet über alle Angelegenheiten der Gemeinde und legt die Grundsätze für die Verwaltung fest (soweit nicht die Bürgermeisterin bzw. der Bürgermeister kraft Gesetz zuständig ist). In seine Zuständigkeit fällt auch die Kontrolle der Gemeindeverwaltung. Er muss den Vollzug der Gemeinderatsbeschlüsse überwachen und im Fall von Missständen für deren Beseitigung sorgen. Zu seinen wichtigsten Aufgaben gehören:

- Ihm steht ein kommunales »Gesetzgebungsrecht« zu. Er kann Satzungen erlassen, die Ortsrecht darstellen und deren Geltungsbereich auf die Gemeinde beschränkt ist.
- Durch das Etatrecht kann er über die Haushaltsmittel und deren Verwendung verfügen. Der Haushaltsplan wird als Teil der Haushaltssatzung vom Gemeinderat beschlossen.
- Unter seine Planungshoheit fallen Planungen zur Gemeindeentwicklung, zur Flächennutzung und Bebauung sowie Finanzplanungen.
- Die Personalhoheit gibt ihm die Zuständigkeit für die Einstellung, Beförderung und Entlassung von Gemeindebediensteten (Ade 2019).

Nicht alle Angelegenheiten einer Kommune behandelt der Gemeinderat in seinen Sitzungen selbst. In größeren Gemeinden ist die Arbeit des Gemeinderats derart umfangreich, dass sie ohne die Unterstützung durch Ausschüsse nicht geleistet werden kann. Diese Ausschüsse bereiten Entscheidungen sachkundig vor oder treffen Entscheidungen anstelle des Gemeinderats. Durch die Hauptsatzung kann der Gemeinderat beratende und beschließende Ausschüsse bilden und diesen bestimmte Aufgabengebiete übertragen. Fallen Beschlüsse in die Zuständigkeit eines Ausschusses, darf dieser auch entscheiden. Welche Ausschüsse gebildet werden, kann ein Gemeinderat selbst entscheiden. Größere Gemeinden und Städte haben in der Regel einen Verwaltungs-, Personal-, Finanz-, Wirtschafts-, Bau-, Kultur-, Schul- und Sportausschuss.

In Kommunen mit räumlich getrennten Ortschaften, d. h. mit Teilorten, können auf der Grundlage der Ortschaftsverfassung Ortschaftsräte eingerichtet werden. Die Mitglieder des Ortschaftsrats werden ebenfalls am Tag der Gemeinderatswahlen gewählt. Der Ortschaftsrat berät Angelegenheiten, die den Teilort betreffen. Auf Vorschlag des Gemeinderats wird für die Teilorte ein ehrenamtlicher Ortsvorsteher bestellt, der vor Ort den Bürgermeister vertritt und die Interessen des Teilorts wahrnimmt.

Gemeinden mit mehr als 10 000 Einwohnern können in räumlich voneinander getrennten Ortsteilen Gemeindebezirke (Stadtbezirke) einrichten. Die Mitglieder der Bezirksbeiräte, die in diesen Bezirken wohnhaft sein müssen, werden vom Gemeinderat bestellt. Bezirksbeiräte sind bei Angelegenheiten, die den Bezirk betreffen, zu hören.

Der Gemeinderat ist nicht mit einem Parlament zu vergleichen. Er ist vielmehr ein Verwaltungsorgan. Eine »gute« Kommunalpolitik ist wesentlich auf das Zusammenspiel zwischen Bürgermeisterin bzw. Bürgermeister und Gemeinderat angewiesen. Obwohl sie ungleiche Befugnisse haben, müssen sich beide Organe in kommunalen Angelegenheiten arrangieren. In aller Regel ist die Politik in den Gemeinden Baden-Württembergs kooperativ und konsensorientiert: Übereinkünfte werden angestrebt, Konfrontationen sind eher selten. Beide Gemeindeorgane sind sich (zumeist) ihrer gemeinsamen Verantwortung für das Wohl der Gemeinde bewusst.

## 3.2  Bürgermeisterinnen bzw. Bürgermeister

Obwohl laut Gemeindeordnung der Gemeinderat das Hauptorgan der Kommune ist, sieht die kommunale Wirklichkeit anders aus: Zentrale und eigentliche Akteure sind die Bürgermeisterinnen und Bürgermeister. Die baden-württembergische Gemeindeordnung gibt diesem Amt eine enorme Machtfülle. Die Direktwahl verleiht Bürgermeisterinnen und Bürgermeistern eine »höhere Weihe« (Hans-Georg Wehling) und damit eine starke Stellung gegenüber dem Gemeinderat. Sie sind in sämtlichen Phasen des kommunalen Entscheidungsprozesses maßgeblich präsent.

Bürgermeisterinnen und Bürgermeister haben durch drei Führungsfunktionen eine herausgehobene Stellung inne:

- Sie sind *Chefinnen bzw. Chefs der Kommunalverwaltung*, die auf sie zugeschnitten und ihnen rechtlich unterstellt ist. Als Leitende der Verwaltung sind ihnen alle Aufgaben übertragen, die sie im Auftrag des Landes oder des Bundes durchführen (Weisungsaufgaben). Sie sind weisungsbefugt, d. h. sie können den Verwaltungsangestellten und Gemeindebeschäftigten dienstliche Aufträge erteilen und ihre Zuständigkeit abgrenzen. Selbst die vom Gemeinderat gewählten Beigeordneten, die in Gemeinden mit mehr als 10 000 Einwohnern und in Stadtkreisen bestellt werden müssen und die Bürgermeisterin bzw. den Bürgermeister in ihrem Geschäftskreis vertreten, sind rechtlich gesehen Nachgeordnete. In der Vorbereitungsphase kommunaler Entscheidungen erarbeitet die Verwaltung Vorlagen, die zur Entscheidung in den Gemeinderat eingebracht werden. Da es zumeist mehrere Wege gibt, eine Sachfrage zu lösen, wird durch die Auswahl verschiedener Vorlagen bereits eine Richtungsentscheidung getroffen.

- Sie haben den stimmberechtigten *Vorsitz im Gemeinderat und allen Ausschüssen* inne, d. h. sie können mitberaten und mitentscheiden wie jedes andere Mitglied des Gemeinderats. Sie legen die Tagesordnung fest, öffnen, leiten und schließen die Gemeinderatssitzungen. Verfügen sie über ein gewisses Verhandlungsgeschick, dürfte ihnen die Suche nach Mehrheiten nicht schwerfallen. Sie müssen bzw. können zudem gegen Beschlüsse des Gemeinderats Widerspruch einlegen, die sie für rechtswidrig halten oder die ihrer Auffassung zufolge für die Gemeinde nachteilig sind.
- Sie *repräsentieren die Gemeinde* nach außen und gegenüber den Einwohnern im Innern. Nach außen vertreten sie die Kommune in rechtlicher Hinsicht und sind deren Handlungsbevollmächtigte. Sie nehmen die Außenkontakte wahr, wenn es z. B. um die Beschaffung von Zuschüssen oder Fördermitteln geht. Es ist eine ihrer Aufgaben, für kommunale Vorhaben Geld vom Land, Bund oder von der Europäischen Union (EU) zu akquirieren.

Im Vergleich mit anderen Ländern haben Bürgermeisterinnen und Bürgermeister in Baden-Württemberg eine enorme Machtposition. Zudem sind sie durch den Wahlmodus bis zu einem gewissen Grad vom Gemeinderat unabhängig. Ihre Amtszeit beträgt acht Jahre, die des Gemeinderats hingegen nur fünf Jahre.

Obwohl für das Bürgermeisteramt keine besondere Aus- und Vorbildung notwendig ist, sind rund neunzig Prozent der Amtierenden in Baden-Württemberg Verwaltungsfachleute. Die Wählerschaft bevorzugt in der Regel einen bestimmten Bürgermeistertyp. Zumeist machen in Baden-Württemberg jüngere, parteiunabhängige Verwaltungsfachleute von außerhalb der Gemeinde das Rennen (Huzel 2019). Gegenwärtig sind mehr als die Hälfte der Bürgermeisterinnen und Bürgermeister parteilos. Treten Parteimitglieder zur Wahl an, betonen sie in der Regel ihre parteipolitische Distanz. Die Bürgerinnen und Bürger wollen keinen »Parteisoldaten«, sondern jemanden, der über den Parteien steht und für »alle« da ist. Wenn ein Schachtdeckel klappert oder die Hauptstraße Schlaglöcher hat, ist die Parteigebundenheit Nebensache. In größeren Städten ist allerdings ein Bürgermeisterwahlkampf ohne finanzielle und organisatorische Unterstützung durch eine Partei nahezu unmöglich. Will man die Wahlkampfkosten angemessen einschätzen, gilt als Regel: ein Euro pro Einwohner.

Mit der Aufgabenfülle, den geänderten kommunalen Rahmenbedingungen und der steigenden Komplexität der zu meisternden Anforderungen nimmt die Attraktivität des Amtes ab. Letztlich mündet dies in ein Rekrutierungsproblem: Es wird immer schwieriger, geeignete Kandidatinnen und Kandidaten für das anspruchsvolle Amt zu finden (Huzel 2019).

## 3.3 Der Gemeinderat

Die Amtszeit des Gemeinderats beträgt fünf Jahre. Gemeinderäte werden in allgemeiner, unmittelbarer, freier, gleicher und geheimer Wahl von den Bürgerinnen und Bürgern gewählt. Die Besonderheit des baden-württembergischen Wahlsystems mit den Möglichkeiten des Kumulierens und Panaschierens begünstigt Personen, die in der Gemeinde bekannt sind und über eine gute Reputation verfügen: Handwerkerinnen, Selbstständige, Ärztinnen und Apotheker, Beamtinnen und Angestellte. Die Wahlentscheidung orientiert sich oft an der Person: Man wählt diejenigen, die man kennt, die in der Gemeinde verwurzelt, die in Vereinen aktiv und vor Ort gut vernetzt sind. Die Gemeinderatsmitglieder gehören zumeist zu den Besserverdienenden, ein Großteil verfügt über ein Eigenheim. Die Kehrseite ist die mangelnde Repräsentanz von Arbeitern, jüngeren Menschen und Frauen. Der Frauenanteil in den Gemeinderäten ist noch weit entfernt von einer paritätischen Verteilung.

Hinzu kommt die verbreitete Vorstellung, dass ein Gemeinderat möglichst über die Parteigrenzen hinweg denken und entscheiden soll. Dies ist ein Grund für den Erfolg der vielen Wählervereinigungen in Baden-Württemberg. Wählervereinigungen sind Zusammenschlüsse engagierter Bürgerinnen und Bürger, die bei Wahlen antreten, ohne den Status einer Partei zu haben. Im Jahr 2024 konnten Wählervereinigungen mehr als ein Drittel aller Stimmen (36,9 %) für sich verbuchen.

Das Bemühen des Gemeinderats, sachgerechte Lösungen für die Gemeinde zu finden und angemessene Entscheidungen zu treffen, stößt jedoch an Grenzen. Den ehrenamtlich tätigen »Laien- und Freizeitpolitikern« im Gemeinderat stehen als »Profis« hauptamtlich tätige Bürgermeisterinnen und Bürgermeister gegenüber. Sie besitzen zumeist einen Informationsvorsprung und leiten einen Verwaltungsapparat, der ihnen sachkundig zuarbeitet. Je größer eine Gemeinde ist, desto komplexer werden die Aufgaben. Ehrenamtlich tätige Gemeindevertreterinnen und -vertreter sind hier im Nachteil. Sie haben oftmals nicht das Wissen und die Expertise der Verwaltungsfachleute. Bei Vorlagen der Verwaltung kommen die Mitglieder des Gemeinderats deshalb manchmal an ihre Grenzen (und »segnen« die Vorlagen gelegentlich nur noch ab).

Anzumerken bleibt, dass routinierte Bürgermeisterinnen und Bürgermeister ihren Informationsvorsprung und ihr Fachwissen nicht ausspielen werden, sondern Überzeugungsarbeit leisten und Mehrheiten im Gemeinderat anstreben. Denn die Trumpfkarte der Gemeinderäte ist ihre starke Position in der Entscheidungsphase der Sitzung.

# 4 Das Kommunalwahlsystem

## 4.1 Wahlberechtigung und Wählbarkeit

Wahlberechtigt sind Bürgerinnen und Bürger der Gemeinde, die Deutsche oder Staatsangehörige eines anderen EU-Staates sind und seit mindestens drei Monaten mit Hauptwohnsitz in der Gemeinde wohnen (bzw. vor nicht mehr als drei Jahren weggezogen und wieder zurückgekehrt sind). Es sollen also nur diejenigen Personen wählen dürfen, die einen gewissen

Bezug zu der Gemeinde haben. Nicht wahlberechtigt sind dagegen Personen, denen das Wahlrecht durch Richterspruch entzogen wurde: Gerichte können bei bestimmten Straftaten im Rahmen der rechtskräftigen Verurteilung das aktive und passive Wahlrecht für zwei bis fünf Jahre entziehen.

Seit den Kommunalwahlen 2014 liegt das Mindestalter für das aktive Wahlrecht bei 16 Jahren. Das passive Wahlrecht, also das Recht, gewählt zu werden, wurde zehn Jahre später, zu den Kommunalwahlen 2024, durch Gesetzesbeschluss des baden-württembergischen Landtags auf 16 Jahre abgesenkt. Für die Sitzverteilung in den kommunalen Gremien gilt seit 2014 das Berechnungsverfahren nach Sainte-Laguë/Schepers.

## 4.2 Kommunalwahlen: Gemeinderäte, Ortschaftsräte, Kreistage

Gemeinderäte, Kreisräte und Ortschaftsräte werden alle fünf Jahre gewählt. Eine Fünf-Prozent-Klausel wie bei Parlamentswahlen gibt es bei baden-württembergischen Kommunalwahlen nicht.

Gewählt wird aufgrund von Wahlvorschlägen (Listen) unter Berücksichtigung der Grundsätze der Verhältniswahl. Die Listen der Parteien für die Gemeinderatswahl dürfen nur so viele Kandidierende enthalten, wie Gemeinderätinnen und -räte zu wählen sind. Bei der sogenannten unechter Teilortswahl (▶ Kap. 4.4) dürfen die Wahlvorschläge für jeden Wohnbezirk, für den nicht mehr als drei Vertreterinnen bzw. Vertreter zu wählen sind, eine Kandidatur mehr enthalten, als Personen zu wählen sind. Bei der Wahl haben dann alle Wahlberechtigten jeweils so viele Stimmen, wie Gemeinderatssitze zu vergeben sind. Die Größe des Gemeinderats richtet sich nach der Einwohnerzahl der Gemeinde. Die Wählerinnen und Wähler können bis zur Ausschöpfung ihrer Stimmenzahl Namen aus anderen Listen auf die von ihnen bevorzugte Liste übertragen (panaschieren) oder aber einzelnen Kandidierenden bis zu drei Stimmen geben (kumulieren). Liegt in einer Gemeinde nur ein oder kein Wahlvorschlag vor, findet eine Mehrheitswahl statt.

Wie bei Gemeinderatswahlen haben bei den Kreistagswahlen alle Wahlberechtigten gemäß der Landkreisordnung so viele Stimmen, wie

Kreistagssitze im Wahlkreis zu wählen sind. Auch die Größe des Kreistags richtet sich nach der Einwohnerzahl des Landkreises.

## 4.3 Bürgermeisterwahlen

Bürgermeisterwahlen sind immer dann erforderlich, wenn die achtjährige Amtszeit der Amtsinhaberin bzw. des Amtsinhabers endet, sie oder er in Ruhestand geht oder wenn die Stelle aus anderen, nicht absehbaren Gründen frei wird, etwa weil die Bürgermeisterin oder der Bürgermeister in einer anderen Gemeinde ins gleiche Amt gewählt wird oder verstirbt.

Obwohl für das Bürgermeisteramt keine besondere Aus- und Vorbildung notwendig ist, sind rund neunzig Prozent der Amtsinhaber Verwaltungsfachleute. Wählbar sind Deutsche im Sinne von Art. 116 GG und Unionsbürger, die am Wahltag mindestens 18 Jahre alt sind. Sie müssen die Gewähr dafür bieten, für die freiheitlich-demokratische Grundordnung einzutreten, und dürfen nicht von der Wählbarkeit in den Gemeinderat ausgeschlossen sein. Auch Bedienstete der Rechtsaufsichtsbehörden und Bedienstete der jeweiligen Gemeinde sind wählbar. Sie müssen aber ihr bisheriges Amt aufgeben, bevor sie den Bürgermeisterposten antreten.

Um vom Gemeindewahlausschuss zur Wahl zugelassen zu werden, müssen die Kandidierenden eine Liste mit Unterstützerunterschriften vorlegen. In Gemeinden mit bis zu 10 000 Einwohnern müssen es mindestens zehn Unterschriften wahlberechtigter Bürgerinnen und Bürger sein; mit steigender Einwohnerzahl nimmt auch die erforderliche Anzahl der Unterstützer zu, bis zu mindestens 250 Unterschriften bei Gemeinden mit mehr als 200 000 Einwohnern. Diese Regelung soll sogenannte Spaßbewerber von einer Bewerbung abhalten.

Im Gegensatz zum Gemeinderat, wo die Mehrheitswahl die Ausnahme ist, wird die Bürgermeisterin oder der Bürgermeister immer nach den Grundsätzen der Mehrheitswahl gewählt. Gewählt ist also, wer mehr als die Hälfte der gültigen Stimmen erhalten hat. Hat keiner der Kandidierenden die absolute Mehrheit erreicht, gibt es einen zweiten Wahlgang, der am zweiten, dritten oder vierten Sonntag nach der ersten Wahl durchgeführt werden muss. Dieser zweite Wahlgang ist eine Stichwahl zwischen den zwei Kandidierenden mit den höchsten Stimmenzahlen im ersten

Wahlgang. Bei dieser Wahl genügt die relative Mehrheit eines bzw. einer Kandidierenden. Mit Blick auf die Wahlberechtigung gibt es keine Besonderheiten im Vergleich zur Gemeinderatswahl. Insbesondere dürfen also auch Minderjährige wählen, wenn sie mindestens 16 Jahre alt sind.

## 4.4   Unechte Teilortswahl

Die unechte Teilortswahl ist eine baden-württembergische Besonderheit. In der Gemeindegebietsreform in den 1970er-Jahren erlebte sie eine Hochphase. Damals hatten viele Gemeinden, die ihre Selbstständigkeit aufgegeben hatten und in andere Gemeinden eingegliedert wurden, die Sorge, dass sie im Gemeinderat nicht mehr ausreichend repräsentiert sein könnten. Dem wirkt die unechte Teilortswahl entgegen: Sie verschafft Gemeinden mit räumlich getrennten Ortsteilen die Möglichkeit, Wohnbezirke zu bilden und den Gemeinderat mit einer bestimmten Anzahl von Vertreterinnen und Vertretern aus den jeweiligen Wohnbezirken zu besetzen. Den Wohnbezirken wird auf diese Art und Weise eine Repräsentation in einem bestimmten Zahlenverhältnis garantiert, die aufgrund des Verhältnisses der Einwohnerzahlen sonst unter Umständen nicht erreichbar wäre.

Neben der räumlichen Trennung ist eine Regelung in der Hauptsatzung, in der auch die Vertreterzahl für die einzelnen Wohnbezirke bestimmt werden muss, Voraussetzung für die unechte Teilortswahl. Anders als bei der Bildung von Wahlbezirken wählen die Bürgerinnen und Bürger bei der unechten Teilortswahl nicht nur die Repräsentanten ihres eigenen Wohnbezirks, sondern auch die Vertreter der anderen Wohnbezirke. Daraus erklärt sich die Bezeichnung »unecht«. Die Zahl der Gemeinden, die die unechte Teilortswahl favorisieren, verringerte sich im Laufe der Zeit. 2014 waren es noch 438 Gemeinden, 2019 nur noch 384. 2024 fanden in 314 Gemeinden unechte Teilortswahlen statt.

# 5 Frauen in der Kommunalpolitik

Frauen in kommunalen Spitzenämtern sind eine Seltenheit. 92 Städte und Gemeinden im Land werden mittlerweile von Bürgermeisterinnen geführt. Gemessen an den 1101 Kommunen im Land sind dies gerade einmal 8,4 Prozent. Oberbürgermeisterinnen sind noch seltener anzutreffen: 2023 gab es in Baden-Württemberg nur fünf (Stand: September 2023).

Und auch bei den Gemeinderätinnen sieht es nicht besser aus: Im Vergleich mit den anderen Ländern hat »das Ländle« bundesweit die wenigsten Gemeinderätinnen. Bei den Gemeinderatswahlen im Jahr 2024 belief sich der Anteil der Gemeinderätinnen landesweit auf 27,4 Prozent. Gewählt wurden 13 461 Männer, hingegen nur 5079 Frauen. In 16 Kommunen im Land sind Frauen und Männer zu gleichen Teilen im Gemeinderat vertreten (Eisenreich/Glück 2020, 46 ff.). In 22 Gemeinderäten sind gar keine Frauen vertreten.

Nach wie vor sind hierfür überkommene Rollenbilder maßgebend. Frauen wird eher die private, häusliche Rolle zugeschrieben, Männern hingegen die öffentliche und gestaltende. Frauen wird es entsprechend seltener zugetraut, eine (Leitungs-)Funktion in der Kommunalpolitik zu übernehmen.

Anlässlich der Kommunalwahlen 2019 wurde das sogenannte Reißverschlussprinzip als »Soll-Bestimmung« in das Kommunalwahlgesetz aufgenommen. Die Listen sollen abwechselnd mit Frauen und Männern besetzt sein. Das Prinzip garantiert jedoch nicht automatisch einen ausgeglichenen Anteil in den Gemeinderäten. Durch die Möglichkeiten des Kumulierens und Panaschierens können die Wählerinnen und Wähler ihre Stimmen auf diejenigen Kandidierenden verteilen, die ihnen am geeignetsten erscheinen – und zwar unabhängig vom Listenplatz und der Listenzugehörigkeit.

# 6 Politische Beteiligung von Kinder und Jugendlichen

In Baden-Württemberg haben sogenannte Jugendgemeinderäte seit den 1980er-Jahren Tradition. 2023 ermittelte die Landeszentrale für politische Bildung Baden-Württemberg in einer Befragung, an der 998 Städte und Gemeinden teilnahmen, dass 105 Kommunen einen gewählten Jugendgemeinderat haben. Weitere 102 Kommunen haben ein festes Jugendgremium, das ohne Wahlverfahren zustande kommt (z. B. durch das Delegiertenprinzip). Unabhängig von ihrer Nationalität haben Jugendliche das aktive und passive Wahlrecht. Die Altersspanne liegt zwischen zwölf und 21 Jahren.

1998 schrieb der Landtag von Baden-Württemberg die Beteiligung von Jugendlichen als Kann-Vorschrift in der Gemeindeordnung fest. Der entsprechende Paragraph besagte in seiner alten Fassung, dass die Gemeinde Jugendliche bei Vorhaben, die jugendliche Interessen berühren, in angemessener Weise beteiligen *kann*. Ende 2015 wurde der Paragraph geändert und verbindlicher. Er lautet nun: »Die Gemeinde soll Kinder und muss Jugendliche bei Planungen und Vorhaben, die ihre Interessen berühren, in angemessener Weise beteiligen« (§ 41a Abs. 1 GemO).

Außer Jugendgemeinderäten, die demokratisch gewählt und auf Dauer angelegt sind, gibt es weniger formale Spielarten der Jugendbeteiligung. Manche Kommunen führen Jugendforen oder Jugend-Hearings durch. Zweck solcher Foren und Hearings ist es, dass Jugendliche ihre Interessen, Wünsche und auch Kritikpunkte mit Gemeindevertretern austauschen. Andere Kommunen wiederum gehen anlassbezogen vor: Stehen Themen an, die Kinder und Jugendliche betreffen, kann in Workshops ein konkretes Vorhaben diskutiert und gemeinsam geplant werden.

# 7 Bürgerinnen und Bürger: Kunden, Souverän und Mitgestalter

Die Bürgerinnen und Bürger einer Kommune haben Anspruch auf öffentliche Dienstleistungen sowie auf Information, Beratung und Fürsorge durch kommunale Einrichtungen. Sie nehmen aber nicht nur als »Kunden« kommunale Dienstleistungen in Anspruch. In der politischen Rangordnung stehen sie über den Gemeindeorganen. Als Souverän (lateinisch: »über allem stehend«) wählen sie unmittelbar die Bürgermeisterin bzw. den Bürgermeister. Und durch die Möglichkeiten des Panaschierens und Kumulierens entscheiden sie bei Kommunalwahlen maßgeblich, wer einen Gemeinderatsposten bekommt. Die Organe einer Gemeinde sind also für die Bürgerinnen und Bürger da, die als »Auftraggeber« die kommunalpolitische Richtung mitbestimmen.

# 8 Bürgerbegehren und Bürgerentscheid

In den letzten Jahren begnügen sich Bürgerinnen und Bürger in Kommunen nicht nur mit dem Wahlakt, den sie als ihre staatsbürgerliche Pflicht wahrnehmen. Sogenannte Aktivbürgerinnen und -bürger wollen bei Entscheidungen mitreden und nehmen vermehrt direktdemokratische Verfahren – Bürgerbegehren und Bürgerentscheid – in Anspruch.

Die einfachste Form der bürgerschaftlichen Mitwirkung ist der Einwohnerantrag (früher: Bürgerantrag). Damit können die Einwohnerinnen und Einwohner einer Kommune beantragen, dass der Gemeinderat eine bestimmte Angelegenheit behandelt. Der Einwohnerantrag muss schriftlich vorgelegt werden und ein bestimmte Anzahl von Unterschriften haben. Der Gemeinderat muss die gewünschte Angelegenheit dann innerhalb von drei Monaten auf die Tagesordnung setzen und behandeln.

Allerdings haben die Antragsstellenden auf die Entscheidung selbst keinen Einfluss. Die endgültige Entscheidung verbleibt beim Gemeinderat.

Bürgerbegehren und Bürgerentscheide als Elemente direkter Demokratie gibt es in Baden-Württemberg seit Verabschiedung der Gemeindeordnung am 25. Juli 1955. Annähernd vier Jahrzehnte lang war es ausschließlich Baden-Württemberg, in dem die Bürgerinnen und Bürger durch Bürgerentscheid und Bürgerbegehren direkt in die Kommunalpolitik eingreifen konnten. Inzwischen haben alle Bundesländer Bürgerbegehren und Bürgerentscheid eingeführt. Im bundesweiten Vergleich darf Baden-Württemberg daher durchaus als »Musterland direkter Demokratie« (Andreas Kost) bezeichnet werden.

Nachdem der Landtag von Baden-Württemberg Ende 2015 die Gemeindeordnung geändert hat, sind die Hürden für Bürgerbegehren und Bürgerentscheide niedriger geworden. Ein Bürgerbegehren ist ein Antrag auf einen Bürgerentscheid. Dafür benötigt man die Unterschriften von sieben (früher zehn) Prozent aller Wahlberechtigten. In größeren Städten ist die Zahl auf 20 000 Unterschriften gedeckelt. Gemeinderat und Verwaltung müssen das Bürgerbegehren prüfen und zulassen. Erst dann kommt es zum Bürgerentscheid, der ein bestimmtes Anliegen zur direkten Abstimmung bringt. Auch der Gemeinderat kann mit Zweidrittelmehrheit einen Bürgerentscheid herbeiführen. Ein Bürgerentscheid ist dann erfolgreich, wenn sich die Mehrheit der Abstimmenden und zugleich mindestens zwanzig (früher 25) Prozent der Wahlberechtigten für das Anliegen aussprechen.

Bürgerentscheide und Bürgerbegehren werden aus mehreren Gründen angestrengt:

1. Innerhalb der Kommune besteht ein ernsthafter Meinungsstreit, ob eine bestimmte Maßnahme (z. B. geplante Flüchtlingsunterkünfte, Wirtschaftsprojekte, Bewerbung für die Landesgartenschau usw.) ergriffen werden soll. Die Bürgerschaft kann ein solches Thema mit einem »Initiativbegehren« auf die Tagesordnung setzen und zur Entscheidung bringen.
2. Durch Bürgerbegehren und Bürgerentscheide können Entscheidungen des Gemeinderates rückgängig gemacht bzw. korrigiert werden. Zu solchen »Korrekturbegehren« kommt es häufig, wenn ein Konflikt in

der Kommune festgefahren ist, vom Gemeinderat aber bereits ein Beschluss gefasst wurde.

2022 fanden in Baden-Württemberg nur neun Bürgerentscheide statt. Das ist ein deutlicher Rückgang im Vergleich zum statistischen Mittel der letzten Jahre (24). Auch die Zahl der Bürgerbegehren ging zurück: Sie lag mit 30 unter dem Durchschnitt der letzten Jahre (42). Der Rückgang dürfte auf die Corona-Pandemie zurückzuführen sein, die zur Verschiebung größerer Projekte durch viele Kommunen und zu verminderten Aktivitäten von Bürgerinitiativen führte.[1]

Bürgerbegehren und Bürgerentscheide sind meist ein Zeichen dafür, dass es in einer Kommune »kriselt«. Wenn ein Gemeinderatsbeschluss gekippt wird oder eine Entscheidung im Interesse der Bürgerschaft herbeigeführt werden soll, lässt dies den Schluss zu, dass die Beteiligung der Bürgerinnen und Bürger im Vorfeld und während des kommunalen Entscheidungsprozesses nicht gelungen ist. Im Umkehrschluss gilt: Beziehen Bürgermeisterinnen und Bürgermeister, Gemeinderat sowie Verwaltung die Bürgerschaft frühzeitig auf gleicher Augenhöhe in Entscheidungen mit ein, ist ein Bürgerentscheid wenig wahrscheinlich. Schon die Möglichkeit eines Bürgerentscheids zwingt die Gemeindeorgane also oft zu »klugen« Entscheidungen im Sinne der Bürgerinnen und Bürger.

# 9 Herausforderungen

Zur folgenreichen Herausforderung für Städte und Gemeinden entwickelte sich ab 2015 die anwachsende Zahl von Geflüchteten, zunächst aus den Krisenregionen der Welt (z. B. Syrien, Afghanistan), seit 2022 dann vor allem aus der Ukraine. Allein aus dem osteuropäischen Land kamen in-

---

1 Vgl. Mehr Demokratie e. V. Baden-Württemberg: Bürgerbegehrensbilanz 2022, https://www.mitentscheiden.de/presse/pressemitteilungen/vollansicht/buergerbegehrensbilanz-2022 [26.03.2024].

folge des russischen Angriffskrieges knapp 165 000 Geflüchtete nach Baden-Württemberg, vorwiegend Frauen und Kinder (Stand: Juni 2023). Inzwischen sind in vielen Kommunen die Aufnahmemöglichkeiten nahezu erschöpft. Die Herausforderung liegt gegenwärtig darin, Kapazitäten zu schaffen. Im Kontext der Aufnahme von Flüchtlingen und deren Integration braucht es zusätzliches Personal, um Unterbringung, Versorgung und Betreuung zu organisieren. Will man geflüchteten Menschen die gesellschaftliche Teilhabe ermöglichen, geht es um mehr als nur eine überlastete Infrastruktur. Integration in den Arbeitsmarkt, Wohnraumversorgung und alltägliche Unterstützungsarbeit verlangen eine professionelle Beratung.

Im März 2020 erreichte die Corona-Pandemie Deutschland. Neben Bayern und Nordrhein-Westfalen zählte Baden-Württemberg aufgrund seiner geographischen Nähe zu den Corona-Hotspots in Österreich, Italien und Frankreich zu den stark betroffenen Ländern. Die Bewältigung der Pandemie forderte die Kommunen enorm: Gesundheitsschutz, Durchsetzung der Kontaktsperren, Unterstützung der lokalen Wirtschaft oder die Sicherung der Daseinsvorsorge waren dringende Aufgaben, die zu nicht geplanten und unvorhersehbaren finanziellen Belastungen führten. Ausfälle bei den Steuereinnahmen kamen hinzu.

Multiple Krisen sind für die Kommunen massive Herausforderungen. Ob Zuwanderung, Pandemie, Polarisierung in der Gesellschaft, Maßnahmen gegen den Klimawandel und vieles andere mehr: Bürgermeisterinnen und Bürgermeister sowie alle Akteure in der Kommunalpolitik sind seit Jahren schon Krisenmanager im Dauereinsatz. Sie werden auch weiterhin stark gefordert sein, wenn es darum geht, ihre Kommune zukunftsfähig aufzustellen und Lösungsansätze für komplexe Probleme zu erarbeiten.

## Literaturhinweise

Ade, Klaus (2019): Taschenbuch für Gemeinde- und Stadträte. Grundwissen für kommunale Mandatsträger. 16. Aufl., Stuttgart (Richard Boorberg Verlag).

Brachat-Schwarz, Werner (2016): Baden-Württemberg – das Land der kleinen und mittleren Gemeinden. Zur Größenstruktur der Kommunen in den Landkreisen des Südwestens. In: Statistisches Monatsheft Baden-Württemberg, 4/2016, S. 3–9.

Eisenreich, Dirk/Glück, Elisabeth (2020): Endgültige Ergebnisse der Kommunalwahlen 2019 in Baden-Württemberg. In: Statistisches Monatsheft Baden-Württemberg, 3/2020, S. 46–53.

Frech, Siegfried/Hausen, Maike/Weber, Reinhold (Hrsg.) (2024): Handbuch Kommunalpolitik. Ausgabe 2024. Stuttgart (Landeszentrale für politische Bildung Baden-Württemberg).

Frech, Siegfried (2022): Kommunalpolitik. Politik vor Ort. 2. Aufl., Stuttgart (Kohlhammer Verlag)

Gehne, David H. (2012): Bürgermeister. Führungskraft zwischen Bürgerschaft, Rat und Verwaltung. Stuttgart (Richard Boorberg Verlag), S. 19–23.

Huzel, Vinzenz (2019): Bürgermeisterinnen und Bürgermeister in Baden-Württemberg. Ein Amt im Umbruch. Baden-Baden (Nomos Verlag).

Kost, Andreas/Wehling, Hans-Georg (2010): Kommunalpolitik in den deutschen Ländern. Eine Einführung. 2. Aufl., Wiesbaden (VS Verlag für Sozialwissenschaften).

Landeszentrale für politische Bildung Baden-Württemberg (Hrsg.) (2024): Studie – Kommunale Kinder- und Jugendbeteiligung in Baden-Württemberg 2023. Stuttgart (Eigenverlag).

Wehling, Hans-Georg (2019): Kommunalpolitik in Baden-Württemberg. In: Frech, Siegfried/Weber, Reinhold/Witt, Paul/Wehling, Hans-Georg (Hrsg.): Handbuch Kommunalpolitik. Ausgabe 2019. Stuttgart (Landeszentrale für politische Bildung Baden-Württemberg), S. 9–32.

# Freistaat Bayern

*Monika Franz und Ludwig Unger*

## 1 Politik von Menschen vor Ort für Menschen vor Ort

In der Oberpfalz berät der Stadtrat von Teublitz über den Antrag eines Lebensmittelkonzerns, der vor Ort eine Wasserabfüllanlage errichten und das dort gewonnene Wasser bundesweit vermarkten will. 500 000 Kubikmeter Wasser sollen dem Tiefwasser vor Ort entnommen werden. Die Stadt im Landkreis Schwandorf hat knapp 8000 Einwohnerinnen und Einwohner. Eine Zäsur der Ortsgeschichte war der Niedergang des Stahlwerks »Maxhütte« in den 1980er-Jahren, deren schwerwiegende Folgen der Ort und seine Menschen »wegstecken« mussten. Ein Automobilzulieferer und Handwerksbetriebe bilden in Teublitz das wirtschaftliche Rückgrat. Der Stadtrat nimmt 2014 den Antrag des Lebensmittelunternehmens an – in der Hoffnung, dass neue gewerbliche Arbeitsverhältnisse geschaffen und Steuereinnahmen in die Kasse der Kleinstadt gespült werden. Der Konzern will für das Vorhaben gut 100 Millionen Euro investieren. Doch viele Bürgerinnen und Bürger wollen die Nutzung der Wasservorräte im geplanten Umfang nicht privatisiert wissen. Sie initiieren zwei Bürgerbegehren. Zu einem Bürgerentscheid kommt es letztendlich nicht, weil das Unternehmen selbst sein Vorhaben beerdigt, berichtet Stadtrat Matthias Haberl. Er selbst hat dieses Vorhaben kritisch gesehen, weil die Gemeinde durch die beabsichtigte Abfüllmenge in der Bereitstellung des lebenswichtigen Guts von anderen Kommunen abhängig geworden wäre. Eine Gemeinde müsse jederzeit selbst Zugriff auf die Lebensgrundlage Wasser haben. Begriffe wie »Ausverkauf unseres Wassers« fallen (Wittl 2014).

In Bamberg, einer kreisfreien Stadt in Oberfranken, entscheidet der Stadtrat über die Zukunft eines kommunal getragenen Schlachthofs. In der Universitätsstadt leben rund 80 000 Menschen. Laut Michael Memmel, Pressesprecher der Stadt, diskutieren Bevölkerung und Stadtrat seit 2022 intensiv über die Zukunft des Betriebs mit rund 160 Beschäftigten. Komplexe Aspekte sind gegeneinander abzuwägen: die regionale Daseinsvorsorge mit Fleisch aus Bauernhöfen der Umgebung, der Erhalt von Arbeitsplätzen sowie der Denkmalschutz. Die Innenstadtnähe des Geländes lässt es als Baugebiet geeignet erscheinen. Die Frage nach einer wirtschaftlichen Betriebsführung und die Beeinträchtigung der Anwohner durch den Schlachtbetrieb spielen mit hinein. Die Zahl der Tiere, die hier pro Jahr geschlachtet werden, ist sechsstellig. Mitte 2024 sollte die Entscheidung fallen. Nun fiel sie bereits am 20. März nach einer vierstündigen Sitzung im Stadtrat: Der Schlachthof wurde zum 30. Juni geschlossen – es gab keine finanzielle Perspektive. Der Schlachtbetrieb wurde bereits Ende Mai eingestellt.

Ob Trinkwasser- oder Fleischversorgung: Die Vertreterinnen und Vertreter in den Selbstverwaltungsgremien der Kommunen treffen Entscheidungen, die sich massiv auf die alltägliche Lebenssituation in Gemeinden und Städten auswirken. Kommunale Beschlussfassung bedeutet eine intensive Auseinandersetzung mit einem Problem oder einer Aufgabe und nicht selten eine kontroverse Meinungsfindung bei Einwohnerschaft und Entscheidern.

## 1.1  Mitbestimmung auf Aufgabenhöhe

Anders als auf Bundes- und Landesebene sind in der Kommunalpolitik die Bürgerinnen und Bürger auch bei Einzelthemen gefragt – so auch in Bayern. Sie bringen sich direkt ein. Beteiligung findet über Parteien, Interessengruppen, Bürgerinitiativen, Vereine, auch Bürgervereine, und in Form individuellen Engagements von Einzelpersonen statt. Der kommunale Diskurs bewegt sich dabei in einem eigenen medialen Orbit, etwa in Tageszeitungen, Radio und regionalem Fernsehen, dessen Einfluss für die Entscheidungsprozesse nicht zu unterschätzen ist – dazu kommen im digitalen Zeitalter auch die Optionen von Social Media, z. B. in Chatgruppen.

Obwohl also auf keiner anderen politischen Ebene Bürgerinnen und Bürger unmittelbarer an politischer Gestaltung beteiligt sind, gibt es bei kaum einer anderen demokratischen Wahl eine so schwache Wahlbeteiligung. 2020 haben in Bayern 58,8 Prozent der Wahlberechtigten ihre Stimme bei der Kommunalwahl abgegeben, immerhin vier Prozentpunkte mehr als 2014. Nur bei der Europawahl liegt die Wahlbeteiligung auf ähnlich niedrigem Niveau: 2014 waren es in Bayern 40,9 Prozent, 2019 60,8 Prozent.

## 1.2 Kommunen als »Labore der Demokratie« und Orte von Beheimatung

Die kommunale Landschaft in Bayern hat eine wechselhafte Geschichte hinter sich. In ihrem Zusammenspiel mit Landes-, wie auch Reichs- und Bundesregierungen hat sie Höhen und Tiefen erlebt. Die nicht immer spannungsfreie Dialektik des Ringens um möglichst große Freiheiten der Selbstverwaltung trotz der Stellung als weisungsgebundene unterste staatliche Verwaltungsbehörde besteht spätestens seit der ersten formalen Gemeindeordnung. Graf von Montgelas hat diese 1808 im jungen bayerischen Königreich eingeführt. Tiefpunkt in diesem Ringen war die Deutsche Gemeindeordnung aus dem Jahre 1935. Den Nationalsozialisten mit ihrem Ideal des zentralistischen »Führerstaats« waren Subsidiarität und Föderalismus ein Gräuel; die kommunale Selbstverwaltung wurde eingeebnet.

Das politische Leben ging in Bayern nach der totalen Niederlage der NS-Diktatur auch aus diesem Grund wieder von den Kommunen aus, in denen ab 1945 auf Anweisung der US-Militäradministration erste demokratische Wahlen stattfinden konnten. Dezentralisierung und Subsidiarität spielten beim Wiederaufbau eine zentrale Rolle. Was vor Ort entschieden werden kann, soll eben dort und nicht auf anderer Ebene geregelt werden. Die Gemeinden sind mithin ein Element der Gewaltenteilung und ein konstitutives Element eines Rechtsstaats (Brandl/Huber/Walchshöfer 2020, 103 ff.[1]).

Ein Mehrebenensystem – in Bayern mit der zusätzlichen kommunalen Ebene der Bezirke sowie vielfältigen Formen direkter Demokratie stark ausgeprägt – bedeutet ein Mehr an Demokratie. Kommunen fungieren zudem als eine Art »Labore der Demokratie«. Hier findet angesichts wichtiger, die ganze Gemeinschaft direkt betreffender Aufgaben ein täglicher Aushandlungsprozess statt, in dem Menschen politische Selbstwirksamkeit erleben. Dieser verläuft nicht immer entlang der Parteigrenzen. In den kommunalen Räumen findet Identitätsbildung statt, die in Zeiten massiver Angriffe gegen die Demokratie sehr wertvoll ist. Nicht umsonst verweisen viele Politikerinnen und Politiker in Bayern auf die starke Beheimatung der Menschen in ihren Regionen.

Einschnitte in diese gewachsene Ordnung müssen gut überlegt sein. Rationale Effektivitätsstrategien müssen die emotionale Verbundenheit der Bevölkerung auf dem Schirm haben. Strukturelle Einschnitte können Irritationen bis zum offenen Protest auslösen, wie etwa die Gebietsreform der 1970er-Jahre gezeigt hat. Um eine effektive Verwaltung für die ganze Bevölkerung herzustellen, waren im Zuge der Landkreis- und Gemeindegebietsreform gewachsene kommunale Strukturen zu größeren Einheiten verschmolzen worden: Am Ende blieben von 143 Landkreisen 71, von 48 kreisfreien Städten 25, und von 7073 Gemeinden blieben 2056 bestehen (Kitzeder 2010, 37; Mattern 2020). Es gab viele Orte, die sich der Gemeindegebietsreform widersetzten, etwa Ermershausen in Unterfranken mit rund 600 Einwohnern, ein Ort, der später seine Eigenständigkeit zurückbekam. An einem »harmlosen« Indiz ist abzulesen, dass dies viele Menschen bis heute schmerzt: Als ab 2013 Autokennzeichen, die im Zuge der Gebietsreform abgeschafft worden waren, wieder angebracht werden durften, waren die Verwaltungen über die starke Nachfrage der Menschen überrascht. Seither sind wieder häufig »ungewöhnliche« Kennzeichen wie »NÖ« (Nördlingen) oder »MOD« (Marktoberdorf) auf Bayerns Straßen zu sehen.

---

1 Dagegen interpretiert Weichlein (2019) die Gemeinden nicht als Elemente der vertikalen Gewaltenteilung.

## 2 Kommunen – Strukturen, Aufgaben, Organisation

Die Gemeinden bilden neben Bund und Ländern die dritte staatliche Handlungsebene. Strukturen, Rechte und Aufgaben der Kommunalinstitutionen sind in der Bayerischen Verfassung festgelegt. Die Bayerische Verfassung definiert in Art. 11 die Gemeinden als »ursprüngliche Gebietskörperschaften« mit dem Recht, die örtlichen Angelegenheiten im Rahmen der Gesetze zu ordnen und zu verwalten. In der Bayerischen Gemeindeordnung werden in Art. 1 das Selbstverständnis und die Aufgaben der Kommunen konkretisiert: »Sie bilden die Grundlagen des Staates und des demokratischen Lebens.« Wenn man die Ebenen des Verwaltungsaufbaus näher anschaut, kann man dem Modell eines Gemeindetagspräsidenten folgen – »Bund, Land, Bezirk, Landkreis, Gemeinde.« Das kommunale System Bayerns besteht aus drei Ebenen:

1. Städte und Gemeinden innerhalb von Landkreisen,
2. Landkreise und kreisfreie Städte und
3. Bezirke – eine kommunale Besonderheit Bayerns: eine eigene kommunale Ebene mit eigenen Aufgaben. Sie sind nur geographisch deckungsgleich mit den »Regierungsbezirken«.

Die größte Stadt Bayerns ist München, zu den kleinsten Landgemeinden mit eigener Verwaltung gehören Jachenau in Oberbayern mit gut 800 Einwohnern oder das bereits erwähnte Ermershausen in Unterfranken mit rund 600 Einwohnern.

### 2.1 Städte und Gemeinden

In Bayern gibt es seit der Gemeindegebietsreform 2056 selbstständige Gemeinden, die in der Regel kreisangehörig sind, also zu den 71 Landkreisen gehören (nämlich 2031 Gemeinden). Davon sind 29 sogenannte Große Kreisstädte, die über die Aufgaben kreisangehöriger Gemeinden hinaus auch einzelne Aufgaben des Landratsamtes wahrnehmen, etwa die

Bauaufsicht. Zu diesen zählen z. B. Neuburg an der Donau, Schwandorf oder Weißenburg.

Darüber hinaus gibt es 25 kreisfreie Städte. Sie müssen mindestens 50 000 Einwohner haben, eine besondere Bedeutung aufweisen und vom Landtag anerkannt sein. Rechtlich stehen sie auf der gleichen Stufe wie die Landkreise. Zu den kreisfreien Städten zählen etwa die Landeshauptstadt München, das mittelfränkische Nürnberg, das schwäbische Augsburg, das niederbayerische Landshut oder das unterfränkische Schweinfurt.

### 2.1.1 Historisch gewachsen

Die Vielgestaltigkeit der bayerischen kommunalen Landschaft mit Gemeinden, Marktgemeinden, Städten, Großen Kreisstädten und kreisfreien Städten spiegelt historisches Gewachsen-Sein. Im Gegensatz zu manchen erst nach 1945 in neuen Grenzen entstandenen Bundesländern blickt der Freistaat auf eine lange Geschichte zurück, in deren Zuge das Land vielfältige Veränderungen erfahren hat. Die unterschiedlich geprägten Landesteile und Regionen – Altbayern (mit Ober- und Niederbayern und der Oberpfalz), Schwaben sowie Franken (mit Ober-, Mittel- und Unterfranken) – haben ihre eigenen Identitäten trotz massiver Bevölkerungsverschiebungen etwa nach dem Zweiten Weltkrieg weitgehend bewahrt. Bis heute erhalten hat sich etwa das Selbstbewusstsein ehemaliger bedeutender Freier Reichsstädte wie Nürnberg und Augsburg. Auch kleinere ehemalige Freie Reichsstädte wie Nördlingen oder Dinkelsbühl pflegen die Überreste ehemaliger Reichsunmittelbarkeit. Individualität und Vielfalt ist vor allem im kulturellen Bereich eine große Stärke – die Kommunen werden dabei vom Land unterstützt.

### 2.1.2 Aufgaben und Zuständigkeiten, Rechte und Pflichten

Die ambivalente Stellung der Kommunen zwischen Selbstverwaltung und ausführender Dienstleistung für Bund und Länder bildet sich in ihren Zuständigkeiten und Aufgaben ab. Wer sie allerdings nur als unterste ausführende Ebene ansieht, wird ihre Funktion verzerrt darstellen.

- *Pflichtaufgaben:* In ihrem ureigenen Wirkungsfeld regelt die Kommune die »örtlichen Angelegenheiten«, trifft dazu die nötigen Entscheidungen und setzt sie um. Uwe Brandl u. a. (Brandl/Huber/Walchshöfer 2020, 78–92) nennen eigens Gebiets-, Organisations-, Satzungs-, Personal-, Finanz- und Abgaben- sowie die Planungshoheit. Was bedeutet das »Recht, die örtlichen Angelegenheiten im Rahmen der Gesetze zu ordnen und zu verwalten«? Es handelt sich um die Rahmenbedingungen für das Zusammenleben von Menschen vor Ort. Dazu gehören z. B. die öffentliche Ordnung, Brandschutz und Feuerwehr, Sozial- und Jugendhilfe, Kindergärten, Schulgebäude, Wasserversorgung und -entsorgung sowie die Energieversorgung. Gemeindliche Pflichtaufgabe qua Bundesrecht ist das Einwohnermeldewesen, das die Verwaltung von Ausweispapieren oder Kfz-Scheinen einschließt, und die Hilfe zum Lebensunterhalt. Gemeindliche Pflichtaufgaben für den Bund und das Land ist die Durchführung von Wahlen z. B. zum Bundestag und zum Landtag.
- *Freiwillige Aufgaben:* Freiwillige Leistungen, die für das Zusammenleben vor Ort eine sehr große Rolle spielen, erbringen die Kommunen etwa in der Kultur, im Sport oder auch der Jugend- oder Seniorenarbeit. Die Sportförderung z. B. oder die Einstellung eines Sozialarbeiters für Jugendangebote kann intensive Debatten vor Ort auslösen – meist, weil die finanziellen Bäume der Gemeinden nicht in den Himmel schießen. Ausnahmen sind Gemeinden mit prall gefüllten Stadtsäckeln: So kann eine reiche Gemeinde im Speckgürtel von München eine luxuriöse Therme betreiben, während ärmere Gemeinden etwa in Ostbayern gezwungen sind, Bäder zu schließen. Anlässlich dieses vor wenigen Jahren aufgekommenen Themas des »Bädersterbens« in Bayern wurde der Präsident des Gemeindetages, Uwe Brandl, deutlich: Bäder seien eine sehr teure Angelegenheit; die volle Umlegung der Kosten auf die Badegäste sei aber nicht darstellbar. Die Verhinderung von Abwanderung gerade junger Menschen in für sie »attraktivere« Ballungszentren ist insofern eine anspruchsvolle Aufgabe.

Zu den finanziell potenten Gemeinden zählen Kemnath in der Oberpfalz und Grünwald in Oberbayern. Zu den »ärmeren« Gemeinden gehören etwa Bad Alexandersbad, Wunsiedel (beide in Oberfranken) und Bodenmais (Niederbayern). Kriterien für arme und reiche Gemeinden sind etwa Einnahmen pro Bürgerin und Bürger, Verschuldung und Rücklagen.

### 2.1.3 Aufgaben und Finanzierung

Gemeinden geraten nicht selten, so Uwe Brandl, aufgrund der ihnen von Bund und Länder übertragenen Aufgaben in eine schwierige Lage: »Das, was in den Kommunen passiert, ist Ausfluss dessen, was an den ›grünen Tischen‹ der Landtage und in Berlin entschieden wird. Die Kommunen haben die Suppe, die dort gekocht wird, auszulöffeln« (Franz/Kellermann 2020, 282). Allerdings ist in Bayern durch Art. 83 Abs. 3 der Bayerischen Verfassung seit 2004 sichergestellt, dass die Kommunen durch neue Aufgaben nicht weiter finanziell belastet werden. Durch das sogenannte Konnexitätsprinzip muss der Freistaat für Aufgaben, die er den Kommunen aufbürdet, selbst aufkommen. Dieses ist auch in Art. 8 Abs. 4 der Bayerischen Gemeindeordnung verankert. Der Ausbau der Ganztagsschulen, für den der Freistaat den Kommunen als Trägern des Sachaufwands zusätzliche Mittel zugewiesen hat, zeigt die greifbaren Auswirkungen dieses Grundsatzes. Wie weit die Kosten im Einzelnen anerkannt werden, ist im konkreten Fall jedoch nicht selten Streitgegenstand zwischen Freistaat und Kommune.

Neben eigenen Einnahmen wie der Gewerbe- und Grundsteuer erhalten Gemeinden staatliche Zuweisungen, etwa von der Einkommens- und Umsatzsteuer. Dazu kommen Gebühren für Dienstleistungen, die sie für Bewohnerinnen und Bewohner erbringen, Eintrittsgelder etwa für gemeindliche Einrichtungen wie Schwimmbäder sowie Einnahmen von eigenen Betrieben wie Stadtwerken.

### 2.1.4 Kommunale Organe

Die (Ober-)Bürgermeisterinnen und Bürgermeister haben in Bayern eine starke Stellung inne: Sie vertreten die Gemeinde rechtlich nach außen, üben die Dienstaufsicht über Mitarbeiterinnen und Mitarbeiter der Gemeinde aus.

Vor allem in Gemeinden, Marktgemeinden, Städten und Großen Kreisstädten ist die persönliche Begegnung zwischen Gemeindeoberhäuptern, Ratsmitgliedern und möglichst vielen Bürgerinnen und Bürgern ein vielgenutztes Instrument zur Meinungs- und Willensbildung sowie der Partizipation. Je größer eine Gemeinde, umso schwieriger gestaltet sich die Kommunikation. Um diese in Großstädten, also Städten mit mindestens 100 000 Einwohnern zu sichern, gibt es die Möglichkeit (ab einer Million Einwohner die Pflicht), Bezirksausschüsse zu bilden, deren Mitglieder entweder bestellt oder ebenfalls im Rahmen der Kommunalwahlen gewählt werden. Über deren Befugnisse entscheiden die Kommunen selbst.

In den Selbstverwaltungsgremien der Kommunen werden sachbezogen Ausschüsse wie der Jugendhilfeausschuss oder der Haushaltsausschuss gebildet.

Die Frauenquote in Gemeinde- und Stadträten sowie in Kreistagen ist 2020 gegenüber 2014 etwas gewachsen. Aber nach Daten des Statistischen Landesamts liegt sie bei Gemeinde- und Stadträten von Landkreisgemeinden nur bei etwa 22 Prozent, bei Kreistagen bei 28 Prozent und bei kreisfreien Städten bei rund 34 Prozent.

### 2.1.5 Verwaltungsgemeinschaften und Zweckverbände

Gemeinden können in der Regel nicht alle örtlichen Angelegenheiten effektiv und zur Zufriedenheit lösen. Bei dieser Einschätzung spielt natürlich die Größe einer Gemeinde eine zentrale Rolle. Die Landeshauptstadt München mit rund 1,51 Millionen Einwohnern und einer Gemeindefläche von rund 310 Quadratkilometern hat hier andere finanzielle Möglichkeiten als eine Gemeinde im ländlichen Raum mit knapp 7500 Einwohnern, die auf einer Fläche von 99 Quadratkilometern über zwanzig Gemeindeteile hat und die bei vergleichsweise geringen Einnahmen und einer kleineren Bürgerschaft auch die Infrastruktur sicherstellen muss. Eine Kommune mit 3000 oder mit 10 000 Einwohnern kann vor Ort allein kein Schulangebot realisieren, das den vielfältigen Fähigkeiten der jungen Menschen gerecht wird und finanziell allein von dieser Gemeinde zu tragen ist. Sie finanziert vielleicht die Grund- und Mittelschule(n), aber kaum eine andere weiterführende Schule. Dafür müssen Gemeinden zusammenwirken.

Oder es wird ein »Dach« gefunden. Ein klassisches Beispiel für diese Organisationsform ist die Verwaltungsgemeinschaft, deren Beschäftigte sich mit einer gewissen Spezialisierung um die Anliegen der einzelnen Gemeinden kümmern, z. B. die Verwaltungsgemeinschaft Hofheim in Unterfranken. Zu dieser haben sich die Gemeinden Aidhausen, Bundorf, Burgpreppach, Ermershausen, Riedbach und die Stadt Hofheim in Unterfranken zusammengeschlossen. In Bayern wurde diese Möglichkeit aufgrund der teilweise enormen Widerstände geschaffen, die sich bei der Umsetzung der Gebietsreformen in den 1970er-Jahren ergaben – wie z. B. in Ermershausen. Ein weiteres Beispiel sind Zweckverbände, bei denen etwa Gemeinden ein Ziel gemeinsam verfolgen und dieses anteilig finanzieren. Zu nennen sind etwa der Zweckverband Gymnasien von Stadt- und Landkreis Bamberg oder der Ländergrenzen überschreitende Zweckverband Deutsch-Deutsches Museum Mödlareuth. Bei diesem betreiben die Landkreise Hof in Bayern, Saale-Orla in Thüringen und Vogtlandkreis in Sachsen mit den Gemeinden Gfell in Thüringen und Töpen in Bayern das namensgebende Museum.

## 2.2 Landkreise und kreisfreie Städte

Für Aufgaben, die über die Möglichkeiten und das Gebiet einer klassischen Gemeinde hinausgehen, ist vom Gesetzgeber eine weitere kommunale Ebene eingezogen worden: der Landkreis. An diesen leisten die Gemeinden, Städte und Großen Kreisstädte eine Kreisumlage. Diese dient dazu, dass der Landkreis die gemeinsamen Aufgaben für seine Gemeinden und deren Einwohnerinnen und Einwohner wahrnehmen kann. Eine Besonderheit bildet die kreisfreie Stadt, eine Kommune, die aufgrund ihrer Einwohnerzahl und Finanzkraft auch die Funktionen eines Landkreises wahrnimmt.

Zuständigkeit und Kompetenzen der Landkreise sind in der Landkreisordnung des Freistaats festgelegt. Zu den Aufgaben der Landkreise und kreisfreien Städte gehören:

- die Organisationen des Rettungswesens und der Betrieb von Krankenhäusern;
- die Wertstoffentsorgung;
- der öffentliche Personennahverkehr;
- die Errichtung von und die Finanzierung der Betriebskosten von weiterführenden Schulen, z. B. Realschulen, Gymnasien und beruflichen Schulen;
- die Gesundheit von Menschen und Tieren;
- Baugenehmigungen unter Einbeziehung der Voten der Gemeinden;
- Bau und Unterhalt von Kreisstraßen als Verbindungen zwischen den Gemeinden;
- Denkmal- und Umweltschutz;
- die Rechtsaufsicht über die Verwaltungsvorgänge der kreiseigenen Gemeinden.

An der Spitze der Landkreise stehen Landrätinnen bzw. Landräte, beschlussfassendes Organ ist der Kreistag, der sich je nach Einwohnerzahl aus bis zu siebzig Frauen und Männern zusammensetzt. An der Spitze der kreisfreien Stadt steht eine Oberbürgermeisterin oder ein Oberbürgermeister, beschlussfassendes Gremium ist – wie bei Städten und Großen Kreisstädten – der Stadtrat, allerdings mit deutlich erweiterten Kompetenzen. Landräte wie auch Oberbürgermeister kreisfreier Städte sind einerseits direkt gewählte Behördenleiter mit eigenen Kompetenzen, andererseits aber auch Chefs von Behörden, die staatliche Aufgaben wahrnehmen, etwa im Bau- oder beim Waffenrecht.

In den 71 Landkreisen in Bayern leben rund neun Millionen Menschen, über vier Millionen in den 25 kreisfreien Städten.

## 2.3 Bezirke – eine bayerische Besonderheit

Eine kommunale Besonderheit in Bayern sind die Bezirke. Die Bezirksordnung für den Freistaat Bayern definiert sie in Art. 1 als »Gebietskörperschaften mit dem Recht, überörtliche Angelegenheiten, die über die Zuständigkeit der Landkreise und kreisfreien Gemeinden hinausgehen und deren Bedeutung über das Gebiet des Bezirks nicht hinausreicht, im

Rahmen der Gesetze selbst zu ordnen und zu verwalten«. Die Tätigkeitsfelder der Bezirke lassen sich mit den Stichworten »Soziales, Gesundheit, Bildung und Kultur« umschreiben.

Die Bezirke sind vom Gebiet her deckungsgleich mit den Regierungsbezirken, aber Gebietskörperschaften mit eigenen Aufgaben. Der Bezirk Oberbayern z. B. ist zuständig für rund 4,7 Millionen Einwohnerinnen und Einwohner, der Bezirk Unterfranken für gut 1,3 Millionen. Zur Erledigung ihrer Aufgaben standen den sieben Bezirken im Jahr 2023 rund 6,5 Milliarden Euro zur Verfügung – zum Vergleich: Der Haushalt des Freistaats Bayern lag 2023 bei rund 72 Milliarden Euro.

Die Bezirke unterhalten gemäß ihren Aufgaben etwa Fachkliniken für Neurologie, Psychiatrie und Suchtkranke, Fachschulen für Menschen mit Behinderungen und Freilichtmuseen. Sie fördern Dienste und Einrichtungen der freien Wohlfahrtspflege und gewähren Menschen mit Behinderungen oder Pflegebedarf finanzielle Hilfen. Die Bezirksheimatpflegerinnen und -pfleger beraten Kommunen und vermitteln Essentials zur Kultur der Region – in Vorträgen ebenso wie z. B. in einem Kulturmobil. Die Bezirke sind zudem für den Schutz der Natur und Gewässer zuständig und unterhalten z. B. Beratungsstellen für das Fischereiwesen.

Mit den Bezirken existiert eine weitere demokratische Mitwirkungsebene – alle fünf Jahre wird zeitgleich mit dem Landtag der Bezirkstag gewählt, das »Parlament des Bezirks«. Die Zahl der Mitglieder ist von der Bevölkerungszahl abhängig – in Oberbayern sind es beispielsweise mindestens 61, in Schwaben 26 und in Niederbayern 18. Bayernweit gibt es mindestens 180 Bezirkstagsmitglieder – dazu kommen Ausgleichs- und Überhangmandate – nach der Wahl von Oktober 2023 sind es 228.

## 2.4  Verflechtung der Ebenen

Die verschiedenen Ebenen der Gemeinden sind miteinander eng verflochten. Der Bezirkstagspräsident von Schwaben ist auch Landrat des Landkreises Augsburg und der Bezirkstagspräsident von Niederbayern steht auch der Stadt Freyung als Bürgermeister vor. In der Regel nehmen die Bezirkstagspräsidenten, Landräte und Oberbürgermeister der kreisfreien Städte auch Führungsaufgaben in den Parteien wahr.

Die Gemeinden, Städte, Landkreise und Bezirke vertreten ihre Interessen gegenüber dem Freistaat, aber auch gegenüber der Bundesrepublik Deutschland vor allem durch ihre Zusammenschlüsse im Gemeinde-, Städte-, Landkreis- sowie Bezirketag.

# 3 Wahlen und Kommunalorgane

Alle sechs Jahre sind die Bürgerinnen und Bürger aufgefordert, die Gemeinde- und Stadträte sowie die Kreistage zu wählen – ferner auch direkt die (Ober-)Bürgermeisterinnen und Bürgermeister sowie die Landrätinnen und Landräte (Art. 17 GO). Bürgermeisterinnen und Bürgermeister von Gemeinden mit mindestens 5000 Einwohnern werden hauptamtlich auf sechs Jahre bestellt, in kleineren Gemeinden sind sie vielfach ehren- bzw. nebenamtlich tätig.

Bei den Wahlen zu den Gemeinde- und Stadträten sowie den Kreistagen können die Wahlberechtigten im Alter ab 18 Jahren – deutsche Staatsbürgerinnen und -bürger sowie Angehörige von anderen EU-Mitgliedstaaten, die mindestens zwei Monate in der Gemeinde ihren Erstwohnsitz haben – nicht nur Kandidierende auf Listen unterschiedlicher Parteien und Wählergruppen auswählen (man spricht von »panaschieren«). Sie können auch einzelnen Bewerberinnen und Bewerbern mehrere Stimmen zukommen lassen (»kumulieren«) und so ihren individuellen politischen Willen wirkungsvoll ausdrücken.

Gemeinde- und Stadträte setzen sich je nach Größe aus 16 bis 80 Personen zusammen. Ihre Rechte und Pflichten sind in der Gemeindeordnung festgeschrieben. Im Regelfall erfolgt die Arbeit in Vollsitzungen oder in Ausschüssen. Meist schließen sich die Ratsmitglieder in Fraktionen zusammen. Die Arbeitsweise wird in der vom jeweiligen Rat beschlossenen Ordnung geregelt. Die Beschlüsse der Gemeinde- und Stadträte, Kreis- und Bezirkstage werden von der Verwaltung umgesetzt.

In einzelnen Gemeinden gibt es über die Gemeinde- und Stadträte hinaus auch ein Jugendparlament wie z. B. in den Städten Baunach und

Weißenburg sowie im Landkreis Hof (alle: Oberfranken). In der Regel beraten sie Themen, die für Jugendliche von Bedeutung sind.

## 4 Bürgerbegehren und Bürgerentscheide

Im Freistaat Bayern gibt es für Bürgerinnen und Bürger zusätzliche Optionen der Mitwirkung. Die Bayerische Gemeindeordnung sieht in Art. 18 a vor, dass Bürgerinnen und Bürger Weichen zur Gestaltung ihrer Gemeinde und ihres Landkreises durch Bürgerbegehren und durch Bürgerentscheid selbst stellen können. Für ein Bürgerbegehren, also einen Antrag auf Bürgerentscheid, bedarf es einer bestimmten Anzahl von Unterschriften, z. B. bei Gemeinden bis 10 000 Einwohnern zehn Prozent der Bürgerinnen und Bürger. Bürgerentscheide werden in der Regel dann abgehalten, wenn das Anliegen eines Bürgerbegehrens vom Gemeinderat nicht geteilt wird. Damit ein Bürgerentscheid wirksam werden kann, ist die Abgabe einer Mindestzahl von Stimmen nötig: Bei Kommunen bis 50 000 Einwohnern beispielsweise müssen es mindestens zwanzig Prozent der Bürgerinnen und Bürger sein. Die Mehrheit der abgegebenen Stimmen entscheidet über das Anliegen des Bürgerentscheids. Inhaltlich ausgenommen sind bei Bürgerentscheiden die Aufgaben, die dem Gemeindeoberhaupt zugewiesen sind, und die Haushaltssatzung.

Das politische System Bayerns ist dasjenige, das im Spektrum der politischen Systeme der Bundesländer den Bürgerinnen und Bürgern die weitestgehenden Einflussmöglichkeiten einräumt. Nach Einschätzung des Vereins »Mehr Demokratie e. V.« ist Bayern »das Bundesland der direkten Demokratie!« – freilich mit Licht und Schatten. Konkret formuliert der eingetragene Verein, der 1995 durch das von ihm angestoßene Volksbegehren »Mehr Demokratie in Bayern. Bürgerentscheide auch in Gemeinden und Kreisen« die Aufnahme von Bürgerentscheiden in die bayerische Verfassung erreicht hatte, so:

»Nirgendwo bringen so viele Menschen ihre Anliegen verbindlich in die Politik ein, wie im Freistaat. Ob beim Bürgerentscheid vor Ort oder beim Volksbegehren auf Landesebene: Auch zwischen den Wahlen können die Menschen in Bayern für sie wichtige Themen auf die Agenda setzen und ihre Umgebung mitgestalten.«[2]

Deutschlandweit zählt der *Bürgerbegehrensbericht 2023* von »Mehr Demokratie e. V.« insgesamt 8958 Bürgerbegehren seit 1956. Davon wurden die allermeisten in Bayern durchgeführt, nämlich 3458 (rund 40 Prozent), gefolgt von Baden-Württemberg mit 1105 (rund 12 Prozent; Rehmet et al. 2023, 14). Themenfelder, die in Bürgerbegehren und Bürgerentscheiden besonders häufig behandelt werden, sind Wirtschaftsprojekte, also etwa die Ansiedlung von Betrieben, Projekte zur Sozial- und Bildungspolitik sowie zur Verkehrspolitik. Besonders spektakulär war ein Bürgerentscheid der »Initiative-unser-München« im November 2004, in dem sich die Bürgerinnen und Bürger der Landeshauptstadt in Mehrheit gegen Bauten innerhalb des Stadtgebiets mit einer Höhe von mehr als 100 Metern aussprachen – das ist die Höhe der Zwillingstürme des Münchner Liebfrauendoms. Größte Aufmerksamkeit erlangte auch der Bürgerentscheid in Garmisch-Partenkirchen 2011 für eine Beteiligung an der Bewerbung Münchens für die olympischen Winterspiele 2018. Und im Juni 2012 votierte die Mehrzahl der Stimmberechtigten in einem Volksentscheid gegen eine dritte Start- bzw. Landebahn auf dem Flughafen München.

Schließlich bieten auch Bürgerversammlungen Möglichkeiten, Themen anzusprechen und den Gemeinderat dafür zu sensibilisieren. Sie müssen mindestens einmal jährlich vom Gemeindeoberhaupt einberufen werden.

---

2 Vgl. www.mehr-demokratie.de/mehr-bewegen/veranstaltungen/einzelansicht/direkte-demokratie-waehlbar-machen-5721 [04.06.2024].

## 5  Zukunft vor Ort: Chancen und Herausforderungen

Umfassende gesellschaftliche und wirtschaftliche Wandlungsprozesse außen- wie innenpolitischer Art schlagen auf die bayerischen Kommunen durch. Das verästelte Verbundsystem von Bund, Land und Kommunen lässt bei zentralen Rechts- und Exekutivmaterien eine Trennung nicht zu, wie etwa das hochkomplexe Feld der Finanzverfassungen zeigt. Verhandelt wird hier auf allen Ebenen – so kommt es vor, dass ein bayerischer Landrat mit der damaligen Bundeskanzlerin über die Situation der Gesundheitsämter spricht (Franz/Kellermann 2020, 273).

Die europäische Ebene spielt im Kontext kommunaler Politik ebenfalls eine nicht wegzudenkende Rolle. Kommunen haben Richtlinien und Gesetze der EU umzusetzen, sobald sie in nationales Recht übernommen wurden. Ihre Verwaltungen müssen z. B. im Wettbewerbs- und Vergaberecht mitziehen. Frühzeitig die kommunalen und regionalen Interessen auf europäischer Ebene zu artikulieren und dort Lobbying zu betreiben, gehört zum ABC heutiger Kommunalpolitik. Aus diesem Grund unterhalten die bayerischen kommunalen Spitzenverbände auch ein Europabüro in Brüssel.

Die Chancen der Zukunft vor Ort sind auch in Bayern zugleich Herausforderungen und umgekehrt. Eine Flut hochkomplexer Aufgaben trifft auf unterschiedliche Voraussetzungen und Möglichkeiten bei den kommunalen »Spielern«. Metropolen wie München oder Nürnberg können etwa Problemen, die durch digitale Prozesse entstehen, anders begegnen als kleinere Städte und Gemeinden im ländlichen Raum. Jedoch müssen Großstädte z. B. viele Schulen entsprechend ausstatten, kleine Gemeinden oft nur eine Schule. Last und Chance liegen eng beieinander. Kreativität und Engagement von Seiten der kommunalen Vertreter sind gefragt.

Eine Sicherstellung der kommunalen Finanzen kostet Kraft. Schon heute stellen die digitale Transformation, die Zukunft der Mobilität, die Zuwanderung, der demographische Wandel sowie der verantwortungsvolle Umgang mit Umwelt- und Klimafragen enorme Herausforderungen für die Kommunen dar.

## 5.1 Beispiel 1: Die weltweit vernetzte Smart City – Digitalisierung

Im Jahr 2023 hat München Hamburg auf dem »Smart City Index« (Digitalisierungsranking der deutschen Großstädte) überholt und steht nun auf Platz 1 in Deutschland (Bitkom 2023, 9). Dabei werden Daten in Arbeitsbereichen wie Verwaltung (von der Online-Terminvergabe bis zur Verarbeitung von Bevölkerungsanliegen), IT und Kommunikation, Energie und Umwelt (z. B. Monitoring, E-Mobilität), Mobilität (Sharing-Angebote und vieles mehr) sowie Gesellschaft und Bildung (Digitalkompetenzen, Öffentlichkeitsbeteiligung) erhoben. Die Münchner Strategie trägt den Namen »Aktive und verantwortungsbewusste digitale Transformation« und sieht einen ausgefeilten Maßnahmenkatalog vor. Mit dem vom Land massiv geförderten Ausbau der Stadt als Wirtschaftsfaktor und ihrem hohen Attraktivitätsgrad für internationale Expertencommunities geht sie innovative Projekte auf höchstem Niveau an, z. B. im Bereich grüner Energieversorgung.

Doch wie können die in der Verfassung verankerten gleichwertigen Lebensverhältnisse im Freistaat auch in ländlichen Regionen verwirklicht werden? Wie »smart« kann eine kleine Gemeinde sein, wenn sie sich die technischen Grundvoraussetzungen nicht leisten kann? Die Initiative »Digitale Dörfer« etwa ist ein Beispiel von Pionierarbeit, bei der staatliche Förderung mit kreativen Geistern zu erstaunlichen Ergebnissen führt (Ahrens 2020, 65–78). Dort erreichen weit von der Landeshauptstadt entfernte Dörfer, etwa Spiegelau-Frauenau unweit der tschechischen Grenze, durch Bündelung infrastruktureller, finanzieller oder technischer Kapazitäten eine übergreifende »Nachbarschaftshilfe«, z. B. bei der Seniorenbetreuung oder Telemedizin. Durch Überlegungen zu Co-Working im ländlichen Raum entstehen hier neue Arbeitsmodelle, die den Zwang zum Pendeln reduzieren und die Abwanderung begrenzen. Projekte dieser Art wirken mehrdimensional: Sie sollen nicht nur ein Ziel wie die Digitalisierung voranzutreiben helfen, sondern auch auf eine Erfüllung der Klimaziele, neue Arbeitsmodelle, mehr Teilhabe und Bildung hinwirken. Das funktioniert nur, wenn viele gesellschaftliche Akteure zusammenwirken, nämlich städtische und staatliche Stellen, Verbände, Bildungseinrichtungen und Bürgerinnen und Bürger. Wie ein Modellprojekt in Neu-Ulm zeigt, können nicht nur die großen und reichen Städte in Bayern solche Ziele erreichen (Schwarz 2023).

## 5.2 Beispiel 2: Zuwanderung – eine Herausforderung für Kommunen

Das Jahr 2024 begann mit einem drastischen Appell des Deutschen-Städte- und Gemeindetags: Die Zuwanderung nach Deutschland müsse begrenzt werden, weil die Kommunen an ihren Kapazitätsgrenzen angelangt seien. Seit Februar 2022 wurden mehr als eine Million Kriegsflüchtlinge aus der Ukraine aufgenommen – zudem ist die Zahl der Asylanträge seit 2015 weiter gestiegen. In mehreren Orten in Bayern regte sich gegen die Pläne des zuständigen Landratsamtes, das für die Erstaufnahmeeinrichtungen von Asylbewerbern vor Ort zuständig ist, massiver Protest. Anwohner argumentierten, die Zahl der Unterzubringenden sei aus ihrer Perspektive im Verhältnis zur Einwohnerschaft und den Raumumständen zu groß. Dabei geht es um die Finanzierung und die Option für Unterbringung, Kindergärten und Schulen. Diese Konflikte gehen weit über infrastrukturelle Herausforderungen hinaus – hier werden grundsätzliche Fragen über das künftige Zusammenleben in kleinen Kommunen aufgeworfen. Den zuständigen Behörden muss es dabei auch darum gehen, ob Zuwandernde in einem ablehnenden Klima vor Ort überhaupt einen verträglichen Neustart hinbekommen können.

In diesen Situationen zeigen sich auf kommunaler Ebene vor Ort hoch komplexe und zum Teil folgenreiche Auseinandersetzungen, in denen Kommunalpolitik zum Austragungsort gesamtgesellschaftlicher Probleme wird, bis hin zu Grundsatzdiskussionen über die Demokratie.

## 5.3 Kommunen als Rettungsanker für die demokratische Grundordnung

Die Gemeinden sind nicht nur zweckgebundene Institutionen, sie haben eine wichtige Funktion in einer Demokratie: Sie sind Lern- und Handlungsort für demokratisches Tun. Wörtlich heißt es in Art. 11 der Verfassung Bayerns: »Die Selbstverwaltung der Gemeinden dient dem Aufbau der Demokratie in Bayern von unten nach oben«. Gemeinde- und Stadträte haben formaliter nicht den Charakter eines Parlaments, sondern den von Verwaltungsorganen. Aber sie sind gewählt und damit Elemente demokratischer Mitbestimmung der Bürgerinnen und Bürger. Sie stehen diesen gegenüber in einer besonderen Verantwortung. Entsprechend beraten die Gemeinde- und Stadträte, Kreis- und Bezirkstage in der Regel öffentlich.

Ein Teil der Zukunftsfragen hat starke soziale Aspekte, z. B.: Wann werden mehr Frauen in Bayern in verantwortungsvolle Positionen vor Ort kommen? Wie sieht es mit dem kommunalen Nachwuchs aus? Neue Partizipationsmodelle für Jugendliche, wie die Jugendparlamente, bewähren sich an vielen Orten, aber nicht überall.

In der aktuellen Krisenzeit nehmen viele Bürger bei der Politik nur noch geringe Problemlösungs- und Regelungsfähigkeit wahr. Dies liegt unter anderem daran, dass Problemursachen heute an nationalen Grenzen nicht mehr Halt machen – sei es in der Wirtschafts-, Sicherheits- oder Umweltpolitik. Supranationale Institutionen wie die EU können zwar neue Lösungspotenziale für diese Probleme bieten. Die Lösungen selbst bestehen aber in der Regel aus Kompromissen, die Bürgerinnen und Bürgern häufig nicht genügen. Ganz anders in den Kommunen: Hier sind die Akteure bekannt, und der Prozess der Kompromissfindung ist für alle nachvollziehbar. Kommunalpolitiker vertreten bisweilen sogar die Position: »Die Gemeinde ist wichtiger als der Staat« (Busse/Keller 2020, 19). Tatsächlich ist beides nötig.

# Literaturhinweise

Ahrens, Diane (2020): Digitale Dörfer. Gleichwertige Lebensverhältnisse durch Digitalisierung im ländlichen Raum? In: Franz, Monika/Kellermann, Gero (Koordination): Zukunft vor Ort. Kommunalpolitik in Bayern. München (Bayerische Landeszentrale für politische Bildungsarbeit/Akademie für politische Bildung Tutzing), S. 65–78.

Bitkom e. V. (Hrsg.) (2023): Smart City Index 2023. Online abrufbar unter https://www.bitkom.org/sites/main/files/2023-10/Smart-City-Index-2023-Ergebnisse.pdf [22.03.2024].

Bogumil, Jörg/Holtkamp, Lars (2023): Kommunalpolitik und Kommunalverwaltung. Eine praxisorientierte Einführung. Neuausgabe, Bonn (Bundeszentrale für politische Bildung).

Brandl, Uwe/Huber, Thomas/Walchshöfer, Jürgen (Hrsg.) (2020): Praxiswissen für Kommunalpolitiker. Erfolgreich handeln als Gemeinde-, Stadt-, Kreis- und Bezirksrat in Bayern. 5. Aufl., Heidelberg/München (Jehle Verlag).

Busse, Jürgen/Keller, Johann (Hrsg.) (2020): Taschenbuch für Gemeinde- und Stadträte in Bayern. Grundwissen für kommunale Mandatsträger. 5. Aufl., Stuttgart u. a. (Richard Boorberg Verlag).

Dirnberger, Franz (Hrsg.) (2020): Gemeindeordnung für den Freistaat Bayern und Verwaltungsgemeinschaftsordnung. Textausgabe mit Einführung, Geschäftsordnungsmuster des Bayerischen Gemeindetags, Stichwortverzeichnis. 17. Aufl., Stuttgart (Richard Boorberg Verlag).

Franz, Monika/Kellermann, Gero (2020): Dienstleister, Fürsprecher, Anwälte, Sozialarbeiter, Vermittler: Die Landräte als politische Akteure. Interview mit Christian Bernreiter. In: Dies. (Koordination): Zukunft vor Ort. Kommunalpolitik in Bayern. München (Bayerische Landeszentrale für politische Bildungsarbeit/Akademie für politische Bildung Tutzing), S. 266–273.

Höfer, Frank/Grübl, Rupert/Unger, Ludwig (2024): Das politische System des Freistaats Bayern. 2. Aufl., München (Bayerische Landeszentrale für politische Bildungsarbeit).

Kitzeder, Peter (2010): Gemeinde – Landkreis – Bezirk. Bürger und Kommunen in Bayern. 4. Aufl., München (Bayerische Landeszentrale für politische Bildungsarbeit).

Mattern, Julia (2020): Gebietsreform. In: Historisches Lexikon Bayerns, 02.12.2020. Online abrufbar unter https://www.historisches-lexikon-bayerns.de/Lexikon/Gebietsreform [21.03.2024].

Rehmet, Frank et al. (2023): Bürgerbegehrensbericht 2023. 2. Aufl., Berlin (Mehr Demokratie e. V.). Online abrufbar unter https://www.mehr-demokratie.de/fileadmin/pdf/2023/Berichte_Stellungnahmen/230531_MD_Buergerbegehrensbericht_2023_web.pdf [22.02.2024].

Schwarz, Robert (2023): Turbo-Digitalisierung. In: Treffpunkt Kommune, 22.05.2023. Online abrufbar unter https://www.treffpunkt-kommune.de/turbo-digitalisierung [21.03.2024].

Stöber, Brigitta (2021): Kommunalpolitik verstehen. Für ein besseres Politikverständnis. Regensburg (Friedrich-Ebert-Stiftung).

Unger, Ludwig/Spiller, Michaela (Hrsg.) (2024): Soziales, Gesundheit, Bildung und Kultur. Aufgaben und Alltag der Bezirke in Bayern. 2. Aufl., München (Bayerische Landeszentrale für politische Bildungsarbeit/Bayerischer Bezirketag).

Weichlein, Siegfried (2019): Föderalismus und Demokratie in der Bundesrepublik. Stuttgart (Kohlhammer Verlag).
Wittl, Wolfgang (2024): Eine Stadt kämpft um ihr Wasser. In: SZ Online, 27.10.2024. Online abrufbar unter www.sueddeutsche.de/bayern/oberpfalz-eine-stadt-kaempft-um-ihr-wasser-1.2191553 [21.03.2024]

# Berlin

*Peter Ottenberg*

## 1 Historische Rahmenbedingungen und Kommunalverfassung

Metropole und Hauptstadt, Brennglas der deutschen Teilung und Wiedervereinigung, Gemeinde und Bundesland. Das sind Stichworte, die sogleich ins Auge springen und ihre Erklärung insbesondere im historischen Kontext finden. Die Entstehungsgeschichte Berlins in den heutigen Stadtgrenzen ist relativ jung, reicht aber durchaus weit in mittelalterliche Zeitläufte zurück (Spandau wird erstmals 1137 erwähnt und ist somit rund einhundert Jahre älter als der erste urkundliche Beleg über Berlin). Die regionale Ausdehnung erfuhr die damalige Reichshauptstadt erst durch das Groß-Berlin-Gesetz von 1920. Dadurch wurden sieben kreisfreie Städte (z. B. Deutsch-Wilmersdorf und Köpenick), 59 Landgemeinden (z. B. Grunewald und Oberschöneweide) sowie 27 Gutsbezirke (z. B. Dahlem und Wuhlheide) zu einer Kommune zusammengefasst.

Berlin war bereits damals durch zwei Verwaltungsebenen gekennzeichnet: Magistrat und Stadtverordnetenversammlung, sowie durch zwanzig Bezirke zur Wahrnehmung von Selbstverwaltungsaufgaben. Die Bezirksverwaltungen, bestehend aus einer Bezirksversammlung und einem Bezirksamt, wurden um eine Bezirksdeputation erweitert, welche die Interessen der Einwohnerschaft im Rahmen eines Mitwirkungsrechts in besonderem Maße vertreten sollte. Nach einer Phase der Gleichschaltung und Abschaffung von Mitbestimmungsrechten in der Zeit des Nationalsozialismus wurden diese Strukturen nach der Befreiung wieder aufgegriffen. Sie bildeten 1945 (Potsdamer Abkommen) die Grundlage für die

Einteilung in vier Sektoren, die von der Alliierten Kommandantur gemeinsam verwaltet wurden. Schon drei Jahre später wurde die Spaltung Deutschlands durch Währungsreformen in den Westzonen und der sowjetischen Besatzungszone und die sich anschließende Berlin-Blockade (Luftbrücke) festgeschrieben: 1948 erfolgte der Auszug (und die Vertreibung) der westlichen Abgeordneten aus der Stadtverordnetenversammlung in der alten Mitte Berlins ins Schöneberger Rathaus und die Wahl eines eigenen Magistrats in einem Abgeordnetenhaus, das 1950 eine Verfassung verabschiedete. Die demokratisch gewählten Vertretungen in den Bezirken wurden in »Bezirksverordnetenversammlung« umbenannt, Berlin zu einem Land der Bundesrepublik Deutschland. Diese Entscheidung erstreckte sich im Ergebnis jedoch lediglich auf den Westteil, weil der sowjetische Sektor Berlins im gleichen Zeitraum zur Hauptstadt der DDR deklariert wurde und bis zur Wende den Status eines Bezirks der DDR (wie Potsdam oder Frankfurt/Oder) behielt. In Ostberlin verblieb es zudem bei der Stadtverordnetenversammlung und den Stadtbezirksversammlungen ohne Deputationen. Die dortigen Bezirksverwaltungen wurden jeweils als Rat des Stadtbezirks bezeichnet.

Der Verlauf der Berliner Mauer (teilweise zwischen Bürgersteig und Fahrdamm) richtete sich 1961 akribisch nach den Bezirksgrenzen von 1945. Die Schaffung von drei weiteren Bezirken teilweise auf dem Staatsgebiet der DDR (1979, 1985 und 1986) verstieß zwar gegen das Alliierte Recht, wurde allerdings 1990 im Zuge des Einigungsvertrages nachträglich legitimiert. Seit 2001 umfasst Berlin nunmehr zwölf Bezirke, die durch Zusammenlegung der 23 Bezirke entstanden. Jeder dieser regionalen Teile hat Großstadtcharakter (mit Einwohnerzahlen zwischen 245 000 und 410 000), und doch vermittelt die deutsche Hauptstadt in den ihr typischen Kiezen und Quartieren nach wie vor mitunter den Eindruck dörflicher Strukturen. Färbt das auf die hier lebenden Menschen ab, etwa auch auf die politischen Entscheidungsträger?

Ist in Berlin von Kommunalpolitik die Rede, sind regelmäßig beide Ebenen betroffen. Berlin ist laut Verfassung (kreisfreie) Stadt und Land zugleich (Art. 1 Abs. 1 VvB). Volksvertretung, Regierung und Verwaltung einschließlich der Bezirksverwaltungen nehmen die Aufgaben Berlins als Gemeinde, Gemeindeverband und Land wahr (Art. 2 Abs. 2 VvB). Die Bezirke sind Selbstverwaltungseinheiten Berlins ohne Rechtspersönlichkeit (§ 2 Abs. 1 BezVG) und Teil der staatsunmittelbaren Verwaltungsuntergliederung, keine Gebietskörperschaften mit Budget- und Satzungsrecht. Träger der kommunalen Selbstverwaltungsgarantie ist Berlin als Ganzes. Deshalb ist dem (gesetzgebenden) Landesparlament, dem Berliner Abgeordnetenhaus, zugleich die Kompetenz als kommunale (gesamtberliner) Vertretungskörperschaft zugewiesen. Zur Unterscheidung (und mit Blick auf den historisch begründeten zweistufigen Aufbau der Organisationsstrukturen) bilden in Berlin im allgemeinen Sprachgebrauch dennoch die zwölf Bezirke die kommunale Ebene, weil sie überwiegend für die örtlichen Belange zuständig sind.

## 2 Verwaltungsstruktur

Den Bezirken steht das Recht auf Selbstverwaltung zu. Art. 67 VvB regelt die Aufgabenverteilung zwischen Hauptverwaltung (Senatsverwaltungen, nachgeordneten Behörden, insbesondere Landesämter, nichtrechtsfähige Anstalten und die unter ihrer Aufsicht stehenden Eigenbetriebe) und den Bezirksverwaltungen einschließlich der jeweils nachgeordneten Organisationseinheiten. Demnach nimmt die Hauptverwaltung die Aufgaben von gesamtstädtischer Bedeutung wahr (Leitungsaufgaben wie Planung, Grundsatzangelegenheiten, Steuerung, Aufsicht), Polizei-, Justiz- und Steuerverwaltung sowie einzelne andere Aufgabenbereiche, die wegen ihrer Eigenart zwingend einer Durchführung in unmittelbarer Regierungsverantwortung bedürfen. Die Bezirke nehmen alle anderen Aufgaben der Verwaltung wahr. Diese Zuständigkeitsvermutung drückt sich in umfangreichen gesetzlichen Katalogen über die der Hauptverwaltung vorbehaltenen Aufgaben aus. Darüber hinaus existiert (ausschließlich) für die Bezirksverwaltungen ein Produktkatalog im Rahmen der Budgetierung der Haushaltsmittel.

Die Bezirksverwaltungen sind grundsätzlich einheitlich gegliedert:

I. *Geschäftsbereich Bezirksbürgermeisterin/Bezirksbürgermeister*
Serviceeinheit Finanzen, Serviceeinheit Personal, Wirtschaftsförderung, Sozialraumorientierte Planungskoordination, Steuerungsdienst, Pressestelle, Rechtsamt und Zentrale Vergabestelle. Hinzu treten die Beauftragten für Datenschutz, für Menschen mit Behinderungen, für Partizipation und Integration, für Frauen und Gleichstellung, für die EU, für Partnerschaften sowie für Klimaschutz.
II. *Geschäftsbereich Schul- und Sportamt*
III. *Geschäftsbereich Ordnungsamt*
IV. *Geschäftsbereich Stadtentwicklungsamt*
V. *Geschäftsbereich Amt für Soziales*
VI. *Geschäftsbereich Jugendamt*

Weitere Gliederungseinheiten sind wie folgt zu bilden:

1. Das Amt für Weiterbildung und Kultur (Volkshoch-, Musik-, Jugendkunstschule, Bibliotheken; Kultur und Regionalmuseum) ist wahlweise den Geschäftsbereichen I oder II zuzuordnen.
2. Das Straßen- und Grünflächenamt (Tiefbau: Straßenplanung, Straßenneubau, Straßenunterhalt, Straßenaufsicht, Straßenverwaltung, Straßenverkehrsbehörde, Unterhaltung und Neubau von Grün- und Freiflächen einschließlich Friedhöfe und Kleingärten) ist wahlweise den Geschäftsbereichen I, III oder IV zuzuordnen.
3. Das Umwelt- und Naturschutzamt (Umweltplanung, Umweltberatung und Umweltinformation, Umweltordnungsaufgaben sowie Natur- und Artenschutz) ist gemeinsam mit dem Straßen- und Grünflächenamt zuzuordnen.
4. Die Serviceeinheit *Facility Management* (Immobilien- und Gebäudeverwaltung, Hochbauservice, Innere Dienste, IT-Service) ist wahlweise den Geschäftsbereichen I, II oder IV zuzuordnen.
5. Das Amt für Bürgerdienste (Bürgerämter einschließlich Parkausweisen, Standesamt, Wohnungsamt und Bezirkswahlamt) ist wahlweise den Geschäftsbereichen I, IV oder V zuzuordnen.
6. Das Gesundheitsamt (Gesundheitsschutz und Gesundheitsaufsicht, Gesundheitsförderung und spezielle gesundheitliche Hilfen für Men-

schen mit Behinderungen) ist wahlweise den Geschäftsbereichen V oder VI zuzuordnen.
7. Die Qualitätsentwicklung, Planung und Koordination des öffentlichen Gesundheitsdienstes ist gemeinsam mit dem Gesundheitsamt zuzuordnen.

Die Zuordnung zu den Geschäftsbereichen erfolgt durch Beschluss des Bezirksamts. Jeder der sechs Geschäftsbereiche, die der Zahl der Mitglieder des Bezirksamtes entsprechen, wird nach dem Ressortprinzip geleitet. Die Tiefenschärfe dieser organisationsrechtlichen Vorgaben verdeutlicht dabei den geringen Grad der Bezirksautonomie.

## 3 Akteure und Institutionen

Organe des Bezirks sind das Bezirksamt als kollegiale Leitung der gleichnamigen Verwaltungsbehörde und die Bezirksverordnetenversammlung (BVV) als politische Steuerungsinstanz, deren Mitglieder ehrenamtlich wirken und eine Aufwandsentschädigung (von etwa 1100 Euro monatlich) erhalten.

Das Bezirksamt ist die Verwaltungsbehörde des Bezirks. Ihm obliegt nach § 36 BezVG u. a.

- die Vertretung des Landes Berlin in Angelegenheiten der Bezirke;
- die Festsetzung von Bebauungsplänen, Landschaftsplänen und anderen baurechtlichen Akten, die nach Bundesrecht durch Satzung zu regeln sind, sowie von naturschutzrechtlichen Veränderungsverboten;
- die rechtzeitige und umfassende Unterrichtung der BVV über die Führung der Geschäfte und die künftigen Vorhaben sowie die Rechtsprüfung ihrer Beschlüsse;
- die Organisation des Bezirksamtes.

Die zwölf Bezirksbürgermeisterinnen und Bezirksbürgermeister bilden den Rat der Bürgermeister. In ihm haben die Bezirksverwaltungen Gelegenheit, zu den grundsätzlichen Fragen der Gesetzgebung und Verwaltung Stellung zu nehmen. Das gilt auch für Gesetzesanträge aus der Mitte des Abgeordnetenhauses. Der Rat der Bürgermeister kann dem Senat – d. h. der Regierung des Landes Berlin – Vorschläge für Rechts- und Verwaltungsvorschriften unterbreiten, die von Organen Berlins erlassen werden können und den Aufgabenbereich der Bezirksverwaltungen betreffen. Das gilt auch für den Rat der Vorsteherinnen und Vorsteher (s. u., 3.6), soweit der Organisationsbereich der Bezirksverordnetenversammlung berührt ist.

Die BVV nimmt Wahlen und Abberufungen vor (3.1), bestimmt die Grundlinien der Verwaltungspolitik des Bezirks im Rahmen der Rechtsvorschriften und der vom Senat oder den einzelnen Mitgliedern des Senats erlassenen Verwaltungsvorschriften (3.2) und entscheidet in den ihr vorbehaltenen Angelegenheiten (3.3). Die BVV regt darüber hinaus Verwaltungshandeln durch Empfehlungen und Ersuchen an (3.4) und kontrolliert die Führung der Geschäfte des Bezirksamts (3.5).

## 3.1 Wahlorgan für das Bezirksamt

Die BVV ist das Wahlorgan für das Bezirksamt. Da sie dessen Mitglieder für die Dauer der Wahlperiode wählt, ragt diese Kompetenz besonders heraus. Das Bezirksamt besteht wie erwähnt aus sechs Mitgliedern: Bezirksbürgermeisterin bzw. -meister, ihrer bzw. seiner Stellvertreterin bzw. Stellvertreter sowie vier weitere Bezirksstadträtinnen bzw. Bezirksstadträten. Gewählt ist ein Mitglied, wenn es mehr Ja- als Neinstimmen auf sich vereinigt, Enthaltungen bleiben unberücksichtigt.

Das Bezirksamt soll dabei aufgrund der Wahlvorschläge der Fraktionen entsprechend ihrem nach dem Höchstzahlverfahren (nach d'Hondt) berechneten Stärkeverhältnis in der BVV gebildet werden. Es handelt sich um ein Kollegialorgan nach Proporz. Die individuelle Wahl setzt insofern ein gewisses Vertrauen in die vorgeschlagene Person voraus und ist an das freie Mandat[1] jedes einzelnen Mitgliedes der BVV geknüpft. Das Vorschlags-

---

1 Aufgrund der Wahlen vom 26. September 2021 bzw. der Wiederholungswahl am

recht, das sich nicht auf einen bestimmten Geschäftsbereich beziehen darf, ist ein besonderes Privileg der Fraktionen, die mit einer kommunalpolitisch relevanten Zahl von Sitzen in der BVV vertreten sind. Für jede zu besetzende Bezirksamtsposition ist jeweils nur eine Fraktion vorschlagsberechtigt. Gegenkandidaturen sind ausgeschlossen.

Bei der Wahl der Bezirksbürgermeisterin bzw. des Bezirksbürgermeisters gilt als Ausnahme von diesem Grundsatz ein gemeinsamer Wahlvorschlag von mehreren Fraktionen als Wahlvorschlag einer Fraktion; dieser ist auf die Wahlvorschlagsrechte der an dem gemeinsamen Wahlvorschlag beteiligten Fraktionen anzurechnen. Sind mehrere Fraktionen mit einem Wahlvorschlagsrecht beteiligt, muss eine Einigung erzielt werden, bei welcher die Anrechnung erfolgt. Eine solche Zählgemeinschaft darf nur gebildet werden, wenn sie über mindestens einen Sitz mehr verfügt als die stärkste Fraktion, die daran nicht beteiligt ist. Daran darf sich auch eine Fraktion beteiligen, die kein eigenes Wahlvorschlagsrecht ausüben darf. Zumindest eine Fraktion dieser Zählgemeinschaft muss jedoch über ein solches verfügen.

Die Mitglieder des Bezirksamtes werden nach erfolgreicher Wahl außerhalb einer regelmäßigen Dienstlaufbahn zu Beamten auf Zeit berufen. Wegen ihrer besonderen Rechtsstellung finden die beamtenrechtlichen Vorschriften nur insoweit Anwendung, wie sie der Eigenart des Dienstverhältnisses nicht entgegenstehen. Ihre politische Verantwortlichkeit gegenüber der BVV (und der Öffentlichkeit) wird durch Dienstaufsichts- oder Disziplinarmaßnahmen nicht berührt. Zum Mitglied eines Bezirksamtes darf nur gewählt werden, wer die erforderliche Sachkunde und allgemeine Berufserfahrung vorweist.

---

12. Februar 2023 ergaben sich in vier Bezirken Wahlvorschlagsrechte der jeweiligen AfD-Fraktion. Sie führten bisher lediglich in drei Bezirken zur Wahl eines Bezirksamtsmitgliedes. Regelmäßig wiesen die Wahlorgane eine Wahl unter Berufung auf den Beschlusses des BVerfG vom 22. März 2022 (2 BvE 9/20) zum freien Mandat mehrheitlich ab. Aufgrund zahlreicher Pannen mussten die Wahlen auf Landes- und Bezirksebene auf Anordnung des Berliner Verfassungsgerichtshof am 12. Februar 2023 wiederholt werden, die Folge war ein Regierungswechsel von Rot-Grün-Rot zu Schwarz-Rot.

Darüber hinaus werden in und für den Bezirk ehrenamtlich tätige Personen regelmäßig auf Grundlage landesrechtlicher Bestimmung von der BVV gewählt (z. B. Schiedspersonen, Patientenfürsprecherinnen und -fürsprecher, Personen im ehrenamtlichen Dienst des Sozialamtes). Auch die Vorschlagslisten für ehrenamtliche Richterinnen und Richter, formell der Sachentscheidungskompetenz der BVV zuzurechnen, sind zu nennen.

## 3.2 Strukturierung durch sachpolitische Maximen

Neben der – auch nach außen deutlich sichtbaren – personellen Entscheidung über die politische Ausrichtung des Bezirks durch die Wahl eines bestimmten Kollegialorgans obliegt es der BVV, die laufende Wahlperiode durch sachpolitische Maximen zu strukturieren. Die Steuerung der Verwaltungspolitik des Bezirks erfolgt über die Fassung von Beschlüssen mit Grundsatzcharakter, kann ihren Ausdruck jedoch auch in der Summe der Verabschiedung vieler einzelner Ideen finden. Als Faustregel gilt: Die BVV bestimmt das »Was«, nicht das »Wie«. Im Hinblick auf Qualität und Quantität der Ressourcen muss sich die BVV auf wesentliche, strukturelle Angelegenheiten konzentrieren, um erfolgreich Kommunalpolitik zu betreiben.

## 3.3 Entscheidungsrechte

Aus einem Beschluss zu den Grundlinien der Verwaltungspolitik des Bezirks erwächst grundsätzlich keine Rechtsverbindlichkeit, soweit die Angelegenheit nicht zum Entscheidungsrecht der BVV zählt. Das Entscheidungsrecht umfasst u. a. den Entwurf zum Bezirkshaushaltsplan, die Genehmigung von über- und außerplanmäßigen Ausgaben, Rechtsverordnungen zur Festsetzung von Bebauungs- und Landschaftsplänen,[2] die

---

2 In der Bauleitplanung verfügen die Bezirke ausnahmsweise über die »Normsetzungskompetenz«. Sie entspricht der Gestaltungsgewalt einer Gemeinde durch Satzungsrecht. Entsprechend ist das Bezirksamt ermächtigt, den Bebauungs- bzw. Landschaftsplan durch Rechtsverordnung festzusetzen und zu veröffentlichen. Zu den anderen baurechtlichen Akten zählen vor allem die Veränderungssperre

Anmeldung zur Investitionsplanung Berlins, zur Städtebauförderung, die Entwicklungsplanung zur Kindertagesförderung, die Schulentwicklungsplanung, soziale Infrastrukturkonzepte, den Fuß- und Radverkehrsplan, die Errichtung, Übernahme und Auflösung bezirklicher Einrichtungen oder ihre Übertragung an andere Träger sowie Angelegenheiten, die durch besondere Rechtsvorschrift zugewiesen sind (u. a. im Bereich der Jugendhilfeplanung).

## 3.4 Verwaltungshandeln durch Empfehlungen und Ersuchen

Sofern der Bezirk über die abschließende Entscheidungskompetenz (Bezirksangelegenheiten) verfügt, handelt es sich bei entsprechenden Beschlüssen der BVV um ein Ersuchen, bei einer Zuständigkeit in allen anderen Angelegenheiten (Hauptverwaltung, Bund, andere) um eine Empfehlung. Das Bezirksamt hat seine Maßnahmen für beide Beschlussarten unverzüglich der BVV zur Kenntnis zu bringen. Soweit dem angeregten Verwaltungshandeln nicht entsprochen wird, hat es die Gründe dafür mitzuteilen. Bei Ersuchen prüft das Bezirksamt auch, ob alternative Maßnahmen in Betracht kommen, und teilt der BVV das Ergebnis mit. In Einzelpersonalangelegenheiten sind Empfehlungen und Ersuchen ausgeschlossen.

Die BVV kann nach vorangegangener Kontrolle oder im Falle der ungenügenden Umsetzung eines Ersuchens Entscheidungen des Bezirksamtes aufheben und selbst entscheiden. Die Vorschrift wird in ihrer Wirkung mitunter überschätzt. Aus dem Umstand, dass sie äußerst selten zur Anwendung kommt, darf jedoch nicht der Schluss gezogen werden, sie hätte keine Bedeutung. Vielmehr ist davon auszugehen, dass allein ihre Existenz zur aufmerksamen Beachtung von Beschlüssen der BVV durch das Bezirksamt führt. Die BVV »muss« dieses Instrument in der Regel gar nicht einsetzen, um ihre Willensbildung in Verwaltungshandeln umzusetzen.

---

sowie Rechtsverordnungen über die Zulässigkeit von Vorhaben innerhalb der im Zusammenhang bebauten Ortsteile, einer Bebauung im Außenbereich und die Erhaltung baulicher Anlagen (»Erhaltungssatzung«).

Die BVV hat bei der Frage, ob sie von diesem Recht Gebrauch machen soll, einen Ermessensspielraum. Sie ist deshalb bei Vorliegen der Voraussetzungen nicht verpflichtet, einen Beschluss des Kollegialorgans aufzuheben und die eigene Entscheidung an dessen Stelle zu setzen. In diesen Abwägungsprozess fallen Elemente der »politischen Opportunität«. Dabei ist zu berücksichtigen, dass die Zusammensetzung der Mitglieder des Bezirksamts in etwa den (parteipolitischen) Mehrheitsverhältnissen in der BVV – umgesetzt in die Stärkeverhältnisse zwischen den Fraktionen – entspricht. Im Vorfeld einer formellen »Machtprobe« zwischen BVV und Bezirksamt beeinflusst daher die informelle Erörterung einer Angelegenheit in Fraktionssitzungen, an denen in der Regel auch die entsprechenden Mitglieder des Bezirksamts teilnehmen (ggf. sogar in Parteigremien), die Umsetzung einer solchen BVV-Initiative.

Unzulässig ist die Anwendung des Aufhebungs- und Selbstentscheidungsrechts in den Bereichen:

- Einzelpersonalangelegenheiten;
- der Erwerb und die Veräußerung von Grundstücken;
- die ärztlich, zahnärztlich und tierärztlich bestimmten Tätigkeiten;
- die Durchführung und Sicherung der Erfüllung der Schulpflicht;
- Ordnungsangelegenheiten.

Einzelpersonalangelegenheiten beziehen sich u. a. auf Einstellung, Beförderung, Versetzung, Höhergruppierung, Entlassung. Strukturmaßnahmen, die sich auf das Personal der Bezirksverwaltung auswirken, sind davon unberührt. Die Tätigkeiten in rein medizinischer Hinsicht, die ohnehin der besonderen Verantwortung dieser Berufsgruppen unterliegen, entziehen sich aus nachvollziehbaren Gründen diesem besonderen Recht der BVV. Bei Ordnungsaufgaben handelt es sich häufig um Gefahrenabwehr. Hier darf die BVV bereits wegen der Eiligkeit einer Maßnahme Entscheidungen des Bezirksamts nicht ersetzen.

## 3.5 Kontrollfunktionen

Die Kontrolle der Führung der Geschäfte des Bezirksamts erfolgt durch verschiedene Instrumente. Sie stehen einerseits jedem einzelnen Mitglied der BVV zu: Rederecht, Fragerecht mit Beantwortungsverpflichtung, Antragsrecht. Besondere Erwähnung muss das Recht auf Akteneinsicht finden: Auf Antrag hat das Bezirksamt seine »Bücher« zu öffnen. Datenschutz ist aber zu beachten und ein Mitglied der BVV unterliegt ggf. der Vertraulichkeit. Verwaltungsgebühren dürfen (natürlich) nicht erhoben werden. Neben diesen eher formaljuristischen Rahmenbedingungen ist – im Hinblick auf die praktische Wahrnehmung der kommunalpolitischen Aufgaben – der informelle Aspekt nicht zu unterschätzen. Mit einer Akteneinsicht in einer bestimmten bezeichneten Angelegenheit wird dokumentiert, dass sie im besonderen Fokus der Politik steht und insoweit im (weiteren) Verwaltungshandeln eine erhöhte Aufmerksamkeit geboten ist.

## 3.6 Weitere Akteure: Ausschüsse, Vorstand der BVV, Fraktionen

Andererseits verfügt die BVV über strukturelle Kontrollmöglichkeiten. Dabei ist insbesondere die Thematisierung einer Angelegenheit in den von der BVV zu bildenden Ausschüssen zu nennen. In ihnen werden – auch im Rahmen eines Selbstbefassungsrechts – diverse kommunalpolitische Aspekte regelmäßig erörtert. Sie sind die »Herzkammer« der BVV. Bei der Bildung von Ausschüssen ist die BVV jedoch an einen gesetzlichen Rahmen gebunden: Sie ist verpflichtet, einen Ausschuss für Partizipation und Integration sowie einen für Jugendhilfe zu bilden, für die eine besondere Zusammensetzung, Aufgaben und Kompetenzen zu beachten sind. Zudem ist im Hinblick auf das Petitionsrecht auch der Ausschuss für Eingaben und Beschwerden ein Pflichtausschuss. Die Größe soll im Übrigen im Regelfall auf 17 Mitglieder begrenzt werden (§ 9 Abs. 1 Satz 3 BezVG).

Die BVV hat die Möglichkeit, für jeden Ausschuss bis zu sechs Bürgerdeputierte hinzu zu wählen. Die Bezirksverordneten müssen allerdings in jedem Fall die Mehrheit bilden. Bürgerdeputierte sind sachkundige Bürgerinnen oder Bürger, die stimmberechtigt an der Arbeit in den Ausschüssen teilnehmen. Die Mitgliedschaft in einer Partei ist nicht erforderlich. Die Höchstgrenze von 17 Mitgliedern gilt jedoch auch, wenn für den jeweiligen Ausschuss Bürgerdeputierte hinzugewählt werden. Soweit von dieser Option Gebrauch gemacht wird, sind auch die Vorschlagsrechte für diese Sitze nach den Mehrheits- und Stärkeverhältnissen in der BVV zwischen den Fraktionen zu verteilen. Eine Abweichung von der Soll-Größe der Ausschüsse ist nur zulässig, wenn eine Abbildung der Mehrheits- und Stärkeverhältnisse nicht anders möglich ist, was insbesondere bei einer komplexen Zusammensetzung der BVV der Fall sein kann.

Gleichfalls nach den Mehrheits- und Stärkeverhältnissen setzt sich der Vorstand der BVV zusammen. Wichtigste Funktion ist dabei die Bezirksverordnetenvorsteherin bzw. der -vorsteher. Diese Person vertritt die BVV nach außen. Ihr obliegt zudem die Sitzungseinladung einschließlich der Festlegung der Tagesordnung sowie die Bewirtschaftung der Haushaltsmittel der BVV. Bezirksübergreifend wirkt sie im Rat der Vorsteherinnen und Vorsteher.

Eine Fraktion besteht aus mindestens drei Mitgliedern der BVV, die derselben Partei oder Wählergemeinschaft angehören oder auf demselben Wahlvorschlag gewählt worden sind. Die Zugehörigkeit zur bisherigen Fraktion entfällt bei Eintritt in eine andere Partei oder Wählergemeinschaft, die in der BVV bereits mit Fraktion vertreten ist (§ 5 a BezVG). Diese Bedingungen für eine Fraktion stellen eine normative Beschränkung des parlamentarischen Assoziationsrechts dar, was verfassungsrechtlich zulässig ist. Sie beinhalten einen quantitativen und einen qualitativen Gesichtspunkt: eine Mindestgröße, was am Maßstab der Arbeitsfähigkeit des Gesamtgremiums anknüpft, sowie die gesetzliche Fiktion, dass die Mitgliedschaft in derselben Partei oder Wählergemeinschaft bzw. die Kandidatur auf demselben Wahlvorschlag eine gewisse politische Homogenität garantiert, was der Bündelungsfunktion von Fraktionen nachkommt. Die Fraktionen wirken an der Willensbildung und Entscheidungsfindung der BVV mit; sie dürfen ihre Auffassung öffentlich darstellen. Ihre innere Ordnung muss demokratischen und rechtsstaatlichen Grundsätzen entsprechen. Zur Erfüllung ihrer Aufgaben dürfen die Fraktionen aus dem Haushalt finanzierte Mitarbeiterinnen und Mitarbeiter beschäftigen und erhalten darüber hinaus Sachmittel, deren Höhe sich an ihrer Mitgliedszahl bemisst.

# 4 Wahlrecht

Zur BVV wahlberechtigt sind alle Deutschen sowie Angehörigen eines Mitgliedstaats der Europäischen Union (EU), die am Tag der Wahl das 16. Lebensjahr vollendet und seit mindestens drei Monaten ununterbrochen in Berlin ihren Wohnsitz haben. Vom (aktiven) Wahlrecht kann man per Gerichtsentscheid ausgeschlossen werden. Unter den genannten Voraussetzungen sind alle Wahlberechtigten, die am Tag der Wahl das 18. Lebensjahr vollendet haben, wählbar (passives Wahlrecht). Ein kommunales (aktives oder passives) Wahlrecht für Nicht-EU-Bürgerinnen und -Bürger besteht nicht.

Zuständige Wahlorgane sind die Bezirkswahlleiterin oder der Bezirkswahlleiter und eine Stellvertretung, die auf Beschluss des Bezirksamts berufen werden. Die Bezirkswahlleiterin oder der Bezirkswahlleiter sitzt dem des Bezirkswahlausschuss vor. Ihm gehören weitere sechs wahlberechtigte Personen des Bezirks an, die zur Wahl nicht kandidieren dürfen. Bei deren Auswahl sollen die Vorschläge der im Abgeordnetenhaus vertretenen Parteien entsprechend ihrem Zweitstimmenanteil des jeweiligen Wahlkreisverbandes (Bezirk) bei der letzten Wahl berücksichtigt werden. Der Bezirkswahlausschuss hat insbesondere die Aufgabe, die Berechtigung der Abgabe eines Wahlvorschlags einer Partei (oder Wählergemeinschaft) zu prüfen; seine Entscheidung unterliegt der gerichtlichen Kontrolle. Die Reihenfolge der Kandidaturen darf beim Wahlakt nicht verändert werden.

Die BVV wird für die Dauer von fünf Jahren in allgemeiner, gleicher, geheimer und direkter Wahl von den Wahlberechtigten des Bezirks gewählt. Die Wahl findet parallel zur Wahl des Abgeordnetenhauses statt. Jede stimmberechtigte Person hat eine Stimme. Wahlkreise mit Direktkandidaturen (im Sinne des personifizierten Verhältniswahlrechts wie zum Deutschen Bundestag oder den Landesparlamenten) existieren auf der bezirklichen Ebene nicht. Die Zahl der gültigen Stimmen für jeden Bezirkswahlvorschlag wird in das Verhältnis zur Gesamtzahl der gültigen Stimmen gesetzt. Listen, auf die weniger als drei Prozent entfallen, bleiben unberücksichtigt. Diese Regelung ist Verfassungsrecht. Maßgebend für die Verteilung der 55 Sitze in der BVV sind allerdings die absoluten Stimmen, nicht die Prozentzahlen: Die Verteilung der Sitze auf die einzelnen Wahlvorschläge, die die Sperrklausel überwunden haben, wird nach dem Höchstzahlverfahren (d'Hondt) berechnet und ergibt damit die Gesamtstärke der Fraktionen und der einzelnen Bezirksverordneten.

## 5 Direktdemokratische Verfahren (Bürgerbegehren, Bürgerentscheid)

Die BVV und Bezirksamt sind verpflichtet, die Einwohnerinnen und Einwohner über die allgemein bedeutsamen Angelegenheiten des Bezirks, über städtische Angelegenheiten, soweit sie den Bezirk betreffen, und über ihre Mitwirkungsrechte zu unterrichten. Bei wichtigen Planungen und Vorhaben des Bezirks, die wirtschaftliche, soziale und kulturelle Belange nachhaltig berühren, insbesondere beim Haushaltsplan und bei mittel- und längerfristigen Entwicklungskonzeptionen oder -plänen, unterrichtet das Bezirksamt die Einwohnerschaft rechtzeitig und in geeigneter Form über die Grundlagen sowie Ziele, Zwecke und Auswirkungen. Den Einwohnerinnen und Einwohnern soll Gelegenheit zur Äußerung gegeben werden (§ 41 BezVG).

In den zwölf »Großstädten« Berlins stoßen jedoch Bemühungen der kommunalen Ebene, die Einwohnerschaft mit spezifischen Informationen über politische Absichten, die Lebenswelten in den Kiezen berührende Pläne, aktuelles Geschehen usw. zu versorgen, rasch an Grenzen. Anders als in einer entsprechenden Gebietskörperschaft sind Interessen und die Identifikation der Einwohnerschaft nicht allein auf ihren Wohnbezirk gerichtet. Im Blickpunkt stehen (überwiegend) stadtpolitische Ereignisse, die im Wesentlichen von der Landesregierung und der jeweils zuständigen Senatsverwaltung gestaltet und kommentiert werden.

Relevante Problemlagen, bedeutsame Planungen und sonstige die üblichen Geschäfte der laufenden Verwaltung sprengende Angelegenheiten sollen dialogisch mit der Einwohnerschaft erörtert werden. Dazu sind Einwohnerversammlungen vorgesehen. Sie können durch die Bezirksverwaltung oder durch die BVV initiiert und durchgeführt werden (§ 42 BezVG). Unmittelbar auf die Sitzungen der gewählten BVV zielt hingegen die Durchführung einer Einwohnerfragestunde (§ 43 BezVG). Sie findet regelmäßig in allen Bezirken statt.

Im Gegensatz zu den vorstehend beschriebenen direktdemokratischen Elementen stellt das Antragsrecht aus der Mitte der Einwohnerschaft (Einwohnerantrag) ein gestaltendes Instrument dar (§ 44 BezVG). Es beinhaltet die formalisierte Möglichkeit für Nichtmitglieder der BVV, einen eigenen Text zur Beschlussfassung einzubringen, die BVV zur Behandlung einer bestimmten Materie zu bewegen und insoweit Kommunalpolitik zu betreiben. Das erforderliche Quorum umfasst 1000 gültige Unterstützungsunterschriften, die zuvor gesammelt werden müssen. Dabei sind auch Personen, die über kein Wahlrecht verfügen, teilnahmeberechtigt.

Im Hinblick auf die fehlenden Folgen eines in der BVV zurückgewiesenen Einwohnerantrags entwickelte der Gesetzgeber zugleich das Bürgerbegehren als erste Stufe der Beteiligungsinstrumente mit dem Charakter einer echten (und politisch wirkungsvollen) Einflussnahme (§ 45 BezVG). Die systematische Anknüpfung an das Beschlussrecht der kommunalen Vertretung blieb dabei erhalten. Die Wahlberechtigten eines Bezirks können in allen Angelegenheiten, in denen die BVV zuständig ist, einen Bürgerentscheid beantragen (Bürgerbegehren). Grundsätzlich richtet sich die Rechtswirkung nach dem Gestaltungskreis der BVV selbst. Insofern wird ihr Entscheidungsrecht ersetzt, überwiegend jedoch ein plebiszitäres Element mit ersuchendem oder empfehlendem Charakter zur Anwendung gebracht. Unzulässig sind Bürgerbegehren, die Rechts- oder Verwaltungsvorschriften widersprechen. Ein Bürgerbegehren (und ein Bürgerentscheid) ist jedoch nicht deswegen unzulässig, weil er finanzielle Auswirkungen hat. Das Bezirksamt entscheidet innerhalb eines Monats über die Zulässigkeit, stellt die Bindungswirkung eines entsprechenden Bürgerentscheids fest und gibt eine Einschätzung der Kosten, die sich aus der Verwirklichung des mit dem Bürgerbegehren verfolgten Anliegens ergeben würden. Die Einschätzung des Bezirksamts über die Kosten und die Bindungswirkung des angestrebten Bürgerentscheids sind auf der Unterschriftsliste oder dem Unterschriftsbogen voranzustellen. Die Trägerin des Antrags kann der offiziellen Kostenschätzung eine eigene Kostenschätzung oder eine bündige Anmerkung zur Kostenschätzung voranstellen.

Ein Bürgerbegehren ist zustande gekommen, wenn es spätestens bis sechs Monate nach der Entscheidung des Bezirksamts über die Zulässigkeit von drei Prozent der bei der letzten Wahl zur BVV festgestellten Zahl der Wahlberechtigten unterstützt wurde und diese Unterschriften beim Bezirksamt eingereicht wurden. Ist ein Bürgerbegehren nicht zustande gekommen, hat aber mindestens die für das Zustandekommen eines Einwohnerantrages nötige Zahl an Unterschriften erreicht, wird es als zulässiger Einwohnerantrag behandelt. Ist das Zustandekommen eines Bürgerbegehrens festgestellt, dürfen die Organe des Bezirks bis zur Durchführung des Bürgerentscheids weder eine dem Bürgerbegehren entgegenstehende Entscheidung treffen noch mit dem Vollzug einer solchen Entscheidung beginnen, es sei denn, hierzu besteht eine rechtliche Verpflichtung.

Nach der Entscheidung über das Zustandekommen eines Bürgerbegehrens ist das Bürgerbegehren in der BVV umgehend zu beraten; es besteht ein Recht auf Anhörung. Sofern die BVV dem Anliegen des Bürgerbegehrens nicht innerhalb von zwei Monaten unverändert oder in einer Form, die von den benannten Vertrauenspersonen gebilligt wird, zustimmt, wird über den Gegenstand des Bürgerbegehrens ein Bürgerentscheid (§ 46 BezVG) durchgeführt. Die Möglichkeit einer brieflichen Abstimmung ist zu gewährleisten. Die BVV kann im Rahmen des Bürgerentscheids eine konkurrierende Vorlage zur Abstimmung unterbreiten. Die Wahlberechtigten erhalten eine Information in Form einer amtlichen Mitteilung, in der die Argumente der Trägerin und der BVV im gleichen Umfang darzulegen sind. Die Mitteilung enthält zudem Angaben über die Bindungswirkung des Bürgerentscheids und der geschätzten Kosten.

Die BVV kann auch von sich aus mit einer Mehrheit von zwei Dritteln ihrer Mitglieder beschließen, dass über eine Angelegenheit ein Bürgerentscheid stattfindet.

Eine Vorlage ist angenommen, wenn sie von einer Mehrheit der Teilnehmerinnen und Teilnehmer und zugleich von mindestens zehn Prozent der bei der letzten Wahl zur BVV festgestellten Zahl der Wahlberechtigten angenommen wurde. Bei Stimmengleichheit gilt die Vorlage als abgelehnt. Sind konkurrierende Vorlagen beide erfolgreich, gilt die Vorlage als angenommen, die die höhere Anzahl an Ja-Stimmen erhalten hat. War ein Bürgerentscheid erfolgreich, so hat sein Ergebnis die Rechtswirkung (Entscheidung, Empfehlung oder Ersuchen) eines Beschlusses der BVV (§ 47 BezVG).

# 6 Kommunalpolitik im Umbruch: Herausforderungen und Entwicklungspotenziale

Seit der Bildung von Groß-Berlin besteht ein wiederkehrendes Spannungsverhältnis der Aufgabenwahrnehmung durch die beiden Verwaltungsebenen. Nun wird in Berlin seit Jahren (erneut) über normative Klarstellungen diskutiert. Dabei ist festzuhalten: Es existiert kein Erkenntnis-, sondern ein erhebliches Umsetzungsproblem. Fast jede Koalition der letzten Legislaturperioden setzte Verwaltungsmodernisierung auf ihre Agenda. Die Lösung der unklaren Zuständigkeiten (»organisierte Verantwortungslosigkeit«) wird, das scheint sicher, Auswirkungen auf Verwaltung *und* Politik haben. Es ist davon auszugehen, dass in diesem Zusammenhang auch die Kompetenzen der BVV auf dem Prüfstand stehen. Darüber hinaus ringt die Landespolitik seit Jahren über die Zusammensetzung des Bezirksamtes (nach Proporz oder nach Mehrheit in der BVV). Beabsichtigt ist zudem eine umfangreiche Novellierung des Landeswahlrechts, um Vollzugsdefizite bei einer Wahl und einer potenziellen Wahlwiederholung zu verringern.

Bezogen auf die BVV selbst hat die Diskussion um ihre Sitzungsform eingesetzt. Erfahrungen aus der Corona-Pandemie lösten Forderungen nach digitalen oder hybriden Möglichkeiten aus, um das kommunalpolitische Ehrenamt attraktiver zu gestalten (Familienfreundlichkeit). Auch in dieser Hinsicht werden gesetzgeberische Aktivitäten folgen.

# Rechtsgrundlagen

Bezirksverwaltungsgesetz (BezVG) in der Bekanntmachung der Neufassung vom 10. November 2011 (GVBl. S. 692), zuletzt geändert durch Artikel 1 des Gesetzes zur Änderung des Bezirksverwaltungsgesetzes und anderer Gesetze vom 27. August 2021 (GVBl. S. 982).

Gesetz über die Entschädigung der Mitglieder der Bezirksverordnetenversammlungen, der Bürgerdeputierten und sonstiger ehrenamtlich tätiger Personen vom 29. November 1978 (GVBl. S. 2214), zuletzt geändert durch Artikel 1 des Siebten Gesetzes zur Änderung des Gesetzes über die Entschädigung der Mitglieder der Bezirksverordnetenversammlungen, der Bürgerdeputierten und sonstiger ehrenamtlich tätiger Personen vom 18. März 2022 (GVBl. S. 108).

Gesetz über die Rechtsverhältnisse der Bezirksamtsmitglieder (Bezirksamtsmitgliedergesetz – BAMG) in der Bekanntmachung der Neufassung vom 1. April 1985 (GVBl. S. 958), zuletzt geändert durch Artikel 5 des Gesetzes zur Anpassung der Besoldung und Versorgung für das Land Berlin 2022 und zur Änderung weiterer Vorschriften (BerlBVAnpG 2022) vom 15. November 2022 (GVBl. S. 621).

Verfassung von Berlin (VvB) vom 23. November 1995 (letzte berücksichtige Änderung: geändert durch Gesetz vom 20. Dezember 2023).

# Literaturhinweise

Driehaus, Hans-Joachim (Hrsg.) (2020): Verfassung von Berlin. 4. Aufl., Baden-Baden (Nomos Verlag).
Musil, Andreas/Kirchner, Sören (2022): Das Recht der Berliner Verwaltung. 5. Aufl., Berlin (VS Verlag für Sozialwissenschaften).
Ottenberg, Peter/Wolf, Robert (2023): Bezirksverwaltungsrecht. Praxiskommentar für Kommunalpolitik und Verwaltung. Online abrufbar unter https://www.bezirksverwaltungsrecht.berlin [30.09.2024].
Senatsverwaltung für Inneres, Digitalisierung und Sport (2022): Rechtliche Hinweise für die Tätigkeit von Bezirksverordnetenversammlung und Bezirksamt, Stand: 25. Januar 2022. Online abrufbar unter https://www.berlin.de/sen/inneres/buerger-und-staat/verfassungs-und-verwaltungsrecht/berliner-bezirke/rechtliche-hinweise-von-seninnds-fuer-bvv-und-ba-25-01-2022.pdf [11.02.2024].

# Brandenburg

*Jochen Franzke und Peter Ulrich*

## 1 Politische, territoriale und historische Rahmenbedingungen

Brandenburg ist ein Flächenland, das fünftgrößte in der Bundesrepublik und das größte in Ostdeutschland. Auf knapp 30 000 Quadratkilometern leben aktuell ca. 2,6 Millionen Einwohnerinnen und Einwohner. Brandenburg ist zugleich ein altes und neues Land der Bundesrepublik. Es besteht seit über 865 Jahren, allerdings hat es sich seither an Fläche, Status und Grenzen stark verändert. Lange war es – gemeinsam mit dem damals dazugehörigen Berlin – das Kernland Preußens. In Preußen nahm die Entwicklung kommunaler Selbstverwaltung im Jahr 1808 ihren Ausgangspunkt. Nach Auflösung Preußens durch die Alliierten im Jahr 1947 ging seine bisherige Provinz Brandenburg im neuen Land Brandenburg auf, wurde aber bereits 1952 wieder aufgelöst und durch die DDR-Bezirke Potsdam, Frankfurt (Oder) und Cottbus ersetzt. Am Tag der Wiedervereinigung am 3. Oktober 1990 wurde das Land Brandenburg somit wiederbegründet und – gemeinsam mit den anderen ostdeutschen Ländern – Teil der Bundesrepublik Deutschland.

Wirtschaftlich gehört Brandenburg aktuell zu den erfolgreichsten deutschen Ländern. Das Land ist stark landwirtschaftlich geprägt. In der DDR wurden verschiedene Wirtschaftszweige und Industrien in Städten und den bis dato ländlich geprägten märkischen Regionen neu angesiedelt. Nach der Wiedervereinigung Deutschlands folgte eine starke Deindustrialisierung, die ökonomische Transformation mit weitreichenden sozialen Folgen hält bis heute an. Diese prägt weite Teile Brandenburgs, insbesondere die Lausitz, die sich auf dem Weg zum Ausstieg aus der Braunkohle befindet (bis 2038). Viele Kommunen sind von dieser ökonomischen Transformation stark betroffen und bemühen sich, deren vielfältige Herausforderungen zu bewältigen.

Gemeinsam bilden die beiden Länder Berlin und Brandenburg die »Hauptstadtregion Berlin-Brandenburg«. Diese einzigartige raumordnerische Struktur in Deutschland hat drei Elemente:

1. In der Mitte des Landes Brandenburg befindet sich die Bundeshauptstadt Berlin, die als Einheitsgemeinde zugleich einen Stadtstaat bildet.
2. Das Berliner Umland mit fünfzig Städten und Gemeinden gehört zum Land Brandenburg und ist eine der wirtschaftlich dynamischsten Regionen Deutschlands.
3. Der »Weitere Metropolenraum« umfasst die peripheren Regionen des Landes Brandenburg mit den drei Oberzentren Cottbus (niedersorbisch: Chóśebuz), Brandenburg an der Havel und Frankfurt (Oder).

Seit 1996 betreiben die Länder Berlin und Brandenburg eine gemeinsame Raumordnung und Landesplanung, die durch eine gemeinsame Landesplanungsbehörde gesteuert wird. Beide Landesregierungen stellen gemeinsame Raumordnungspläne für die »Hauptstadtregion Berlin-Brandenburg« auf, deren langfristiges Ziel die Herstellung gleichwertiger Lebensverhältnisse in allen Teilräumen der Region ist. An deren Konkretisierung wirken fünf Regionale Planungsgemeinschaften mit, die in eigener Verantwortung Regionalpläne erarbeiten (z. B. zur Windenergienutzung und zum vorbeugenden Hochwasserschutz). Deren Mitglieder sind jeweils die Landkreise und kreisfreien Städte. Eine wichtige Rolle im ländlichen Raum spielen darüber hinaus die 14 EU-geförderten LEADER-Regionen, die dessen Leistungsfähigkeit stärken und die Lebensperspektive der dort lebenden Menschen sichern sollen.

Zwei Spezifika Brandenburgs betreffen eine begrenzte Gruppe von Kommunen:

1. Die anerkannte nationale Minderheit der Sorben spielt in ihrem Siedlungsgebiet in der Niederlausitz eine wichtige Rolle. Dazu gehören die Großstadt Cottbus/Chóśebuz und weitere vierzig Gemeinden. Die

Verfassung des Landes Brandenburg garantiert das »Recht des sorbisch/wendischen Volkes auf Schutz, Erhaltung und Pflege seiner nationalen Identität«. Die betreffenden Gemeinden und Gemeindeverbände sind daher verpflichtet, dieses Recht auf ihrem Gebiet zu verwirklichen, insbesondere was die kulturelle Eigenständigkeit und die politische Mitgestaltung der Sorben betrifft. Im Siedlungsgebiet des sorbischen/wendischen Volkes ist dessen Sprache in die öffentliche Beschriftung einzubeziehen. Daher sind dort alle Orte zweisprachig benannt.
2. Eine weitere besondere Gruppe von Gemeinden sind jene in der Grenzregion. Brandenburg ist seit 1945 Grenzland zur Republik Polen, mehr als die Hälfte der deutsch-polnischen Grenzlinie verläuft auf seinem Territorium. In drei grenzüberschreitenden Euroregionen mit Polen (Pomerania, Pro Europa Viadrina und Spree-Neiße-Bober) arbeiten kommunale Gebietskörperschaften auf beiden Seiten der Grenze seit vielen Jahren erfolgreich zusammen, denn viele kommunale Probleme lassen sich nur gemeinsam lösen (siehe Ulrich 2017).

## 2 Traditionen kommunaler Selbstverwaltung

Die 1808 begonnene Geschichte kommunaler Selbstverwaltung wurde auch in Brandenburg durch das NS-Regime gewaltsam unterbrochen. Diese wurde auch in der DDR nicht wiederhergestellt, sondern die Kreise, Städte und Gemeinden waren zwischen 1949 und 1989 Teil des sozialistischen Staatsapparates, ohne Autonomie, Eigentum und Mitsprache. Mit dem friedlichen, demokratischen Umbruch im Herbst 1989 nahmen die Bürgerinnen und Bürger auch ihre kommunalen Angelegenheiten wieder in ihre eigenen Hände.

Am 6. Mai 1990 fanden nach 44 Jahren die ersten freien Kommunalwahlen im Land Brandenburg wie im gesamten Osten Deutschlands statt. Die neu in ihre kommunalen Ämter gewählten Repräsentanten hatten die

Verwaltungen völlig umzugestalten und auf lokaler Ebene funktionierende, demokratisch ausgerichtete und rechtsstaatlich arbeitende Verwaltungen zu schaffen. Nach der Bildung des Landes Brandenburg waren dessen Kommunen von vielen Strukturreformen betroffen, die hier nur kurz dargestellt werden können. Zum kommunalen Erbe der DDR gehörte – neben vielen anderen Defiziten – die Kleinteiligkeit und geringe Verwaltungskapazität der Kreise, Städte und Gemeinden. Seit Mitte der 1990er-Jahre machte die demographische Entwicklung – insbesondere der zeitweise starke Bevölkerungsrückgang – zusätzliche Veränderungen der Kommunalstruktur erforderlich.

Eine wichtige Entscheidung mit vielfältigen Auswirkungen auf die Kommunen fiel bereits zu Beginn des Aufbaus der Landesverwaltung nach 1990, als sich die brandenburgische Landesregierung entschloss – im Unterschied zu den Flächenstaaten der alten Bundesrepublik – eine zweistufige Landesverwaltung aufzubauen. Damit verzichtete das Land auf den Aufbau von Zwischenbehörden. Als erster Schritt zum Umbau der Kommunalverwaltung beschloss der Landtag von Brandenburg im Dezember 1991 eine Amtsordnung, auf deren Grundlage bis zum 30. Juni 1992 vor allem in den ländlichen Räumen Ämter (Verwaltungsgemeinschaften) gebildet wurden. Um eine Fusion der amtsangehörigen Gemeinden zu vermeiden, wurden nur deren Verwaltungen zusammengefasst.

Als nächste Reform folgte die Neugliederung der Kreise und kreisfreien Städte im Dezember 1993. Diese war eine Anpassungsreform an die kommunalen Strukturen der Flächenländer im Westen der Bundesrepublik, wo in den 1960er- und 1970er-Jahren umfangreiche Neugliederungen der Landkreise und kreisfreien Städte erfolgt waren, die deren Handlungsfähigkeit deutlich gesteigert hatten. Die Zahl der Landkreise wurde drastisch verringert, von 38 auf 14, die der kreisfreien Städte von sechs auf vier. Dabei wurden nach dem Sektoralprinzip acht von Berlin strahlenförmig ausgehende Landkreise gebildet, in denen die dem Kreis zugehörigen Teile des Berliner Umlands wirtschaftlich auf dessen eher periphere Teile ausstrahlen sollten. Dabei wurden durchaus Fortschritte erzielt, eine Angleichung der Wirtschaftsleistung ist bis heute jedoch vielfach ausgeblieben. Zusätzlich wurden im berlinfernen Raum sechs weitere Landkreise gebildet.

Wesentlich schwieriger war es, eine Reform der Gemeindestrukturen durchzusetzen. Als Ergebnis der Friedlichen Revolution von 1989/90 waren die lokalen Identitäten deutlich gestärkt worden. Gleichzeitig waren viele Gemeinden aber zu klein, um die von den Bürgerinnen und Bürgern erwartete Dienstleistungsqualität gewährleisten zu können. Die SPD-CDU-Landesregierung förderte lange freiwillige Gemeindezusammenschlüsse, sodass sich deren Zahl von 1794 (1990) auf 1043 (2003) reduzierte, von denen aber immer noch mehr als die Hälfte weniger als 500 Einwohnerinnen und Einwohner hatten. Am 26. Oktober 2003 trat daher die Gemeindegebietsreform in Kraft, bei der neue leistungsstärkere Gemeinden mit einer Mindesteinwohnerzahl von 5000 gebildet werden sollten. Vorab gab es die Möglichkeit freiwilliger, vom Land finanziell geförderter Gemeindefusionen, die auch von 706 Gemeinden genutzt wurde. Alle Gemeinden, die dazu nicht bereit waren, wurden vom Landtag per Gesetz zwangsweise zusammengelegt. Dies betraf 337 Gemeinden. Die Zahl der Gemeinden reduzierte sich damit drastisch auf 422. Dies war die erste Kommunalreform, die auf heftige Proteste in der Bevölkerung stieß.

Die bislang letzte kommunale Verwaltungsstrukturreform war 2013 von einer Enquete-Kommission des Landtages angeregt worden. Sie sprach sich gegen eine erneute Gemeindegebietsreform aus, empfahl aber, die Zahl der bestehenden 14 Landkreise auf sieben bis höchstens zehn zu reduzieren. Die neue Landesregierung (SPD/Linke) sprach sich im September 2014 für eine umfassende Verwaltungsstrukturreform aus, um eine leistungsfähige Selbstverwaltung auch in Orten mit starkem Bevölkerungsrückgang aufrechterhalten zu können. Die Kreisgebietsreform sollte mit einer Funktionalreform verbunden werden, bei der viele staatliche Aufgaben an die Landkreise übertragen werden sollten. Trotz vielfältiger Bemühungen gelang es der Landesregierung nicht, die notwendige Unterstützung für diese Reform in den Kommunen und in der Bevölkerung zu entwickeln. Daher zog der Ministerpräsident im November 2017 die entsprechenden Reformpläne zurück.

Aktuell besteht die Kommunalstruktur im Land Brandenburg aus den vier kreisfreien Städten der Landeshauptstadt Potsdam, Cottbus/Chóśebuz, Brandenburg an der Havel und Frankfurt (Oder) sowie 14 Landkreisen. Insgesamt gibt es 409 Städte und Gemeinden im Land Brandenburg. Dazu gehört eine mitverwaltete Gemeinde, vier Gemeinden haben sich zur

Verbandgemeinde Liebenwerda zusammengeschlossen. 138 Städte und Gemeinden sind amtsfrei mit hauptamtlichem Bürgermeister bzw. hauptamtlicher Bürgermeisterin und eigener Verwaltung. 266 Städte und Gemeinden sind in fünfzig Ämtern zusammengeschlossen. Dabei bleiben sie politisch selbstständig (z. B. mit dem Budgetrecht), ihr Bürgermeister bzw. ihre Bürgermeisterin ist aber nur noch ehrenamtlich tätig und die bisherigen Gemeindeverwaltungen sind zu einer Amtsverwaltung unter Leitung eines Amtsdirektors bzw. einer Amtsdirektorin zusammengefasst. Dieses Modell wird durchaus kontrovers diskutiert, wird aber für den dünn besiedelten ländlichen Raum als alternativlos angesehen und Gemeindefusionen vorgezogen. In den Brandenburger Gemeinden gibt es außerdem 1785 Ortsteile mit einer direkt gewählten eigenen Ortsteilvertretung (Ortsbeirat und/oder Ortsvorsteherin bzw. Ortsvorsteher) (alle statistischen Angaben für April 2022).

# 3  Grundzüge der Kommunalverfassung

Die Kommunalverfassung bildet auch im Land Brandenburg das zentrale Landesgesetz des Kommunalrechts, nach dem die Kommunen ihre Angelegenheiten in eigener Verantwortung und freier Selbstverwaltung regeln (siehe Kommunalverfassung des Landes Brandenburg, BbgKVerf). Gemeinden und die Gemeindeverbände wirken außerdem bei der Landesverwaltung mit. Die Kommunalverfassung des Landes Brandenburg umfasst in einem gemeinsamen Gesetz die klassischen Kreis-, Gemeinde- und Amtsordnungen. Nach Brandenburgs Wiederbegründung im Oktober 1990 galt zuerst das nach demokratischer Debatte beschlossene »Gesetz über die Selbstverwaltung der Gemeinden und Landkreise in der DDR« vom Mai 1990, das einige Innovationen im Vergleich zur alten Bundesrepublik enthielt. Dieses wurde Ende 1993 von einer eigenen Kommunalverfassung abgelöst, die noch aus Gemeindeordnung, Landkreisordnung und Amtsordnung bestand. Die Kommunalverfassung wurde seitdem mehrfach modifiziert (siehe Lorenz et al. 2016, 158 ff.), zuletzt im Dezember 2007 (siehe Brünneck et al. 2023).

Teil 1 der Kommunalverfassung regelt das Wesen und die Aufgaben der Gemeinden, ihre innere Verfassung, deren wirtschaftliche Betätigung sowie die Kommunalaufsicht. Sie definiert die Kompetenzen der Städte und Gemeinden, die die Grundlage des demokratischen Gemeinwesens bilden. Deren Verwaltung erfolgt nach den Grundsätzen des demokratischen und sozialen Rechtsstaats. Gemeinden erfüllen in ihrem Gebiet alle Aufgaben der örtlichen Gemeinschaft in eigener Verantwortung im Rahmen der Gesetze. Kreisfreie Städte erfüllen daneben noch alle Aufgaben, die Landkreisen obliegen. Die Kommunalverfassung regelt u. a. die Zusammensetzung und Aufgaben der Stadtverordnetenversammlungen und Gemeindevertretungen sowie die Rechte und Pflichten der (Ober-)Bürgermeisterinnen und -meister. Schließlich enthält sie allgemeine Haushalts- und Vermögensgrundsätze und setzt den Rahmen für die kommunale wirtschaftliche Tätigkeit.

Teil 2 der Kommunalverfassung befasst sich mit den Landkreisen, die zugleich Gemeindeverband und Gebietskörperschaft sind. Diese erfüllen in ihrem Gebiet in eigener Verantwortung alle die Leistungsfähigkeit der kreisangehörigen Gemeinden und Ämter übersteigenden öffentlichen Aufgaben. Sie fördern die kreisangehörigen Gemeinden und Ämter bei der Erfüllung ihrer Aufgaben und sollen zum gerechten Ausgleich unterschiedlicher Belastungen der Gemeinden und Ämter beitragen. Sie fördern die wirtschaftliche, ökologische, soziale und kulturelle Entwicklung ihres Gebiets. Des Weiteren werden die rechtlichen und finanziellen Rahmenbedingungen der Landkreise sowie die Stellung und Aufgaben des Landrats bzw. der Landrätin festgelegt.

Teil 3 der Kommunalverfassung regelt Stellung, Bildung, Struktur und Aufgaben von Ämtern, die eigene Körperschaften des öffentlichen Rechts und Gemeindeverbände bilden. Im Amt nimmt die Amtsdirektorin bzw. der Amtsdirektor die Aufgabe der bzw. des Hauptverwaltungsbeamten wahr. Die Kommunalverfassung regelt die Zusammensetzung und Arbeitsweise der Amtsausschüsse, die Stellung und die Aufgaben der Amtsdirektorin bzw. des Amtsdirektors sowie die rechtlichen und finanziellen Rahmenbedingungen im Verhältnis zu den amtsangehörigen Gemeinden.

## 4 Akteure der Kommunalpolitik

Im Folgenden sollen kurz die wichtigsten kommunalpolitischen Akteure im Land Brandenburg vorgestellt werden (siehe Fuhrmann 2016; Duve 2013; Lorenz et al. 2016, 167–186). Dabei ist zu beachten, dass es sich auf kommunaler Ebene einerseits (in den Beschlussorganen) um ehrenamtliche Politikerinnen und Politiker und andererseits (in den kommunalen Verwaltungen) um hauptamtliches Personal handelt. Beide Gruppen von Akteuren haben gemeinsam alle Sachfragen des lokalen Zusammenlebens zu diskutieren und umzusetzen. Die meisten Entscheidungen kommunaler Vertretungen basieren auf Initiativen der Verwaltungsführung, zugleich ist es Aufgabe dieser Vertretungen, die Verwaltung zu kontrollieren. Daneben wirken auf kommunaler Ebene viele zivilgesellschaftliche Initiativen, engagierte Bürgerinnen und Bürger, lokale Unternehmen, lokale Medien sowie weitere Akteure. Kommunen sind kein konfliktfreier Raum, denn es müssen Entscheidungen über knappe Güter und deren Verteilung getroffen werden.

Dabei ist zu beachten, dass sich das Verhältnis von Politik und Verwaltung auf kommunaler Ebene von demjenigen auf Landes- oder Bundesebene unterscheidet, da kommunale Vertretungskörperschaften nach deutscher Verwaltungstradition keine Parlamente, sondern »nur« (Selbst-)Verwaltungsorgane sind. Außerdem ist eine klare Trennung von Politik und Verwaltung vielfach nicht erkennbar. So macht die kommunale Verwaltung durchaus »Politik«, indem sie Entscheidungen der Gemeindevertretung vorbereitet, die dann oft ohne Debatte angenommen werden.

### 4.1 Landkreisebene

Auf der Ebene der Landkreise sind die Landrätinnen und Landräte sowie die Kreistage die zentralen Akteure. Landrätinnen und Landräte werden in Brandenburg seit 2010 direkt von den Bürgerinnen und Bürgern für die Dauer von acht Jahren gewählt. Dazu benötigen sie mehr als die Hälfte der gültigen Stimmen, zudem müssen mindestens 15 Prozent der Wahlberechtigten an der Wahl teilnehmen. Wenn letzteres erfüllt ist, aber niemand im ersten Wahlgang die Mehrheit erreicht hat, findet eine Stichwahl zwischen den beiden Bestplatzierten statt. Sollte auch dann die erforderliche Mehrheit nicht erreicht werden, wird die Landrätin bzw. der Landrat – wie vor 2010 generell – durch den Kreistag bestimmt. Seit 2018 sind in Brandenburg drei Landräte im ersten Wahlgang, sieben in der Stichwahl und vier durch den jeweiligen Kreistag gewählt worden (davon einer mittels Losverfahren). Unter diesen Umständen und angesichts der vielfach geringen Wahlbeteiligung bei den Landratswahlen ist das Wahlverfahren umstritten.

Der Landrat (bzw. hier und in Folge natürlich stets auch die Landrätin) ist nach der Kommunalverfassung »die allgemeine untere Landesbehörde im Gebiet seines Landkreises« und in diesen Angelegenheiten ausschließlich den übergeordneten staatlichen Behörden verantwortlich. Er führt die Aufsicht über die kreisangehörigen Gemeinden und Ämter sowie über Körperschaften, Anstalten und Stiftungen des öffentlichen Rechts auf dem Gebiet des Kreises. Er führt die Kreisverwaltung. Als Hauptverwaltungsbeamter ist er auch für die Umsetzung der Selbstverwaltungsentscheidungen des Kreistages zuständig.

Der Kreistag ist die kommunale Vertretung und das oberste Organ im Landkreis. Er besteht aus den direkt gewählten Abgeordneten und dem Landrat, der dessen Vorsitz innehat. Er entscheidet aber nur »in allen grundsätzlichen Selbstverwaltungsangelegenheiten«, z. B. über die Abfallentsorgung, den Betrieb von Krankenhäusern, den Bau und die Instandhaltung von Schulen oder die Instandhaltung von Kreisstraßen. Er legt die Kreisumlage fest und sorgt für eine ausgeglichene Verteilung der Belastung unter den Gemeinden und Ämtern. Bestimmte Beschlüsse des Kreistags, z. B. die Haushaltssatzung, Gebietsänderungen oder die Umbenennung des Landkreises, müssen vom Ministerium des Innern und für Kommunales des Landes als oberste kommunale Aufsichtsbehörde genehmigt werden.

## 4.2 Städte und Gemeinden

In den amtsfreien Städten und Gemeinden sind die Kompetenzen zwischen den Hauptverwaltungsbeamten (Oberbürgermeister/-in bzw. Bürgermeister/-in) und den Beschlussgremien (Stadtverordnetenversammlung oder Gemeindevertretung) aufgeteilt. Die Gemeindevertretung besteht aus den direkt gewählten Gemeindevertreterinnen und -vertretern und dem Bürgermeister als stimmberechtigtem Mitglied. Sie wählt aus ihren eigenen Reihen einen Vorsitzenden. Die Gemeindevertretung ist für alle Angelegenheiten der Gemeinde zuständig, soweit gesetzlich nichts anderes bestimmt ist. Ihr sind die gemeindlichen Grundsatzentscheidungen vorbehalten, die sie nicht auf andere Organe der Gemeinde übertragen darf, insbesondere die Hauptsatzung und ihre Geschäftsordnung sowie den Gemeindehaushalt. Der hauptamtliche (Ober-)Bürgermeister bereitet die Beschlüsse der Gemeindevertretung vor und hat diese umzusetzen. Entscheidungen zu Pflichtaufgaben zur Erfüllung nach Weisung und Auftragsangelegenheiten kann er selbst treffen. Er führt die Geschäfte der laufenden Verwaltung.

In den Ämtern wirken hingegen vier wichtige Akteure zusammen. Die direkt gewählten Bürgermeisterinnen bzw. -meister der amtsangehörigen Gemeinden sind ehrenamtlich tätig, wirken als Ansprechpartner ihrer Bürgerinnen und Bürger und nehmen gesetzliche Aufgaben wahr, wie z. B. den Vorsitz in der Gemeindevertretung sowie die Vertretung ihrer Gemeinde im Amtsausschuss. Die Gemeindevertretungen sind für alle Angelegenheiten der amtsangehörigen Gemeinden zuständig, soweit diese nicht auf das Amt übertragen wurden oder gesetzlich anderes bestimmt ist. Wichtigstes Instrument ist dabei deren Recht, den Haushalt festzulegen. Der Amtsdirektor ist als hauptamtlicher Beamter auf Zeit der Hauptverwaltungsbeamte des Amtes und Leiter der Amtsverwaltung. Er wird vom Amtsausschuss für die Dauer von acht Jahren gewählt. Seine Rolle in den Ämtern wird kontrovers diskutiert, insbesondere das Verhältnis zwischen dessen Legitimation (nicht direkt gewählt) und Machtfülle. Der Amtsausschuss besteht aus den Bürgermeisterinnen und Bürgermeistern der amtsangehörigen Gemeinden und weiteren Mitgliedern, die sich nach der Einwohnerzahl richten.

## 5  Kommunale Demokratie und Bürgerbeteiligung

Seit 1990 entwickelt sich auch im Land Brandenburg eine vielfältige lokale Demokratie mit repräsentativen, direktdemokratischen sowie kooperativ-dialogischen Verfahren. Die ersten beiden Verfahren können nur von Bürgerinnen und Bürgern wahrgenommen werden, an den kooperativ-dialogischen Verfahren können alle in der Gemeinde lebenden Einwohnerinnen und Einwohner mitwirken.

Repräsentative Verfahren (Wahl der Kreistage und Gemeindevertretungen sowie der Oberbürgermeisterinnen bzw. -meister kreisfreier Städte und der Landrätinnen bzw. Landräte) bilden weiterhin den Kern der Legitimierung kommunalpolitischer Akteure. In Brandenburg werden die Kreistage, die Gemeindevertretungen, die Stadtverordnetenversammlungen sowie die Ortsbeiräte unmittelbar für fünf Jahre gewählt. Persönlichkeitswahl (Stimmen für eine Person) und Verhältniswahl (Stimme für eine Partei) werden dabei kombiniert. Dies gilt auch für die Personenwahlen der Oberbürgermeisterinnen und Oberbürgermeister kreisfreier Städte, der Landrätinnen und Landräte (jeweils für acht Jahre gewählt) und der Ortsvorsteherinnen und Ortsvorsteher. Schließlich gehört Brandenburg zu den wenigen Ländern, in denen eine direkte Abwahl der Bürgermeisterinnen bzw. Bürgermeister möglich ist. Bei den letzten Kommunalwahlen im Juni 2019 betrug die Wahlbeteiligung trotz Koppelung mit den Europawahlen nur 58 Prozent. In den kreisangehörigen Städten und Gemeinden erzielten politischen Parteien dabei 47,1 Prozent, lokale Wählergruppen 46,5 und Einzelbewerber 6,4 Prozent der Mandate. Das Interesse an kommunalen Ehrenämtern in Brandenburg steigt, die Zahl der Bewerberinnen und Bewerber für die Kreistage stieg bei den Wahlen seit 2014 um fünf Prozent, die für die Stadtverordnetenversammlungen in kreisfreien Städten um vier Prozent und die für die Gemeindevertretungen in kreisangehörigen Gemeinden um fast acht Prozent. Die Anzahl der Bewerber politischer Parteien ist dabei allerdings stark rückläufig, jene von Wählergruppen, Listenvereinigungen und Einzelbewerbern hingegen steigt. Die Zahl der Kandidierenden bei Wahlen der ehrenamtlichen Bürgermeisterinnen und Bürgermeister ist stabil.

Auch in Brandenburg hat die Gemeindegröße Einfluss auf die Art und Weise, wie lokale Politik gestaltet wird. Typisch für die größeren Städte ist eine wettbewerbsorientierte Demokratie mit politischen Parteien als Schlüsselakteuren. Die Stadtverordnetenversammlungen agieren dort ähnlich wie Parlamente, indem neben Sachfragen oft auch grundsätzliche gesellschaftliche Fragen diskutiert werden. Im ländlichen Raum besteht hingegen eher eine Konsensdemokratie, die fast ausschließlich von lokalen Wahlbündnissen, wichtigen Verbänden (z. B. den Freiwilligen Feuerwehren) sowie Einzelbewerberinnen und -bewerbern geprägt wird.

Direktdemokratische Bürgerbegehren und Bürgerentscheide tragen auch in Brandenburg zur Belebung und Qualifizierung der Kommunalpolitik bei. Was die rechtlichen Verfahrensregelungen betrifft, so ist bei Bürgerbegehren ein Unterschriftenquorum von zehn Prozent festgelegt, bei Bürgerentscheiden ein Zustimmungsquorum von 25 Prozent der Stimmberechtigten sowie eine einfache Ratsmehrheit zur Einleitung eines Ratsreferendums, welches in Brandenburg nur bei Gemeindefusionen möglich ist (Rehmet et al. 2023, 12). Bei diesen Quoren liegt Brandenburg im unteren Mittelfeld der Länder. Das gilt auch für die Themen, über die direktdemokratisch entschieden werden kann, z. B. ist die Bauleitplanung im Unterschied zu einigen anderen Ländern komplett ausgeschlossen. Zwischen 1990 und 2022 wurden 294 Verfahren lokaler direkter Demokratie durchgeführt, davon 183 Bürgerbegehren, 111 Ratsreferenden (insbesondere während der Gemeindegebietsreform 2003) und 175 Bürgerentscheide. 14 Prozent sämtlicher Bürgerbegehren wurden durch die Gemeinderäte übernommen und damit umgesetzt. 154 Bürgerentscheide waren erfolgreich. Bisher gelang es also nur punktuell, eine Kultur der Lösung kommunaler Probleme durch direkte Bürgerbeteiligung zu entwickeln. Vorreiter ist die Landeshauptstadt Potsdam, die mit bislang zehn Verfahren die höchste Anzahl der direktdemokratischen Verfahren im Lande erreicht.

Zunehmend werden auch kooperativ-dialogische Verfahren in den brandenburgischen Kommunen genutzt (z. B. Bürgerhaushalte, Zukunftswerkstätten, Bürgerräte). Leider gibt es dazu keine landesweiten Daten. Daher soll hier die Landeshauptstadt Potsdam als Beispiel für eine vielfältige Landschaft kooperativ-dialogischer Beteiligungsverfahren genannt werden. Die Stadt verfügt mit der »WerkStadt für Beteiligung« über ein bundesweit einzigartiges Modell der Förderung der Bürgerbeteiligung. In dessen Rahmen besteht einerseits ein Büro als Teil der Potsdamer Stadtverwaltung, das Beteiligungsprozesse unterstützt, die aus der Verwaltung initiiert werden. Das zweite Büro wird von einem zivilgesellschaftlichen Träger (mitMachen e. V.) betrieben und ist spezialisiert auf die Begleitung und Beratung aller Beteiligungsanliegen, die aus der Zivilgesellschaft heraus entstehen. Bekannt ist Potsdam z. B. für seinen langjährigen Bürgerhaushalt und die Bürgerbudgets.

## 6  Herausforderungen kommunaler Politik

Kommunale Politik ist auch in Brandenburg vielfältigen Herausforderungen ausgesetzt. Drei zentrale Herausforderungen sollen abschließend kurz vorgestellt werden: die demographische Entwicklung, die Wirtschaftstransformation und die Kommunalfinanzen.

Die demographische Entwicklung verläuft in der Hauptstadtregion seit Jahrzehnten sehr unterschiedlich. In Berlin nimmt die Bevölkerung seit Jahren zu und erreichte 2022 mit 3,76 Millionen Einwohnerinnen und Einwohnern einen Höchststand seit 1945. Auch im Berliner Umland nimmt die Bevölkerung kontinuierlich zu, sodass bereits im Jahr 2019 die Grenze von einer Million überschritten wurde. Damit ist diese Teilregion sechsfach dichter besiedelt als der periphere ländliche Raum in Brandenburg. Dort setzt sich der (aktuell moderate) Bevölkerungsrückgang fort, was vor allem daran liegt, dass die Zahl der Geborenen deutlich unter der Zahl der Verstorbenen liegt. Kleinräumig verläuft diese Entwicklung allerdings sehr heterogen, überwiegend nach dem Muster: je größer die Entfernung vom Berliner Umland, desto größer der Bevölkerungsrückgang. Demographisch fällt zusätzlich der Alterungsprozess der Bevölkerung ins Gewicht. Die Zahl der Personen über 65 Jahre steigt in Brandenburg deutlich stärker an als in Berlin. Die betroffenen Kommunen versuchen, sich auf beide Prozesse einzustellen, z. B. was den Umbau der kommunalen Infrastruktur betrifft.

Eine weitere langfristige Herausforderung auch für die Kommunen ist der wirtschaftliche Strukturwandel mit seinen vielfältigen sozialen Auswirkungen. Dieser betrifft in Brandenburg vor allem die Lausitz. Dort sind die Kommunen sowohl Betroffene als auch Gestalter eines tiefgreifenden sozialen und politischen Strukturwandels. Zweifellos kommt ihnen eine Schlüsselrolle bei dessen langfristiger Bewältigung zu. Zwar ist der Strukturwandel mittlerweile eine gesellschaftlich überwiegend akzeptierte Notwendigkeit und seine inhaltliche Ausgestaltung und Finanzierung durch den Bund sowie den betroffenen Ländern gesichert. Praktisch umgesetzt und gestaltet werden muss dieser Prozess jedoch immer lokal. In diesem Zusammenhang spielen die Kommunen als Räume sozialer Identitätsbildung eine wichtige Rolle bei der Einbindung der lokalen Gemeinschaften in den Strukturwandel und sorgen damit auch für dessen Legitimation und Akzeptanz vor Ort. Die Lausitzer Kommunen haben sich vielfach konzeptionell, organisatorisch, finanziell oder personell auf den Strukturwandel eingestellt. Zusätzlich spielt das kommunale Bündnis »Lausitzrunde« in diesem Prozess eine innovative Rolle. Allerdings sind bislang noch zu wenige kommunale Projekte bewilligt worden, insbesondere solche, die von den Bürgerinnen und Bürgern selbst entwickelt worden sind und sich mit der sozial-kulturellen Dimension des Strukturwandels befassen.

Problematisch ist schließlich die stark unterschiedliche finanzielle Leistungskraft der brandenburgischen Städte und Gemeinden. Auf der einen Seite stehen Städte und Gemeinden in finanziell schwieriger Lage, insbesondere jene, die sich im gesetzlichen Verfahren zur Haushaltsicherung befinden. Diese müssen ein langfristiges Haushaltssicherungskonzept aufstellen und festlegen, bis wann der Haushaltsausgleich wieder erreicht und eine dauernde Leistungsfähigkeit gesichert ist. Dies betraf nach Angaben der Landesregierung im Jahr 2021 70 der 409 Gemeinden im Land (ca. 17 %). Gleichzeitig haben etwa ein Dutzend Städte und Gemeinden derart hohe Gewerbesteuereinnahmen, dass sie auch ohne Schlüsselzuweisungen vom Land auskommen und sogar eine »Finanzausgleichsumlage« an das Land und den jeweiligen Landkreis zahlen müssen. Um diese Situation zu verbessern, ist auch in Brandenburg ein Abbau von Hürden und Hemmnissen nötig, die es insbesondere finanzschwachen Kommunen erschweren, Zugang zu Fördermitteln von Bund und Ländern zu erhalten. Nur dann können diese auch von den Fördermitteln im Rahmen des Strukturwandels in der Lausitz profitieren. Der beste Weg zur Stärkung der Kommunen bleibt aber eine Verbesserung ihrer Finanzkraft, insbesondere im Bereich der Investitionstätigkeit zur Sicherung der Daseinsvorsorge und bei der Übernahme von neuen Aufgaben.

# Literaturhinweise

Brandenburgische Landeszentrale für politische Bildung (Hrsg.) (2020): Kommunalpolitik in Brandenburg. Potsdam (Eigenverlag).

Brünneck, Alexander von/Härtel, Yvonne/Dombert, Matthias (2023): Landesrecht Brandenburg. Textsammlung. 27. Aufl., Baden-Baden (Nomos Verlag).

Duve, Thomas (2013): Die Kommunalreformen des Landes Brandenburg. In: Junkernheinrich, Martin/Lorig, Wolfgang H. (Hrsg.): Kommunalreformen in Deutschland. Baden-Baden (Nomos Verlag), S. 381–400.

Franzke, Jochen (2021): Land Brandenburg. In: Andersen, Uwe/Bogumil, Jörg/Marschall, Stefan/Woyke, Stefan (Hrsg.): Handwörterbuch des politischen Systems der Bundesrepublik Deutschland. Wiesbaden (VS Verlag für Sozialwissenschaften), S. 189–206.

Fuhrmann, Tobias (2016): Kommunale Entscheidungsstrukturen in Brandenburg. In: Bogumil, Jörg/Holtkamp, Lars (Hrsg.): Kommunale Entscheidungsstrukturen in Ost- und Westdeutschland. Wiesbaden (VS Verlag für Sozialwissenschaften), S. 159–178.

Kommunalverfassung des Landes Brandenburg (BbgKVerf) vom 18.12.2007 (GVBl.I/07, [Nr. 19], S. 286), zuletzt geändert durch Artikel 3 des Gesetzes vom 30.6.2022 (GVBl.I/22, [Nr. 18], S. 6). Online abrufbar unter https://bravors.brandenburg.de/gesetze/bbgkverf [09.06.2024].

Lorenz, Astrid/Anter, Andreas/Reutter, Werner (2016): Politik und Regieren in Brandenburg. Wiesbaden (VS Verlag für Sozialwissenschaften).

Rehmet, Frank et al. (2023): Bürgerbegehrensbericht 2023. 2. Aufl., Berlin (Mehr Demokratie e. V.). Online abrufbar unter https://www.mehr-demokratie.de/fileadmin/pdf/2023/Berichte_Stellungnahmen/230531_MD_Buergerbegehrensbericht_2023_web.pdf [11.06.2024].

Schmidt, Thorsten Ingo (2021): Kommunalrecht. In: Bauer, Hartmut/Häde, Ulrich/Peine, Franz-Joseph (Hrsg.): Landesrecht Brandenburg. Studienbuch. Baden-Baden (Nomos Verlag), S. 99–211.

Senatsverwaltung für Stadtentwicklung, Bauen und Wohnen Berlin/Ministerium für Infrastruktur und Landesplanung Brandenburg (Hrsg.) (2023): Raumordnungsbericht 2023. Online abrufbar unter https://gl.berlin-brandenburg.de/wp-content/uploads/raumordnungsbericht-2023.pdf [09.06.2024].

Ulrich, Peter (2017): Grenzüberschreitende funktionale Kooperation im deutsch-polnischen Grenzraum am Beispiel des TransOderana EVTZ – Akteure, Strategien und Institutionen. In: Krzymuski, Marcin/Kubicki, Philipp/Ulrich, Peter (Hrsg.): Der EVTZ als Instrument der grenzüberschreitenden Zusammenarbeit nationaler öffentlicher Einrichtungen in der Europäischen Union. Baden-Baden (Nomos Verlag), S. 369–416.

# Bremen

*Lothar Probst unter Mitwirkung von Johanna Vogt und Matthias Güldner*

## 1 Ein kommunalpolitisches Unikat

In einer Quizsendung im deutschen Fernsehen wurde eine Kandidatin gefragt, in welchem Bundesland die kleinste Gemeinde über 100 000 Einwohner hat. Die Antwort auf die spitzfindige Frage macht deutlich, dass das kleinste Bundesland Bremen mit den beiden Gemeinden Bremen und Bremerhaven ein Unikat unter allen Bundesländern ist – selbst unter den Stadtstaaten. Das hat mit der besonderen Verwaltungsstruktur im Zwei-Städte-Staat zu tun. Während Bremerhaven als eigenständige Gemeinde über eine eigene kommunale Verwaltungsstruktur verfügt, überlappen sich die kommunalen Strukturen der Stadt Bremen mit denen des Bundeslandes (Personal- und Realunion). Die Verwaltungsgliederung umfasst in der Stadt Bremen fünf Bezirke (Nord, Süd, Ost, West, Mitte), die jedoch keine eigene Verwaltungsstruktur haben und auch nicht vergleichbar sind mit den Bezirken in den anderen beiden Stadtstaaten Hamburg und Berlin. Die Bremer Bezirke sind vielmehr in insgesamt 19 Stadt- und 88 Ortsteile aufgeteilt. Davon haben 18 Stadtteile und vier stadtteilunabhängige Ortsteile einen Beirat. Diese werden durch 17 verschiedene Ortsämter als kleine örtliche Verwaltungseinheiten ohne Budgetrecht vertreten. Die Ortsämter und ihre Bereiche stimmen jedoch weder mit den Stadtbezirken noch mit den Stadt- und Ortsteilen überein.

Die Ausnahmeerscheinung Bremens drückt sich u. a. in der Struktur der politischen Institutionen aus. Es gibt im Bundesland drei Parlamente: Die Bremische Bürgerschaft als Landesparlament, die Bremische Stadtbürgerschaft als Kommunalparlament der Stadt Bremen und die Stadtverordnetenversammlung der kreisfreien Stadt Bremerhaven (Probst 2022, 18).

Aufgrund seiner Konstitution als Zwei-Städte-Staat werden bei Bürgerschaftswahlen außerdem die zwei voneinander unabhängigen Wahlbereiche Bremen und Bremerhaven unterschieden, in denen jeweils getrennt die Fünf-Prozent-Hürde für den Einzug von Parteien bzw. Wählervereinigungen in das Landesparlament gilt. Dabei entscheiden die im Wahlbereich Bremen abgegebenen Stimmen zugleich über die Zusammensetzung der Bremischen Stadtbürgerschaft (Bremer Kommunalparlament), für das auch in Bremen lebende EU-Bürgerinnen und -Bürger ein aktives und passives Wahlrecht haben. Unabhängig davon, aber in der Regel zeitgleich, finden die Wahlen zur Stadtverordnetenversammlung in Bremerhaven statt, für die es keine Sperrklausel gibt, weil es sich um ein reines Kommunalparlament handelt.

Seit 1991 entscheiden die Bürgerinnen und Bürger der Stadt Bremen zeitgleich mit den Wahlen zur Bürgerschaft (Landtag und Stadtbürgerschaft) in direkter Wahl über die Zusammensetzung der 22 Beiräte im Stadtgebiet. Die Stadtteilbeiräte verstehen sich zwar schon lange als »Stadtteilparlamente«, wurden aber viele Jahre als untergeordnete Verwaltungsausschüsse eingestuft und der Exekutive zugeordnet. Trotz weitreichender Veränderungen ihrer verfassungsrechtlichen Befugnisse seit ihrem Bestehen nehmen sie bis heute eine ambivalente Stellung im Institutionengefüge der Stadt Bremen ein und stehen in relativ machtloser Konkurrenz zur Stadtbürgerschaft. Die Gemeinde Bremerhaven wiederum, ca. sechzig Kilometer von der Gemeinde Bremen entfernt, rühmt sich, die freieste Gemeinde in Deutschland mit einer eigenen Magistratsverfassung zu sein.

Ausgehend von dieser Sonderstellung sollen im Folgenden die verfassungsrechtlichen Rahmenbedingungen sowie die Wirkungsweise und Aufgaben der Institutionen und Organe der Kommunalpolitik in Bremen dargestellt werden.

## 2 Ein Land – zwei Gemeinden

Die Bremische Landesverfassung (im Folgenden nur noch Landesverfassung genannt) stellt in Art. 143 fest: »Die Stadt Bremen und die Stadt Bremerhaven bilden jede für sich eine Gemeinde des bremischen Staates.« Und in Art. 144 heißt es weiter: »Die Gemeinden sind Gebietskörperschaften des öffentlichen Rechts. Sie haben das Recht auf eine selbständige Gemeindeverfassung und innerhalb der Schranken der Gesetze das Recht der Selbstverwaltung.« Während die Gemeinde Bremerhaven mit der Magistratsverfassung über eine genaue Aufgabenbeschreibung ihres Kommunalparlaments, der Stadtverordnetenversammlung, verfügt, hat die Gemeinde Bremen keine eigene Kommunalverfassung. Für sie gelten die Bestimmungen der Landesverfassung, die nur wenige Hinweise auf die besonderen Aufgaben der Bremischen Stadtbürgerschaft enthält. Da Bremen im Unterschied zu Bremerhaven gemäß der Art. 144 und 145 der Landesverfassung auf eine eigene Kommunalverfassung verzichtet, greifen hier die Bestimmungen des Art. 148:

> »(1) Sofern nicht die Stadtgemeinde Bremen gemäß Artikel 145 durch Gesetz etwas anderes bestimmt, sind die Stadtbürgerschaft und der Senat die gesetzlichen Organe der Stadtgemeinde Bremen. [...] Die Stadtbürgerschaft besteht aus den von den stadtbremischen Wählern mit der Wahl zur Bürgerschaft im Wahlbereich Bremen gewählten Vertretern.
>
> (2) Der Präsident der Bürgerschaft ist, sofern die Stadtbürgerschaft nicht etwas anderes beschließt, zugleich Präsident der Stadtbürgerschaft. Seine Befugnisse in der Stadtbürgerschaft beschränken sich jedoch, wenn er nicht von den stadtbremischen Wählern in die Bürgerschaft gewählt ist, lediglich auf die Führung der Präsidialgeschäfte. [...].«

Nähere Bestimmungen zu den beiden Gemeinden enthält die Landesverfassung nur noch zu deren Finanzausstattung in Art. 146, Abs. 2:

> »Das Land gewährleistet der Stadt Bremen und der Stadt Bremerhaven zur Erfüllung ihrer Aufgaben im Rahmen seiner finanziellen Leistungsfähigkeit eine angemessene Finanzausstattung. Überträgt das Land der Stadt Bremen und der Stadt Bremerhaven Aufgaben [...], hat es gleichzeitig Bestimmungen über die Deckung der Kosten zu treffen. Führt die Wahrnehmung dieser Aufgaben zu einer Mehrbelastung der Gemeinden, ist ein finanzieller Ausgleich zu schaffen. [...].«

# 3 Die Bremische Stadtbürgerschaft – das Kommunalparlament der Stadt Bremen

Aufgrund der Verschränkung von Kommunal- und Landespolitik lassen sich die besonderen Aufgaben der Bremischen Stadtbürgerschaft nur schwer bestimmen und von denen der Bremischen Bürgerschaft (Landtag) abgrenzen. Die Selbstständigkeit der Stadtbürgerschaft kommt in der Regel dadurch zum Tragen, dass die Abgeordneten sich während einer Sitzungswoche vor den Sitzungen der Bürgerschaft (Landtag) zu einer eigenständigen Sitzung treffen und dort alle Angelegenheiten diskutieren und entscheiden, die nur die Stadtgemeinde Bremen betreffen. Des Weiteren kann die Stadtbürgerschaft Ausschüsse einsetzen, die sich ausschließlich auf die Stadtgemeinde Bremen beziehen. In der laufenden 21. Legislaturperiode gehören dazu der Haushalts- und Finanzausschuss, der Ausschuss für Petitionen und Bürgerbeteiligung, der Rechnungsprüfungsausschuss und der Controlling-Ausschuss. In der Vergangenheit gehörte auch der Ausschuss für Bürgerbeteiligung, bürgerschaftliches Engagement und Beiräte zu den stadtbremischen Ausschüssen. Zu den Besonderheiten Bremens gehören außerdem die Deputationen, die auch auf stadtbremischer Ebene als Verwaltungsausschüsse eine Art Zwitterstellung zwischen Parlamentsausschuss, Exekutive und Verwaltung einnehmen (Probst 2022, 19).[1]

Laut dem von der Bürgerschaft (Landtag) 1964 beschlossenen Gesetz über die Rechtsetzungsbefugnisse der Gemeinden können die beiden Gemeinden Bremens zur Vermeidung von Beeinträchtigungen per Ortsgesetz jeweils Gebote oder Verbote zu Bereichen wie Lärm, Gerüche, Tierhaltung, Abbrennen von Feuern und Inbetriebnahmen von Grillgeräten, Konsum von Betäubungsmitteln auf öffentlichen Flächen erlassen, soweit diesen nicht Landes- oder Bundesrecht entgegenstehen. Außerdem können sie Ortsgesetze für Gemeindedienste, für den Anschluss an Wasserleitung,

---

[1] Eine Liste der stadtbremischen Deputationen in der 21. Legislaturperiode findet sich auf der Internetseite der Bremischen Bürgerschaft: https://www.bremische-buergerschaft.de/index.php?id=85.

Abwasserbeseitigung, Müllabfuhr, Straßenreinigung der Grundstücke ihres Gebietes sowie für weitere bestimmte Angelegenheiten erlassen.

## 4 Die Stadtteilbeiräte und Ortsämter in der Gemeinde Bremen

Eines der wichtigsten von der Stadtbürgerschaft verabschiedeten Ortsgesetze ist das über »Beiräte und Ortsämter in Bremen« (oft auch Beirätegesetz genannt), weil über diese *de facto* ein großer Teil der Kommunalpolitik abgewickelt wird. Die Diskussion über Aufgaben, Rechte und Kompetenzen der Beiräte und Ortsämter hat in Bremen eine lange Tradition. Seit der Verabschiedung des ersten »Gesetzes über Ortsämter und Außenstellen der bremischen Verwaltung« im Jahr 1946 hat es mehrere Novellierungen und Überarbeitungen gegeben, die jeweils Gegenstand politischer und verfassungsrechtlicher Kontroversen waren. Im Kern ging es in jeder dieser Auseinandersetzungen um die Frage, wie angesichts der Besonderheiten des Zwei-Städte-Staates die kommunale Selbstverwaltung in der Stadt Bremen im Einklang mit der Landesverfassung geregelt werden kann und welcher Status dabei den Beiräten zusteht (Probst 2023, 86). Art. 144 der Landesverfassung betont, dass beide Gemeinden »Körperschaften des öffentlichen Rechts« sind und »das Recht der Selbstverwaltung« haben. Für die Frage der kommunalrechtlichen Gliederung der Gemeinden ist Art. 145 Abs. 2 ausschlaggebend. Dort heißt es: »Die Gemeinden können für die Verwaltung örtlicher Angelegenheiten bestimmter Stadtteile, insbesondere die stadtbremischen Außenbezirke, durch Gemeindegesetz örtlich gewählte Bezirksvertretungen einrichten.«

Wie diese Formulierung auszulegen ist, war nicht nur in den Debatten während der Erarbeitung der Landesverfassung, sondern auch in den Folgejahrzehnten Gegenstand von Auseinandersetzungen, die teilweise erst durch Entscheidungen des Staatsgerichtshofs der Freien Hansestadt Bremen geklärt wurden. Örtlich gewählte Bezirksvertretungen einzurichten, wurde zu einer Zeit diskutiert, als Bremens Bevölkerung schnell wuchs. Letztlich sind sie aber nie eingerichtet worden. Stattdessen gab es immer wieder Novellierungen des Beirätegesetzes, u. a. 1951, 1971 und 1979, in denen die Kompetenzen der Beiräte jeweils erweitert wurden. Aber erst mit der Reform von 1989 wurden ihnen echte Entscheidungsrechte zuerkannt. Gleichzeitig wurde mit dieser Reform ihre Direktwahl durch die Bürgerinnen und Bürger beschlossen (Sakuth 2005, 7). Auch die Beteiligungsrechte von Bürgerinnen und Bürgern wurden gestärkt, indem diese nun Anträge an den Beirat stellen konnten. Außerdem wurde den Beiräten das Recht gewährt, »eigene langfristige Planungsabsichten zu erarbeiten und diese über die Behörden den Deputationen vorzuschlagen« (§ 6). Für die Beiräte war es zudem ein Fortschritt, dass sie fortan über »die Verwendung der Mittel für stadtteilbezogene Maßnahmen« eigenständig entscheiden konnten (§ 7) und dass die stadtbremischen Behörden verpflichtet wurden, »bei allen Angelegenheiten, die im Ortsamtsbereich von öffentlichem Interesse sind, rechtzeitig über das Ortsamt eine Stellungnahme des Beirats einzuholen, die der entscheidenden Stelle zur Beratung vorzulegen« ist (§ 30). Diese Rechte wertete der Bremer Staatsgerichtshof in seinen Entscheidungen als wegweisend für die kommunalpolitische Eigenständigkeit der Beiräte (Probst 2022, 91).

Bei weiteren Reformen des Beirätegesetzes in den Jahren 2010 und 2018 erfuhren die Beiräte nicht nur eine Ausweitung ihrer Befugnisse, sondern auch eine weitere Aufwertung ihres politischen Status in Bezug auf ihre Informations- und Beteiligungsrechte sowie ihre Finanzausstattung. Dem wird u. a. in § 32 des novellierten Beirätegesetzes Rechnung getragen, wenn es heißt: »(1) Die Ortsämter wirken an der Aufstellung und Ausführung der Haushaltsvoranschläge mit, indem sie aufgrund von Beschlüssen der Beiräte Anträge nach § 8 Absatz 4 über die Aufsichtsbehörde bei der fachlich zuständigen senatorischen Behörde stellen.« Anträge durften die Ortsämter zuvor nicht stellen. Und weiter: »(3) Im Haushaltsplan der Stadtgemeinde Bremen sind Globalmittel für orts- und stadtteilbezogene Maßnahmen zu veranschlagen. (4) In einem oder in mehreren Einzelplänen der Ressorts werden die stadtteilbezogenen Mittel (Stadtteilbudgets) ausgewiesen, über die die Beiräte gemäß § 10 Absatz 3 entscheiden.«

Eine vom Staatsgerichtshof vorgenommene juristische Einordnung der Beiräte als »Exekutivorgane« entspricht dem jahrelangen Ringen der Beiräte um mehr Einfluss bei der Ausübung ihrer kommunalpolitischen Aufgaben. Trotz ihrer verfassungsrechtlichen Aufwertung ist das grundsätzliche Problem nicht geklärt, in welchem Verhältnis sie zur Stadtbürgerschaft mit ihren stadtbremischen Deputationen und Ausschüssen sowie zum Senat mit seinen angegliederten Fachbehörden stehen. Es heißt zwar auf den Seiten des Landesportals der Stadt Bremen: »Beiräte sind Bremens Stadtteilparlamente mit begrenzten Entscheidungsrechten, aber mit umfassender Beratungszuständigkeit.«[2] *De facto* werden ihnen politische Gestaltungs- und Entscheidungskompetenzen oft immer noch verweigert. In der gelebten Kommunalpolitik kommt es deshalb oft zu Konflikten zwischen senatorischen Behörden und den Beiräten, weil sie bei Planungen nicht nur häufig übergangen, sondern auch oft mit Anforderungen – wie der kurzfristigen Stellungnahme zu Gesetzesvorhaben – konfrontiert werden, die sie aufgrund ihrer ehrenamtlichen Tätigkeit gar nicht erfüllen können.

## 5  Der Senat – ein Organ der Landes- und Kommunalpolitik

Spricht man außerhalb Bremens über den Bremer Senat, denkt man vor allem an seine Funktion als oberstes Exekutivorgan des Bundeslandes Bremen. Vielen ist jedoch nicht bewusst, dass der Senat zugleich die Stadtregierung der Kommune Bremen darstellt und für die Kommunalpolitik in der Stadt zuständig ist. Diese Doppelstruktur hat zur Folge, dass die Bremer Senatorinnen und Senatoren sowie die ihrem Ressortbereich angegliederten Fachbehörden sich in ihrem jeweiligen Verantwortungsbereich vor allem um Bremer Kommunalpolitik kümmern müssen.

---

2  Siehe https://landesportal.bremen.de/was-macht-der-beirat-im-stadtteil [09.01.2024].

Die Aufgaben und Kompetenzen des Senats sind in der entsprechenden Geschäftsordnung festgeschrieben. Demnach berät und beschließt er über alle Angelegenheiten, für die die Verfassung oder andere Rechtsvorschriften eine Entscheidung des Senats vorschreiben. Dies betrifft u. a. die Ausarbeitung von Gesetzentwürfen, Verordnungen, Anordnungen und Bekanntmachungen, die Stimmabgabe im Plenum des Bundesrates und die Gemeindeaufsicht (§ 1 der Geschäftsordnung des Senats der Freien Hansestadt Bremen). Besondere gesetzliche Verpflichtungen zu Wahrnehmung seiner Aufgabe als oberste Exekutive der Gemeinde Bremen gibt es nicht. In Bezug auf Senatsvorlagen zur Beschlussfassung heißt es in § 18 Abs. 4 der Geschäftsordnung nur: »Entwürfe für Gesetze, Rechtsverordnungen und Ortsgesetze der Stadtgemeinde Bremen sind der Senatorin oder dem Senator für Justiz und Verfassung zur rechtsförmlichen Prüfung zuzuleiten.«

Die Wahl und Zusammensetzung des Senats wird in Art. 107 der Landesverfassung ausgeführt. Demnach besteht der Senat aus Senatorinnen und Senatoren sowie einem Präsidenten bzw. einer Präsidentin. Ihre Anzahl wird durch Gesetz bestimmt. Außerdem können auf Vorschlag des Senats auch Staatsräte zu Mitgliedern des Senats gewählt werden. Die Mitglieder des Senats werden von der Bürgerschaft (Landtag) mit der Mehrheit der abgegebenen Stimmen gewählt, wobei in einem gesonderten Wahlgang zunächst der Präsident bzw. die Präsidentin gewählt wird. Die Wahl erfolgt für die Dauer der Wahlperiode der Bürgerschaft. Der Senat oder einzelne seiner Mitglieder müssen zurücktreten, wenn eine Mehrheit der Bürgerschaft ihnen das Vertrauen entzieht (Art. 110 der Landesverfassung).

Die verfassungsrechtliche Stellung des Präsidenten bzw. der Präsidentin des Bremer Senats unterscheidet sich in einer Reihe von Aspekten von denen der obersten Exekutivvertreter in anderen Bundesländern (in Flächenländern: die Ministerpräsidenten). Wie in anderen Bundesländern vertritt der Präsident bzw. die Präsidentin des Senats das Bundesland Bremen. Zugleich ist er oder sie Bürgermeister der Stadtgemeinde Bremen. Daneben wählt der Senat aufgrund von Traditionen noch einen weiteren Bürgermeister oder eine Bürgermeisterin. Als Vertreter der Stadtregierung in Bremen setzen beide die von der Stadtbürgerschaft beschlossenen Gesetze um und tragen neben den Senatorinnen und Senatoren die Verantwortung für die einzelnen Verwaltungsbehörden und Ämter in Stadt und Bundesland. Weder der Präsident bzw. die Präsidentin des Senats noch der Senat als Ganzer besitzt eine Richtlinienkompetenz. Sie müssen sich an den Gesetzen und den von der Bürgerschaft vorgegebenen Richtlinien orientieren (Art. 118 Landesverfassung).

## 6 Die Stadtverordnetenversammlung der Kommune Bremerhaven

### 6.1 Verfassungsrechtliche Aspekte

Als eine Gemeinde innerhalb des Landes Bremen hat sich Bremerhaven eine eigene Verfassung gegeben – die Bremerhavener Magistratsverfassung. Dieser Verfassungstyp sieht eine strikte Gewaltenteilung sowie einen kollegial agierenden Magistrat vor, der aus haupt- und ehrenamtlichen Magistraten sowie dem Bürgermeister bzw. der Bürgermeisterin besteht. Eine echte Magistratsverfassung schreibt die Zustimmung des Magistrats vor, um Beschlüsse eines Stadtparlaments wirksam zu verabschieden. Da dies in Bremerhaven nicht der Fall ist, spricht man auch von einer »unechten« Magistratsverfassung (Scheper 1977, 402). Die Stadtverordnetenversammlung ist das oberste Beschlussorgan (Legislative), der Magistrat ein kollegiales Vollzugsorgan (Exekutive). Beschlüsse der Stadtverordnetenversammlung besitzen auch ohne Zustimmung des Magistrats Gültigkeit und müssen von den städtischen Behörden umgesetzt werden. Auch wenn die Magistratsverfassung an die städtischen Traditionen aus der Zeit der Weimarer Republik anknüpft, ist die genaue Ausgestaltung des Verfassungstextes maßgeblich durch einen Verfassungsentwurf des Deutschen Städtetags vom Mai 1947 beeinflusst (Scheper 1977, 401 f.; Schwarzwälder 2003, 120 f.).

## 6.2 Struktur und Aufgaben

Als Stadtparlament nimmt die Stadtverordnetenversammlung sowohl Gesetzgebungs- als auch Wahl-, Kontroll- und Artikulationsfunktionen wahr. Ihr Aufgabenbereich umfasst sämtliche öffentliche Angelegenheiten der Stadt. Als »freieste Gemeinde« (Scherer 2003, 124) der Bundesrepublik beinhaltet dies unter anderem die Möglichkeit der Modifizierung der eigenen Stadtverfassung sowie die Hoheit über die örtliche Polizei und eine beschränkte Hoheit über das Schulwesen. Um diesem Auftrag der Stadtverfassung gerecht zu werden, findet die Arbeit der Stadtverordnetenversammlung zum überwiegenden Teil in Ausschüssen statt.[3]

Die Stadtverordnetenversammlung wählt zudem die hauptamtlichen und ehrenamtlichen Mitglieder des Magistrats und überwacht dessen Amtsführung. Im Wesentlichen ist ihr Kontrollrecht jedoch auf die Akteneinsicht beschränkt (§ 18 der Magistratsverfassung).

## 6.3 Wahl, Zusammensetzung und Organisation

Alle vier Jahre werden 48 Abgeordnete in die Stadtverordnetenversammlung gewählt. Wahlberechtigt sind dabei alle deutschen Staatsangehörigen sowie die Bürgerinnen und Bürger eines anderen Mitgliedstaates der Europäischen Union (seit 1992), solange diese seit mindestens drei Monaten im Stadtgebiet gemeldet sind und das 16. Lebensjahr vollendet haben. Aufgrund einer von der Bürgerschaft (Landtag) beschlossenen Wahlrechtsreform wurden ab 2011 die starren Listenvorschläge der Parteien zugunsten offener Personenlisten bei Bürgerschaftswahlen und bei der Kommunalwahl in Bremerhaven abgeschafft. Außerdem entfiel 2009 die

---

3 Die thematische Zusammensetzung der Ausschüsse kann von der Stadtverordnetenversammlung von Legislaturperiode zu Legislaturperiode geändert werden. Nur die Bildung eines Verfassungs- und Geschäftsordnungsausschusses sowie eines Finanzausschusses sind in der Magistratsverfassung festgeschrieben (siehe § 43, Absatz 1 der Magistratsverfassung). Aktuell gibt es etwa Ausschüsse für Verfassung, Geschäftsordnung, Petitionsangelegenheiten und Bürgerbeteiligung, Schule und Kultur, Jugend, Familie und Frauen, öffentliche Sicherheit, Gesundheit oder Bau und Umweltschutz.

Fünf-Prozent-Sperrklausel, nachdem der Staatsgerichtshof festgestellt hatte, dass es sich bei der Wahl zur Stadtverordnetenversammlung um eine reine Kommunalwahl handelt und die Wiedereinführung der Klausel deshalb unzulässig war. Ab 2011 erhielten nicht nur Parteien und Wählervereinigungen, sondern auch Einzelbewerber und Einzelbewerberinnen die Möglichkeit, sich zur Wahl zu stellen. Die Magistratsverfassung verbietet es Beamten der Kommunal- bzw. Fachaufsicht der Städte Bremerhaven und Bremen, für die Stadtverordnetenversammlung zu kandidieren.

Die erste Sitzung innerhalb einer Legislaturperiode dient der Wahl des Vorstandes des Stadtparlaments. Dieser Vorstand setzt sich aus einer Stadtverordnetenvorsteherin bzw. einem -vorsteher und mindestens zwei Beisitzerinnen bzw. Beisitzern zusammen, die aus der Mitte des Parlaments bestimmt werden. Als Repräsentant bzw. Repräsentantin der Stadtverordnetenversammlung vertritt der Stadtverordnetenvorsteher oder die -vorsteherin das Parlament gerichtlich und außergerichtlich. Außerdem ist er oder sie für die Leitung der Stadtverordnetenversammlungen zuständig.

Sobald eine Wählervereinigung bzw. Partei drei Abgeordnete stellt, erhält sie gemäß der Geschäftsordnung der Stadtverordnetenversammlung den Fraktionsstatus. Dieser gewährt eine gewisse finanzielle Unterstützung und ermöglicht es den jeweiligen Fraktionsvorsitzenden, beratend an allen Ausschüssen teilzunehmen. Der Fraktionsstatus sichert somit die Mitwirkungsmöglichkeiten der Opposition.

# 7 Der Magistrat – die Exekutive der Kommunalpolitik in Bremerhaven

## 7.1 Zusammensetzung und Wahl

Der Bremerhavener Magistrat setzt sich aus haupt- und ehrenamtlichen Mitgliedern zusammen. Während die hauptamtlichen Mitglieder von der Stadtverordnetenversammlung für die Dauer von sechs Jahren gewählt werden, sind die ehrenamtlichen Mitglieder, deren Anzahl jene der hauptamtlichen übersteigen muss, abhängig vom Parteienproporz, jeweils nur für eine Legislaturperiode zu wählen. Auf diese Weise können auch Oppositionsparteien Mitglieder im Magistrat stellen. Mitglieder des Magistrats dürfen nicht zugleich eine Abgeordnetentätigkeit im Stadtparlament ausüben. Die Magistratsverfassung (§ 49) sieht die Möglichkeit der vorgezogenen Abwahl eines jeden Magistratsmitgliedes vor, wenn ihm eine Zweidrittelmehrheit des Parlaments das Vertrauen entzieht.

Die Mitglieder des Magistrats organisieren ihre Arbeit auf kollegiale Weise, sodass sämtliche Beschlüsse in diesem Gremium mit Stimmenmehrheit gefasst werden. Nur wenn sich ein Stimmengleichgewicht im Magistrat einstellen sollte, liegt die Entscheidung bei dem Oberbürgermeister bzw. der Oberbürgermeisterin.

## 7.2  Aufgaben und Zuständigkeiten

Der Magistrat ist die Verwaltungsbehörde Bremerhavens und für den Vollzug der Beschlüsse der Stadtverordnetenversammlung zuständig. Der Magistrat kann nicht selbst gesetzgeberisch tätig werden (Scheper 1977, 402). Zu seinen Hauptaufgaben gehören die Vorbereitung sowie die Durchsetzung der Beschlüsse der Stadtverordnetenversammlung, soweit dafür Finanzmittel vorhanden sind. Dabei sitzen die einzelnen Magistratsmitglieder den parlamentarischen Ausschüssen vor – jeweils ohne Stimmrecht. Auf diese Weise wird sichergestellt, dass der Magistrat über die Beschlüsse informiert ist und deren Sinn bei der Durchsetzung beachtet.

Eine andere zentrale Aufgabe des Magistrats ist es, einen Jahresbericht über den aktuellen Stand der städtischen Angelegenheiten zu verfassen. Dieser Bericht muss vor der ersten Haushaltssitzung öffentlich in der Stadtverordnetenversammlung diskutiert werden und stellt die Grundlage für die jeweilige Haushaltsdebatte dar. Außerdem obliegt es dem Magistrat, die Beschlüsse der Stadtverordnetenversammlung auf Rechtmäßigkeit zu prüfen. Als hauptamtliches Magistratsmitglied muss auch der Oberbürgermeister bzw. die Oberbürgermeisterin durch die Stadtverordnetenversammlung gewählt werden. In diesem Amt leitet er oder sie die städtische Verwaltung. Gemäß der Verschränkung von Landes- und Kommunalpolitik in Bremen ist jedoch der Senat der Freien Hansestadt als Landesregierung oberste Aufsichtsbehörde für Bremerhaven. Den Weisungen des Senats muss der Magistrat gemäß Verfassung daher grundsätzlich Folge leisten.

# 8 Volksgesetzgebung – institutionelle Einflussmöglichkeiten auf die Kommunalpolitik

Die Bürgerinnen und Bürger der beiden Kommunen Bremen und Bremerhaven haben durch die Volksgesetzgebung die direkte Möglichkeit, auf die jeweilige Kommunalpolitik Einfluss zu nehmen. Durch eine Verfassungsänderung, im Jahr 1994 durch einen obligatorischen Volksentscheid beschlossen, wurde die bis dahin schon auf Landesebene bestehende Möglichkeit, ein Volksbegehren einzuleiten und einen Volksentscheid herbeizuführen auf die Gemeinde Bremen übertragen (Güldner 2022, 367). Außerdem wurden Bürgeranträge eingeführt, die es den Antragstellerinnen und Antragstellern ermöglichen, einen konkreten Antrag zur Beratung und Beschlussfassung auf die Tagesordnung der Stadtbürgerschaft setzen zu lassen. Seit 2009 sind in begrenztem Umfang finanzwirksame Volksbegehren und Volksentscheide zulässig, wenn das Gesamtgleichgewicht der Haushalte nicht tangiert wird und eine Gegenfinanzierung aus nicht gesetzlich oder vertraglich gebundenen Mitteln auf den Weg der Volksgesetzgebung gebracht werden kann. Ansonsten sind haushaltswirksame Volksentscheide über den laufenden Haushaltsplan, über Bezüge im Öffentlichen Dienst, über Steuern, Abgaben, Beiträge und Gebühren unzulässig (Güldner 2022, 370). 1996 beschloss die Bürgerschaft (Landtag) ein Ausführungsgesetz zur diesbezüglichen Volksgesetzgebung. Im weiteren Verlauf wurden zudem die einschlägigen Hürden und Quoren abgesenkt. Gleichwohl hat es seitdem nur wenige erfolgreiche Volksbegehren bzw. -entscheide gegeben. Dazu gehörten u. a. Volksbegehren zur Verkleinerung der Anzahl der Mandate in der Bürgerschaft (1998/99), zur Einführung eines Mehrpersonenstimmen-Wahlrechts (2006) sowie zur Rekommunalisierung der Müllabfuhr (2014). In fast allen Fällen kam es nach der Initiierung des Volksbegehrens nicht mehr zu einem Volksentscheid, weil die Bürgerschaft im Sinne der Initiatoren Entscheidungen getroffen hat. Zur Bundestagswahl 2017 hatte die Bremische Bürgerschaft einen Volksentscheid zur Verlängerung der Dauer der Legislaturperiode auf fünf Jahre zur Abstimmung gestellt. Doch die Mehrheit der beteiligten Wählerinnen und Wähler votierte für eine Beibehaltung der Dauer von vier Jahren.

Auch die Bremerhavener Magistratsverfassung gewährt Bürgerinnen und Bürgern weitreichende Beteiligungsrechte. So können sie unter spezifischen Voraussetzungen mittels Einwohneranträgen, Bürgerbegehren und -entscheiden Gesetzesvorhaben in die Stadtverordnetenversammlung einbringen oder über bestimmte Angelegenheiten der Selbstverwaltung abstimmen. Allerdings wurden diese Möglichkeiten erst im Jahr 1995 in die Stadtverfassung aufgenommen und durch ein von der Stadtverordnetenversammlung beschlossenes Ortsgesetz eingeführt (Vogt 2022, 374). Ortsgesetzvorschläge des Bürgerbegehrens müssen laut Magistratsverfassung rechtskonform durchführbar sein und einen Kostendeckungsvorschlag enthalten. Das notwendige Quorum an Unterschriften beträgt fünf Prozent der wahlberechtigten Bürgerinnen und Bürger von Bremerhaven. Viele bisherige Verfahren der Volksgesetzgebung wurden in Bremerhaven entweder für unzulässig erklärt oder sind an der Einbringung des Zustimmungsquorums gescheitert. In einigen Fällen wurden die Anliegen von Bürgerbegehren von der Stadtverordnetenversammlung übernommen, ohne dass es zum finalen Bürgerentscheid kam.

# Rechtsgrundlagen

Geschäftsordnung des Senats der Freien Hansestadt Bremen vom 5. Juli 2023 (Brem.ABl. 2023, S. 740), zuletzt geändert durch Änderung vom 18. Juni 2024 (Brem.ABl. S. 665, ber. S. 668). Online abrufbar unterhttps://www.transparenz.bremen.de/metainformationen/geschaeftsordnung-des-senats-der-freien-hansestadt-bremen-vom-5-juli-2023-193500?asl=bremen203_tpgesetz.c.55340.de&template=20_gp_ifg_meta_detail_d [02.10.2024].

Gesetz über Rechtsetzungsbefugnisse der Gemeinden vom 16. Juni 1964 (Brem.GBl. 1964, S. 59), zuletzt geändert durch Gesetz vom 30. März 2021 (Brem.GBl. S. 302).

Landesverfassung der Freien Hansestadt Bremen in der Fassung der Bekanntmachung vom 12. August 2019 (Brem.GBl. 2019, S. 524, 527), zuletzt geändert durch Gesetz vom 28. Februar 2023 (Brem.GBl. S. 204).

Ortsgesetz über Beiräte und Ortsämter in der Fassung vom 2. Februar 2021.

Verfassung für die Stadt Bremerhaven, Stand: November 2018. Online abrufbar unter https://www.bremische-buergerschaft.de/fileadmin/user_upload/Informationsmaterial/Stadtverfassung_Bremerhaven_2018-11_web.pdf [09.01.2024].

# Literaturhinweise

Güldner, Matthias (2022): Volksgesetzgebung und direkte Demokratie in Bremen. In: Probst, Lothar et al. (Hrsg.): Politik und Regieren in Bremen. Wiesbaden (VS Verlag für Sozialwissenschaften), S. 365–383.

Probst, Lothar (2022): Stellung und Aufgabe der Beiräte in der Stadt Bremen. In: Probst, Lothar et al. (Hrsg.): Politik und Regieren in Bremen. Wiesbaden (VS Verlag für Sozialwissenschaften), S. 85–97.

Sakuth, Christoph (2005): Entwicklung und Aufgabe der Beiräte in der Stadtgemeinde Bremen. Erweiterung der Rechte. München/Ravensburg (Grin Verlag).

Scheper, Burchard (1977): Die jüngere Geschichte der Stadt Bremerhaven. Bremerhaven (Schmalfeldt & Co.).

Scherer, Michael (2010): Kommunalpolitik in Bremen. In: Kost, Andreas/Wehling, Hans-Georg (Hrsg.): Kommunalpolitik in deutschen Ländern. Eine Einführung. 2. Aufl., Wiesbaden (VS Verlag für Sozialwissenschaften), S. 120–147.

Schwarzwälder, Herbert (2003): Das Große Bremen-Lexikon. Bd. 1: A–K. 2. Aufl., Bremen (Edition Temmen).

Vogt, Johanna (2022): Stadtverordnetenversammlung und Magistrat Bremerhaven. In: Probst, Lothar et al. (Hrsg.): Politik und Regieren in Bremen. Wiesbaden (VS Verlag für Sozialwissenschaften), S. 147–152.

# Hamburg

*Andreas Fraude[1]*

## 1 Begriffsbestimmung und historische Entwicklung

Nach Art. 1 der Hamburgischen Verfassung (im Weiteren: HV) ist Hamburg – der Präambel des Grundgesetzes folgend – ein Land der Bundesrepublik Deutschland. Darin spiegelt sich das Bekenntnis zum föderalen Aufbau des Staates wider. Das Land Hamburg besitzt wie alle Länder Deutschlands Staatsqualität mit eigener, nicht vom Bund abgeleiteter, sondern von ihm lediglich anerkannter staatlicher Hoheitsmacht. Die Freie und Hansestadt Hamburg ist damit Stadt und Staat zugleich.

Der Begriff »Stadtstaat« ist ein Rechtsbegriff, der in Gesetzen, nicht aber in der HV verwendet wird. Mit dem Begriff wird ein Staat bezeichnet, dessen Territorium im Wesentlichen auf ein Stadtgebiet begrenzt ist, also ein Gebiet, das sich durch eine weitestgehend geschlossene respektive dichte Bau- und Siedlungsstruktur auszeichnet. Grundlage der Begriffsbestimmung ist die Rechtslage in Hamburg seit dem 1. April 1938. Seit diesem Zeitpunkt ist von einer ungeteilten Gebietskörperschaft auszugehen, was eine Aufteilung des Gebietes in rechtsfähige Untergliederungen ausschließt. Art. 4 (1) der HV fasst diese Gegebenheiten der »Einheitsge-

---

[1] Durchgesehene, aktualisierte und gekürzte Fassung des Beitrags von Fraude, Andreas/Lloyd, Matthias (2010): Kommunalpolitik in Hamburg. In: Kost, Andreas/Wehling, Hans-Georg (Hrsg.): Kommunalpolitik in den deutschen Ländern. Eine Einführung. 2. Aufl., Wiesbaden (VS Verlag für Sozialwissenschaften), S. 148–164. Mit freundlicher Genehmigung.

meinde« so zusammen: »In der Freien und Hansestadt Hamburg werden staatliche und gemeindliche Aufgaben nicht getrennt.«

Die Reichsunmittelbarkeit, das heißt, die Unabhängigkeit von anderweitiger Territorialherrschaft, wurde Hamburg über Jahrhunderte formell versagt. Erst 1618 erfolgte die Anerkennung als Freie Reichsstadt und damit als Stadtstaat im weiteren Sinn, denn mit der Reichsunmittelbarkeit wurden Hamburg auch staatliche Rechte zugestanden. 1815 unterzeichnete Hamburg neben anderen souveränen Staaten die Bundesakte, mit der der Deutsche Bund gegründet wurde. Der Status der Eigenstaatlichkeit überdauerte die Gründung des Norddeutschen Bundes im Jahr 1866 und auch die Gründung des Deutschen Reichs 1871. Auch in der Weimarer Republik wurde der Staatscharakter Hamburgs nicht angetastet: Art. 1 der HV von 1921 bezeichnete den Hamburgischen Staat als eine Republik, die unter dem Namen »Freie und Hansestadt Hamburg« ein Land des Deutschen Reichs bildet.

Zwischen 1933 und 1945 blieb Hamburg zwar seine Reichsunmittelbarkeit erhalten, es wurde aber – wie alle Gliedstaaten im nationalsozialistischen Einheitsstaat – seiner Staatlichkeit beraubt. Mit dem Groß-Hamburg-Gesetz vom 1. April 1937 fand zudem eine territoriale Neugliederung statt. Für eine Übergangszeit bestand die Hansestadt aus den Städten Hamburg und Bergedorf, den bis dahin preußischen Städten Altona, Harburg-Wilhelmsburg und Wandsbek sowie 44 Landgemeinden. Das Gesetz über die Verfassung und Verwaltung der Hansestadt Hamburg schloss diese Städte und Landgemeinden mit Wirkung vom 1. April 1938 zu einer einheitlichen Stadt Hamburg zusammen. Dadurch verloren die eingemeindeten Städte und althamburgischen Gemeinden ihr Recht auf kommunale Selbstverwaltung; die neu geschaffene Einheitsgemeinde Hamburg war zentral organisiert. Mit der Bekanntmachung über die Gebietseinteilung der Hansestadt Hamburg vom 26. Oktober 1938 wurde das gesamte Gebiet der Stadt entsprechend den Parteikreisen der hamburgischen NSDAP in zehn Kreise eingeteilt. Nach den schweren Bombenangriffen im Rahmen der »Operation Gomorrha« im Juli 1943 wurden die zehn Kreisverwaltungen jedoch untergliedert: Es hatte sich gezeigt, dass die Kriegsverhältnisse eine dekonzentrierte Wahrnehmung von Verwaltungsaufgaben erforderten. Das hatte die Einführung des Ortsamtssystems zur

Folge, das bis 1945 vollständig etabliert war und bis zur Bezirksverwaltungsreform 2006 galt.

## 2 Das politische System der »Einheitsgemeinde«: Senat, Bürgerschaft, Bezirksämter und Bezirksversammlungen

Das heutige politische System der Freien und Hansestadt folgt dem Typus eines parlamentarischen Regierungssystems. Dabei bildet die Hamburgische Bürgerschaft das Landesparlament und setzt sich aus mindestens 120 Abgeordneten zusammen, die sowohl über Parteilisten als auch über Wahlkreise gewählt werden und neben ihrem parlamentarischen Mandat einen Beruf ausüben (»Feierabendparlament«). Dabei bilden der Erste Bürgermeister bzw. die Erste Bürgermeisterin (Präsident des Senats) und die Senatorinnen und Senatoren den Senat und damit die »Kernexekutive«. Eine Besonderheit stellt die verfassungsrechtlich normierte Trennung von Amt und Mandat dar: Senatsmitglieder dürfen nicht gleichzeitig Mitglieder der Bürgerschaft sein. Der Senat ist die Landesregierung, führt und beaufsichtigt die Verwaltung und vertritt Hamburg nach außen. Die Anzahl der Senatsmitglieder wird gesetzlich bestimmt. Der Erste Bürgermeister beruft seine Stellvertreterin bzw. seinen Stellvertreter (Zweiter Bürgermeister) und die übrigen Senatorinnen und Senatoren. Danach bedarf der Senat als Ganzes der Bestätigung durch die Bürgerschaft. Die Verfassungsänderung von 1996 glich das Hamburgische Regierungssystem den Regelungen des Grundgesetzes für die Bundesebene weiter an. Analog zu den Kompetenzen des Bundeskanzlers und der Ministerpräsidentinnen und -präsidenten in den Flächenländern besitzt der Erste Bürgermeister seitdem eine Richtlinienkompetenz, während für die Senatorinnen und Senatoren das Ressortprinzip gilt. Der Senat fasst seine Beschlüsse mit Stimmenmehrheit, wobei es jedem Mitglied freisteht, seine abweichende

Auffassung zu Protokoll zu geben. Bei Stimmengleichheit entscheidet die Stimme des Vorsitzenden, also des Senatspräsidenten.

Der Aufbau der Hamburger Verwaltung gliedert sich in drei Ebenen: Der Senat als oberste Landesbehörde mit Assistenzeinheiten, die zentralen, nach Ressorts aufgegliederten Fachbehörden und die dezentralen, nach Stadtbezirken abgegrenzten Bezirksämter. Den einzelnen Verwaltungseinheiten aller drei Ebenen sind bestimmte Aufgaben und Zuständigkeiten mit rechtlicher Außenwirkung zugewiesen, die sie selbstständig wahrnehmen. Das Gesetz über die Bezirksverwaltung aus dem Jahr 1949 teilt das Gebiet Hamburgs in sieben Bezirke, für die je ein Bezirksamt eingerichtet ist. Die Bezirksämter sind die Verwaltungsorgane der Bezirke und werden von einem Bezirksamtsleiter bzw. einer -leiterin geführt. Da in Hamburg staatliche und gemeindliche (»kommunale«) Tätigkeiten nicht getrennt werden, kommt den Bezirken lediglich die Funktion von »Verwaltungseinheiten« zu. Den Bezirksämtern obliegt es, übertragene Aufgaben selbstständig zu erledigen, insbesondere im Sozial-, Gesundheits-, Bau- und Wohnungswesen sowie im Bereich der Wirtschaftsförderung. Die in den einzelnen Bezirken gebildeten Bezirksversammlungen bestehen bei Bezirken bis zu 150 000 Einwohnern aus 45 Mitgliedern, bei mehr als 150 000 und bis zu 400 000 Einwohnern aus 51 Mitgliedern und bei mehr als 400 000 Einwohnern aus 57 Mitgliedern. Diese Festlegungen sind Teil der Reform des Bezirksverwaltungsgesetzes (BezVG) von 2006; zuvor gehörten allen Bezirksversammlungen jeweils 41 Mitglieder an. Wegen der beschränkten Funktion der »Bezirksparlamente« sind ihre Mitglieder *de jure* lediglich Vertreter eines Verwaltungsausschusses; sie üben ihre Tätigkeit ehrenamtlich aus.

Die Bezirksversammlung wählt ein Mitglied für den Vorsitz und bis zu zwei Mitglieder für dessen Stellvertretung. Der bzw. die Vorsitzende vertritt die Bezirksversammlung gegenüber der Öffentlichkeit, dem Bezirksamt und den übrigen Behörden der Freien und Hansestadt Hamburg. Er oder sie leitet die Sitzung der Bezirksversammlung und übt, analog zu den Gepflogenheiten in Parlamenten mit vollen legislativen Befugnissen, während der Sitzungen das Hausrecht aus. Die in der Bezirksversammlung vertretenen Fraktionen müssen aus mindestens drei Mitgliedern bestehen. Neben einem bzw. einer Fraktionsvorsitzenden können Fraktionen mit bis zu neun Mitgliedern eine Stellvertretung, Fraktionen ab zehn Mitgliedern bis zu zwei stellvertretende Fraktionsvorsitzende wählen. Die Bezirksversammlung und ihre Ausschüsse beschließen mit einfacher Stimmenmehrheit und sind beschlussfähig, wenn mehr als die Hälfte der Mitglieder anwesend sind. Sie können zur Vorbereitung ihrer Beschlüsse ständige Fachausschüsse sowie Regional- und Sonderausschüsse einsetzen.

Ein zentrales Element der Bezirksverwaltungsreform von 2006 (mit der auch eine Gebietsreform einherging) war die hamburgweite Auflösung der Ortsämter als kleinste Verwaltungsorganisation. Allerdings wurden der angestrebten Zweistufigkeit der vertikalen Verwaltungsebenen regionale Spezifika gleichsam als eine Art Kompensation beigegeben: An die Stelle der Ortsämter traten zum Teil ebenfalls örtlich angesiedelte Dienststellen, die damit Außenstellen des jeweiligen Bezirksamtes sind. Die Funktion der früheren Ortsamtleitungen nehmen seitdem sogenannte Regionalbeauftragte wahr und die »regionalen Parlamente« – Ortsausschüsse – wurden durch Regionalausschüsse ersetzt. Ein Regionalausschuss kann je angefangene 90 000 Einwohner des Bezirks eingesetzt werden, wobei die Grenzen der Stadtteile zu beachten sind. Regionalausschüsse befassen sich mit Angelegenheiten, die ihre Region in besonderem Maße betreffen; ihre Beschlüsse bedürfen allerdings der Bekräftigung durch die Bezirksversammlung.

## 3 Die sieben Bezirke: Entwicklung, Funktionen und (erweiterte) Kompetenzen

Im Nachkriegsjahr 1948 lehnte der Senat weitere verwaltungsorganisatorische Dezentralisierungstendenzen ab:

> »Das geschlossene relativ kleine Gebiet der Freien und Hansestadt Hamburg stellt eine einheitliche Siedlungsstruktur in gemeinsamer Wirtschafts- und Siedlungsaufgabe dar. Jede Trennung in wirklich selbständige Gebietskörperschaften muss zur Trennung von vorhandenen Bindungen außerstaatlicher Art führen. Ge-

meindegrenzen innerhalb der Freien und Hansestadt Hamburg würden immer natürliche Zusammenhänge, die sich aus der gemeinsamen Aufgabe ergeben, in höherem Maße zerreißen müssen, als es in anderen Ländern der Fall ist und als es vor 1933 in Hamburg der Fall war« (Mitteilung des Senats an die Bürgerschaft vom 13. Januar 1948, Drs. 15/5357).

Nach Kriegsende war die hamburgische Verwaltung allerdings unübersichtlich und augenscheinlich den Aufgaben der Zukunft nicht gewachsen. Das Gesetz über die Bezirksverwaltung von 1949 teilte Hamburg schließlich in sieben Bezirke:

- *Altona:* Der westlichste Bezirk von Hamburg umfasst 14 Stadtteile. Er verläuft längs zur Elbe von Altona-Altstadt und Ottensen bis zu den »Elbvororten« Blankenese und Rissen. Am 1. April 1938 wurde die bis dahin selbstständige und bis April 1937 holsteinische Großstadt Altona mit dem Groß-Hamburg-Gesetz eingemeindet. Das Gebiet Altona ist größtenteils identisch mit der bis 1938 selbstständigen Stadt.
- *Bergedorf:* Dieser Bezirk ist der südöstlichst gelegene in Hamburg und vereinigt insgesamt 14 Stadtteile. Neben der ehemaligen Stadt (dem heutigen Stadtteil Bergedorf) zeichnet er sich diametral dazu durch das Landgebiet der Vier- und Marschlande mit der umfangreichsten Grün- und Landwirtschaftsfläche aus. Der Bezirk zählt die wenigsten Einwohner auf der im Bezirksvergleich größten Fläche.
- *Eimsbüttel:* Der Bezirk liegt im Nordwesten von Hamburg, umfasst neun Stadtteile und grenzt an die Bezirke Altona, Nord und Mitte. Im Nordwesten bildet die Landesgrenze zu Schleswig-Holstein die Grenze des Bezirks. Bis zur Eingemeindung im Rahmen des Groß-Hamburg-Gesetzes waren einzelne Stadtteile Vororte von Altona. Der Bezirk wurde 1951/52 zusammen mit den sechs anderen Bezirken eingerichtet und nach dem Stadtteil Eimsbüttel benannt. Typisch in städtebaulicher Hinsicht sind die dort anzutreffenden Gründerzeitbauten. In den »vornehmen« Stadtteilen Harvestehude und Rotherbaum sind zudem Konsulate in repräsentativen Bauten untergebracht. Rotherbaum beherbergt außerdem die Universität Hamburg.
- *Hamburg-Mitte:* Dieser »Mischbezirk« umfasst – schon am Namen ablesbar – das Kerngebiet Hamburgs und hier vor allem die ehemalige Altstadt (die heutige »City«). Zudem teilt der Bezirk das Gebiet Ham-

burgs horizontal von der östlichen bis zur westlichen Landesgrenze und besteht aus 19 Stadtteilen. Dazu zählt als Besonderheit auch die 120 Kilometer von der Hansestadt entfernte und 13 Kilometer vor Cuxhaven (Niedersachsen) gelegenen Nordseeinsel Neuwerk. Die Stadtteilreform von 2008 bestimmte, dass neben der Elbinsel Finkenwerder nun auch die Elbinsel Wilhelmsburg – vorher Teil des Bezirks Harburg – zu Mitte gehört, um diese besser an die Stadtmitte anzubinden (»Sprung über die Elbe«). Damals wurde auch das zukunftsträchtige innerstädtische Stadtentwicklungsprojekt »HafenCity« beschlossen, ein neuer Stadtteil von Mitte, der unter anderem die 2016 fertiggestellte Elbphilharmonie mit Ausstrahlung weit über Hamburg hinaus beherbergt.
- *Hamburg-Nord:* Der in 13 Stadtteile gegliederte Bezirk grenzt im Norden an das Bundesland Schleswig-Holstein, im Osten an den Bezirk Wandsbek, im Süden an den Bezirk Hamburg-Mitte und im Westen an den Bezirk Eimsbüttel. In Nord liegen der Hamburger Flughafen sowie der Stadtpark. Außerdem siedelten sich in dieser Region eine Reihe großer Unternehmen an.
- *Harburg:* Der Bezirk Harburg liegt im Süden von Hamburg und besteht aus 17 Stadtteilen. Namensstiftend ist der heutige Stadtteil Hamburg-Harburg als Zentrum des Bezirkes und ehemals eigenständige Stadt. Seit Inkrafttreten des Groß-Hamburg-Gesetzes setzt sich Harburg aus den aus der preußischen Provinz Hannover eingegliederten Gebieten zusammen. Der Bezirk grenzt im Norden und Osten an Mitte, im Süden an den Landkreis Harburg (Niedersachen) und im Westen an den Landkreis Stade (ebenfalls Niedersachsen). Bis zur Stadtteilreform 2008 war Harburg der flächengrößte Bezirk Hamburgs.
- *Wandsbek:* Im Nordosten von Hamburg liegt der rund 450 000 Einwohner zählende und damit bevölkerungsreichste Stadtbezirk Hamburgs. Der aus 18 Stadtteilen bestehende Bezirk umfasst unter anderem die ehemals selbstständige Stadt Wandsbek und ihre Ortsteile Hinschenfelde sowie Wandsbek-Gartenstadt. Der Bezirk umfasst auch die sogenannten Walddörfer, deren waldreiche Stadtteile zu den vergleichsweise schnell wachsenden in Hamburg gehören.

Auch wenn die Vorstellung bestand, dass der Forderung nach Teilhabe der Bürgerinnen und Bürger am ehesten durch eine dezentralisierte Verwaltung entsprochen werden könne, war im BezVG von 1949 vorgesehen, dass die Bezirksämter Aufgaben wahrnehmen, die ihnen vom Senat zugewiesen werden. An dieser Konstruktion änderte sich in der Substanz auch nichts durch die häufigen Novellierungen des BezVG in den Folgejahren. So heißt es komplementär zu dem schon erwähnten Art. 4 der HV in der jetzigen Fassung des BezVG:

> »Die Bezirksämter unterstehen der Aufsicht […]. Unberührt bleibt die Befugnis des Senats, allgemein oder im Einzelfall Weisungen zu erteilen und Angelegenheiten selbst zu erledigen. Das zuständige Senatsamt oder die zuständige Fachbehörde übermittelt dem betroffenen Bezirksamt und der jeweiligen Bezirksversammlung die Weisung des Senats. Der Senat kann die Erledigung […] auch den Senatsämtern und Fachbehörden übertragen« (§ 42 BezVG).

Das letztgenannte Recht zur »Evokation« ermächtigt den Senat, als »übergeordnet« angesehene Bezirksangelegenheiten an sich zu ziehen. Dieses Vorrecht nahmen (und nehmen) vor allem die Bezirksabgeordneten bisweilen als Einschränkung ihrer Befugnisse und ihres Selbstverständnisses als gewählte Vertreterinnen und Vertreter der Bezirksversammlung wahr. Im Jahr 1978 wurde ein Passus in das BezVG aufgenommen, nach dem die Bezirksämter selbstständig jene Aufgaben der Verwaltung durchführen, »die nicht wegen ihrer übergeordneten Bedeutung oder ihrer Eigenart einer einheitlichen Durchführung bedürfen«. Gleichzeitig wird aber auch festgelegt, dass eine Abgrenzung zwischen zentralen und bezirklichen Aufgaben »abschließend durch den Senat« erfolgt (§ 2 der aktuellen Fassung). Schließlich erhöhte man im Bereich der Haushaltswirtschaft die Einflussmöglichkeiten der Bezirksversammlungen, ohne ihnen allerdings eine eigene Etathoheit zuzubilligen.

Im Hinblick auf die Befugnisse der Bezirksversammlung ist vor allem die erwähnte Novellierung des BezVG von 2006 bedeutsam. Während im Zusammenhang mit der zweimaligen Reform des Jahres 1997 noch von einer »Schwächung« der bezirklichen Ebene und »zentralistischen« Bestrebungen die Rede war, ist mit jener des Jahres 2006 insgesamt eine Stärkung der Bezirke im Allgemeinen und der Bezirksversammlungen im Besonderen einhergegangen. Die deutlich veränderte Struktur des BezVG widmet dem bzw. der Vorsitzenden der Bezirksversammlung, ihren Befugnissen sowie den Fraktionen erstmals einen eigenen Abschnitt. Die gewachsene Bedeutung der Bezirksversammlung zeigt sich auch daran, dass die Ernennung des Bezirksamtsleiters bzw. der -leiterin für den Senat quasi zu einer »Pflicht« geworden ist, wenn er oder sie dem Senat zuvor von der Bezirksversammlung mehrheitlich vorgeschlagen wurde. Der Erlass der Geschäftsordnung bedarf nun nicht mehr der Genehmigung des Senats. Die Einsetzung von Ausschüssen und die Anzahl der Mitglieder sind zwar immer noch an das BezVG gebunden, für die Bezirksversammlung gibt es nun aber mehr Gestaltungsspielräume.

Zum Verhältnis von Bezirksversammlung und Bezirksamt heißt es:

> »Die Bezirksversammlung kontrolliert die Führung der Geschäfte des Bezirksamts. Sie kann in allen Angelegenheiten, für die das Bezirksamt zuständig ist, das Bezirksamt bindende Beschlüsse fassen. Dabei soll sie sich auf Angelegenheiten von grundsätzlicher Bedeutung beschränken« (§ 19 (2) BezVG).

Gleichwohl sind die Grenzen des Entscheidungsrechts der Bezirksversammlungen klar definiert: Danach ist die Bezirksversammlung bei ihren Entscheidungen »an Recht und Gesetz, den Haushaltsbeschluss, Globalrichtlinien nach § 46, Zuständigkeitsanordnungen und sonstige Entscheidungen des Senats sowie Fachanweisungen und Einzelweisungen nach § 45 gebunden« (§ 21 BezVG).

## 4 Das Wahlrecht: Weitgehende Identität auf Landes- und Bezirksebene

Nicht zufällig – Hamburg befand sich unter britischer Militärherrschaft – wurde die Bürgerschaft im Jahre 1946 nach dem in Großbritannien angewandten relativen Mehrheitswahlsystem gewählt. So gewann die SPD mit nur 43 Prozent der Stimmen 83 Mandate und damit 75 Prozent aller Bürgerschaftssitze. Noch während dieser bis 1949 dauernden Wahlperiode wurde eine Wahlrechtsänderung vorgenommen, nach der nun lediglich noch 60 Prozent der Mandate nach dem alten Prinzip und die übrigen 48 Sitze unter Berücksichtigung der »restlichen Stimmen« nach dem Verhältniswahlprinzip verteilt wurden. Dieses »Mischsystem«, das nur noch bei den Bürgerschaftswahlen in den Jahren 1949 und 1953 zur Anwendung kam, sollte explizit dem Effekt der reinen Mehrheitswahl entgegenwirken, den Mandatsanteil der Opposition über Gebühr zu verringern. Im Jahre 1956 wurde dann das Verhältniswahlrecht inklusive einer Fünf-Prozent-Sperrklausel für Kleinstparteien eingeführt; damit folgte der Stadtstaat weitgehend dem Wahlrecht des Bundes und der meisten anderen Länder in Deutschland.

Fast ein halbes Jahrhundert lang, bis einschließlich der (vorgezogenen) Bürgerschaftswahl am 29. Februar 2004, gab es bei den Wahlen zur Bürgerschaft und zu den sieben Bezirksversammlungen eine reine Listenwahl mit jeweils nur einer Stimme für die Wählerinnen und Wähler, womit dem Stadtstaat Hamburg ein – unter partizipatorischen Gesichtspunkten kritisch zu betrachtendes – Alleinstellungsmerkmal im Bundesländervergleich zukam. Nachdem noch 1996 eine Wahlrechtsreform gescheitert war, die mit der Einführung von Wahlkreisen einen größeren Einfluss der Wählerschaft auf die Auswahl der Abgeordneten zur Folge gehabt hätte, verlief ein neuerlicher Anlauf acht Jahre später erfolgreich. Zeitgleich mit der Europawahl am 13. Juni 2004 wurde ein Volksentscheid durchgeführt, der 66,5 Prozent Ja-Stimmen für den Gesetzentwurf des Volksbegehrens unter dem Titel »Mehr Bürgerrechte – Ein neues Wahlrecht für Hamburg« erbrachte – Initiator war der Verein »Mehr Demokratie«. Konkret sah dieser Entwurf vor, dass Wahlberechtigte zwei Mal fünf Stimmen haben sollten: Fünf Kreuze für die Kandidierenden des Wahlkreises sowie fünf für jene auf der Landesliste – inklusive der Möglichkeit des Panaschierens (Verteilung der Stimmen über die Parteigrenzen hinweg) und des Kumulierens (Häufen auf einzelne Bewerber). Von den 121 Bürgerschaftsabgeordneten sollten 71 über 17 Wahlkreise, die je nach Größe 3 bis 5 Mandate zu vergeben haben, und 50 über die Landesliste der Parteien gewählt werden. Die Wahlen zu den Bezirksversammlungen sollten grundsätzlich nach dem gleichen Recht wie die Bürgerschaftswahlen stattfinden, wobei man auf bezirklicher Ebene die Fünf-Prozent-Sperrklausel für verzichtbar hielt. Die Wahlrechtsinitiatoren begründeten das mit der Tatsache, dass die Bezirksversammlungen keine gesetzgeberische Funktion im eigentlichen Sinne haben. Daher solle dem Grundsatz der Wahlgleichheit Vorrang eingeräumt werden. Zudem sollten die Bezirksversammlungs- von den Bürgerschaftswahlen entkoppelt werden und fortan gleichzeitig mit den Wahlen zum Europäischen Parlament stattfinden.

Noch bevor dieses (stark) personalisierte Verhältniswahlrecht aber bei der Bürgerschaftswahl am 24. Februar 2008 zur Anwendung kommen konnte, wurde es im Sommer 2006 von der seit 2004 mit absoluter Mehrheit regierenden CDU in wesentlichen Punkten verändert. Mit dem Verlust der absoluten Mehrheit und der Etablierung einer CDU/GAL-Koalition nach der Bürgerschaftswahl gelangte das Thema Wahlrecht erneut auf die politische Agenda. In ihrem Koalitionsvertrag konstatierten beide Parteien, dass sie bezüglich der im Januar gestarteten Volksinitiative »Mehr Demokratie – ein faires Wahlrecht für Hamburg« unterschiedlicher Meinung seien. Die divergenten Positionen sollten »im Rahmen des am Tag der Bundestagswahl 2009 stattfindenden Volksentscheids vertreten werden und damit in die Entscheidung des Volkes einfließen« (CDU/GAL 2008, 59). Die neue Wahlrechtsinitiative begründeten ihre Protagonisten damit, »die massiven Änderungen« aus dem Jahr 2006 wieder aufheben zu wollen, zumal diese vollzogen wurden, ohne dass das durch einen Volksentscheid zustande gekommene neue Wahlrecht jemals angewendet wurde. Aufgrund ausreichend unterstützender Eintragungen stellte der Senat am 10. März 2009 das Zustandekommen eines entsprechenden Volksbegehrens fest. Um es nicht zu einem Volksentscheid kommen zu lassen, mit dem sich die Initiative mit ihren Vorstellungen möglicherweise voll durchgesetzt hätte, starteten die in der Bürgerschaft vertretenen Parteien einen Einigungsversuch mit den Initiatoren – was insbesondere der CDU viele Zugeständnisse abverlangte. Noch rechtzeitig vor Ablauf der Frist zur Beantragung eines Volksentscheids einigte man sich auf einen Kompromiss, der als Antrag aller Fraktionen im Juni 2009 in die Bürgerschaft eingebracht wurde. Dieser legte fest, dass auf den Landeslisten (wieder) fünf Stimmen vergeben werden können. Während die Landeslisten alternativ zu einer Personenwahl auch in ihrer Gesamtheit gewählt werden können, können in den Wahlkreisen ausschließlich Personen gewählt werden (eine Wahlkreisliste gibt es nicht). In den Bezirksversammlungen wurde die Fünf- wieder durch eine Drei-Prozent-Hürde ersetzt, um sowohl der »Wahlgleichheit« einen hohen Stellenwert zuzubilligen als auch einer »völligen Zersplitterung« Vorschub zu leisten. Dazu heißt es in einem interfraktionellen Antrag vom 24. Juni 2009:

»Gerade vor dem Hintergrund, dass die Bezirksversammlungen neben wichtigen Sachentscheidungen auch bedeutsame Personalentscheidungen – zum Beispiel Wahl des Bezirksamtsleiters – zu treffen haben […], ist die Sicherung der Funktionsfähigkeit […] auch weiterhin für die Einheitsgemeinde Hamburg ein staats- und verwaltungsorganisatorischer Belang von zentraler Bedeutung« (Bü-Drs. 19/3280, 28 f.).

Eine Abtrennung der Bezirksversammlungs- von den Bürgerschaftswahlen und eine Koppelung ersterer an die Wahlen zum Europäischen Parlament wurde mit einer positiven Wirkung auf die Wahlbeteiligung begründet. Auch werde damit den Bezirksversammlungswahlen ein höheres politisches Gewicht verliehen. Fortan gab und gibt es für die Wahlen auf bezirklicher Ebene auch eigene Wahlkreise. Alle anderen Modalitäten gelten gleichermaßen für Bürgerschaft und Bezirksversammlung.

Mit der Wahlrechtsreform war außerdem eine Verfassungsänderung verbunden, die festlegt, dass auf das Wahlrecht zielende Gesetzesbeschlüsse künftig einer Zweidrittelmehrheit bedürfen. Damit ist sichergestellt, dass zukünftige Wahlrechtsänderungen nur noch im großen Konsens beschlossen werden können. Das neue Wahlrecht fand erstmals im Februar 2011 Anwendung, bei der vorgezogenen Wahl zur 20. Hamburgischen Bürgerschaft. Nachdem Bürgerschafts- und Bezirksversammlungswahlen damit noch einmal gemeinsam abgehalten wurden, fanden letztere erstmals 2014 und seit dem alle fünf Jahre gemeinsam mit den Europawahlen statt. Mit der Bürgerschaftswahl von 2015 wurde die Wahlperiode der Legislative auf fünf Jahre verlängert und das Wahlalter auf 16 Jahre gesenkt.

## 5 Direktdemokratische Elemente auf der Landesebene und in den Bezirken

Nachdem Erfahrungen in anderen Bundesländern gezeigt hatten, dass direktdemokratische Elemente keinen Missbrauch bewirkten oder gar das repräsentativ-demokratische System aushöhlten, begann man in den

1990er-Jahren, Formen direkter Beteiligung gerade für die Einheitsgemeinde und Großstadt Hamburg als sinnvoll zu betrachten. Mit der Verabschiedung eines »Hamburgischen Gesetzes über Volksinitiative, Volksbegehren und Volksentscheid« vom 20. Juni 1996 hatte Hamburg als letztes der sechzehn Bundesländer die Möglichkeit direktdemokratischer Mitbestimmung geschaffen. In seinem ersten Paragraphen bestimmt es, dass das »Volk [...] auf Gebieten, die der Zuständigkeit der Bürgerschaft unterliegen«, durch eine dreistufige Volksgesetzgebung »an der Gesetzgebung und an der politischen Willensbildung« teilnimmt, wobei »Haushaltsangelegenheiten, Abgaben, Tarife der öffentlichen Unternehmen sowie Dienst- und Versorgungsbezüge« ausgeschlossen sind.

Dem bereits erwähnten Trägerkreis »Mehr Demokratie« gingen die mit der Verfassungsreform von 1996 normierten Bestimmungen allerdings nicht weit genug – vielmehr interpretierten sie diese als Zeichen dafür, dass der direkte Bürgerwille von den maßgeblichen politischen Kräften im Rathaus (nach wie vor) nicht gewollt sei. So arbeitete die Gruppierung einen Gesetzentwurf zur Änderung der Volksgesetzgebung aus, der im September 1998 selbst Gegenstand eines Volksentscheids war – allerdings erfolglos. Da es aber eine insgesamt große Unterstützung für die Novellierungsvorschläge gegeben hatte, ergriffen die Bürgerschaftsfraktionen die Initiative. Ihre Aktivität trug den Vorschlägen von »Mehr Demokratie« Rechnung, die im Verfassungsausschuss intensiv beraten wurden. Mit der Novellierung vom Juni 2001 wurden – zusammengefasst – die Quoren für das dreistufige Volksgesetzgebungsverfahren gesenkt und der Anwendungsbereich der direkten Demokratie erweitert.

Wie schon beim Wahlrecht bedeutete der Verlust der absoluten CDU-Mehrheit und die nach den Bürgerschaftswahlen 2008 geschlossene Koalition zwischen CDU und GAL auch beim Thema Volksgesetzgebung eine politische Kehrtwende. In der Koalitionsvereinbarung hieß es dazu:

»Die Vertragspartner streben an, mit den Vertrauenspersonen der ›Volksinitiative für faire und verbindliche Volksentscheide‹ sowie mit den Fraktionen Gespräche über Regelungen für die Verbindlichkeit von Volksentscheiden und über die Festlegung von Zustimmungsquoren für die Änderung der Verfassung und den Beschluss von Gesetzen zu führen. Ziel ist es, gemeinsam zu einer Verfassungsänderung zu kommen, die die Fortsetzung des von der Volksinitiative angestoßenen Volksgesetzgebungsverfahrens überflüssig macht« (CDU/GAL 2008, 59).

Noch im selben Jahr wurde auf Grundlage einer Gesetzesinitiative der Koalitionspartner CDU und GAL eine Änderung der Verfassung beschlossen, welche ausdrücklich auf »eine wesentlich höhere Verbindlichkeit von Volksentscheiden« zielt (Bü-Drs. 19/1476, 3). Zwar sind Veränderungen durch Bürgerschaft und Senat weiterhin möglich, allerdings benötigen diese dazu wiederum die Zustimmung des Volkes. Wenn 2,5 Prozent der Wahlberechtigten per Unterschrift erklären, dass sie Veränderungen eines schon erfolgreichen Volksentscheids nicht akzeptieren, müssen Legislative bzw. Exekutive ihre Wünsche den Bürgerinnen und Bürgern in einem neuen Volksentscheid vortragen. Volksentscheide finden, wenn es keine andere Festlegung gibt, am Tag der Bürgerschafts- oder Bundestagswahl statt; wegen der dann höheren Wahlbeteiligung können die erforderlichen Quoren leichter übersprungen werden. Statt der Hälfte aller Wahlberechtigten war nun für eine Verfassungsänderung durch das Volk die Zustimmung von zwei Drittel der Abstimmenden erforderlich.

Schließlich kann mit einem 2015 in die Verfassung aufgenommenen Bürgerschaftsreferendum auch das Parlament mit einer Zweidrittelmehrheit auf Vorschlag oder mit Zustimmung des Senats einen Gesetzentwurf oder eine andere politische Frage »von grundsätzlicher und gesamtstädtischer Bedeutung« den Bürgerinnen und Bürgern zur Abstimmung stellen. Wurde ein solches Referendum bejaht, kann innerhalb der Wahlperiode, mindestens aber für drei Jahre, kein neues Volksabstimmungsverfahren zum selben Gegenstand durchgeführt werden.

Das Bestreben, direktdemokratische Elemente auch auf der bezirklich-»kommunalen« Ebene zu verankern, geht bis die 1980er-Jahre zurück. In Gesetzesform gegossen wurden diese aber erst wesentlich später: Gekoppelt an den Termin der Bundestagswahl votierte eine Mehrheit am 27. September 1998 für einen – wiederum von »Mehr Demokratie« initiierten – Volksentscheid zur Einführung von Bürgerentscheiden und Bürgerbegehren in den Bezirken. Mit diesem Gesetz gibt es ein zweistufiges politisches Instrument, mit dem die Mehrheit der Wahlberechtigten im Kompetenzrahmen der Bezirksversammlung Beschlüsse des Bezirksamtes plebiszitär erwirken oder schon getroffene Entscheidungen zu Fall bringen kann. Ausgenommen von direktdemokratischen Beteiligungsformen sind »Personalentscheidungen und Beschlüsse über den Haushalt« (§ 32 (1) BezVG). Seit ihrer Verankerung gelangten nur wenige Bürgerbegehren auf

Bezirksebene (bis 2020 insgesamt 151) bis zum Stadium eines Bürgerentscheids (29) und damit zu einer Annahme. Manche Begehren erledigten sich, weil es mittlerweile einen (gleichlautenden) Beschluss der Bezirksversammlung gegeben hatte, dem die jeweiligen Initiatoren zustimmen konnten. Auffällig ist die hohe Zahl von Anmeldungen unmittelbar nach der Einführung von plebiszitären Elementen in den Bezirken und ihre relative Rückläufigkeit in den Folgejahren. Man erklärt diese Beobachtung mit dem »Problemstau« aus der Zeit, als es diesen Partizipationskanal noch nicht gab.

Eine weitere Form direkter Bürgerbeteiligung findet sich ebenfalls, und zwar exklusiv, auf der Bezirksebene: »Jede Fraktion kann für die Hälfte ihrer Sitze, im Falle nur eines Sitzes auch für diesen, in jedem Ausschuss mit Ausnahme des Hauptausschusses an Stelle von Mitgliedern der Bezirksversammlung andere Einwohnerinnen und Einwohner des Bezirks benennen« (§ 17 (3) BezVG). Diese »zugewählten Bürger« nehmen auch an den »erweiterten« Sitzungen der Fraktion teil, die sie für den jeweiligen Ausschuss benannt hat. Schließlich gibt es in den Bezirksversammlungen vor Sitzungsbeginn auch Bürgerfragestunden, bei denen Fragen zu kommunalpolitischen Themen »direkt« an die Mandatsträger herangetragen werden können.

## Literaturhinweise

Behörde für Wissenschaft, Forschung, Gleichstellung und Bezirke (2021): Hamburger Bürger:innenbeteiligungsbericht 2020. Hamburg (Eigenverlag).
Blumenthal, Julia von (2021): Land (Freie Hansestadt) Hamburg. In: Andersen, Uwe/Bogumil, Jörg/Marschall, Stefan/Woyke, Wichard (Hrsg.): Handwörterbuch des politischen Systems der Bundesrepublik Deutschland. 8. Aufl., Wiesbaden (VS Verlag für Sozialwissenschaften), S. 465–471.
Bull, Hans Peter (Hrsg.) (2001): Fünf Jahre direkte Bürgerbeteiligung in Hamburg (unter Berücksichtigung von Berlin und Bremen). Hamburg (Landeszentrale für politische Bildung Hamburg und Senatsamt für Bezirksangelegenheiten).

CDU/GAL (2008): Vertrag über die Zusammenarbeit in der 19. Wahlperiode der Hamburgischen Bürgerschaft zwischen der Christlich Demokratischen Union, Landesverband Hamburg, und Bündnis 90/Die Grünen, Landesverband Hamburg, GAL. Online abrufbar unter: https://www.nachhaltigkeit.info/media/1298370095phpN31LGz.pdf [06.12.2024].

Decker, Frank (1997): Hamburg. In: Hartmann, Jürgen (Hrsg.): Handbuch der deutschen Bundesländer. 3. Aufl., Frankfurt am Main (Campus Verlag), S. 235–268.

Deutelmoser, Anna (2000): Die Rechtsstellung der Bezirke in den Stadtstaaten Berlin und Hamburg. Berlin (Duncker & Humblot).

Eckardt, Hans Wilhelm (1982): Von der privilegierten Herrschaft zur parlamentarischen Demokratie. Die Auseinandersetzungen um das allgemeine und geheime Wahlrecht in Hamburg. 2. Aufl., Hamburg (Landeszentrale für politische Bildung Hamburg).

Fraude, Andreas (2005): Direkte Demokratie in Hamburg. In: Kost, Andreas (Hrsg.): Direkte Demokratie in den deutschen Ländern. Wiesbaden (VS Verlag für Sozialwissenschaften), S. 113–132.

Gottschalck, Detlef/Stüber, Stephan (2006): Ein neues Bezirksverwaltungsgesetz für Hamburg. In: Zeitschrift für öffentliches Recht in Norddeutschland (NordÖR), 6 (12), S. 475–481.

Haase, Susanne (2024): Die Bezirksversammlung in der Hamburger Verwaltung. Aktive Bürgerbeteiligung vor Ort. Hamburg (Landeszentrale für politische Bildung).

Ipsen, Hans Peter (1988): Hamburgs Verfassung und Verwaltung. Von Weimar nach Bonn. Aalen (Scientia Verlag).

Raloff, Helmut/Strenge, Hans-Peter (1997): Das neue Bezirksverwaltungsgesetz 97. Hamburg (Landeszentrale für politische Bildung Hamburg).

# Hessen

*Thomas Euler*

# 1 Kommunalpolitische Rahmenbedingungen

## 1.1 Die Entwicklung der kommunalen Selbstverwaltung

Das Land Hessen entschied sich nach seiner Entstehung 1945, für seine Gemeinden und Landkreise nach einer Übergangsphase die sogenannte unechte Magistratsverfassung einzuführen. Die Besonderheit dieser Kommunalverfassung besteht darin, dass an der Spitze der Verwaltung, welche die laufenden Geschäfte zu erledigen und die Beschlüsse der von den Bürgerinnen und Bürgern gewählten Vertretungskörperschaft vorzubereiten hat, nicht die Bürgermeisterin bzw. der Bürgermeister allein, sondern ein Kollegium steht (Dreßler 2010a, 165). Dieses Kollegialorgan heißt in den Städten »Magistrat« (daher der Name), in den übrigen Gemeinden »Gemeindevorstand« und in den Landkreisen »Kreisausschuss«. Im Unterschied zur »echten« Magistratsverfassung muss dieses Organ in der »unechten« Variante die Beschlüsse der Vertretungskörperschaft nicht bestätigen.

Im März 1945 wurde Hessen von US-amerikanischen Streitkräften besetzt. Im September verkündete der amerikanische General Dwight D. Eisenhower die Gründung des Landes »Groß-Hessen«. Außerdem setzte er eine erste hessische Landesregierung ein, die im Dezember die Großhessische Gemeindeordnung erließ. Hessen war damit das erste Land der späteren Bundesrepublik, das sich nach der Befreiung vom Nationalsozialismus eine neue Gemeindeordnung gab. In der Folge wurden bereits im Januar 1946 die Gemeindevertretungen und im April die Kreistage und einige Stadtverordnetenversammlungen gewählt. Die Bevölkerung nahm die Möglichkeit einer demokratischen Wahl mehrheitlich an, die Wahlbeteiligung erreichte mit 84,9 Prozent einen bei Kommunalwahlen niemals wieder erreichten Höchstwert.[1] Am 1. Dezember 1946 wurde durch Volksabstimmung die Landesverfassung Hessens angenommen. Mit Art. 137 wurde eine Verfassungsgarantie für die kommunale Selbstverwaltung geschaffen (die sich heute auch als Art. 28 im Grundgesetz der Bundesrepublik Deutschland findet). Am 24. Januar 1946 wurde eine vorübergehende Kreisordnung erlassen.

Nach der Gründung der Bundesrepublik Deutschland galt es, die Gemeindeordnungen der Länder an das Grundgesetz anzupassen, so auch in Hessen. In der Gesetzesbegründung für eine neue Hessische Gemeindeordnung (HGO) wurde die Gemeinde als »die Grundlage für jede Staatspolitik«, als »Kraftquelle für den Staat« und als »Zelle des Staates« bezeichnet. Die Großhessische Gemeindeordnung, eine entnazifizierte Übergangslösung, die landesrechtliche Besonderheiten unberücksichtigt ließ, trat am 4. Mai 1952 außer Kraft.

Der Hessische Landtag verabschiedete am 25. Februar 1952 die HGO und, mit ähnlichen Vorschriften und Verweisungsvorschriften auf die HGO, die Hessische Landkreisordnung (HKO) als Fundament für das hessische Kommunalverfassungsrecht. In fortentwickelter Form und zwischenzeitlicher Neuveröffentlichung in den Jahren 1960 und 2005, zuletzt geändert durch Gesetz vom 16. Februar 2023, sind beide Gesetze noch heute gültig. Eine Änderung beider Gesetze durch das »Gesetz zur Verbesserung der Funktionsfähigkeit und zur Änderung kommunalrechtlicher Vorschriften« befindet sich zurzeit (Februar 2025) in der Beratung des Hessischen Landtages.

In kleineren Gemeinden (bis 3000 Einwohner) konnte zunächst noch das System der Bürgermeisterverfassung angewandt werden. Gemäß diesem Verfassungsprinzip gibt es eine Gemeindevertretung in Landgemein-

---

1 Vgl. »Erste Kommunalwahl in Hessen nach dem Zweiten Weltkrieg, 20. Januar 1946«, in: Zeitgeschichte in Hessen, https://www.lagis-hessen.de/de/subjects/idrec/sn/edb/id/904 [20.01.2021].

den oder die Stadtverordnetenversammlung in Städten, deren Vorsitz die Bürgermeisterin bzw. der Bürgermeister innehat. Bei der Gesetzesbegründung für die HGO und HKO war man der Auffassung, dass die unechte Magistratsverfassung mit einer kollegialen Verwaltungsspitze der demokratischen Gestaltung der kommunalen Selbstverwaltung eher entspreche als die monokratische Leitung durch den Bürgermeister. 1976 wurde das Wahlrecht zwischen Bürgermeisterverfassung und unechter Magistratsverfassung gestrichen. Seither gilt für alle Kommunen die Magistratsverfassung.

## 1.2 Zahl und Struktur der Kommunen

Durch die kommunale Gebietsreform der 1970er-Jahre haben viele Gemeinden auf freiwilliger Basis ihre Selbstständigkeit aufgegeben, andere mussten bis 1977 per Gesetz ihre Selbstständigkeit aufgeben. Dadurch sind viele Gemeindevertretungen entfallen, aber die engagierten Kommunalpolitikerinnen und -politiker vor Ort waren noch vorhanden. Anstatt Ortsdeputationen (als Hilfsorgane des Magistrats) ins Leben zu rufen, hat man deshalb die Ortsbeiräte, die bislang von den Gemeindevertretungen gewählt wurden, mit mehr Rechten ausgestattet. Die Ortsbeiräte wurden nunmehr von den Bürgerinnen und Bürgern direkt gewählt und waren fortan keineswegs mehr Hilfsorgane eines anderen Gemeindeorgans.

Seit 1979 gibt es in Hessen das Konstrukt der »Sonderstatus-Städte«. Waren ursprünglich kreisangehörige Städte mit mehr als 50 000 Einwohnern automatisch »Sonderstatus-Städte«, wich der Automatismus in der Kommunalrechtsnovelle 2020 einem förmlichen Antragsverfahren. Die bisherigen kreisfreien Städte Darmstadt, Frankfurt am Main, Kassel, Offenbach am Main und Wiesbaden und die bisherigen Sonderstatus-Städte Bad Homburg vor der Höhe, Fulda, Gießen, Hanau, Marburg, Rüsselsheim am Main und Wetzlar wurden im Gesetz festgeschrieben (HGO § 4a). Städte, die die 100 000-Einwohner-Grenze erreichen, können auf Antrag durch Gesetz zur kreisfreien Stadt erklärt werden. Städte, die die 50 000-Einwohner-Grenze erreichen, können auf Antrag durch Beschluss der Landesregierung zur Sonderstatus-Stadt erklärt werden. Durch das »Gesetz über die Ausgliederung der Stadt Hanau aus dem Main-Kinzig-Kreis und zur Änderung anderer Rechtsvorschriften« vom 5. Februar 2025 soll die Stadt Hanau zum 1. Januar 2026 kreisfrei werden.

In Hessen gibt es (Stand 30. Juni 2023) fünf kreisfreie Städte und 21 Landkreise mit insgesamt 416 Gemeinden, davon 186 Städte und davon wiederum sieben Sonderstatus-Städte. Bei den Kommunalwahlen am 14. März 2021 wurden insgesamt 1533 Kreistagsabgeordnete und 12526 Gemeindevertreterinnen und Gemeindevertreter bzw. Stadtverordnete gewählt. Hinzurechnen muss man noch die Mandatsträger der Ortsbeiräte und der Ausländerbeiräte.

## 1.3  Kommunalrechtliche Änderungen im Überblick

Die Direktwahl des Bürgermeisters bzw. der Bürgermeisterin (in Städten mit mehr als 50 000 Einwohnern der Oberbürgermeisterin bzw. des Oberbürgermeisters) und der Landräte wurde 1991 eingeführt. Der Verwaltungschef wuchs in der Bedeutung und wurde mit deutlich mehr Rechten ausgestattet, u. a. einem Antragsrecht für die Vertretungskörperschaft. Hier wurde das Prinzip der unechten Magistratsverfassung ein Stück weit durchbrochen, und in der Literatur wird der Verwaltungschef fortan als »drittes Kommunalorgan« bezeichnet (Dreßler 2010b). Seine Abwahl gestaltete sich ungleich schwerer als die vorherige Abberufung durch die Vertretungskörperschaft und musste in mehreren Schritten noch korrigiert werden.

1992 wurde eine Pflicht zur Einrichtung von Ausländerbeiräten eingeführt, wenn in einer Gemeinde über 1000 ausländische Einwohner gemeldet sind. Auf Kreisebene ist die Einrichtung eines Kreis-Ausländerbeirates nach wie vor freiwillig. Die gesetzliche Grundlage wurde 1998 in die HKO aufgenommen. Die Pflicht zur Einrichtung eines Ausländerbeirats wurde durch die Kommunalrechtsnovelle im Jahr 2020 erweitert.

1995 wurde das Kommunalwahlrecht auf Bürgerinnen und Bürger der EU ausgedehnt. Diese konsequente Umsetzung des Maastricht-Vertrages machte eine Änderung des Grundgesetzes erforderlich. Bei den Kommunalwahlen 1997 konnten in Hessen erstmalig Unionsbürgerinnen und -bürger wählen und gewählt werden.

Ab den Kommunalwahlen 2001 galt in Hessen ein neues Wahlrecht: Es wird nach den Grundsätzen einer mit einer Personenwahl verbundenen Verhältniswahl durchgeführt. Zuvor mussten die Wählerinnen und Wähler bei den Wahlen zu Kreistagen, Stadtverordnetenversammlungen, Gemeindevertretungen und Ortsbeiräten die Listen der Parteien und Wählergruppen mit einer einzigen Stimme akzeptieren. Nun haben sie die Möglichkeit, diese Listen durch Kumulieren, Panaschieren, Durchstreichen oder Kombinationen dieser Möglichkeiten zu verändern. Man kann aber auch nach wie vor ein Listenkreuz setzen. Wegen des Grundsatzes »Personenstimme vor Listenstimme« wurde die seit 1948 geltende Fünf-Prozent-Sperrklausel abgeschafft. Die Wahlzeit wurde von vier Jahren auf fünf Jahre verlängert.

Das Gesetz zur Stärkung der Bürgerbeteiligung und der kommunalen Selbstverwaltung sorgte dafür, dass das ein Jahr zuvor auf 16 Jahre herabgesetzte Wahlalter 1999 wieder auf 18 Jahre angehoben wurde.

2015 wurde das Mindestwählbarkeitsalter für Bürgermeisterinnen, Bürgermeister und hauptamtliche Beigeordnete oder Stadträtinnen bzw. Stadträte herabgesetzt und das Höchstalter entfiel.

# 2 Verwaltungsstruktur

In Hessen gibt es für den kommunalrechtlichen Bereich einen vierstufigen Verwaltungsaufbau: Während das Hessische Ministerium des Innern, für Sicherheit und Heimatschutz als oberste Aufsichtsbehörde und die Regierungspräsidien als obere Aufsichtsbehörden staatliche Behörden der unmittelbaren Staatsverwaltung sind, gehören die Landkreise und Gemeinden zur »kommunalen Familie«, d. h. zur mittelbaren Staatsverwaltung. Gemeinden, Städte und Landkreise sind kommunale Gebietskörperschaften. Ihre »Mitglieder« sind die Einwohnerinnen und Einwohner innerhalb ihrer Grenzen, für die sie im Rahmen der Allzuständigkeit die Aufgaben öffentlicher Art durch selbstgewählte Organe mit eigener Entschlussfreiheit und eigener Finanzhoheit selbst regeln und erledigen – freilich im gesetzlichen Rahmen und unter Aufsicht des Staates.

Städte sind städtische Gemeinden und haben grundsätzlich dieselben Rechte und Pflichten wie die Gemeinden, die Funktionsbezeichnungen der Gremien und ihrer Mitglieder klingen allerdings vornehmer. Gemeinden, denen in der Vergangenheit oder später durch die Landesregierung die Stadtrechte verliehen wurden, heißen »Stadt«. Da »Stadtluft« bekanntlich »frei macht«, haben viele Großgemeinden nach der Gebietsreform in den 1970er-Jahren den Titel »Stadt« angestrebt. Daneben gibt es noch Bezeichnungen wie »Marktgemeinde«, »Bad«, »Universitätsstadt«, »Kreisstadt«, die von der Landesregierung bei Vorliegen entsprechender Voraussetzungen vergeben werden.

Kreisangehörige Städte und Gemeinden sind einem Landkreis zugeordnet. Sie stehen unter der Aufsicht der Landrätin bzw. des Landrates als Behörde der Landesverwaltung. Es gibt noch sieben kreisangehörige Städte (Bad Homburg v. d. Höhe, Fulda, Gießen, Hanau, Marburg, Rüsselsheim am Main und Wetzlar), die zusätzlich zu ihren gemeindlichen Aufgaben noch Aufgaben eines Landkreises übertragen bekommen haben (»Sonderstatus-Städte«); die Stadt Hanau wird zum 1. Januar 2026 kreisfrei. Deren Aufsichtsbehörde ist das jeweilige Regierungspräsidium. Die kreisfreien Städte Darmstadt, Frankfurt am Main, Kassel, Offenbach am Main und Wiesbaden nehmen neben ihren gemeindlichen Aufgaben auch alle Kreisaufgaben wahr, denn sie gehören keinem Landkreis an.

Erst seit 1946 sind Landkreise kommunale Gebietskörperschaften; zuvor waren sie nur ein Teil der staatlichen Verwaltung. Auch nach der 1952 beschlossenen HKO blieb die Landrätin bzw. der Landrat in Doppelfunktion eine untere staatliche Behörde mit Landesaufgaben (u. a. die Kommunalaufsicht über die kreisangehörigen Gemeinden). Für die Selbstverwaltungsaufgaben des Landkreises ist laut HKO der Kreisausschuss zuständig. Landkreise nehmen in ihrem Gebiet, soweit gesetzlich nicht anders bestimmt, diejenigen öffentlichen Aufgaben wahr, die über die Leistungsfähigkeit der kreisangehörigen Gemeinden hinausgehen. Sie fördern diese in der Erfüllung ihrer Aufgaben, ergänzen durch ihr Wirken deren Selbstverwaltung und tragen zu einem gerechten Ausgleich der unterschiedlichen Belastungen der Gemeinden bei.

Bald nach dem Ende des Zweiten Weltkrieges haben sich Gemeinden, Städte und Landkreise in kommunalen Spitzenverbänden zusammengeschlossen, um ihre Arbeit möglichst effizient und ihre Interessenvertretung möglichst durchschlagskräftig zu gestalten. In Hessen gibt es drei kommunale Spitzenverbände, die als eingetragene Vereine privatrechtlich organisiert sind (Dreßler/Heger 2023): den Hessischen Städte- und Gemeindebund, den Hessischen Städtetag in Wiesbaden und den Hessischen Landkreistag. Die Verbandstätigkeit zielt primär auf eine Verbesserung und Vereinheitlichung der Verwaltungstätigkeit. Die kommunalen Spitzenverbände sind dem Gemeinwohl verpflichtet. Deswegen – und weil der Schwerpunkt der Gesetzesausführung bei den Kommunen liegt – hat der Hessische Landtag in einem Beteiligungsgesetz und in der HGO angeordnet, dass die Landesregierung bei der Vorbereitung von Rechtsvorschriften, durch welche die Belange der Gemeinden und Landkreise berührt werden, die kommunalen Spitzenverbände anzuhören hat. Das gilt in Verbindung mit der Geschäftsordnung des Landtags auch dann, wenn Gesetzentwürfe aus der Mitte des Parlaments eingebracht werden.

## 3 Kommunalpolitische Akteure und kommunalpolitische Institutionen

Die unechte Magistratsverfassung sieht zwei oberste Organe vor:

- eine vom Volk gewählte Vertretungskörperschaft und
- ein kollegial zu gestaltendes Verwaltungsorgan.

Dieses dualistische System der beiden personenverschiedenen Organe ist ein wesentliches Kennzeichen des hessischen Kommunalverfassungsrechts seit 1952.

## 3.1 Vertretungskörperschaft

Auch wenn die kommunale Vertretungskörperschaft umgangssprachlich als »Kommunalparlament« bezeichnet wird, ist sie keines im Rechtssinne, da es sich um keine gesetzgebende Versammlung (Legislative), sondern um einen Teil der Verwaltung handelt (Euler/Meckert/Zeis 2021). Das Etatrecht, das Recht zur Wahl, zur Überwachung und Entlastung des Verwaltungsorgans, das Satzungsrecht sowie die Tatsache, direkt vom Volk gewählt zu werden, sind aber deutliche legislative Elemente. Die Sitzungen der Vertretungskörperschaft sind öffentlich.

Die Vertretungskörperschaft heißt in Gemeinden »Gemeindevertretung«, in Städten »Stadtverordnetenversammlung« und in Landkreisen »Kreistag«. Ihre Mitglieder heißen »Gemeindevertreter«, »Stadtverordnete« und »Kreistagsabgeordnete«. Die Größe dieser Vertretungskörperschaften ist gesetzlich geregelt und orientiert sich an der Bevölkerungszahl. Die Mitglieder werden alle fünf Jahre gewählt.

Indem die Vertretungskörperschaft eine Vorsitzende bzw. einen Vorsitzenden sowie Stellvertreterinnen und -vertreter wählt, dokumentiert sie ihre Eigenständigkeit. Diese Vorsitzenden sind ehrenamtlich tätig und tragen die Bezeichnungen »Vorsitzender der Gemeindevertretung«, »Stadtverordnetenvorsteher« und »Kreistagsvorsitzender«. Sie sind die »Ersten Bürger« ihrer Gebietskörperschaft und stehen im Protokoll jeweils über dem Bürgermeister bzw. dem Landrat.

Die Vertretungskörperschaften sind das oberste Organ ihrer Gebietskörperschaft, treffen die wichtigen Entscheidungen und überwachen die gesamte Verwaltung. Ausschließlichkeitskataloge zählen die wichtigsten und nicht übertragbaren Aufgaben auf.

## 3.2 Verwaltungsorgan

Das Verwaltungsorgan ist ein Kollegialorgan und besorgt die laufende Verwaltung (§ 9 HGO, § 8 HKO). In den § 66 HGO, § 41 HKO sind zudem seine Aufgaben festgelegt. Im Wesentlichen bereitet das Verwaltungsorgan die Beschlüsse der Vertretungskörperschaft vor und führt diese aus. Die Sitzungen des Verwaltungsorgans sind nicht öffentlich. Das Verwaltungsorgan ist keine reine »Kommunalregierung«, denn ihm gehören sowohl Mitglieder des regierenden als auch des opponierenden Lagers an.

In den Gemeinden heißt das Verwaltungsorgan »Gemeindevorstand«, in Städten »Magistrat« und in Landkreisen »Kreisausschuss«. Die ehrenamtlichen Mitglieder dieser Verwaltungsorgane werden von der jeweiligen Vertretungskörperschaft nach den Grundsätzen der Verhältniswahl gewählt, die hauptamtlichen Mitglieder nach den Grundsätzen der Mehrheitswahl. Die Hauptsatzung der Gebietskörperschaft bestimmt die Anzahl der Mitglieder und die Frage, welche Positionen hauptamtlich besetzt werden. Die Amtszeit der hauptamtlichen Mitglieder, zu denen grundsätzlich der Vorsitzende gehört (mit Ausnahmen in kleinen Gemeinden), beträgt sechs Jahre. Die Amtszeit der ehrenamtlichen Mitglieder orientiert sich an der Wahlzeit der Vertretungskörperschaft.

Den Vorsitz des Verwaltungsorgans haben in Gemeinden und Städten die Bürgermeisterin bzw. der Bürgermeister, in kreisfreien Städten sowie in Sonderstatus-Städten die Oberbürgermeisterin bzw. der Oberbürgermeister und in Landkreisen die Landrätin bzw. der Landrat. Die nicht vorsitzenden Mitglieder des Gemeindevorstands sind die Beigeordneten, die nicht vorsitzenden Mitglieder des Magistrats sind die Stadträtinnen bzw. Stadträte, wobei der Bürgermeister-Stellvertreter »Erster Stadtrat« bzw. »Erster Beigeordneter« heißt. In den Kreisausschüssen heißen die nicht vorsitzenden Mitglieder Kreisbeigeordnete, der stellvertretende Landrat ist der »Erste Kreisbeigeordnete«.

Es gilt der Grundsatz der Trennung von Amt und Mandat. Ein Mitglied des Verwaltungsorgans darf nicht gleichzeitig Mitglied der Vertretungskörperschaft sein.

## 3.3 (Ober-)Bürgermeister und Landrat

(Ober-)Bürgermeister bzw. Landräte haben seit der Einführung der Direktwahl im Jahr 1991 Sonderrechte: Sie sind nicht nur Verwaltungsleitung, Dienstvorgesetzte der Beschäftigten und Vorsitzende des Verwaltungsorgans, sondern haben auch ein Antragsrecht gegenüber der Vertretungskörperschaft sowie ein Widerspruchs- und Beanstandungsrecht bzw. eine -pflicht gegenüber rechtswidrigen Beschlüssen der Vertretungskörperschaft, des Verwaltungsorgans und weiteren Organen. Sie besitzen die Organisationshoheit für die Verwaltung und die Geschäftsverteilung im Verwaltungsorgan. Für ihre Abwahl existieren hohe Hürden.

## 3.4 Ortsbeiräte

Mit der kommunalen Gebietsreform der 1970er-Jahre gewann die Einrichtung von Ortsbeiräten an Bedeutung. Ortsbeiräte werden gebildet, wenn durch die Hauptsatzung Ortsbezirke eingerichtet werden. Diese Kann-Vorschrift obliegt einem qualifizierten Mehrheitsbeschluss der Vertretungskörperschaft. In der Hauptsatzung werden innerhalb des gesetzlichen Rahmens die Größe, die Abgrenzung und die Befugnisse der Ortsbeiräte festgelegt. Der Ortsbeirat hat beratende Funktion, ihm können aber auch Angelegenheiten zur endgültigen Entscheidung übertragen werden. Ebenso ist es möglich, dem Ortsbeirat ein Antragsrecht für die Vertretungskörperschaft einzuräumen. Der Ortsbeirat ist zu wichtigen Angelegenheiten zu hören, die den Ortsbezirk betreffen (insbesondere zum Haushaltsplan). Er hat ein Initiativrecht zu allen Angelegenheiten, die den Ortsbezirk angehen. Seine Sitzungen sind öffentlich. Der Ortsbeirat besteht aus den Ortsbeiratsmitgliedern, die aus ihrer Mitte als Vorsitz den »Ortsvorsteher« bzw. die »Ortsvorsteherin« wählen. Diesen Vorsitzenden kann auch die Leitung einer Verwaltungsaußenstelle übertragen werden.

## 3.5 Ausländerbeiräte

Wie erwähnt gibt es seit 1992 die Pflicht, einen Ausländerbeirat einzurichten, wenn in der Gemeinde mehr als 1000 ausländische Einwohner gemeldet sind. Die Einrichtung erfolgt durch Festlegung in der Hauptsatzung, die auch seine Größe und Befugnisse regelt. Seit den Kommunalwahlen 2021 werden die kommunalen Ausländerbeiräte zeitgleich mit den Vertretungskörperschaften gewählt. Es handelt sich um ein beratendes Organ, das die Interessen der ausländischen Einwohner vertritt und die Kommune in allen Angelegenheiten berät, die ausländische Einwohner betreffen. Der Ausländerbeirat ist rechtzeitig über alle Angelegenheiten zu unterrichten, die für die Erledigung seiner Aufgaben erforderlich sind. Er ist zu hören in allen wichtigen Angelegenheiten, die ausländische Einwohner betreffen. Er hat ein Vorschlagsrecht und seit 2020 ein Antragsrecht für die Vertretungskörperschaft in Angelegenheiten, die ausländische Einwohner betreffen. Der Ausländerbeirat wählt aus seiner Mitte einen Vorsitzenden bzw. eine Vorsitzende.

Seit 2021 besteht die Option, statt eines Ausländerbeirates eine Integrations-Kommission einzuberufen. Kommt aufgrund zu weniger Kandidierenden keine Ausländerbeiratswahl zustande oder sinkt die Mitgliederzahl unter drei, muss eine Integrations-Kommission eingerichtet werden. Diese Kommission muss mindestens zur Hälfte aus sachkundigen Einwohnern bestehen, die auf Vorschlag von Migrantenverbänden gewählt werden, wobei die Pluralität der ausländischen Einwohner berücksichtigt sein soll. Den Kommissionsvorsitz führt die Bürgermeisterin bzw. der Bürgermeister gemeinsam mit einer bzw. einem Co-Vorsitzenden, gewählt aus der Gruppe der sachkundigen Einwohner. Hier wird aber im »Gesetz zur Verbesserung der Funktionsfähigkeit und zur Änderung kommunalrechtlicher Vorschriften«, das sich gegenwärtig (Februar 2025) in der Beratung des Hessischen Landtages befindet, über eine Änderung der gesetzlichen Regelung nachgedacht. Ende März soll es verabschiedet werden.

## 3.6 Ausschüsse

Ausschüsse sind Hilfsorgane der Vertretungskörperschaft. Diese entscheidet, welche Ausschüsse gebildet werden, und kann diese auch jederzeit auflösen oder neu bilden. Als gesetzliche Vorgabe ist lediglich ein Finanzausschuss einzurichten. Die Vertretungskörperschaft entscheidet außerdem über Größe, Zuständigkeiten und das Besetzungsverfahren. In den meisten Fällen wird das Benennungsverfahren gewählt. Ein einfacher Beschluss ist ausreichend, es kann aber auch eine Regelung in der Geschäftsordnung oder der Hauptsatzung vorgesehen werden. Die Ausschüsse setzen sich ausschließlich aus Mitgliedern der Vertretungskörperschaft zusammen, in der Regel den Expertinnen und Experten ihrer Fraktionen für die jeweilige Fachfrage. Sie beraten die Verhandlungsgegenstände der Vertretungskörperschaft und geben Beschlussempfehlungen ab. Die Vertretungskörperschaft kann einzelne Verhandlungsgegenstände zur endgültigen Entscheidung auf Ausschüsse übertragen. Den Vorsitz sowie die Stellvertretung hat je ein gewähltes Mitglied aus ihrer Mitte. Der Geschäftsgang orientiert sich an dem der Vertretungskörperschaft. Die Ausschusssitzungen sind öffentlich.

## 3.7 Kommissionen

Kommissionen sind Hilfsorgane des Verwaltungsorgans. Diese werden zur dauernden Verwaltung oder zur Beaufsichtigung einzelner Geschäftsbereiche sowie zur Erledigung vorübergehender Aufträge durch das Verwaltungsorgan gebildet. Die Kommissionen tagen nicht öffentlich. Kraft Amtes sitzt der oder die Vorsitzende des Verwaltungsorgans – (Ober-)Bürgermeister bzw. Landrat – auch der Kommission vor. Der Kommission gehören weitere Mitglieder des Verwaltungsorgans an, die von diesem gewählt werden. Ihr gehören aber auch Mitglieder der Vertretungskörperschaft und sachkundige Personen aus der Einwohnerschaft an. Letztere beide Personengruppen werden durch die Vertretungskörperschaft gewählt.

Falls die Gebietskörperschaft Eigenbetriebe gebildet hat, sind laut Eigenbetriebsgesetz Betriebskommissionen zu bilden. Diese überwachen die Betriebsleitung und bereiten die erforderlichen Beschlüsse der Vertretungskörperschaft vor. Ihr gehören nach einer zu beschließenden Eigenbetriebssatzung Mitglieder der Vertretungskörperschaft, des Verwaltungsorgans sowie des Personalrates an. Darüber hinaus weitere können wirtschaftlich oder technisch besonders erfahrende Personen aufgenommen werden. Auch hier hat der (Ober-)Bürgermeister bzw. Landrat oder ein von ihm bestimmter Vertreter den Vorsitz inne.

## 3.8 Beiräte und Gremien

Darüber hinaus können weitere Beiräte oder Gremien gebildet werden. Hierunter fallen für Träger der Jugendhilfe die Jugendhilfeausschüsse oder aufgrund gesetzlicher Regelungen der Naturschutzbeirat und der Denkmalbeirat. Sonstige Beiräte wie z. B. Jugendbeiräte, Seniorenbeiräte, Behindertenbeiräte sind ebenso möglich. Ihnen können in den Kommunalorganen Anhörungs-, Vorschlags- und Redemöglichkeit eingeräumt werden.

## 4 Kommunalwahlen

Wahlberechtigt ist, wer Deutscher oder Bürgerin bzw. Bürger der EU ist, am Wahltag das 18. Lebensjahr vollendet hat, seit mindestens sechs Wochen in der Gemeinde/Stadt bzw. dem Landkreis oder Ortsbezirk seinen Wohnsitz hat. Wählbar ist, wer das aktive Wahlrecht besitzt und seit mindestens drei Monaten in der Gemeinde/Stadt bzw. dem Landkreis oder Ortsbezirk seinen Wohnsitz hat. Aktives und passives Wahlrecht können durch Richterspruch entzogen werden. Zudem gilt es, die Hinderungsgründe gemäß § 37 HGO, § 27 HKO zu beachten.

Für gleichzeitig stattfindenden Wahlen der Vertretungskörperschaften, der Ortsbeiräte und Ausländerbeiräte sowie für Bürgerentscheide gelten die Bestimmungen des Kommunalwahlgesetzes (KWG). Das gilt auch für die Direktwahlen von (Ober-)Bürgermeisterinnen und -meistern, von Landrätinnen und Landräten, die nach den Grundsätzen der Mehrheitswahl stattfinden.

Die Gemeindevertreterinnen und -vertreter (und Stadtverordneten), Ortsbeiratsmitglieder und Kreistagsabgeordneten (und auch die Ausländerbeiratsmitglieder) werden in freier, allgemeiner, geheimer, gleicher und unmittelbarer Wahl nach den Grundsätzen einer mit einer Personenwahl verbundenen Verhältniswahl gewählt. Voraussetzung ist, dass mindestens zwei konkurrierende Listen eingereicht werden. Dieses Wahlrecht, das die Möglichkeiten des Kumulierens und Panaschierens vorsieht, wurde erstmals zur Kommunalwahl 2001 eingeführt.

Das neue Wahlrecht gibt den Wählerinnen und Wählern die Möglichkeit, ihre Stimmen aufzuteilen. Das personelle Element hat damit an Bedeutung gewonnen: Man kann bei seiner Wahl die inhaltliche Ausrichtung einer Liste gewichten, aber auch Personen, die man wertschätzt, (auch von anderen Listen) wählen, ohne zugleich die oft auf den vorderen Listenplätzen stehenden »Parteisoldaten« mitwählen zu müssen. Allerdings ist das heutige Wahlrecht komplizierter, und die sehr großen Stimmzettel schrecken ab. Aus diesem Grund machen bei den Kommunalwahlen immer mehr Wählerberechtigte vom Briefwahlrecht Gebrauch.

Der Stimmzettel enthält zu jedem Wahlvorschlag (Liste) den Namen und die Kurzbezeichnung der Partei oder Wählergruppe sowie die dazugehörige Listennummer. Für jede Liste werden höchstens so viele Kandidierende abgedruckt, wie Sitze zu vergeben sind.[2] Jeder Wahlberechtigte hat so viele Stimmen, wie Sitze zu vergeben sind. Die Stimmen dürfen einzeln oder bis zu drei Stimmen gehäuft (kumulieren) an Kandidierende, auch aus verschiedenen Wahlvorschlägen (panaschieren), vergeben werden. Möglich ist es ebenso, Wahlvorschläge unverändert anzunehmen (durch Ankreuzen des Listenkreuzes in der Kopfleiste), einzelne Bewerberinnen und Bewerber aus einem Wahlvorschlag zu streichen oder die verschiedenen Stimmenabgabemöglichkeiten zu kombinieren.

Wichtig ist, dass höchstens ein Listenkreuz vergeben und dass die Gesamtstimmenzahl bei den Personenstimmen nicht überschritten wird. Wer nicht alle Einzelstimmen unter den Personenstimmen aufteilen, aber auch keine Stimme verschenken möchte, kann mit einem Listenkreuz dafür sorgen, dass die nicht vergebenen Stimmen von oben nach unten an diejenigen Bewerberinnen und Bewerber verteilt werden, die nicht durchgestrichen wurden und bislang weniger als drei Stimmen erhalten haben. Wer zu wenige Stimmen verteilt und kein solches Listenkreuz setzt, verschenkt Stimmen. Wer ein Listenkreuz bei einer Liste setzt, die weniger als ein Drittel der notwendigen Kandidierenden nominiert hat, verschenkt ebenfalls Stimmen. Wenn man aus Versehen zu viele Einzelstimmen verteilt hat, gibt es großzügige Gültigkeitsregeln, bei denen – wenn sich die Stimmabgabe auf eine Liste beschränkt hat – von unten nach oben zunächst bei den einfachen Stimmen auf die zulässige Stimmenzahl gekürzt wird.

Bei der Stimmenauszählung gilt der Grundsatz »Personenstimmen vor Listenstimmen«, d. h. zuerst werden die Personenstimmen gezählt, danach

---

2 Detailliert nachzulesen unter https://wahlen.hessen.de/kommunalwahlen/allgemeine-kommunalwahlen [13.03.2024].

– wenn die Stimmenzahl noch nicht ausgeschöpft ist – die Listenstimmen für die noch offene Stimmenzahl.

Die Sitzverteilung erfolgt noch nach dem Hare/Niemeyer-Verfahren. Zunächst wird die Gesamtstimmenzahl aller Personenstimmen für jede einzelne Liste ermittelt. Die zu verteilenden Sitze werden mit der Stimmenzahl jeder Liste multipliziert und durch die Summe aller Stimmen aller Listen geteilt. Als Ergebnis dieser Verhältnisrechnung erhält man für jede Liste eine Kommazahl. Jeder Wahlvorschlag erhält zunächst so viele Sitze, wie ganze Zahlen (links vom Komma) auf ihn entfallen. Verbleibende »Reste«, d. h. noch nicht verteilte Sitze, erhalten die Wahlvorschläge in der Reihenfolge der größten Bruchteile (rechts vom Komma). Im KWG ist jedoch die Ausnahme geregelt, dass ein Wahlvorschlag, auf den die absolute Mehrheit der Stimmen entfallen ist, auch die absolute Mehrheit der Sitze erhält. Man wird dadurch dem Wählerwillen gerecht, dass eine Partei mit absoluter Mehrheit an Stimmen auch alleine »regieren« soll. Allerdings wird zurzeit über eine Umstellung des Berechnungsverfahrens auf das d'Hondt'sche Höchstzahlverfahren nachgedacht. Das »Gesetz zur Verbesserung der Funktionsfähigkeit und zur Änderung kommunalrechtlicher Vorschriften« befindet sich aktuell (Februar 2025) in der Beratung des Hessischen Landtages und sieht durch eine Änderung des Kommunalwahlgesetzes auch eine Umstellung des Auszählungsverfahrens von Hare/Niemeyer auf d'Hondt vor. Dabei werden alle Stimmenzahlen, die für die einzelnen Wahlvorschläge abgegeben werden, zunächst durch 1, dann durch 2, dann durch 3, 4, 5 usw. geteilt, bis so viele Höchstzahlen ermittelt sind, wie Sitze zu vergeben sind. Jedem Wahlvorschlag wird dabei der Reihe nach so oft ein Sitz zugeteilt, wie er jeweils die höchste Teilungszahl aufweist.

Die einem Wahlvorschlag zugefallenen Sitze werden den Kandidierenden in der Reihenfolge der auf sie entfallenen Personenstimmen zugeteilt. Die Reihenfolge der Listenaufstellung spielt dabei keine Rolle; lediglich wenn zwei Kandidierende dieselbe Stimmenzahl haben, gilt im Zweifelsfall die höhere Listenplatzierung. An der Sitzverteilung nehmen alle Wahlvorschläge teil, eine Sperrklausel (»Fünf-Prozent-Hürde«) gibt es nicht mehr.

Wird nur ein einziger Wahlvorschlag zugelassen, wird nach den Grundsätzen der Mehrheitswahl gewählt. Dabei hat jede Wählerin bzw.

jeder Wähler so viele Stimmen, wie Sitze zu vergeben sind; Kumulieren ist erlaubt.

Der Wahlausschuss stellt schließlich fest, wie viele Stimmen im Wahlkreis auf die einzelnen Bewerberinnen bzw. Bewerber abgegeben worden sind, wie viele Sitze auf die einzelnen Wahlvorschläge entfallen und welche Personen gewählt worden sind.

Da bei Ausscheiden eines gewählten Mandatsträgers der bzw. die jeweils nächste noch nicht Berufene nachrückt, wobei die auf ihn bzw. sie entfallene Stimmenzahl und nicht der ursprüngliche Listenplatz den Ausschlag gibt, bleibt der Wahlvorstehende auch weiterhin im Amt, um den Nachrückprozess zu steuern.

## 5   Direktdemokratische Verfahren

Bürgerbegehren und Bürgerentscheide durchbrechen als direkte Entscheidungsmöglichkeit der Wahlberechtigten für eine einzelne Angelegenheit den Grundsatz der repräsentativen Demokratie. Die Einführung dieser Instrumente, die in Hessen nur auf Gemeindeebene möglich sind, räumt Bürgerinnen und Bürgern mehr direkte Mitsprache- und Mitentscheidungsmöglichkeiten ein.

Grundsätzlich gibt es drei Arten von Bürgerbegehren:

- ein initiatorisches Bürgerbegehren greift eine bisher nicht behandelte Frage auf;
- mit einem kassatorischen Bürgerbegehren soll eine bereits von der Gemeindevertretung beschlossene Entscheidung korrigiert oder aufgehoben werden;
- mit einem Vertreterbegehren kann die Vertretungskörperschaft anstelle einer eigenen Entscheidung die Durchführung eines Bürgerentscheids beschließen.

Für die Durchführung des Bürgerentscheids sind zwar die Regelungen des KWG zu beachten, der Gemeindevorstand bzw. Magistrat muss aber im Vorfeld während der Phase des Bürgerbegehrens die Initiatorinnen und Initiatoren auf eventuelle Mängel aufmerksam machen. Wenn das Bürgerbegehren schriftlich beim Gemeindevorstand bzw. Magistrat eingereicht worden ist, hat dieser die Pflicht, die Entscheidung der Vertretungskörperschaft über die Zulassung des Bürgerbegehrens zum Bürgerentscheid vorzubereiten und zu prüfen, ob die gesetzlichen Voraussetzungen erfüllt worden sind.

Bürgerentscheide sind nur in den Angelegenheiten zulässig, in denen die Gemeindevertretung bzw. Stadtverordnetenversammlung für eine Beschlussfassung zuständig wäre. Daher muss vor der Entscheidung über die Zulassung eines Bürgerbegehrens als Bürgerentscheid geprüft werden, dass es sich um einen Sachverhalt handelt, der in die Kompetenz der Gemeinde bzw. Stadt und der Vertretungskörperschaft fällt.

In der HGO ist in einem Katalog aufgezählt, über welche Themen und Aufgaben kein Bürgerentscheid oder Vertreterbegehren stattfinden darf: Weisungsaufgaben, durch Gesetz dem Gemeindevorstand bzw. Magistrat obliegende Angelegenheiten, Fragen der inneren Organisation der Kommune, Haushaltssatzung und die Wirtschaftspläne der Eigenbetriebe, kommunale Abgaben, Jahresabschlüsse von Gemeinde bzw. Stadt und deren Eigenbetrieben, Entscheidungen in Verfahren der Bauleitplanung (Ausnahme: Aufstellungsbeschluss) und im Rechtsmittelverfahren.

Wenn über eine Angelegenheit ein Bürgerentscheid durchgeführt worden ist, hat dies unabhängig von seinem Ergebnis eine Sperrwirkung zur Folge. Innerhalb der nächsten drei Jahre darf über diesen Sachverhalt kein erneuter Bürgerentscheid beantragt und gegebenenfalls durchgeführt werden.

Das Bürgerbegehren dient zur Vorbereitung eines Bürgerentscheides, der von der Gemeinde bzw. Stadt zu organisieren ist. Für die Zulassung eines Bürgerbegehrens schreibt die HGO einige Voraussetzungen vor:

- Die Fragestellung muss schriftlich so formuliert sein, dass sie mit »Ja« oder »Nein« beantwortet werden kann und deutlich ist, welches Ziel mit dem Bürgerentscheid erreicht werden soll.

- Die im Bürgerentscheid zu beantwortende Frage muss schriftlich begründet sein.
- Der Kostendeckungsvorschlag muss die Kosten insgesamt umfassen, also nicht nur eventuelle einmalige Investitionskosten, sondern auch die ausgelösten laufenden Betriebskosten. Der Kostendeckungsvorschlag ist vor der Entscheidung über die Zulassung des Bürgerbegehrens sorgfältig zu prüfen
- Da bei der Durchführung eines Bürgerentscheids ein enormer Aufwand in logistischer, personeller und finanzieller Hinsicht notwendig wird, müssen hinter dem Bürgerbegehren viele Menschen stehen. In Städten mit mehr als 100 000 Einwohnern müssen Unterschriften von mindestens drei Prozent der Wahlberechtigten vorliegen, in Städten mit mehr als 50 000 Einwohnern müssen es fünf Prozent sein. In den übrigen Städten und Gemeinden müssen zehn Prozent der Wahlberechtigten das Bürgerbegehren unterstützen. Die Unterstützungsunterschriften müssen weitere Angaben enthalten, damit die Wahlberechtigung eines jeden Unterzeichners überprüft werden kann.

Auch beim Bürgerbegehren ist es Aufgabe des Gemeindevorstands bzw. Magistrats zu prüfen, ob die gesetzlichen Voraussetzungen erfüllt worden sind. Zu prüfen ist beispielsweise, ob die Unterzeichnenden das Wahlrecht besitzen und keine Mehrfachunterschriften geleistet wurden.

Für initiatorische und kassatorische Bürgerbegehen müssen bis zu drei Vertrauenspersonen (mit Namen und Anschrift) benannt werden, die zur Entgegennahme von Mitteilungen und Entscheidungen der Gemeinde oder Stadt sowie zur Abgabe von Erklärungen gegenüber dem Gemeindevorstand oder Magistrat ermächtigt sind.

Die Entscheidung über die Zulassung eines Bürgerbegehrens zum Bürgerentscheid ist Aufgabe der Vertretungskörperschaft. Nach der Zulassungsentscheidung ist der Termin für den Bürgerentscheid festzulegen und amtlich bekanntzumachen.

Wenn die Gemeindevertretung bzw. Stadtverordnetenversammlung das Bürgerbegehren für zulässig hält, kann sie einen Bürgerentscheid vermeiden, wenn sie selbst die von dem Bürgerbegehren geforderte Maßnahme beschließt.

Wenn eine Gemeindevertretung bzw. Stadtverordnetenversammlung eine wichtige Entscheidung nicht zu treffen vermag, kann sie mit einem Vertreterbegehren die Entscheidung der Einwohnerschaft anstreben. Dies soll jedoch eine Ausnahme darstellen und deshalb schreibt die HGO eine breite Mehrheit von zwei Dritteln der gesetzlichen Mitgliederzahl bei der Beschlussfassung vor.

Der Bürgerentscheid wird nach den Regeln des Kommunalwahlrechts durchgeführt. Stimmzettel werden erstellt, Wahlvorstände gebildet. Die Wahlvorstände zählen die Stimmen aus und die Gemeindewahlleitung stellt die Ergebnisse zusammen, damit der Gemeindewahlausschuss das Endergebnis feststellt.

Bei einem Bürgerentscheid ist die gestellte Frage entschieden, indem sie von einer Mehrheit der gültigen Stimmen beantwortet ist und diese Mehrheit mindestens 25 Prozent der Wahlberechtigten beträgt. In Städten mit mehr als 50 000 Einwohnern ist es ausreichend, wenn die Mehrheit mehr als zwanzig Prozent der Wahlberechtigten erreicht, für die Städte mit einer Einwohnerzahl über 100 000 beträgt das Quorum 15 Prozent. Wurde das Quorum nicht erreicht, ist die Gemeindevertretung bzw. Stadtverordnetenversammlung zur endgültigen Entscheidung über die zum Bürgerentscheid gestellte Frage berufen.

# 6 Kommunalpolitik im Umbruch: Herausforderungen und Entwicklungspotenziale

Es wird immer schwerer, Personen zu gewinnen, die ehrenamtlich kommunalpolitisch tätig werden. Unzufriedenheitsbekundungen, die teilweise beleidigend sind, aber auch Bedrohungen machen Engagement zunehmend unattraktiv. Kommunalpolitik ist nah, unmittelbar und konkret, daher sind die Akteure viel verwundbarer. Davon betroffen sind Mandats- und Amtsträgerinnen und -träger gleichermaßen.

Die Corona-Pandemie hat gezeigt, dass es trotz verordneter Kontaktbeschränkungen möglich sein muss, kommunalpolitische Entscheidungen zu treffen. Hier wurde in Hessen rasch gesetzgeberisch gehandelt, aber leider wurde das Instrument des »Notausschusses« wieder zurückgenommen, ohne eine adäquate Ersatzlösung zu präsentieren. D. h. Lösungen müssen im hessischen Kommunalverfassungsrecht gefunden werden, wie die Ausweitung der Zulässigkeit von virtuellen und hybriden Sitzungen. Hier wird zurzeit über die Einführung von digitalen Sitzungsteilnahmen nachgedacht, die durch das »Gesetz zur Verbesserung der Funktionsfähigkeit und zur Änderung kommunalrechtlicher Vorschriften«, das sich zurzeit (Februar 2025) in der Beratung des Hessischen Landtages befindet, in das Kommunalverfassungsrecht einfließen soll. Dies hat aber noch Entwicklungspotenzial.

Eine weitere Herausforderung wird der Fachkräftemangel sein, wenn die Boomer-Generation in Ruhestand tritt und es schwer sein wird, freiwerdende Stellen zu besetzen. Bereits jetzt werben kommunale Gebietskörperschaften oder die Regierungspräsidien einander das Personal ab. Von daher sollte über eine Verwaltungs- und Gebietsreform nachgedacht werden, bei der vertikal eine Verwaltungsebene entfällt und sich horizontal durch Fusionen die Anzahl von Gemeinden, Städten und Landkreisen verkleinert.

Hinzu kommt, dass die Gemeinden immer mehr und immer kompliziertere gesetzliche Aufgaben zu erfüllen haben (z. B. kommunale Wärmeplanung). Gerade im ländlichen Bereich existieren viele kleinere Gemeinden, für die es vor diesem Hintergrund immer schwieriger wird, handlungsfähig zu bleiben. In kleinen Gemeindeverwaltungen arbeiten nur relativ wenige Bedienstete, die eher Generalisten als Spezialisten sind und denen es kaum möglich ist, fachlich in die Tiefe zu gehen und alle zu beachtenden Regelungen zu kennen. Die Überforderung kleiner Gemeindeverwaltungen hat auch einen finanziellen Aspekt: Es gibt Einrichtungen, die jede Gemeindeverwaltung vorhalten muss, egal wie groß diese ist. Gerade bei Gemeinden mit großen Flächen und geringer Einwohnerschaft wird dies sehr deutlich. Bei größeren Verwaltungen verlieren sich die Kosten für diese Einrichtungen im Gesamtbudget, bei kleineren Verwaltungen aber schlagen sie deutlich zu Buche. Und schließlich kommt noch der demographische Faktor hinzu, denn gerade in kleineren Gemeinden strukturschwacher Gegenden sinkt die Einwohnerschaft erheblich.

Deshalb müssen Möglichkeiten gefunden werden, durch Zusammenarbeit mit anderen Gebietskörperschaften Synergien zu nutzen. Sei es durch Übertragung von Aufgaben, Zusammenarbeit bei einzelnen Projekten, durch eine gemeinsame Verwaltung oder gar durch Zusammenschluss. Für den Hessischen Rechnungshof liegt die Mindestgröße für eine effiziente Verwaltung bei ca. 8000 Einwohnern. Deshalb gibt es in Hessen über 200 Gemeinden, in denen man über eine Zusammenarbeit, über Aufgabenübertragungen, Zusammenlegung der Verwaltungen oder über Fusionen nachdenken sollte.

## Literaturhinweise

Dreßler, Ulrich (2010a): Kommunalpolitik in Hessen. In: Kost, Andreas/Wehling, Hans-Georg (Hrsg.): Kommunalpolitik in den deutschen Ländern. Eine Einführung. 2. Aufl., Wiesbaden (VS Verlag für Sozialwissenschaften), S. 165–186.
Dreßler, Ulrich (2010b): Die Spielregeln der Demokratie in den hessischen Gemeinden. 200 Jahre Magistratsverfassung. Wiesbaden (Hessische Landeszentrale für politische Bildung).
Euler, Thomas (2016/17): Steht Hessen vor einer neuen kommunalen Gebietsreform? In: Die Fundstelle Hessen. Fachzeitschrift für die kommunale Praxis, 69 (23), S. 705–716; 69 (24), S. 739–752; 70 (1), S. 1–16.
Euler, Thomas (2021): Kommunalverfassungsrecht in Hessen seit 1821 – Ein Überblick über die Entwicklung des hessischen Kommunalverfassungsrechts in 200 Jahren. In: Die Fundstelle Hessen. Fachzeitschrift für die kommunale Praxis, 74 (23), S. 707–714 (Nr. 260); 74 (24), S. 737–745 (Nr. 269).
Euler, Thomas/Meckert, Matthias/Zeis, Adelheid (2021): Hessische Gemeindeordnung und Hessische Landkreisordnung. 20. Aufl., Stuttgart (Richard Boorberg Verlag)
Heger, Heiko/Dreßler, Ulrich (2023): Die kommunale Familie. Gemeinden, Städte und Landkreise in Hessen. 3. Aufl., Wiesbaden (Hessische Landeszentrale für politische Bildung).
Muntzke, Hans/Schlempp, Hans (1954): Kommentar zur Hessischen Gemeindeordnung mit Handbuch des Gemeinderechts. Bad Homburg (Gehlen Verlag).

Rauber, David et al. (2021): Hessische Gemeindeordnung, Kommentar. 4. Aufl., Wiesbaden (Kommunal- und Schul-Verlag).

# Mecklenburg-Vorpommern

*Jan Müller*

## 1 Entwicklung der kommunalpolitischen Rahmenbedingungen

Die Demokratiegeschichte in Mecklenburg-Vorpommern ist vergleichsweise kurz. In seiner *Urgeschichte Mecklenburgs* hält Fritz Reuter, Schriftsteller und Dichter der niederdeutschen Sprache, als ersten Paragraph fest: »Allens bliwwt bi'n Ollen« (Reuter 1874). Als Aussage für das sehr ländlich geprägte Mecklenburg und Vorpommern trifft dies bis 1918 eindeutig zu. Im 20. Jahrhundert sind die Umbrüche dann umso tiefgehender und folgenreicher.

Beide Landesteile, Mecklenburg und Vorpommern, weisen unterschiedliche Entwicklungslinien in der Etablierung der öffentlichen Verwaltung auf. Vorpommern war als Teil der Provinz Pommern dem preußischen Königreich zugehörig, während die Herzogtümer Mecklenburg-Schwerin und Mecklenburg-Strelitz eigenständig blieben. In Pommern galt die preußische Verwaltungsordnung, die den Städten, je nach Größe, Selbstverwaltung zugedachte. Pommern war zudem in Regierungsbezirke, Stadt- und Landkreise gegliedert. Die Landräte waren wichtige Akteure in der Verwaltung, gewählt wurden Stadtverordnungen und Kreistage nach dem undemokratischen Dreiklassenwahlrecht.

In Mecklenburg-Schwerin und Mecklenburg-Strelitz bestimmte der Landesgrundgesetzliche Erbvergleich von 1755 das ständische Verfassungswesen bis 1918. Dieser schränkte die Macht der Herzöge ein und sicherte den Ständen, also den ritterlichen Gutsbesitzern, reichlich Privilegien und Macht. In Zeiten bürgerlicher Revolutionen, einer gesellschaftlichen und wirtschaftlichen Modernisierung blieb die ständische Verfassung ein Anachronismus, der auch die Strukturen lokaler Selbstverwaltung unterdrückte. Herzogliche und ständische Kontinuitäten sowie sehr knappe Finanzen hemmten in der Weimarer Republik die demokratische Entwicklung. Die nationalsozialistische Machtergreifung beendete dann die lokale Selbstverwaltung und schaltete die Gemeinden gleich.

Die sowjetische Besatzungsmacht nach dem Zweiten Weltkrieg baute eine neue Verwaltung auf und gründete das Land Mecklenburg-Vorpommern. In der Verfassung der DDR von 1949 war das Recht zur Selbstverwaltung der Gemeinden verankert. Faktisch setzte sich jedoch der sogenannte Demokratische Zentralismus durch, in dem die hierarchische Weisungsbefugnis galt. 1952 wurden die Länder abgeschafft und durch 14 Bezirke ersetzt, Selbstverwaltung und Landestraditionen sollten zugunsten eines vollständigen Zentralismus verschwinden.

Die Friedliche Revolution und der Mauerfall sorgten für die Demokratisierung von unten. Sichtbar wurde der Zusammenbruch der politischen Legitimation der SED-Diktatur bei den massiv gefälschten Kommunalwahlen im Mai 1989. Bürgerproteste, Runde Tische und das Neue Forum sorgten zuerst für eine Kontrolle der SED-Macht und dann schnell für deren Ablösung. Nach der ersten freien Volkskammerwahl im März 1990 waren die Bürgerinnen und Bürger dann im Mai zur Kommunalwahl aufgerufen.

Die freigewählte Volkskammer gab den Kommunen im »Gesetz über die Selbstverwaltung der Gemeinden und Landkreise in der DDR« das Recht, die eigenen Angelegenheiten in eigener Verantwortung zu regeln. Der Einigungsvertrag und damit der Beitritt der DDR zum Gültigkeitsbereich des Grundgesetzes führten zur Gültigkeit von Art. 28 Abs. 2, der den Gemeinden das Recht zur Selbstverwaltung zugesteht. Die 1994 per Volksentscheid bestätigte Landesverfassung regelt die Zuständigkeiten der Kommunalpolitik in Art. 72. Dessen Abs. 2 sieht in der Selbstverwaltung der Kommunen sogar ein Mittel zum Aufbau der Demokratie. Ebenfalls 1994 verabschiedete der Landtag die Kommunalverfassung. Zusammen mit dem Inkrafttreten der Kreisgebietsreform und der gleichzeitigen Kommunalwahl waren für 1994 erstmals alle kommunalpolitischen Belange fest geregelt. Die Veränderungen an der Kommunalverfassung stellten keine Totalrevision dar, sondern regelten vor allem die Wahlperioden, die Pflichtausschüsse sowie Wahl, Stellung und Abberufung der Bürgermeisterinnen und Bürgermeister neu. Zudem wurden die direktdemokratischen Beteiligungsmöglichkeiten ergänzt. Die territoriale Strukturreform war durchaus einschneidend. Die 31 existierenden Kreise wurden aufgelöst und zwölf neue gebildet, dazu kamen sechs kreisfreie Städte. Zielvorstellung des Landes war es, hierbei die historischen Grenzen der beiden Mecklenburgs und Vorpommern zu wahren (Schmidt-Eichstaedt 1993, 6, 11–12). Bei den Gemeinden fiel die Reduktion nicht ganz so drastisch aus, 1990 waren es noch 1124 Gemeinden, bis 1994 sank die Zahl auf 1080 (Schröder 2018, 146).

Eine zentrale Weichenstellung in der Gemeindeverwaltung war die Einführung der Ämterverfassung. In einem Amt können kleinere Landgemeinden zusammengefasst werden; dies ermöglich auch in dünnbesiedelten Gebieten eine professionelle Verwaltung. Ämter gab es in der alten Bundesrepublik nur in Schleswig-Holstein, und eben dieser westliche Nachbar wurde im Transformationsprozess dem jungen Mecklenburg-Vorpommern als Berater zur Seite gestellt (Schmidt-Eichstaedt 1993, 9).

## 2 Kommunale Verwaltungsstrukturen

Die Strukturvorgaben der Kreisgebietsreform von 1994 sollten nur 17 Jahre Bestand haben: 2011 wurden erneut Kreise zusammengelegt und die heutige Großkreisstruktur aus sechs Landkreisen und zwei kreisfreien Städten geschaffen. Der Prozess zur Reform war langwierig und entfachte vielfache Widerstände. Hochemotional wurden die Sitze der Kreistage und die zukünftigen Autokennzeichen diskutiert. Über die Namen der neuen Kreise entschied dann die Wählerschaft zeitgleich mit der Kommunalwahl in einer Volksabstimmung. Fünf der sechs Landkreise sind heute die flächenmäßig größten Landkreise in ganz Deutschland, der Kreis Mecklenburgische Seenplatte ist sogar doppelt so groß wie das Saarland.

**Tab. 5:** Landkreise und kreisfreie Städte in Mecklenburg-Vorpommern

| Landkreis, kreisfreie Stadt | Fläche in km² | Einwohner | Einwohner je km² | Kreistagssitze | Gemeinden |
|---|---|---|---|---|---|
| Rostock | 181 | 209 920 | 1157 | 53 | 1 |
| Schwerin | 131 | 98 596 | 755 | 45 | 1 |
| Mecklenburgische Seenplatte | 5496 | 259 568 | 47 | 77 | 148 |
| Landkreis Rostock | 3431 | 220 807 | 64 | 69 | 112 |
| Vorpommern-Rügen | 3216 | 227 683 | 71 | 69 | 101 |
| Nordwestmecklenburg | 2127 | 160 288 | 75 | 61 | 83 |
| Vorpommern-Greifswald | 3946 | 237 355 | 60 | 69 | 138 |
| Ludwigslust-Parchim | 4767 | 214 161 | 45 | 77 | 142 |

Quelle: Statistisches Amt Mecklenburg-Vorpommern 2023, 22.

Mit mehr als einer Dekade Abstand waren die hitzigen Diskussionen um Sitz, Name und Autokennzeichen des Kreises ein Strohfeuer. Sie sind heute fest im Alltag etabliert. Eins der Ziele der Verschlankung der Verwaltung war es, Geld einzusparen. Dies ist im größeren Maße nicht eingetreten. Genauso wenig entwickelten sich die Kreise zu finanzkräftigen Akteuren. Für Politik, Verwaltung, aber vor allem für das Ehrenamt stellen die langen Wege ein Problem dar. Insbesondere im Ehrenamt hat das freiwillige Engagement nachgelassen (Sommer 2021). Mit Blick auf die Politik war eine weitere Parteipolitisierung der Kreistage erwartet worden, doch auch in den Großkreisen behaupten sich lokale Wählergemeinschaften und kleinere Interessengruppierungen.

Im Gegensatz zu den großen Kreisen ist die Gemeindestruktur in Mecklenburg-Vorpommern sehr kleinteilig. Seit der Wiedervereinigung wurden viele Anstrengungen unternommen, Gemeinden zu Fusionen zu

**Tab. 6:** Gemeinden und Bevölkerung nach Gemeindegrößenklassen 2022

| Gemeindegrößenklasse | Gemeinden | | Bevölkerung | |
|---|---|---|---|---|
| | *Anzahl* | *%* | *Anzahl* | *%* |
| Insgesamt | 726 | 100 | 1 628 378 | 100 |
| Unter 200 | 34 | 4,7 | 5 418 | 0,3 |
| 200–500 | 206 | 28,4 | 74 344 | 4,6 |
| 501–1000 | 242 | 33,3 | 172 047 | 10,6 |
| 1001–2000 | 112 | 15,4 | 149 588 | 9,2 |
| 2001–3000 | 39 | 5,4 | 97 869 | 6,0 |
| 3001–5000 | 41 | 5,6 | 160 593 | 9,9 |
| 5001–10 000 | 32 | 4,4 | 220 479 | 13,5 |
| 10 001–20 000 | 11 | 1,5 | 141 440 | 8,7 |
| 20 001–50 000 | 4 | 0,6 | 115 041 | 7,1 |
| 50 001–100 000 | 4 | 0,6 | 281 639 | 17,2 |
| 100 001–200 000 | – | – | – | – |
| 200 001–500 000 | 1 | 0,1 | 209 920 | 12,9 |

Quelle: Statistisches Amt Mecklenburg-Vorpommern 2023, 22.

bewegen. Von 1124 Gemeinden im Jahr 1990 sank die Zahl auf 726 im Jahr 2019, seitdem gab es keine Veränderungen. Besonders im ländlichen Raum ist es bei vielen einwohnerschwachen Gemeinden geblieben. Über sechzig Prozent der Gemeinden haben weniger als 1000 Einwohner. Die Gemeindeverfassung sieht im ersten Paragraphen sogar eine Mindesteinwohnerzahl von 500 vor. Diese stammt aus den Empfehlungen der Enquetekommission »Stärkung der kommunalen Selbstverwaltung« aus der fünften Legislaturperiode. Diese Regelung bedeutet in der Praxis aber keineswegs eine Zwangsauflösung oder Zwangsvereinigung der betroffenen Gemeinden, vielmehr sollen zu kleine Fusionen oder Abspaltungen verhindert werden (Darsow et al. 2014, 4). Tatsächlich liegen 244 Gemeinden (33,1 %) unter der Mindesteinwohnerzahl. Seit 2011 ist diese Zahl um 55 zurückgegangen.

Für diese kleinteilige bevölkerungsarme Gemeindestruktur wurde die Ämterverfassung eingeführt, die eben diese zu handlungsfähigen Einheiten zusammenführen soll. 1994 gab es 122 Ämter, zurzeit sind es 76. Auch für die Ämter gibt die Kommunalverfassung Einwohnerzahlen vor, sie sollen in der Regel 8000, mindestens jedoch 6000 Einwohner haben. Unter der Mindesteinwohnerzahl liegen 2022 nur zwei Ämter: das Amt Peenetal/ Loitz und das Amt Gnoien. 54 Ämter liegen jedoch über der Regeleinwohnerzahl, Spitzenreiter ist das Amt Crivitz mit 25 137 Einwohnern.

Gemeinden, die über mindestens 5000 Einwohner verfügen, können sich selbstständig und damit amtsfrei verwalten, vorausgesetzt sie verfügen über genügend Finanzmittel, um als Verwaltungseinheit leistungsfähig zu sein; sie werden auch hauptamtlich verwaltete Gemeinden genannt. Hierzu zählen die Städte im Bundesland und die dicht besiedelten Landgemeinden. Gemeinden mit weniger als 5000, aber über 1000 Einwohner können amtsfrei werden, wenn sie eine Insel darstellen oder wenn sie für den Tourismus von großer Bedeutung sind. Zwölf amtsfreie Gemeinden haben weniger als 5000 Einwohner, unter ihnen die Insel Poel und das Ostseeheilbad Zingst.

# 3 Kommunalpolitische Akteure und Institutionen

## 3.1 Bürgermeisterinnen bzw. Bürgermeister

Die Bürgermeister und Bürgermeisterinnen nehmen eine zentrale Stellung in der Kommunalverfassung ein. Sie vertreten die Gemeinden gesetzlich und sind das ausführende Organ, das die Beschlüsse der Gemeindevertretung umsetzen soll. In den ehrenamtlich geführten Gemeinden nimmt der Bürgermeister bzw. die Bürgermeisterin den Vorsitz der Gemeindevertretung wahr (echte Bürgermeisterverfassung). In den hauptamtlich verwalteten Gemeinden sitzt er oder sie der Verwaltung vor, eine Verschränkung mit der Gemeindevertretung gibt es nicht (unechte Bürgermeisterverfassung). In Streitfällen kann diese Trennung von beschließendem und ausführendem Organ in einer politischen Blockade enden.

Hauptamtliche Bürgermeister und Bürgermeisterinnen finden sich also in den kreisfreien und großen kreisangehörigen Städten, den amtsfreien Gemeinden und den geschäftsführenden Gemeinden, d. h. die Gemeinden, die die Geschäfte eines Amts leiten. In den kreisfreien Städten Rostock und Schwerin, aber auch in Neubrandenburg, Stralsund oder Greifswald gibt es die Bezeichnung »Oberbürgermeister« bzw. »Oberbürgermeisterin«. Ihre Hauptaufgabe liegt in der Leitung der Verwaltung, d. h. sie sind die Dienstvorgesetzten der Gemeindebediensteten. Außerdem bereiten sie die Beschlüsse der Gemeindevertretung und des Hauptausschusses vor und führen diese aus. Hier wird die Arbeit aller Ausschüsse der Gemeindevertretung koordiniert. In Fällen äußerster Dringlichkeit kann die Bürgermeisterin bzw. der Bürgermeister anstelle des Hauptausschusses entscheiden, dies muss dann aber durch die Gemeindevertretung genehmigt werden.

Die Tätigkeit ehrenamtlicher Bürgermeisterinnen und Bürgermeister unterscheidet sich vor allem dadurch, dass es in ihren Gemeinden keine eigenständige Verwaltung gibt. Bei der Verwaltung übernehmen das Amt und der Amtsvorsteher bzw. die Amtsvorsteherin wichtige Funktionen, die sonst den Hauptamtlichen zukommen. Politisch betrachtet ähneln sich die Funktionen von hauptamtlichen und ehrenamtlichen Bürgermeistern und Bürgermeisterinnen jedoch sehr. Letztere nehmen ihr Amt jedoch nur ihrer Freizeit wahr, sind für ihre Amtszeit Ehrenbeamte und erhalten eine Aufwandsentschädigung. Hauptamtliche sind Beamte auf Zeit und bekommen eine von der Gemeindegröße abhängige Besoldung.

Die zwei Stellvertreter bzw. Stellvertreterinnen werden von der Gemeindevertretung mit absoluter Mehrheit gewählt. In ehrenamtlich geführten Gemeinden handelt es sich um zwei Mitglieder der Gemeindevertretung. In hauptamtlichen Gemeinden werden sie aus dem Kreis der dem Bürgermeister bzw. der Bürgermeisterin unmittelbar nachgeordneten leitenden Bediensteten gewählt. In Schwerin und Rostock sowie in den großen kreisangehörigen Städten können Beigeordnete gewählt werden, die einen gewissen Aufgabenbereich übernehmen können und zugleich auch eine Stellvertreterfunktion innehaben können. Mit Blick auf die hanseatische Tradition heißen die Beigeordneten in Rostock Senatorin bzw. Senator.

## 3.2  Amtsvorsteherin bzw. Amtsvorsteher

Anders als die Bürgermeister werden Amtsvorsteherinnen und Amtsvorsteher nicht durch die Bevölkerung gewählt, sondern vom Amtsausschuss, der aus den Bürgermeistern der amtsangehörigen Gemeinden und weiteren Mitgliedern der Gemeindevertretungen besteht. Sie müssen nicht Mitglieder des Amtsausschusses sein, werden es aber spätestens mit ihrer Wahl. Ab einer Amtsgröße von 15 000 Einwohnern ist diese Tätigkeit hauptamtlich. Amtsvorsteher sitzen dem Amtsausschuss vor, vertreten das Amt nach außen und leiten die Verwaltung. Wie Bürgermeistern obliegt ihnen die Vorbereitung und Durchführung von Beschlüssen.

## 3.3  Landrätin bzw. Landrat

Landräte bzw. Landrätinnen übernehmen im Landkreis die gleichen Funktionen wie hauptamtliche Bürgermeister für ihre Gemeinde. Sie stellen die gesetzliche Vertretung, stehen der Verwaltung vor, bereiten Beschlüsse vor und setzten diese um.

## 3.4  Gemeindevertretungen

Gemeindevertretungen stellen die beschließenden Organe in der Kommunalverfassung dar. In Städten heißen sie Stadtvertretungen, in den Hansestädten mit Bezug auf die Geschichte Bürgerschaft. Die Gemeindevertretung ist das oberste Willensbildungs- und Beschlussorgan und für die Regelung aller wichtigen Angelegenheiten zuständig.

Die Gemeinde- und Stadtvertreterinnen und -vertreter beziehungsweise die Mitglieder der Bürgerschaft verfügen über ein freies Mandat. Sie können sich zur Durchsetzung ihrer politischen Ziele zu Fraktionen zusammenschließen. Sie nehmen an den Gemeindevertretungssitzungen teil und wirken an den Beschlüssen mit. Weiterhin besitzen sie das Informationsrecht, das Rederecht sowie das Antragsrecht. Die Größe der Vertretungen ist wie folgt geregelt:

**Tab. 7:** Anzahl der Sitze in der Gemeindevertretung

| Einwohner | Sitze |
|---|---|
| Bis zu 500 | 7 |
| 501 bis 1000 | 9 |
| 1001 bis 1500 | 11 |
| 1501 bis 3000 | 13 |
| 3001 bis 4500 | 15 |
| 4501 bis 6000 | 17 |
| 6001 bis 7500 | 19 |
| 7501 bis 10 000 | 21 |
| 10 001 bis 20 000 | 25 |
| 20 001 bis 30 000 | 29 |
| 30 001 bis 50 000 | 37 |
| 50 001 bis 75 000 | 43 |
| 75 001 bis 100 000 | 45 |
| 100 001 bis 150 000 | 47 |
| über 150 000 | 53 |

Quelle: Darsow et al. 2014, 167.

In hauptamtlichen Gemeinden wählen die Mitglieder der Vertretung eine Person aus ihrer Mitte zum bzw. zur Vorsitzenden. In Städten heißt diese Position Stadtvertretervorsteherin bzw. -vorsteher, in Hansestädten Präsidentin bzw. Präsident der Bürgerschaft. Deren Aufgabe es ist, die Sitzungen zu leiten und die Stadt- bzw. Gemeindevertretung nach außen zu vertreten.

Die Gemeindevertretungen bilden einen Hauptausschuss, in den ehrenamtlich geführten Gemeinden ist dies freiwillig. Den Vorsitz übernimmt der Bürgermeister bzw. die Bürgermeisterin. Der Hauptausschuss kann so zu einer Integration von ausführendem und beschließendem Organ beitragen. Aufgabe des Hauptausschusses ist es, alle anderen beratenden Ausschüsse zu koordinieren, die jede Gemeinde zur Vorbereitung der Beschlüsse bilden kann. Einen Finanzausschuss muss jede Gemeinde haben. Diese Funktion kann jedoch auch der Hauptausschuss übernehmen. Jede Gemeinde muss zudem einen Rechnungsprüfungsausschuss bilden. An Ausschusssitzungen kann der Bürgermeister teilnehmen, ebenso können Sachverständige geladen werden. Eine Besonderheit von Ausschüssen ist die Möglichkeit, sachkundige Einwohner und Einwohnerinnen zu berufen, die in Rechten und Pflichten den Gemeindevertretern gleichgestellt sind.

Zur besseren Organisation der politischen Arbeit können sich Gemeindevertreterinnen und -vertreter zu Fraktionen zusammenschließen; dies ist in größeren Gemeinden von mehr Bedeutung als in sehr kleinen. In der Regel finden sich Mitglieder einer Partei oder Wählergemeinschaft zu einer Fraktion zusammen. Auf kommunaler Ebene sind auch parteiübergreifende Fraktionen üblich, es handelt sich dabei um kleine Gruppen von Abgeordneten, die sich politisch nahestehen. Fraktionen haben Rechte, die über die von einzelnen Gemeindevertretern hinausgehen. Fraktionen müssen aus mindestens zwei, in größeren Städten drei oder vier Gemeindevertretern bzw. -vertreterinnen bestehen. Es besteht zudem die Möglichkeit, dass Fraktionen Zuwendungen für ihre Arbeit aus dem Gemeindehaushalt erhalten.

## 3.5 Kreistag

Der Kreistag ist die demokratisch gewählte Vertretung und das Willensbildungsorgan der Landkreise. Seine Funktionen sind analog zu denen der Gemeindevertretung. Mitglieder des Kreistages besitzen ebenfalls das freie Mandat, auch sie können sich zu Fraktionen zusammenschließen. In den

Großkreisen spielen Fraktionen eine wichtigere Rolle als in kleinen Gemeinden. Auch im Kreistag gibt es den Kreisausschuss, der dem Hauptausschuss gleicht. Hier übernimmt die Landrätin bzw. der Landrat den Vorsitz. Neben Finanz- und Rechnungsprüfungsausschuss sowie dem Jugendhilfeausschuss kommen weitere beratende Ausschüsse hinzu. Am Beispiel des Kreises Nordwestmecklenburg sind das: Ausschuss für Wirtschaft und Tourismus, Ausschuss für Soziales, Familie und Gesundheit, Ausschuss für Bildung und Kultur, Ausschuss für Bau- und Liegenschaften, Ausschuss für Entwicklung des ländlichen Raumes, Umwelt und Landwirtschaft, Ausschuss für Verwaltungsmodernisierung und Digitalisierung.

# 4 Wahlen auf der kommunalen Ebene

## 4.1 Gemeindevertretungen und Kreistage

Alle fünf Jahre werden Gemeindevertretungen und Kreistage gewählt. Wahlberechtigt sind alle Bürger und Bürgerinnen der EU ab 16 Jahren mit Hauptwohnsitz im Wahlgebiet. Bislang war die Kommunalwahl die einzige Wahl in Mecklenburg-Vorpommern, an der auch Jugendliche ihre Stimme abgeben konnten, ab 2026 wird dies auch bei Landtagswahlen möglich sein. Das passive Wahlrecht gilt für alle Wahlberechtigten ab 18 Jahren.

Gewählt wird nach dem Verhältniswahlrecht mit offenen Listen. Dabei haben die Wahlberechtigten drei Stimmen. Diese können auf einen Kandidierenden gehäuft werden (kumulieren) oder auf mehrere Kandidierende verteilt werden, auch von unterschiedlichen Listen (panaschieren). Entscheidend für die Mandatsverteilung ist das Abschneiden der Listen. Die Sitze werden anschließend nach dem Hare-Niemeyer-Verfahren verteilt. Eine Sperrklausel gibt es nicht. Dies vereinfacht es Wählergemeinschaften und Kleinstparteien, in die kommunalen Vertretungen einzuziehen.

**Tab. 8:** Aggregierte Ergebnisse der Kreistagswahlen seit 1994 (in Prozent)

| Partei | 1994 | 1999 | 2004 | 2009 | 2011* | 2014 | 2019 | 2024 |
|---|---|---|---|---|---|---|---|---|
| CDU | 30,6 | 39,9 | 38,8 | 31,8 | 29,0 | 33,0 | 25,4 | 24,0 |
| PDS/Die Linke | 24,3 | 21,9 | 20,2 | 21,6 | 19,2 | 19,7 | 16,3 | 8,8 |
| SPD | 25,6 | 24 | 19,1 | 19,3 | 27,5 | 18,9 | 15,4 | 12,7 |
| FDP | 5,4 | 4,1 | 6,1 | 8,7 | 4,3 | 3,3 | 4,3 | 2,8 |
| Grüne | 4,2 | 1,9 | 3,1 | 5 | 6,5 | 5,8 | 10,3 | 5,5 |
| NPD/Heimat | 0,1 | 0,5 | 0,8 | 3,2 | 5,4 | 3,2 | 1,3 | 0,5 |
| AfD | – | – | – | – | – | 4,2 | 14,0 | 25,6 |
| BSW | – | – | – | – | – | – | – | 6,1 |
| Sonstige | 9,8 | 7,7 | 11,8 | 10,5 | 8,1 | 11,8 | 13,1 | 12,5 |
| Wahlbeteiligung | 65,7 | 50,5 | 44,9 | 46,6 | 51,1 | 46,3 | 57,2 | 64,2 |

\* Aufgrund der Kreisgebietsreform mussten 2011 die Kreistage der neu gebildeten Kreise erneut für eine verkürzte Periode neu gewählt werden. Die Wahl fand gleichzeitig mit der Landtagswahl statt.
Quelle: Landeswahlleitung.

Die Wahlbeteiligung bei Kommunalwahlen liegt deutlich unter der von Landtags- und Bundestagswahlen. Trotz der Bürgernähe der Themen wird von vielen die Wahl als nachrangig eingestuft. Daran änderte auch die Zusammenlegung mit der Europawahl nichts. 2019 und 2024 stieg die Wahlbeteiligung aufgrund einer größeren Polarisierung bei den Themen Klimaschutz sowie Flucht und Zuwanderung. Kommunalpolitisch ist die CDU am stärksten verankert in Mecklenburg-Vorpommern. Die SPD kann nicht an ihre Erfolge bei Landtagswahlen anknüpfen.

## 4.2 Bürgermeisterinnen bzw. Bürgermeister und Landrätinnen bzw. Landräte

Kandidierende für das Amt des Bürgermeisters bzw. des Landrats werden direkt gewählt. In ehrenamtlich geführten Gemeinden entspricht die Amtszeit der Wahlperiode der Gemeindevertretung. Hauptamtlich geführte Gemeinden können die Amtszeit auf sieben bis neun Jahre festlegen. Beim aktiven Wahlrecht gibt es keine Unterschiede. Die Voraussetzungen zum passiven Wahlrecht werden durch die Eignung zur Ernennung als Ehrenbeamter ergänzt. Diese liegt im persönlichen und gesundheitlichen Bereich. Die Wahlausschüsse müssen hier die Übereinstimmung der Kandidierenden mit den Werten der freiheitlich-demokratischen Grundordnung überprüfen. Dass diese Regelung, die vor allem auf Selbstauskunft beruht, nicht immer funktioniert, zeigt ein Fall aus Demmin. Hier wurde 2021 ein Kandidat zugelassen, der einer vom Verfassungsschutz beobachteten Reichsbürgergruppierung angehörte (Gerhard 2021). In der Praxis können die Verwaltung und das Innenministerium kaum alle Kandidierenden vollständig überprüfen.

Die Direktwahlen finden nach dem absoluten Mehrheitswahlrecht statt. Wähler und Wählerinnen können nur eine Stimme vergeben. Gewonnen hat, wer im ersten Wahlgang mehr als die Hälfte der gültigen Stimmen erhalten hat. Sollte niemand die absolute Mehrheit erreichen, ziehen die zwei Bestplatzierten in eine Stichwahl ein. Diese findet zwei Wochen nach dem ersten Wahlgang statt. Bei Stimmengleichheit entscheidet das Los. Dazu kam es tatsächlich 2022 bei der Bürgermeisterwahl in Altenpleen, als beide Kandidierenden 204 Stimmen erreichten (Sommer 2022). Gibt es nur einen Kandidierenden, können die Wähler und Wählerinnen mit Ja oder Nein stimmen. Gewählt ist dann, wer mehr Ja- als Nein-Stimmen erhält, solange die Ja-Stimmen mindestens 15 Prozent der Wahlberechtigten ausmachen.

Jan Müller

## 5 Direktdemokratische Verfahren

Die Landes- und die Kommunalverfassung sichert den Bürgern und Bürgerinnen die Möglichkeit zur direkten Partizipation zu. Darunter fallen Bürgerbegehren, Bürgerentscheide und die Abwahl von Bürgermeistern und Landräten. Diese Formen der direkten Demokratie sollen die Verfahren der repräsentativen Demokratie ergänzen.

Bürgerentscheide können auf Initiative der Gemeindevertretung (Vertreterbegehren) per Mehrheitsbeschluss zustande kommen. Sie können auch durch Bürgerbegehren auf den Weg gebracht werden. Ein solches Bürgerbegehren muss sich in schriftlicher Form an die Gemeindevertretung richten und die Frage, die Begründung und einen Kostendeckungsvorschlag beinhalten. Die Frage muss mit Ja oder Nein zu beantworten sein. Damit muss das Ziel des Begehrens klar und eindeutig formuliert sein; nebulöse Anträge sind somit ausgeschlossen, genauso wie suggestiv formulierte Fragen. Die Pflicht, sich mit den Kosten auseinanderzusetzen, verhindert eine Flut von Anträgen, die Forderungen stellen, die über den Finanzrahmen der Gemeinde hinausgehen. Bürgerbegehren müssen von mindestens zehn Prozent oder, falls das weniger ist, von mindestens 4000 der stimmberechtigten Bürger und Bürgerinnen unterschrieben werden. Das Mindestquorum von 4000 soll die Durchführung von Bürgerbegehren in größeren Städten erleichtern.

Die Themen, zu denen Bürgerentscheide beschlossen werden können, sind auf den Wirkungskreis der Gemeinde beschränkt. Die Kommunalverfassung gibt eindeutig vor, zu welchen Bereichen keine Bürgerentscheide vorgenommen werden dürfen (§ 20 Abs. 2): u. a. zur Organisation der Gemeindeverwaltung, zu Haushalts- und Finanzentscheidungen, zu baugesetzlichen Entscheidungen sowie zu gesetzwidrigen Zielen.

Damit ein Bürgerentscheid Erfolg hat, müssen mehr Ja- als Nein-Stimmen abgegeben worden sein. Die Ja-Stimmen müssen zudem mindestens 25 Prozent der Stimmberechtigten ausmachen. Sollte dies Quorum nicht erreicht werden, entscheidet die Gemeindevertretung. Ein Bürgerentscheid kann nur durch einen innerhalb von zwei Jahren durchgeführten neuen Bürgerentscheid geändert oder aufgehoben werden.

Die Abberufung von Bürgermeistern bzw. Bürgermeisterinnen und Landräten bzw. Landrätinnen ist nur als Vertreterbegehren möglich, hier müssen jedoch zwei Drittel der Gemeindevertreter oder Kreistagsmitglieder den Antrag unterstützen. Erfolgreich ist er mit Zwei-Drittel-Mehrheit, wobei diese Mehrheit einem Drittel der Stimmberechtigten entsprechen muss.

2023 gab es mit Blick auf die Unterbringung von Geflüchteten in Containerdörfern mehrere Bürgerentscheide, die eine Zurverfügungstellung kommunaler Flächen für diese Zwecke verhinderten. Hier zeigt sich die Begrenztheit des Instrumentes Bürgerentscheid, der zwar die Einzelmaßnahme unterbindet, eine grundsätzliche Veränderung der Integrationspolitik aber nicht leisten kann. Viele Entscheide befassten sich in der Vergangenheit mit den Gemeindefusionen. Seit 1994 wurden den Bürgern und Bürgerinnen in Mecklenburg-Vorpommern 66 Bürgerentscheide zur Stimmabgabe vorgelegt, 34 davon wurden im Sinne des Begehrens entschieden, in 23 Fällen wurde sich dagegen entschieden und in neun Fällen scheiterte das Begehren dadurch, dass nicht 25 Prozent der Stimmberechtigten mit Ja stimmten (Mehr Demokratie e. V. 2024).

# 6 Bürgerbeteiligung abseits von Wahlen

Für eine starke Demokratie braucht es eine Beteiligung der Bürger und Bürgerinnen auch abseits von Wahlen. Hierfür sind in der Kommunalverfassung einige Instrumente angelegt. Zusätzlich werden andere zeitgemäße Formen der Beteiligung erprobt.

Das verfassungsrechtlich zugesagte Petitionsrecht steht auch auf der kommunalen Ebene den Einwohnern zu Verfügung. Beschwerden und Anregungen sind an die Gemeindevertretung zu richten. Bürgermeister sind verpflichtet, die Einwohnerschaft vom Geschehen in ihrer Gemeinde zu unterrichten. Als Möglichkeit hierzu werden Einwohnerversammlungen genannt, es kann aber auch im Rahmen der Gemeindevertretung passieren. In dieser sind Einwohnerfragestunden vorgesehen, in denen bereits 14-Jährige eine öffentliche Frage stellen können. Einwohnerinnen und Einwohner können zudem zusammen mit Sachverständigen in Anhörungen beratend an den Gegenständen der kommunalen Politik mitwirken. Die gleiche Altersgrenze gilt für den Einwohnerantrag. Hier können Anträge zu wichtigen Angelegenheiten der Gemeinde gestellt werden, die noch nicht im vergangenen Jahr inhaltsgleich bearbeitet wurden. Ein Antrag, der die Unterschriften von mindestens fünf Prozent oder mindestens 2000 Stimmberechtigten erhalten hat, muss von der Gemeindevertretung behandelt werden. Eine Richtung für die Entscheidung in der Sachfrage kann jedoch nicht vorgegeben werden. Die Bedeutung der Einwohneranträge muss in der Praxis als gering angesehen werden.

Ein weiteres Instrument, das die Bürgerbeteiligung in der Kommune erhöhen soll, sind Bürgerhaushalte. Im Haushalt der Gemeinde wird dabei ein Posten zur Verfügung gestellt. Dann können Bürger und Bürgerinnen Vorschläge zur Verwendung der Gelder einreichen. 2023 wurden so beispielsweise in Güstrow 30 000 Euro für sechs Projekte ausgegeben.

Ein aktuell vieldiskutiertes Instrument zur Bürgerbeteiligung sind die Bürgerräte. Sie sind eine Form von deliberativen Prozessen, bei denen zufällig ausgewählte Bürger und Bürgerinnen über Themen und Probleme diskutieren. Dies kann als rein beratendes bzw. konsultatives Gremium oder mit konkreter Entscheidungsbefugnis umgesetzt werden. Als Dialogforum wurde so z. B. die Stadtgestaltung in Schwerin diskutiert. Der erste Versuch eines vollständig durch Losverfahren zustande gekommenen Bürgerrates wurde in der Stadt Malchin zu einem Konzept für die zukünftige Energieversorgung gestartet.

Die UN-Kinderrechtskonvention legt fest, dass Kinder und Jugendliche das Recht haben, sich zu Maßnahmen zu äußern, die ihre Belange betreffen. Hierfür wurden auf kommunaler Ebene Beiräte oder Kinder- und Jugendparlamente gegründet. Sie sollen den Jugendlichen die Mitwirkung an politischen Beschlüssen ermöglichen und gleichzeitig zur politischen Bildung und Demokratiebildung beitragen. Mehr als zwanzig solcher Projekte lassen sich in Mecklenburg-Vorpommern finden. Eine Enquetekommission und ein Kinder- und Jugendbeteiligungsgesetz sollen den rechtlichen Rahmen noch erweitern. Jedoch zeigen sich in der Praxis auch Probleme. Viele Beiräte sind inaktiv, weil die Beteiligung zu niedrig ist, darüber hinaus sind die aktiven Gestaltungsmöglichkeiten oft gering.

Eine parallele Diskussion vollzieht sich mit Blick auf Menschen mit Einwanderungsgeschichte. Migrantenräte beziehungsweise Räte für Migration und Integration sollen die spezifischen Interessen dieser Bevölkerungsgruppe artikulieren, die sonst kaum Möglichkeiten zur politischen Teilhabe besitzen. In Rostock wurde bereits 1990 ein Antrag zur Einrichtung eines »Ausländerbeirates« gestellt, umgesetzt wurde der Beschluss jedoch erst nach dem rassistischen Pogrom von Rostock-Lichtenhagen 1992. Auch hier wird aktuell im Rahmen des Integrations- und Teilhabegesetzes die Ausweitung dieser Beiräte diskutiert.

# 7 Kommunalpolitik im Umbruch: Herausforderungen und Entwicklungspotenziale

Die Herausforderungen für die Kommunalpolitik sind groß. Zentrale politische Themen wie die Integration von Geflüchteten und Klimaschutz werden auf der kommunalen Ebene umgesetzt. Wenn Landesministerien schon händeringend nach qualifiziertem Personal suchen, wie steht es mit der Personaldecke in den Ämtern und kleinen Gemeinden? Gibt es noch ausreichend Kandidierende für Gemeinderat und Bürgermeisterposten, die dem harscheren öffentlichen Klima trotzen? Wie kann die Wahlbeteiligung und Partizipation gesteigert werden? All dies sind Entwicklungen, mit denen sich die Kommunen bereits beschäftigen müssen.

Die kommunalpolitische Struktur auf der Gemeindeebene in Mecklenburg-Vorpommern bleibt weiter kleinteilig, Reformen und Fusionen sind kaum zu erwarten. Auch wenn die sehr düsteren Bevölkerungsprognosen nicht eingetroffen sind, schrumpft der ländliche Raum weiter und stellt so die Leistungsfähigkeit der Verwaltung auf den Prüfstand. Dem gegenüber stehen die Großkreise, die kaum noch größer gestaltet werden können, gleichzeitig ist trotz vieler Kritik eine Rücknahme der Reform ebenso unwahrscheinlich.

Handlungs- und Gestaltungsfähigkeit in der Kommune ist immer mit einer ausreichenden Finanzversorgung verbunden. Dies ist seit 1990 ein Dauerthema in der Diskussion zwischen Land und Kommunen. Vertrauen in den Staat und seine Institutionen kann insbesondere in der Gemeinde aufgebaut, aber auch verloren werden. Die Bürgernähe der Themen sowie eine bürgernahe Umsetzung und Kommunikation von Politik kann zu einer Verinnerlichung der demokratischen Kultur beitragen und so das Vertrauen in die Demokratie festigen.

Zuletzt darf gefragt werden, wie sich Bürger und Bürgerinnen über kommunalpolitische Themen informieren können. Die sogenannten Bürgerinformationssysteme erfüllen vielleicht für kommunalpolitische Amtsträgerinnen und -träger ihren Zweck, für normale Bürger und Bürgerinnen sind sie wenig intuitiv. Ein Fortschritt brachte die Corona-Pandemie mit Livestreams von Kreistagssitzungen, doch die stundenlangen abendlichen Sitzungen haben natürlich kaum Unterhaltungswert. Eigentlich wäre es Aufgabe der regionalen Presse, Kommunalpolitik kritisch zu begleiten, doch schrumpfen Redaktionen und eine Konzentration auf Klickzahlen im Internet tragen nicht dazu bei, dass kommunalpolitische Themen im nötigen Umfang dargestellt werden.

## Literaturhinweise

Darsow, Thomas/Gentner, Sabine/Glaser, Klaus-Michael/Meyer, Hubert (Hrsg.) (2014): Schweriner Kommentierung der Kommunalverfassung Mecklenburg-Vorpommern. 4. Aufl., Stuttgart (Kohlhammer Verlag).
Gerhard, Christine (2021): Hat Wollers Kandidatur ein juristisches Nachspiel? In: Nordkurier, 29.04.2021.
Kasten, Bernd (2011): Herren und Knechte. Gesellschaftlicher und politischer Wandel in Mecklenburg-Schwerin 1867–1945. Bremen (Edition Temmen).
Mehr Demokratie e. V. (2024): Datenbank Bürgerbegehren. Online verfügbar unter https://www.mehr-demokratie.de/mehr-wissen/buergerbegehren-in-den-kommunen/datenbank-buergerbegehren [05.01.2024].
Meyer, Hubert (2010): Kommunalpolitik in Mecklenburg-Vorpommern. In: Kost, Andreas/Wehling, Hans-Georg (Hrsg.): Kommunalpolitik in den deutschen

Ländern. Eine Einführung. 2. Aufl., Wiesbaden (VS Verlag für Sozialwissenschaften), S. 187–204.

North, Michael (2008): Geschichte Mecklenburg-Vorpommerns. München (Verlag C. H. Beck).

Reuter, Fritz (1874): De Urgeschicht von Meckelnborg. Online verfügbar unter https://www.projekt-gutenberg.org/reuter/meklnbrg/meklnbrg.html [21.11.2023].

Schmidt-Eichstaedt, Gerd (1993): Kommunale Gebietsreform in den neuen Bundesländern. In: Aus Politik und Zeitgeschichte, 36/1993, S. 3–17.

Schröder, Dieter (2018): Verantwortung der Kommunen. Vom demokratischen Zentralismus zur Selbstverwaltung im Rechtsstaat. In: Creuzberger, Stefan/ Mrotzek, Fred/Niemann, Mario (Hrsg.): Land im Umbruch. Mecklenburg-Vorpommern nach dem Ende der DDR. Berlin (Bebra Wissenschaft Verlag), S. 136–154.

Sommer, Ines (2022): Patt bei Stichwahl in Altenpleen: Bürgermeister muss ausgelost werden. In: Ostsee Zeitung, 07.11.2022.

Sommer, Ralph (2021): Zehn Jahre Kreisgebietsreform: Die Probleme bleiben. In: Nordkurier, 03.09.2021.

Statistisches Amt Mecklenburg-Vorpommern (2023): Statistisches Taschenbuch 2023 Mecklenburg-Vorpommern. Schwerin (Eigenverlag).

# Niedersachsen

*Arne Pautsch*

# 1 Zur Einführung

Kommunalpolitik erfährt ihre Prägung durch das System des Kommunalverfassungsrechts, das im jeweiligen Bundesland gilt. Aufschlussreich ist dabei der Rechtsvergleich unter den 13 Flächenländern. Das Kommunalverfassungsrecht in Niedersachen hat eine wechselhafte Entwicklung durchgemacht, die von den »britisch« geprägten Anfängen in der früheren britischen Besatzungszone bis in die Gegenwart reicht. Es hat eine Vielzahl an Änderungen im System gegeben, die Auswirkungen auf das Verständnis von Kommunalpolitik in Niedersachsen und die gelebte kommunalpolitische Praxis in den kommunalen Vertretungen haben (Mehde 2020, 109; Rosenzweig 2002, 269).

Besonders bedeutsam für das Verständnis der niedersächsischen Kommunalpolitik als politisches Wirken im Rahmen der kommunalen Selbstverwaltung erscheinen die folgenden Aspekte, die zwar nicht ausschließlich »niedersachsentypisch«, wohl aber wegen ihrer landesrechtlichen Umsetzung hervorhebenswert sind: erstens der Übergang von der zweigleisigen zur eingleisigen kommunalen Spitze mit Direktwahl des Hauptverwaltungsbeamten, zweitens das Verhältnis der Wahlperiode der Vertretungsorgane gegenüber der des Hauptverwaltungsbeamten, drittens die landesspezifische Aufgaben- und Zuständigkeitsstruktur und viertens die in Niedersachsen fortbestehende Existenz eines Zwischenorgans – des Hauptausschusses – neben der Vertretung und dem Hauptverwaltungsbeamten. Fünftens darf auch ein Blick auf die kommunalpolitischen Partizipationsmöglichkeiten »von unten« nicht fehlen, wie sie vor allem in der kommunalen Direktdemokratie mit Bürgerbegehren und Bürgerentscheid ihren Ausdruck finden.

Diese Aspekte und die zugehörigen Entwicklungen waren Gegenstand – zumindest Begleiterscheinungen – mehr oder minder weit gefasster Reformen des Kommunalverfassungsrechts. Die zuletzt maßgeblichste ist die Schaffung des einheitlichen Niedersächsischen Kommunalverfassungsgesetzes (NKomVG). Damit wurden die früheren Einzelgesetze – insbesondere die Niedersächsische Gemeindeordnung (NGO) und die Niedersächsische Landkreisordnung (NLO) – formal abgelöst. Das neue NKomVG gilt ab Beginn der Wahlperiode der im Rahmen der Kommunalwahl am 11. September 2011 neu gewählten kommunalen Vertretungen.

Die Besonderheit besteht darin, dass das NKomVG grundsätzlich für alle Kommunentypen gleichermaßen gilt. In Niedersachsen fallen unter den rechtlichen Oberbegriff »Kommune« die Gemeinden, die Samtgemeinden, die Landkreise und die Region Hannover, die unter dem Begriff »Kommune« (§ 1 Abs. 1 NKomVG) zusammengefasst sind. Ihre Kollegialorgane werden oberbegrifflich als »Vertretung« bezeichnet und tragen je nach kommunaler Ebene ihre bisherigen einzelgesetzlichen Bezeichnungen als Rat, Samtgemeinderat, Kreistag bzw. Regionsversammlung weiter. Die kommunale Verwaltungsspitze wird unter dem Oberbegriff der »Hauptverwaltungsbeamtin« bzw. des »Hauptverwaltungsbeamten« geführt, die bzw. der – wiederum nach kommunaler Ebene getrennt – unter den früheren Begrifflichkeiten (Ober-)Bürgermeisterin bzw. (Ober-)Bürgermeister, Samtgemeindebürgermeisterin bzw. Samtgemeindebürgermeister, Landrätin bzw. Landrat oder Regionspräsidentin bzw. Regionspräsident firmiert. Gleiches gilt für das erhalten gebliebene kommunale Zwischenorgan, den »Hauptausschuss«, der je nach kommunaler Ebene Verwaltungsausschuss, Samtgemeindeausschuss, Kreisausschuss oder Regionsausschuss heißt (zu diesen Begrifflichkeiten: § 7 Abs. 1 und 2 NKomVG).

Trotz der ähnlichen, auf eine vergleichbare Regelungstechnik hinweisende Bezeichnung als Kommunalverfassung (Brandenburg), Kommunalselbstverwaltungsgesetz (Saarland) oder Kommunalordnung (Thüringen) ist eine vollständige Integration der kommunalverfassungsrechtlichen Regelungen für alle kommunalen Ebenen nur in Niedersachsen und

Sachsen-Anhalt (dort seit 2014) umgesetzt. Die Besonderheit dieser Zusammenführung der zuvor getrennten Einzelgesetze in einem einheitlichen Kommunalgesetz hat in Niedersachsen maßgebliche Auswirkungen auf die Praxis (Mehde 2020, 121). Denn das NKomVG adressiert – von wenigen Differenzierungen im Detail abgesehen – die gewählten Mandatsträgerinnen und Mandatsträger in den Vertretungen als zentrale kommunalpolitische Akteure in gleicher Weise, d. h. in den Gemeinden ebenso wie in den Samtgemeinden, in der Region Hannover ebenso wie in den Landkreisen. Soweit nicht ausdrücklich etwas anderes bestimmt ist, sind vor allem die Bestimmungen über das Verhältnis von Hauptverwaltungsbeamtem und Vertretung, das besonders in der innerkommunalen Aufgaben- und Zuständigkeitsstruktur ihren Ausdruck findet (▶ Kap. 2.3), in den Räten, der Regionsversammlung und in den Kreistagen erst einmal grundsätzlich in gleicher Weise anwendbar. Hinzu kommt, dass es bei der Schaffung des NKomVG das erklärte Ziel des Landesgesetzgebers gewesen ist, das Ehrenamt und damit letztlich das kommunalpolitische Wirken der lokalen Mandatsträgerinnen und Mandatsträger in den Vertretungen zu stärken (ebd.). Laut Begründung des Gesetzentwurfs der Landesregierung soll »das Profil des Organs Vertretung geschärft und die Bedeutung ehrenamtlicher Tätigkeit in den Kommunen herausgestellt werden« (LT-Drs. 16/2510, 94). Dies hat vor allem dazu geführt, dass bestimmte Zuständigkeiten und Rollen der Hauptverwaltungsbeamtin bzw. des Hauptverwaltungsbeamten wieder zurückgenommen wurden, die nicht zuletzt auf die Einführung der Eingleisigkeit zurückzuführen waren und die kommunalen Vertretungsorgane im Vergleich zur früheren Zweigleisigkeit tendenziell geschwächt haben (▶ Kap. 2.1; Mehde 2020, 121). Augenfällig wird dies beispielsweise daran, dass der Vorsitz in der Vertretung im Unterschied zur vorangehenden Rechtslage nicht mehr dem Hauptverwaltungsbeamten zusteht, sondern stets durch Wahl aus dem Kreis der Abgeordneten der Vertretung bestimmt wird, was als Stärkung der ehrenamtlichen Kommunalpolitik zu werten ist (ebd.).

## 2 Niedersächsische Besonderheiten und ihre Auswirkungen auf die Kommunalpolitik

### 2.1 Von der Zweigleisigkeit zur Eingleisigkeit an der kommunalen Verwaltungsspitze

Die Hauptaufgaben an der Spitze der Kommunen in Niedersachsen waren bis 1996 auf zwei Ämter verteilt, die beide von der kommunalen Vertretung gewählt wurden: Während die politische, repräsentative Vertretung der Kommune dem ehrenamtlichen (Ober-)Bürgermeister bzw. der (Ober-)Bürgermeisterin, Samtgemeindebürgermeister bzw. Samtgemeindebürgermeisterin oder Landrat bzw. Landrätin oblag, war die Leitung der Kommunalverwaltung in die Hände eines hauptamtlich tätigen (Ober-)Stadtdirektors bzw. Gemeindedirektors, Samtgemeindedirektors oder Oberkreisdirektors gelegt (Hartmann 2023, 273).

In dieser früheren Zweigleisigkeit an der kommunalen Spitze – als Ausprägung der sogenannten Norddeutschen Ratsverfassung – kann man durchaus eine Entscheidung für eine starke Vertretung und damit für eine starke ehrenamtliche Kommunalpolitik sehen. Denn der jeweilige Rat bzw. Kreistag bestimmte nicht nur die Spitze der politischen Repräsentation, sondern auch die hauptamtliche Verwaltungsspitze. Die zentrale Verantwortung für die Personalauswahl an der Spitze der Kommune oblag daher über Jahrzehnte den ehrenamtlichen kommunalpolitischen Vertreterinnen und Vertretern.

Mit dem Mitte der 1990er-Jahre eingeführten System der Eingleisigkeit, das der Sache nach nichts anderes bedeutete als die weitgehende Übernahme der Süddeutschen Ratsverfassung, erfolgte ein gewisser Bruch mit dem politischen Primat der Kommunalpolitik bei der Besetzung der kommunalen Leitungspositionen. Es wurden nicht nur die bislang getrennten Ämter – politische Repräsentation und Verwaltungsleitung – nach dem »süddeutschen Modell« zusammengeführt. Vielmehr kam es auch im Hinblick auf deren demokratische Legitimation zu einer weitreichenden Änderung: die lediglich mittelbare Legitimation durch den Rat, den Samtgemeinderat oder den Kreistag als seinerseits volksgewähltes

Organ wurde ersetzt durch eine auf Volkswahl beruhende direkte Legitimation des kommunalen Hauptverwaltungsbeamten.

Dieser grundlegende Systemwechsel wirkt in Niedersachsen bis heute nach. Er hat dazu geführt, dass die frühere Domäne des Vertretungsorgans, über die personelle Besetzung der (zweigleisigen) kommunalen Spitze zu bestimmen, vollständig entfallen ist. Feststellbar ist auch – was nicht zuletzt auch an den Änderungen bei den Wahlperioden der direkt gewählten kommunalen Organe Vertretung und Hauptverwaltungsbeamten abgelesen werden kann (▶ Kap. 2.2) – ein Schwanken des niedersächsischen Kommunalgesetzgebers, entweder die Befugnisse des erheblich gestärkten Hauptverwaltungsbeamten (einschließlich seiner eigenen kommunalpolitischen Agenda) herauszustellen oder aber den kommunalpolitischen Einwirkungsmöglichkeiten der Vertretung gegenüber dem Hauptverwaltungsbeamten wieder mehr Gewicht zu verleihen. Das muss nicht heißen, dass Niedersachsen seinen Weg in der Eingleisigkeit noch nicht gefunden hat. Man kann ebenso anerkennen, dass es bewusst einen eigenständigen Weg verfolgt und das süddeutsche Modell nur im Grundsatz adaptiert.

Beredtes Beispiel ist – wie angedeutet – die immer wieder aufkommende Diskussion um die Angleichung oder zeitliche Trennung der Wahlperioden der Vertretung und des Hauptverwaltungsbeamten. Der Gesetzgeber scheint grundsätzlich unsicher zu sein, was kommunalpolitisch erfolgversprechender ist. In diesem Zusammenhang ist zu erwähnen, dass auch der – bis zum 31. Januar 2025 bestehende – Gleichlauf der Wahlperioden, die beide fünf Jahre betrugen, im Grundsatz das in der kommunalen Organstruktur angelegte Konkurrenzverhältnis beim politischen Agenda-Setting nicht vollkommen auflöst: Auch politisch an die gleichzeitig stattfindende allgemeine Kommunalwahl und den Wettstreit der lokalen politischen Konzepte stärker gebundene Kandidierende (zumal bei parteipolitischer Gebundenheit) können sich mit einem eigenen Programm emanzipieren und eigene Akzente setzen. Dennoch »zwingt« der Gleichlauf der Wahlperioden im Wahlkampf zu einer stärkeren Vereinnahmung durch die jeweilige parteipolitische Programmatik. Im Unterschied zu Bundesländern mit getrennten Wahlperioden tritt der parteipolitische Einfluss gerade auf die Kandidierenden für das Amt des Hauptverwaltungsbeamten eher in den Hintergrund, so dass diese eher ihre eigene kommunalpolitische Agenda ohne übermäßige Rücksichtnahme auf die kommunalpolitischen Forderungen ihrer in die Vertretungen gewählten Parteien verfolgen können.

## 2.2 Verhältnis der Wahlperioden des Hauptverwaltungsbeamten und der Vertretung

Das niedersächsische Kommunalverfassungsrecht musste bei dem »Systemwechsel« von der Zweigleisigkeit zur Eingleisigkeit auch eine Regelung zu den Wahlperioden treffen. Die damit verbundene »Systemfrage« lautete – grob gesprochen –, ob man sich dem Ansatz der Süddeutschen Ratsverfassung annähern und damit wie z. B. in Baden-Württemberg voneinander getrennte Wahlperioden vorsehen sollte oder aber ob an der Rückbindung der Wahlzeiten des Hauptverwaltungsbeamten an die der kommunalen Vertretung nach bisherigem Muster festzuhalten war.

Der Rückblick auf die Zeit seit Einführung der Eingleisigkeit und ihrer »kommunalpraktischen Umsetzung« seit Mitte der 1990er-Jahre zeigt ein ambivalentes Bild: Im Jahr 2005 wurde die Amtszeit des Hauptverwaltungsbeamten von fünf auf acht Jahre verlängert. Dies führte erstmals zu einem Auseinanderfallen der Wahlperioden und damit zu einer politischen Stärkung der Position des Hauptverwaltungsbeamten gegenüber der Vertretung. In diesem Punkt hatte sich Niedersachsen dem klassischen »süddeutschen Modell« angeschlossen, das nicht zuletzt auf der Hypothese beruht, dass ein länger amtierender Hauptverwaltungsbeamter für mehr Haushaltssolidität sorge: Er könne den Ausgabenwünschen der Mitglieder in der kommunalen Vertretung eher die langfristigere Perspektive solider Kommunalfinanzen entgegensetzen (sogenannte »Banner-Hypothese«, vgl. Banner 1984, 364; dazu auch Mehde 2020, 123).

Ganz gleich, ob bzw. in welchem Maße diese Hypothese zutrifft: Mit der Trennung der Wahlperioden und der Stärkung der politischen Rolle des Hauptverwaltungsbeamten geht unweigerlich eine gewisse Schwächung der ehrenamtlichen Kommunalpolitik einher. Erst unter der rot-grünen Landesregierung infolge des Regierungswechsels nach den Landtagswahlen 2013 erfolgte eine Rückführung der Wahlperiode des Hauptverwaltungsbeamten – freilich im Rahmen eines komplizierten Systems von

Übergangsregelungen – auf die früheren fünf Jahre. Damit waren die Wahlzeiten abermalig synchronisiert. Dies kann wiederum als tendenzielle Stärkung der Kommunalpolitik insgesamt verstanden werden, da sich die kommunalpolitischen Agenden der Bewerberinnen oder Bewerber um das Amt des Hauptverwaltungsbeamten und der Kandidierenden für die kommunale Vertretung zeitgleich dem politischen Wettbewerb im Rahmen eines Kommunalwahlkampfes stellen müssen. Die Bewerberinnen und Bewerber um das Amt des Hauptverwaltungsbeamten sind also stärker in den zeitgleich stattfindenden Wahlkampf für die kommunale Vertretung eingebunden. Die wechselseitige Abhängigkeit bei der politischen Positionierung zu (nicht selten strittigen) lokalen Themen ist damit höher als bei getrennten Wahlperioden, bei denen der Amtsinhaber stärker auf seine Amtsführung als auf politische Gemeinsamkeiten mit den Rats- oder Kreistagsparteien verweisen kann. Dieser Aspekt spielt auch eine Rolle mit Blick auf die parteipolitische Bindung der Bewerberinnen und Bewerber: Auch wenn Niedersachsen auf der Skala der unterschiedlichen kommunalen Demokratietypen – unterteilt in konkordanz- und konkurrenzdemokratische Bundesländer – eher im Mittelfeld liegt (Bogumil/Holtkamp 2013, 166 ff.), ist nach wie vor festzuhalten, dass sich die parteipolitische Zugehörigkeit zwischen Bewerbern um das Amt des Hauptverwaltungsbeamten und Bewerbern für ein kommunales Mandat in der Vertretung häufiger deckt. Auch insofern wird das kommunalpolitische Agenda-Setting bei einem Gleichlauf der Wahlzeiten in beiden Wahlen wesentlich stärker durch parteipolitische Einflüsse geprägt. Mit Gesetz vom 29. Januar 2025 hat nun allerdings die rot-grüne Regierungsmehrheit die Wahlperioden wieder getrennt und die Wahlzeit des Hauptverwaltungsbeamten abermals auf acht Jahre angehoben.

## 2.3  Aufgaben- und Zuständigkeitsstruktur

Die Reichweite kommunalpolitischer Handlungs- und Entscheidungsbefugnisse vor allem der ehrenamtlichen Mandatsträgerinnen und Mandatsträger hängt wesentlich auch von der Aufgaben- und Zuständigkeitsstruktur ab, die das jeweilige Kommunalverfassungsrecht vorgibt.

Bezüglich der Struktur der kommunalen Aufgaben wird gemeinhin unterteilt in Kommunalverfassungssysteme mit dualistischer und solche mit monistischer Aufgabenstruktur (dazu Burgi 2024, 86 ff.; Henneke/Ritgen 2021, 106 ff.). Während die Länder mit monistischer Aufgabenstruktur (Baden-Württemberg, Brandenburg, Hessen, Mecklenburg-Vorpommern, Nordrhein-Westfalen, Sachsen und Schleswig-Holstein) nur einen einheitlichen kommunalen Wirkungskreis kennen und damit alle Aufgaben kategorial als kommunale Aufgaben ansehen (ebd., 113), trennen Länder mit dualistischem System (Bayern, Niedersachsen, Rheinland-Pfalz, Saarland, Sachsen-Anhalt und Thüringen) in zwei Wirkungskreise: den eigenen Wirkungskreis und den übertragenen Wirkungskreis. Dies lässt sich für Niedersachsen an den Bestimmungen in § 5 NKomVG (eigener Wirkungskreis) bzw. § 6 NKomVG (übertragener Wirkungskreis) ablesen. Nur der eigene Wirkungskreis umfasst »echte« kommunale Aufgaben, nämlich die freiwilligen und pflichtigen Selbstverwaltungsangelegenheiten. Der übertragene Wirkungskreis hingegen kann auch als »fremder Wirkungskreis« verstanden werden, und zwar dergestalt, dass den Kommunen in diesem Bereich fremde – nämlich ihrem Charakter nach »staatliche« – Aufgaben zur Erledigung übertragen sind (Burgi 2024, 88). Hierzu zählen in den Ländern mit dualistischem System wie Niedersachsen insbesondere die Aufgaben der Gefahrenabwehr, die Bauaufsicht, das Gewerberecht, das Straßenverkehrsrecht und nicht zuletzt weite Teile des Umweltrechts (ebd.).

Was hat es damit im Hinblick auf die erwähnten kommunalpolitischen Spielräume bei der Aufgabenerfüllung auf sich? Dazu ist zunächst festzuhalten, dass das monistische Aufgabenmodell als das selbstverwaltungsfreundlichere angesehen werden kann. Dies entspricht auch der Intention des sogenannten Weinheimer Entwurfs aus dem Jahr 1948, auf den es zurückgeht: Es betont wesentlich stärker die Einheit von ehrenamtlicher Kommunalpolitik und hauptamtlicher Kommunalverwaltung, indem es diese Einheit schon an das grundsätzliche Aufgabenverständnis anknüpft (kurz: ein kommunaler Wirkungskreis statt zwei getrennter Wirkungskreise).

Es erscheint naheliegend, dass sich unter dem dualistischen Modell, dem Niedersachsen bis heute folgt, die Aufgabenstruktur auch in der Zuständigkeitsverteilung zwischen den kommunalen Organen stärker abbildet – und zwar mit einer deutlichen Trennung: die Angelegenheiten des eigenen Wirkungskreises werden dem Zuständigkeitsbereich der Vertretung und die Aufgaben des übertragenen Wirkungskreises dem Verantwortungsbereich des Hauptverwaltungsbeamten zugewiesen. Die Folge ist, dass der Vertretung ein Zugriffsrecht auf den übertragenen Wirkungskreis weitgehend versagt ist. Diesem Ansatz, die Zuständigkeit für den übertragenen Wirkungskreis ausschließlich beim Hauptverwaltungsbeamten anzusiedeln, folgen konsequent auch die »dualistischen Länder« Rheinland-Pfalz (§ 49 Abs. 1 Nr. 4 der dortigen Gemeindeordnung), das Saarland (§ 59 Abs. 4 des dortigen Kommunalselbstverwaltungsgesetzes), Sachsen-Anhalt (§ 66 Abs. 4 des dortigen Kommunalverfassungsgesetzes) und Thüringen (§ 29 Abs. 2 der dortigen Kommunalordnung).[1] Im ebenfalls »dualistischen« Bayern gibt es keine ganz eindeutige Regelung (Art. 37 der dortigen Gemeindeordnung). Für Niedersachsen ist festzustellen, dass es eine beachtliche Öffnung bei der Zuständigkeit für die Aufgaben des übertragenen Wirkungskreises zugunsten der Vertretung gibt – jedenfalls im Ansatz. Denn eine ausschließliche Verortung dieser Aufgaben beim Hauptverwaltungsbeamten kann gerade nicht ausgemacht werden. So sieht das NKomVG im Zuständigkeitskatalog des Hauptverwaltungsbeamten – nämlich in § 85 Abs. 1 S. 1 Nr. 3 und Nr. 4 NKomVG – dessen Organzuständigkeit nur bei bestimmten Auftragsangelegenheiten und im Bereich des Gefahrenabwehr- und Umweltrechts als typischen Angelegenheiten des übertragenen Wirkungskreises nur bei gewerbe- und immissionsschutzrechtlichen Maßnahmen vor. Die Folge ist, dass ein weiter Teil dieser Aufgaben dem Zugriff der Kommunalpolitik nicht grundsätzlich entzogen ist und die Vertretung in diesen Angelegenheiten ggf. sogar ein Befassungs- und Entscheidungsrecht für sich reklamieren kann. Dies ist als niedersächsische Besonderheit für die Kommunalpolitik und ihre Entscheidungsspielräume hervorzuheben, zumal es auch die Landkreisebene betrifft, auf der der weitaus größte Teil der dem übertra-

---

1 Diese Zuweisung ist der Sache nach auch dem monistischen Modell nicht fremd, insofern dem Bürgermeister regelmäßig die Weisungsaufgaben (Pflichtaufgaben zur Erfüllung nach Weisung) zur Erledigung in eigener Zuständigkeit zugewiesen sind (vgl. etwa § 44 Abs. 3 Satz 1 in Verbindung mit § 2 Abs. 3 der Gemeindeordnung für Baden-Württemberg).

genen Wirkungskreis zuzuordnenden Aufgaben angesiedelt ist.[2] Vor allem außerhalb der erwähnten gewerbe- und immissionsrechtlichen Maßnahmen kann daher die Kreispolitik (der Kreistag) in diesen Angelegenheiten tätig werden. Einschränkungen ergeben sich nur daraus, dass die Aufgaben durch das staatliche Weisungsrecht im Detail stark vorgesteuert sind und der Kommunalpolitik folglich in der Praxis kaum echte politische Gestaltungsspielräume verbleiben. Überdies verbleiben *in praxi* zumindest Routineentscheidungen des Gesetzesvollzugs im übertragenen Wirkungskreis – als Geschäfte der laufenden Verwaltung – letztlich doch im Zuständigkeitsbereich des Hauptverwaltungsbeamten und werden von der Fachverwaltung erledigt. Gleichwohl ist in Niedersachsen der Vertretung der grundsätzliche Zugriff auch auf diesen Aufgabenbereich nicht verwehrt, was als aufgabenbezogene Aufwertung der ehrenamtlichen Kommunalpolitik angesehen werden kann.

## 2.4  Der Hauptausschuss als Zwischenorgan

Eine mit Blick auf das Verhältnis von ehrenamtlicher Kommunalpolitik und hauptamtlicher Kommunalverwaltung bedeutsame Besonderheit in Niedersachsen ist die Existenz eines dritten Organs neben der Vertretung und dem Hauptverwaltungsbeamten: des Hauptausschusses (§§ 74–79 NKomVG). Dieses Konstrukt ist vor allem historisch erklärbar und hat alle Novellierungen des niedersächsischen Kommunalverfassungsrechts – einschließlich des Übergangs von der Zweigleisigkeit zur Eingleisigkeit – überdauert.

Es bestand unter den eigenständigen Kommunalgesetzen seit jeher in Gestalt des Verwaltungsausschusses (auf Gemeindeebene) bzw. Samtgemeindeausschusses (auf Ebene der Samtgemeinden) sowie darüber hinaus in den Landkreisen als Kreisausschuss, und zwar jeweils mit Organqualität – und damit eigenen Zuständigkeiten – ausgestattet. Mit der Schaffung der Region Hannover (2001) wurde entsprechend durch das Regionsgesetz

---

2  In Niedersachsen existiert auf Ebene der Landkreise keine Organleihe, in deren Rahmen die Landkreise etwa als untere staatliche Verwaltungsbehörden fungierten. In Niedersachsen handeln die Landkreise daher auch im übertragenen Wirkungskreis stets als kommunale Behörden.

auch ein Regionsausschuss als Zwischenorgan dieses Kommunalverbands geschaffen. Der Hauptausschuss bezog und bezieht seine besondere Rolle aus seiner Stellung zwischen den beiden übrigen Organen, Vertretung und Hauptverwaltungsbeamter.

Bei der Schaffung der ersten Niedersächsischen Gemeindeordnung (NGO) 1955 war dem damaligen Verwaltungsausschuss sogar noch die Rolle des zentralen gemeindlichen Exekutivorgans zugewiesen worden – anders als in der 1958 geschaffenen Landkreisordnung, in der diese Funktion von Anbeginn dem Oberkreisdirektor oblag. In den Gemeinden trat damit der Verwaltungsausschuss als zweites Organ neben den Rat, der als ehrenamtlich besetztes Kollegialorgan die Gemeinde nach außen vertrat und dessen wesentliche Zuständigkeit darin bestand, die Beschlüsse des Rates auszuführen (Ipsen 2011, 192). Der Gemeindedirektor bzw. die Gemeindedirektorin war unter der Gemeindeordnung von 1955 allenfalls als »Hilfsorgan« des Verwaltungsausschusses zu qualifizieren und besaß keine echte Organstellung. Vor dem Hintergrund der vielfach geäußerten Kritik an diesem Konstrukt, wonach ein ausschließlich aus ehrenamtlichen Personen gebildetes Organ nicht in der Lage sei, die laufenden Verwaltungsgeschäfte zu führen, und deshalb nicht die zentralen Exekutivbefugnisse innehaben sollte, modifizierte die Novelle der NGO im Jahre 1963 dieses Ratsverfassungsmodell (ebd., 192 f.). Der Verwaltungsausschuss verlor seine ausschließliche Exekutivkompetenz und wurde zu einem Zwischenorgan weiterentwickelt, das er als Hauptausschuss unter dem NKomVG bis heute ist.

Die Bedeutung als Zwischenorgan für die Kommunalpolitik ist nicht zu unterschätzen, denn auch der heutige Hauptausschuss fungiert nach wie vor als Koordinierungsgremium zwischen ehrenamtlichem Vertretungsorgan und professioneller Kommunalverwaltung (ebd., 193; Mehde 2020, 67). Er hat eine echte Brückenfunktion, die sich zum einen in der Besetzung äußert: Ihm gehören neben dem Hauptverwaltungsbeamten nämlich sonst nur ehrenamtlich tätige Abgeordnete der Vertretung als sogenannte Beigeordnete (Mitglieder des Hauptausschusses mit Stimmrecht) sowie Abgeordnete der Vertretung mit beratender Funktion an, weshalb trotz des Stimmrechts des Hauptverwaltungsbeamten stets eine Mehrheit aus dem Kreis der Kommunalpolitik besteht. Zum anderen zeigen auch die gesetzlichen Zuständigkeiten, dass der Hauptausschuss im Zusammenspiel der kommunalen Organe untereinander eine gewichtige Rolle einnimmt. Vor allem die beiden wichtigsten Zuständigkeiten (§ 76 Abs. 1 und 2 NKomVG) betonen seine Brückenfunktion: Der Hauptausschuss bereitet erstens die Beschlüsse der Vertretung vor, gibt also regelmäßig eine Beschlussempfehlung an die Vertretung, ohne die die Vertretung nicht entscheiden kann; zweitens hat er eine Auffangzuständigkeit für alle Angelegenheiten, für die weder die Vertretung noch der Hauptverwaltungsbeamte zuständig ist. In dieser Hinsicht hat sich die Existenz des Hauptausschusses als »genuiner Beitrag Niedersachsens zum deutschen Kommunalrecht« (Rosenzweig 2002, 324) in der Tat bis heute bewährt.

## 2.5 Direkte Demokratie und andere Formen der Partizipation

Nicht zuletzt vollzieht sich Kommunalpolitik auch »von unten«, nämlich in den nach dem jeweiligen Kommunalverfassungsrecht aller Bundesländer vorgesehenen Formen der direkten Demokratie (Bürgerbegehren und Bürgerentscheid) sowie durch weitere – gegenüber den direktdemokratischen Instrumenten und Verfahren hinsichtlich ihrer Anforderungen zumeist niedrigschwellige – Partizipationsmöglichkeiten auf Antrag aus der Bürger- bzw. Einwohnerschaft.[3] In diesem »Partizipationskontext« seien daher zur Abrundung des niedersächsischen Blicks auf die Kommunalpolitik einige kurze Schlaglichter auf die landesrechtlichen Besonderheiten Niedersachsens gegeben.

Was die Anwendungshäufigkeit von Bürgerbegehren und Bürgerentscheiden betrifft, rangiert Niedersachsen im Bundesranking des jährlich

---

3 Die im allgemeinen Sprachgebrauch anzufindende sprachliche Gleichsetzung von Bürgern und Einwohnern kann im Kommunalverfassungsrecht nicht aufrechterhalten werden: Einwohnerin bzw. Einwohner einer Kommune ist, wer in dieser Kommune den Wohnsitz oder ständigen Aufenthalt hat, Bürgerinnen oder Bürger einer Kommune sind hingegen nur diejenigen Einwohnerinnen und Einwohner, die zur Wahl der Vertretung der jeweiligen Kommune berechtigt sind (d. h. das aktive Wahlrecht bei Kommunalwahlen haben; § 28 Abs. 1 und 2 NKomVG). Vom jeweiligen Status – Einwohner oder Bürger – hängt es ab, welche Partizipationsrechte auf kommunaler Ebene bestehen.

vom Verein »Mehr Demokratie e. V.« herausgegebenen Bürgerbegehrensbericht derzeit im (oberen) Mittelfeld. Der aktuellste Bericht, der aus dem Jahr 2023 stammt, gibt Aufschluss über die Zahl von Bürgerbegehren und Bürgerentscheiden im jeweiligen Bundesland in 2022. Danach haben in Niedersachsen sieben »von unten« initiierte Bürgerbegehren stattgefunden, allerdings kein einziger Bürgerentscheid (Rehmet et al. 2023, 15).

Ein Aspekt, der im Zusammenhang mit Kommunalpolitik »von unten« durch die Initiierung von Bürgerbegehren eine nicht unbedeutende Rolle spielt, ist der sogenannte Kostendeckungsvorschlag. Die Initiatorinnen und Initiatoren eines Bürgerbegehrens müssen bzw. mussten in der Mehrzahl der Bundesländer (siehe dazu die Übersicht bei Seybold 2021, 357) als Zulässigkeitsvoraussetzung für ein Bürgerbegehren einen durchführbaren Vorschlag zur Deckung der Kosten vorlegen, die durch einen Ausgang des nachfolgenden Bürgerentscheids im Sinne der Initiatoren entstünden. Ein nach rechtlichen Maßstäben unzureichender Kostendeckungsvorschlag gilt in der wissenschaftlichen Literatur als häufigster Grund für das Scheitern der Zulässigkeit von Bürgerbegehren (Seybold 2020, 309; Wefelmeier 2014, 276).

Dies hat den Gesetzgeber in Niedersachsen dazu bewogen, den bis 2016 vom NKomVG geforderten Kostendeckungsvorschlag als Zulässigkeitsvoraussetzung für Bürgerbegehren komplett zu streichen (LT-Drs. 17/5423, 32). Das konnte als bürgerbegehrensfreundlicher Akt verstanden werden, zumal die Erfahrung in den Ländern ohne Notwendigkeit eines Kostendeckungsvorschlags – allen voran Bayern – zeigt, dass die finanzielle Leistungsfähigkeit der Kommunen nicht stärker gelitten hat als in Ländern mit Kostendeckungsvorschlag.

Die Phase ohne Kostendeckungsvorschlag in Niedersachsen währte indes nicht lange. Zwar wurde diese Zulässigkeitsvoraussetzung nicht wieder eingeführt; jedoch führte eine Neuregelung des Kommunalverfassungsrechts im Jahre 2021 dazu, dass mit der Einreichung des Bürgerbegehrens eine von der Kommune zu erstellende Kostenschätzung vorzulegen ist (§ 32 Abs. 4 NKomVG). Dies wurde damit begründet, dass es erforderlich sei, den Bürgerinnen und Bürgern die Tragweite und Konsequenzen der zur Abstimmung gestellten Entscheidung vor Augen zu führen und sie mit Blick auf den kommunalen Haushalt zu einem verantwortungsvollen Gebrauch ihrer Entscheidungsbefugnis zu veranlassen

(Wefelmeier 2023, 40). Genau daran zeigt sich aber eine gewisse Inkonsequenz des Gesetzgebers, denn genau dies wurde stets auch als Argument für den Kostendeckungsvorschlag ins Feld geführt (ebd.; Wefelmeier 2014, 273). Ungeachtet dessen, dass Niedersachsen also einen gewissen gesetzgeberischen »Schlingerkurs« gefahren ist (eine halbherzige Änderung bereits nach gerade einmal fünf Jahren ohne Kostendeckungsvorschlag), kann man bezweifeln, ob die Vorlage einer – wenngleich von der Kommunalverwaltung zu erstellenden – Kostenschätzung zum Zeitpunkt der Einreichung des Bürgerbegehrens ein taugliches Zulässigkeitskriterium darstellt. In Niedersachsen liegt es damit nämlich gar nicht mehr in der Hand der Initiatoren des Begehrens, das Zulässigkeitskriterium zu erfüllen; es ist vielmehr ausschließlich davon abhängig, welchen Inhalt ihm die jeweilige Kommunalverwaltung durch ihre Schätzung konkret verleiht. Die Zulässigkeitsentscheidung über das Bürgerbegehren hängt mit anderen Worten davon ab, was die nicht beeinflussbare Kostenschätzung »aus dem Rathaus« daraus im jeweiligen Fall macht. Das führt gegenüber der früheren Rechtslage mit zwingendem Kostendeckungsvorschlag aber kaum weiter: Zweifellos wäre es nämlich angebrachter, die Kostenschätzung von der Zulässigkeitsentscheidung über das Begehren zu trennen und – ggf. auch als zwingende Vorgabe ausgestaltet – dann bei einer Zulässigkeit des Begehrens die Kosten von der Kommune erheben zu lassen und im Vorfeld des Bürgerentscheids die Abstimmungsberechtigten zu informieren. Das wären dann wirklich faire Verfahrensbedingungen, bei denen der berechtigte Verweis auf die Kosten nicht fehlte.

Das Vorstehende mag zur Illustration der direkten Demokratie genügen. In Niedersachsen muss auch im Übrigen im Ländergleich zu den Partizipationsmöglichkeiten nur wenig hinzugefügt werden. Wie viele Bundesländer auch verfügt Niedersachsen über die Möglichkeit des sogenannten Einwohnerantrags, d. h. die Möglichkeit, nach Erreichen des gesetzlichen Quorums auf Antrag aus der Einwohnerschaft (Mindestalter 14 Jahre) die kommunale Vertretung mit einem bestimmten Gegenstand des eigenen Wirkungskreises zu befassen (§ 31 NKomVG). Die kommunalpolitische Reichweite dieses Partizipationsinstruments dürfte auch in Niedersachsen begrenzt sein, scheint doch bei wirklich relevanten Fragen auf lokaler Ebene die kommunale Direktdemokratie wegen ihres Entscheidungscharakters wesentlich erfolgversprechender.

Im Kontext der im Kommunalverfassungsrecht vorgesehenen Partizipationsrechte jenseits der direkten Demokratie sei hier abschließend nur noch auf zwei Besonderheiten hingewiesen: zum einen gehört Niedersachsen zu den Bundesländern, die das Petitionsrecht auf kommunaler Ebene ausdrücklich eingeräumt haben (§ 34 NKomVG); zum anderen existiert als ausdrückliches Recht »von oben«, nämlich der Vertretung eingeräumt, nach § 35 NKomVG die Möglichkeit, in Angelegenheiten der Kommune eine Befragung der Einwohnerinnen und Einwohner anzuberaumen. Bei dieser Einwohnerbefragung handelt es sich um eine nicht ganz unproblematische Konsultationsmöglichkeit, die die gewählte Vertretung an die mindestens 14-jährigen Einwohner richten kann, um auf diese förmliche Weise ein Meinungsbild aus der Bevölkerung für eine Maßnahme herbeizuführen, zu deren Entscheidung die kommunalen Mandatsträger eigentlich gewählt sind

# 3 Zusammenfassung

Der Beitrag hat einige landestypische Facetten des niedersächsischen Kommunalrechts mit Blick auf ihre Auswirkungen auf den kommunalpolitischen Alltag und die Wirkmöglichkeiten der kommunalpolitisch Tätigen – der Mandatsträger in den Vertretungen, aber auch der Partizipation »von unten« (vor allem durch Bürgerbegehren und Bürgerentscheid) – herausgestellt. Gleichwohl wäre es vermessen, den Hauptverwaltungsbeamtinnen und -beamten in den Kommunen eine politische Rolle und – damit verbunden – eine politische Agenda abzusprechen. Es kommt auch insoweit auf eine ausgewogene Ausjustierung zwischen rechtlicher Aufgabenwahrnehmung und kommunalpolitischer Akzentuierung an. Ihnen gemeinsam ist gleichwohl stets die Orientierung an lokalen Sachentscheidungen.

Die niedersächsische Kommunalpolitik bzw. ihr kommunalverfassungsrechtlicher Rahmen ist vor allem durch die größeren Systemwechsel geprägt, von denen besonders der Übergang von der früheren Zweigleisigkeit auf die seit Mitte der 1990er-Jahre bestehende Eingleisigkeit und die Schaffung des NKomVG als integrierte Kommunalverfassung nachwirken. Hiervon, aber auch von mancher vermeintlichen Detailregelung, hängt es ab, in welchem Maße sich Kommunalpolitik im Land vollziehen und entfalten kann. Die Kommunalrechtsentwicklung erscheint vor diesem Hintergrund längst nicht abgeschlossen.

# Literaturhinweise

Banner, Gerhard (1984): Kommunale Steuerung zwischen Gemeindeordnung und Parteipolitik am Beispiel der Haushaltspolitik. In: Die Öffentliche Verwaltung, 37 (9), S. 364–372.
Bogumil, Jörg/Holtkamp, Lars (2013): Kommunalpolitik und Kommunalverwaltung. Eine praxisorientierte Einführung. Bonn (Bundeszentrale für politische Bildung).
Burgi, Martin (2024): Kommunalrecht. 7. Aufl., München (Verlag C. H. Beck).
Hartmann, Bernd J. (2023): Kommunalrecht (§ 6). In: Hartmann, Bernd J./Mann, Thomas/Mehde, Veith (Hrsg.): Landesrecht Niedersachsen. Studienbuch. 4. Aufl., Baden-Baden (Nomos Verlag), S. 226–290.
Henneke, Hans-Günter/Ritgen, Klaus (2021): Kommunalpolitik und Kommunalverwaltung in Deutschland. München (Verlag C. H. Beck).
Ipsen, Jörn (2011), Niedersächsisches Kommunalrecht. 4. Aufl., Stuttgart (Richard Boorberg Verlag).
Mehde, Veith (2020): Systematische Einführung zum Kommunalrecht Niedersachsen. In: Dietlein, Johannes/Mehde, Veith (Hrsg.): Kommunalrecht Niedersachsen. Kommentar. München (Verlag C. H. Beck), S. 107–127.
Rehmet, Frank et al. (2023): Bürgerbegehrensbericht 2023. 2. Aufl., Berlin (Mehr Demokratie e. V.). Online abrufbar unter https://www.mehr-demokratie.de/fileadmin/pdf/2023/Berichte_Stellungnahmen/230531_MD_Buergerbegehrensbericht_2023_web.pdf [11.06.2024].
Rosenzweig, Klaus (2002): Kommunalrecht. In: Brandt, Edmund/Schinkel, Manfred-Carl (Hrsg.): Staats- und Verwaltungsrecht für Niedersachsen. Baden-Baden (Nomos Verlag), S. 265–350.
Seybold, Jan (2020): Kommentierung zu § 32 NKomVG. In: Dietlein, Johannes/Mehde, Veith (Hrsg.): Kommunalrecht Niedersachsen. Kommentar. München (Verlag C. H. Beck), S. 299–315.

Seybold, Jan (2021): Bürgerbegehren und Bürgerentscheid im Kontext der Historie mit einem umfassenden Bundesländervergleich. In: Heußner, Hermann K./Pautsch, Arne/Wittreck, Fabian (Hrsg.): Direkte Demokratie. Festschrift für Otmar Jung. Stuttgart (Richard Boorberg Verlag), S. 349–386.
Wefelmeier, Christian (2014): Verzicht auf den Kostendeckungsvorschlag beim Bürgerbegehren. In: Niedersächsische Verwaltungsblätter, 21 (10), S. 272–278.
Wefelmeier, Christian (2023), Kommentierung zu § 32 NKomVG. In: Bender, Joachim et al. (Hrsg.): Praxis der Kommunalverwaltung. Landesausgabe Niedersachsen. Loseblattsammlung. Wiesbaden (Kommunal- und Schul-Verlag), S. 1–66 (zitiert ohne Randnummern, mit Seiten).

# Nordrhein-Westfalen

*Andreas Kost*

## 1 Nordrhein-Westfalen im Spiegelbild von Zahlen und Aufgaben

Nordrhein-Westfalen ist mit ca. 18,1 Millionen Einwohnern das bevölkerungsreichste und am dichtesten besiedelte, mit einer Fläche von 34 113 Quadratkilometern allerdings nur das viertgrößte Flächenland der Bundesrepublik Deutschland. Im Land leben rund 532 Menschen auf einem Quadratkilometer, während es im gesamten Bundesgebiet durchschnittlich nur 232 sind. Allerdings schwankt die Siedlungsdichte innerhalb des Landes beträchtlich: In den kreisfreien Städten leben auf gleichem Raum etwa sechsmal mehr Menschen als in den übrigen Landesteilen. Die Metropolregion Rhein-Ruhr – ein im Landesentwicklungsplan gesetzlich definierter Verdichtungsraum – ist mit ca. zehn Millionen Einwohnern eine der fünf größten Metropolregionen in Europa. Zudem ist das Land an Rhein und Ruhr mit einem Bruttoinlandsprodukt von 793,8 Milliarden Euro (2022) der wirtschaftsstärkste deutsche Gliedstaat (20,5 Prozent des gesamtdeutschen BIPs).

Heute zählt man in Nordrhein-Westfalen insgesamt 396 Gemeinden, darunter 22 Großstädte mit dem Status einer kreisfreien Stadt. Die übrigen 374 Kommunen sind in die 31 Kreise des Landes eingegliedert. Die Kreise sind selbstverwaltete kommunale Gebietskörperschaften. Sie regeln die anfallenden überörtlichen Angelegenheiten, soweit sie nicht dem Staat vorbehalten sind, und erfüllen im Interesse der kreisangehörigen Gemeinden kommunale Aufgaben, die über die Verwaltungs- und Finanzkraft der einzelnen Gemeinden hinausgehen und auch nicht von mehreren

Gemeinden zusammen erledigt werden können, z. B. Wirtschaftsförderung, Fremdenverkehrswerbung, Unterhaltung eines Regionalmuseums. Seit dem 21. Oktober 2009 ist mit der Städteregion Aachen ein Kommunalverband besonderer Art gegründet worden, der als Rechtsnachfolger den Kreis Aachen ablöste. Verbandsmitglieder sind die kreisfreie Stadt Aachen und der Kreis Aachen mit seinen neun Kommunen. Mit der Bildung einer solchen Städteregion wird erstmalig in Nordrhein-Westfalen ein Regionsmodell erprobt.

Von den 396 politisch selbstständigen Städten und Gemeinden gelten 272 als Städte und 124 als sonstige kreisangehörigen Gemeinden. Darunter befinden sich dreißig Großstädte mit über 100 000 Einwohnern (▶ Tab. 9) – eine Größenordnung, die nicht annähernd in einem anderen Bundesland erreicht wird. Im Vergleich aller deutschen Flächenländer hat Nordrhein-Westfalen mit rund 45 000 Einwohnern die höchste durchschnittliche Gemeindegröße. Die größte Stadt ist Köln mit knapp 1,1 Millionen Einwohnern, die Landeshauptstadt ist Düsseldorf (ca. 630 000). Die kleinste Gemeinde des Landes im Gebiet des Nordrheins ist Heimbach (4365) im Kreis Düren, im westfälischen Landesteil handelt es sich um Hallenberg (4537) im Hochsauerlandkreis. Im Westen des Landes gibt es mehr Großstädte als im Osten, der stärker durch Mittelstädte geprägt ist. Diese ungleiche räumliche Verteilung geht auf unterschiedliche ökonomische Bedingungen in den beiden Landesteilen zurück. Dies liegt nicht nur daran, dass der westliche Teil früher besiedelt wurde, sondern er ist gleichzeitig die Wiege der deutschen Industrialisierung im frühen 19. Jahrhundert.

Da das Land selbst nur in einigen bestimmten Bereichen (Lehrerinnen und Lehrer, Polizei, Justizbedienstete) über eigene Unterbehörden verfügt, werden die meisten Verwaltungsaufgaben von Kreisen und Gemeinden wahrgenommen. Es existiert aber eine allgemeine Weisungskette vom Ministerium für Heimat, Kommunales, Bau und Digitalisierung über die Regierungspräsidien zu den hauptamtlichen Bürgermeistern und Landräten und von dort in den kommunalen Bereich hinein. Auf der mittleren Stufe der staatlichen Verwaltung kommt den Bezirksregierungen in Düsseldorf, Köln, Münster, Detmold und Arnsberg eine besondere Bedeutung zu, da sie in ihrem Territorium für alle Verwaltungsaufgaben zuständig sind, die nicht ausdrücklich auf besondere Behörden übertragen wurden.

**Tab. 9:** Die 30 einwohnerstärksten Städte in Nordrhein-Westfalen, 2022

| Stadt | Kreis | Einwohner |
|---|---|---|
| Köln | kreisfrei | 1 084 831 |
| Düsseldorf | kreisfrei | 629 047 |
| Dortmund | kreisfrei | 593 317 |
| Essen | kreisfrei | 584 580 |
| Duisburg | kreisfrei | 502 211 |
| Bochum | kreisfrei | 365 742 |
| Wuppertal | kreisfrei | 358 876 |
| Bielefeld | kreisfrei | 338 332 |
| Bonn | kreisfrei | 336 465 |
| Münster | kreisfrei | 320 946 |
| Mönchengladbach | kreisfrei | 268 465 |
| Gelsenkirchen | kreisfrei | 263 000 |
| Aachen | Städteregion Aachen | 252 136 |
| Krefeld | kreisfrei | 228 426 |
| Oberhausen | kreisfrei | 210 824 |
| Hagen | kreisfrei | 189 783 |
| Hamm | kreisfrei | 180 849 |
| Mülheim an der Ruhr | kreisfrei | 172 404 |
| Leverkusen | kreisfrei | 165 748 |
| Solingen | kreisfrei | 160 643 |
| Herne | kreisfrei | 157 368 |
| Paderborn | Paderborn | 154 755 |
| Neuss | Rhein-Kreis Neuss | 154 139 |
| Bottrop | kreisfrei | 118 113 |

**Tab. 9:** Die 30 einwohnerstärksten Städte in Nordrhein-Westfalen, 2022 – Fortsetzung

| Stadt | Kreis | Einwohner |
|---|---|---|
| Remscheid | kreisfrei | 112 613 |
| Bergisch Gladbach | Rheinisch-Bergischer Kreis | 112 712 |
| Recklinghausen | Recklinghausen | 111 734 |
| Moers | Wesel | 105 287 |
| Siegen | Siegen-Wittgenstein | 102 560 |
| Gütersloh | Gütersloh | 102 393 |

Quelle: Landesbetrieb Information und Technik Nordrhein-Westfalen (IT. NRW), 31.12.2022

Sie unterstehen dem oben genannten Ministerium und üben die Aufsicht über die Kreise und Gemeinden aus. So kann bei den Aufgaben der Gemeinden zwischen staatlichen Auftragsangelegenheiten (z. B. Durchführung von Wahlen) und den eigentlichen kommunalen Angelegenheiten unterschieden werden. Letztere sind jene mit freier Entscheidungsverfügung (freiwillige Selbstverwaltungsaufgaben wie Theater, Sportplätze, Jugendzentren), staatlich verordneten kommunalen Aufgaben (Pflichtaufgaben der Selbstverwaltung wie Bau und Unterhaltung von Schulen, Sozialhilfe, Straßenreinigung) oder Aufgaben mit enger Bindung an staatliche Vorgaben (Pflichtaufgaben zur Erfüllung nach Weisung wie Bauaufsicht, Gesundheitsämter, Zahlung von Wohngeld). Schließlich gibt es im sozialen und kulturellen Bereich sowie dem Straßenwesen noch gemeinsame regionale Aufgaben, die durch die beiden Landschaftsverbände Rheinland und Westfalen-Lippe abgedeckt werden, in denen die Kreise und kreisfreien Städte zusammengeschlossen sind. Die Landschaftsverbände gelten verfassungsrechtlich als ein Teil der kommunalen Selbstverwaltung.

So kann die Stellung der Gemeinden in Nordrhein-Westfalen im Wesentlichen an Aspekten bzw. Traditionslinien kommunaler Selbstverwaltung, an den institutionellen Gegebenheiten des politisch-administrativen Systems (z. B. Bürgermeister, Rat und Gemeindeverwaltung), am kommunalen Entscheidungsprozess, an den Ausformungen der Bürgerbeteiligung und nicht zuletzt an den Finanzen festgemacht werden.

## 2 Bürgermeister und Bürgermeisterinnen: zentrale kommunale Akteure

Die seit 1999 in Nordrhein-Westfalen eingeführte Direktwahl des Bürgermeisters bzw. der Bürgermeisterin lehnt sich an das Modell der Süddeutschen Ratsverfassung an. Er oder sie ist kein Ratsmitglied, besitzt allerdings Stimmrecht im Rat und hat den Status eines kommunalen Wahlbeamten auf Zeit. Er oder sie leitet und verteilt die Geschäfte, kann sich aber auch bestimmte Aufgaben vorbehalten und die Bearbeitung einzelner Angelegenheiten selbst übernehmen.

Das Amt des nordrhein-westfälischen Bürgermeisters übt in den Gemeinden zwei wesentliche Funktionen aus. Er oder sie ist

- Chef bzw. Chefin der gesamten Verwaltung und
- Vorsitzender bzw. Vorsitzende des Rates sowie des wichtigsten Ausschusses, des Hauptausschusses.

Die Aufgabe als Verwaltungsleitung besteht darin, die Beschlüsse des Rates, der Bezirksvertretungen und der Ausschüsse vorzubereiten und durchzuführen. Sie entscheidet außerdem in allen Angelegenheiten, die ihr vom Rat und von den Ausschüssen zur Entscheidung übertragen worden sind. Welche Angelegenheiten das sind, kann in einer kreisangehörigen Kleinstadt schon etwas anders ausschauen als in einer Großstadt.

Eine der herausragenden Aufgaben des Bürgermeisters (die in der Gemeindeordnung geregelt sind, vgl. § 62 GO) ist der Vorsitz im Rat. Er oder sie gibt den Zeitpunkt und den Ort der Ratssitzungen bekannt und setzt die Tagesordnungspunkte fest; allerdings können auch ein Fünftel der Ratsmitglieder oder eine Fraktion eine Einberufung verlangen. Dabei leitet der Bürgermeister die Sitzungen, achtet auf die ordnungsgemäße Durchführung und übt das Hausrecht aus. Entsprechend detaillierte Einzelheiten sind in der jeweiligen Geschäftsordnung des Rates einer Gemeinde aufgeführt. Für kreisfreie Städte ist die Bezirksregierung und für kreisangehörige Gemeinden die Landrätin bzw. der Landrat (als untere staatliche Verwaltungsbehörde) die Aufsichtsbehörde. Der Landrat übt die gleichen Funktionen wie der Bürgermeister auf der Ebene des Landkreises aus. Er oder sie sitzt dem Kreistag vor, bereitet dessen Sitzungen vor und leitet diese. Neben der Beaufsichtigung der Gemeinden des Landkreises leitet der Landrat die Kreisverwaltung und führt deren Geschäfte. Dazu gehört auch, dass er oder sie den Kreis in rechtliche Fragen vertritt. Zudem muss der Landrat die Landesregierung über landespolitisch Relevantes in seinem Landkreis informieren.

Der Bürgermeister vertritt außerdem als oberster kommunaler Repräsentant den Rat und die Gemeinde nach außen: Er oder sie repräsentiert bei Empfängen (z. B. für ausländische Delegationen), pflegt direkte Kontakte zur Presse, agiert sozusagen als ein »kommunaler Außenminister« bei Städtepartnerschaften oder führt persönlich Ehrungen von verdienten Bürgerinnen und Bürgern durch. Letztlich ist er oder sie für die innere Organisation der Gemeindeverwaltung (Aufbau- und Ablauforganisation), die Geschäftsverteilung, die Erledigung der Geschäfte der laufenden Verwaltung und grundsätzlich auch für die Erledigung der übertragenen staatlichen Aufgaben (Auftragsangelegenheiten) eigenverantwortlich zuständig. Nicht zuletzt aber das Rückholrecht des Rates schränkt die Autonomie, mit der er oder sie diese Aufgaben wahrnimmt, etwas ein.

Die Direktwahl der Bürgermeister in den Städten und Gemeinden und (vom Wahlverfahren deckungsgleich) der Landräte in den Kreisen funktioniert in Nordrhein-Westfalen nach den Prinzipien der Mehrheitswahl, d. h., gewählt ist, wer mehr als die Hälfte der gültigen Stimmen erhalten hat. Erreicht keiner der Kandidierenden im ersten Wahlgang die absolute Mehrheit, also über 50 Prozent der Stimmen, findet eine Stichwahl unter den zwei Bewerbern mit den höchsten Stimmenanteilen statt.

Im Herbst 2007 wurden die Gemeindeordnung und auch das Kommunalwahlgesetz auf Initiative der damaligen CDU/FDP-Landesregierung novelliert, um Bürgermeisterdirektwahl und Ratswahl (analog Wahl der Landräte und der Kreistage) zeitlich zu entkoppeln. Bei der Kommunalwahl 2009 wurden die Bürgermeister und Landräte auf sechs Jahre gewählt, während die jeweiligen Gemeinderäte und Kreistage weiterhin für fünf Jahre amtierten. Außerdem wurden – nach heftigen politischen Kontroversen – auch die Stichwahlen für Bürgermeister und Landräte abgeschafft: gewählt war also der Kandidierende mit einfacher Mehrheit. Ferner wurde die Altersgrenze für gewählte Bürgermeister und Landräte aufgehoben. Doch anscheinend führten die Ergebnisse der Bürgermeisterwahlen 2009 (insbesondere wohl die für die CDU nicht günstigen Ergebnisse in den kreisfreien Städten) zu einem erneuten Umdenken, so dass man die Kehrtwende bzw. die erneute Zusammenlegung von Rats- und Bürgermeisterwahlen ab 2020 durch die bis 2017 amtierende rot-grüne Landesregierung im Grundsatz unterstützte. Zudem wurde mit dem »Gesetz zur Stärkung der kommunalen Demokratie« aus dem Jahr 2012 den Bürgermeisterinnen und Bürgermeistern ermöglicht, ihr Amt einmalig vorzeitig niederzulegen, damit schon im Mai 2014 Rats- und Bürgermeisterwahlen wieder gemeinsam stattfinden können. Ungefähr fünfzig Prozent der Amtsinhaber machten davon Gebrauch. Bei den ein letztes Mal separat durchzuführenden Bürgermeisterwahlen 2015 galt in Nordrhein-Westfalen für die neuen Amtsträger dann nur noch eine fünfjährige Amtsperiode. Begleitet wurden diese kommunalpolitischen »Volten« mit den Argumenten, dass eine Zusammenlegung der Wahltermine Kosten sparen würde und durch die zeitgleiche Wahl von Gemeinde- und Stadträten sowie Bürgermeistern die Wahlbeteiligung gesteigert werden könnte. Eine Orientierung an den süddeutschen Bundesländern ist bei den etablierten Parteien in Nordrhein-Westfalen an dieser Stelle definitiv nicht zu erkennen.

Kandidierende für die Bürgermeisterwahl können nur in einer Kommune antreten, mehrere Kandidaturen in verschiedenen Gemeinden bzw. Kreisen sind nicht möglich. Die Wählbarkeit für das Amt des Bürgermeisters ist ähnlich gefasst wie bei der Ratswahl (▶ Kap. 3). Allerdings muss der Kandidat mindestens 23 Jahre alt sein und ein Wohnsitz in der Kommune, in der er oder sie antritt, ist nicht erforderlich. Ein Hauptwohnsitz in der Bundesrepublik Deutschland genügt.

Die Bürgermeisterdirektwahlen zeichnen sich in Nordrhein-Westfalen (bei gebotener differenzierter Sichtweise) durch eine eher geringe Wahlbeteiligung aus. Die durchschnittliche Wahlbeteiligung liegt nicht selten unter fünfzig Prozent. Dabei unterscheidet sich die Wahlbeteiligung in den Kommunen teilweise jedoch erheblich. Insgesamt wird erkennbar, dass die Wahlbeteiligung mit der Gemeindegröße sinkt.

Der Typus des hauptamtlichen Bürgermeisters übt in der Regel eine prägende Gestaltungskraft auf den kommunalen Entscheidungsprozess aus. Wobei manches Mal die Frage zu stellen ist, ob die Bürgermeister in der Lage sind, unabhängig von ihrer Parteizugehörigkeit – sofern sie denn existiert – eine eigenständige und starke Rolle zu spielen, oder ob sie sich nicht doch eher Parteiinteressen unterordnen müssen. In den meisten Fällen aber prägen die hauptamtlichen Bürgermeister das lokale Geschehen und ziehen das »Licht der kommunalen Öffentlichkeit« auf sich. Nicht zuletzt rücken sie in den Mittelpunkt der lokalen Presseberichterstattung.

Man kann auch einen Zusammenhang zwischen Größe der Kommune, Kandidatenangebot und Parteieneinfluss erkennen: Je kleiner die Kommune ist, desto konzentrierter ist das Kandidatenangebot. Je größer wiederum die Gemeinde ist, desto größer ist der Einfluss der Parteien auf die Bürgermeisterwahl und desto größer ist das Kandidatenangebot. Im Ver-

**Tab. 10:** Anteil an Stichwahlen und Stimmenanteile der gewählten Bürgermeister in Prozent

| Jahr | Anteil Stichwahl | CDU | SPD | Unabhängige | Sonstige |
|---|---|---|---|---|---|
| 1999 | 30,8 | 66,4 | 19,9 | 11,9 | 1,8 |
| 2004 | 27,9 | 57,1 | 25,0 | 16,9 | 1,0 |
| 2009 | –[1] | 54,3 | 29,3 | 15,3 | 1,1 |
| 2014/ 2015[2] | 21,7 | 52,4 | 28,9 | 14,4 | 4,3 |
| 2020[3] | 30,8 | 46,0 | 27,1 | 18,7 | 8,2 |

[1] 2009 fanden auf Beschluss der damaligen Landesregierung keine Stichwahlen statt (s. o.). [2] Unterschiedliche Wahlzeitpunkte infolge einer Novellierung der Wahlperiode (s. o.) [3] Bei der Bürgermeisterdirektwahl 2020 wurde nur in 380 Kommunen gewählt, weil in den restlichen 16 Kommunen bereits zuvor durch das Ausscheiden von Amtsinhabern Neu- bzw. Nachwahlen stattfinden mussten. Diese 16 bereits gewählten Personen brauchten nach nordrhein-westfälischem Kommunalrecht 2020 nicht zur Bürgermeisterdirektwahl antreten, so z. B. der Duisburger Oberbürgermeister Sören Link von der SPD.

gleich zu den Ratswahlen ist der Einfluss der Parteiorientierung auf das Wahlverhalten bei Bürgermeisterwahlen jedoch eher gering: Man kann einen niedrigen Stammwähleranteil beobachten. Die Kandidatenorientierung gilt als stärkerer Einflussfaktor. Diese ist wiederum von der Kandidatenkonstellation, dem taktischen und strategischen Wahlverhalten der Anhängerinnen und Anhänger kleinerer Parteien und dem Kandidatenprofil abhängig. Insgesamt kann man die Bürgermeisterwahl in Abgrenzung zu den Ratswahlen eindeutig als Personenwahl einstufen.

Prägende Kennzeichen für die Bürgermeisterwahl als Personenwahl sind also

- ein relativ niedriger Stammwähleranteil,
- ein schwächerer Einfluss der Parteiorientierung auf das Wahlverhalten,
- eine zunehmende Kommunalorientierung der Wählerinnen und Wähler sowie
- eine Profil- bzw. Kandidatenorientierung als stärkster Erklärungsfaktor (Kost 2010, 237 ff.).

## 3 Gemeinderat: wichtigstes Organ der Gemeinde

Der Rat bzw. Gemeinderat entscheidet grundsätzlich in allen Angelegenheiten der Gemeinde, die das Gesetz nicht ausdrücklich einem anderen Organ zugewiesen hat. Als politische Vertretung der Bürgerschaft obliegt ihm die Zuständigkeit für alle Grundsatz- und Leitungsentscheidungen. Er bildet für verschiedene Aufgabengebiete Ausschüsse, die entsprechend der Fraktionsstärke besetzt werden. In den meisten Ausschüssen können im Übrigen auch sogenannte »sachkundige Bürger« bzw. Einwohner und Einwohnerinnen mitarbeiten (§ 58 GO).

Die Aufgaben des Rates (§ 41 GO) sind sehr umfangreich und bestehen unter anderem darin, der Verwaltung Aufträge zu erteilen, diese zu kontrollieren, Richtlinien und Grundsätze vorzugeben, nach denen die Verwaltung arbeiten kann, Führungspersonal zu wählen bzw. zu ernennen (siehe Beigeordnete) sowie durch Satzungen örtliches Recht zu setzen. Aufgrund der Komplexität und der Vielzahl der Aufgaben kann der Rat im Rahmen einer Arbeitsteilung Entscheidungskompetenzen an Ausschüsse und Bezirksvertretungen übertragen oder an den Bürgermeister delegieren. Ein alleiniges Entscheidungsrecht besitzt der Rat jedoch über die Haushaltssatzung und den Stellenplan der Gemeinde. Ferner kann er auch Geschäfte der laufenden Verwaltung, die im Normalfall der Bürgermeister erledigt, wieder an sich ziehen – das sogenannte Rückholrecht des Rates. Dies bedeutet für den Rat eine recht starke Stellung, und gleichzeitig muss er der Versuchung widerstehen, seine Aufgabenhoheit über ein vernünftiges Maß hinaus zu erweitern.

Im Gegenzug ist es für die ehrenamtlichen Ratsmitglieder aber schwierig genug, die von der Kommunalverfassung beabsichtigte Kontrolle der hauptamtlichen Verwaltung zu leisten. Die nordrhein-westfälische Praxis zeigt nämlich, dass sehr viele Initiativen im kommunalen Willensbildungsprozess von der Gemeindeverwaltung ausgehen. Die Mehrheit der Vorlagen und der Anträge, die in den Kommunalvertretungen bzw. Räten beraten und beschlossen werden, stammen aus der Verwaltung. Besonders die Verwaltungsvorlagen sind ein Instrument, mit dem die Verwaltungsmitglieder direkten Einfluss auf die kommunalen »Freizeitpolitiker und -aktivisten« nehmen können – ein erhebliches Steuerungspotenzial, das z. T. in dem Schlagwort »Expertokratie« zum Ausdruck kommt. So findet auch hier ein Balanceakt statt, in der sich die Verwaltung zurücknehmen muss, um nicht der Versuchung zu erliegen, selbst Politik zu machen. Die teilweise begonnenen Verwaltungsstrukturreformen in den Kommunen haben daher auch das Ziel, die engen Verflechtungen zwischen Rat und Verwaltung aufzulösen. So soll das (zugegebenermaßen abstrakte und nicht immer durchsetzbare) Postulat angestrebt werden, dass die Politik über das »Was« und die Verwaltung über das »Wie« zu entscheiden hat. Dabei stehen Fragen politisch-administrativer Transparenz und haushaltsrelevanter Kostenminimierung im Vordergrund.

Der Gemeinderat wird von der Bürgerschaft für die Dauer von fünf Jahren in freier und geheimer Wahl gewählt. Die Anzahl der gewählten Ratsmitglieder hängt von der Größe der jeweiligen Kommune ab. Die

Bestimmungen dafür sind im Kommunalwahlgesetz festgelegt. So ist beispielsweise für eine Stadt mit einer Bevölkerungszahl von über 700 000 Einwohnern wie Köln eine Ratsmitgliederzahl von mindestens neunzig vorgeschrieben, während in dem Eifelort Heimbach mit weniger als 5000 Einwohnern die Zahl der Ratsmitglieder bei mindestens zwanzig liegen muss. Schließlich kann sich im Einzelfall die Anzahl der Ratsmitglieder durch sogenannte Überhangmandate noch erhöhen. Ein Überhangmandat ist das von einer Partei über die ihr nach dem Verhältniswahlrecht zustehenden Mandate hinaus durch die Mehrheitswahl erworbene Direktmandat.

Um als Ratsmitglied gewählt zu werden, muss man am Wahltag Deutscher nach Art. 116 Abs. 1 GG sein bzw. die Staatsbürgerschaft eines Mitgliedslandes der Europäischen Union besitzen und mindestens 18 Jahre alt sein. Außerdem verbietet das Kommunalwahlgesetz ausdrücklich die gleichzeitige Zugehörigkeit zu Rat und Kommunalverwaltung sowie die gleichzeitige Ausübung des Bürgermeisteramtes sowie des Amtes als Ratsmitglied. Diese Inkompatibilität ist damit begründet, dass die Verwaltung den Auftrag hat, dem Rat – dem Hauptorgan der Gemeinde – zuzuarbeiten, und von diesem wiederum unabhängig kontrolliert werden muss. Die verschiedenen Gemeindeorgane dürfen also nicht miteinander verflochten sein. Im Kommunalwahlgesetz finden sich im Übrigen auch Details und Verfahrensvorschriften zu den Wahlvorschlägen, die durch die politischen Parteien, Wählergruppen oder auch einzelne Wahlberechtigte eingebracht werden können.

# 4 Wer darf mitmachen? Beteiligungsmöglichkeiten in der Kommunalpolitik

## 4.1 Wahlen und Wahlsystem

Die Spielregeln einer Kommunalwahl bzw. das aktive Wahlrecht werden in dem vom nordrhein-westfälischen Landtag beschlossenen Kommunalwahlgesetz und in der die Details bestimmenden Kommunalwahlordnung festgelegt. Wahlberechtigt ist, wer die deutsche Staatsbürgerschaft bzw. die Staatsbürgerschaft eines anderen Mitgliedslands der Europäischen Union besitzt sowie mindestens 16 Jahre alt ist. Die Wahlberechtigung ist außerdem daran geknüpft, mindestens seit dem 16. Tag vor der Wahl seinen Hauptwohnsitz in der Gemeinde gemeldet zu haben. Insgesamt sind rund 14 Millionen Personen in Nordrhein-Westfalen wahlberechtigt.

Neben den Stadt- und Gemeinderäten wurde 2020 erstmals das Ruhrparlament, die regionale Vertretung der elf kreisfreien Städte und vier Kreise des Ruhrgebietes, von den mehr als zwei Millionen wahlberechtigten Bürgerinnen und Bürgern im Bereich der Ruhrmetropole direkt gewählt. Ferner gibt es Integrationsräte (§ 27 GO), die auch Einwohnerinnen und Einwohnern ohne EU-Staatsbürgerschaft ein Wahlrecht ermöglichen. Diese Räte sind die Fachgremien zur Gestaltung einer Integrationspolitik in den Kommunen und die einzig demokratisch legitimierte Vertretung aller Migrantinnen und Migranten Nordrhein-Westfalens. In einhundert Städten und Gemeinden wurden am 13. September 2020 die Integrationsräte und einige Integrationsausschüsse neu gewählt. Frauen und Männer aus 117 Ländern kandidierten für die insgesamt einhundert Integrationsräte und sieben Integrationsausschüsse. Die landesweite durchschnittliche Wahlbeteiligung lag jedoch nur bei rund 13 Prozent.

Bei der Ratswahl in Nordrhein-Westfalen geht die Hälfte der insgesamt zu vergebenen Mandate an die Bewerber in den Wahlbezirken, die jeweils die einfache Mehrheit der gültigen Stimmen erreicht haben. Die andere Hälfte der Sitze wird unter Zuhilfenahme eines Verhältnisausgleichs den

Reservelisten der Parteien und der Wählergruppen zugewiesen. Mit dem seit August 2009 bis Juli 2024 gültigen Verfahren nach André Sainte-Laguë erfolgt die Umsetzung nach verschiedenen Berechnungsarten (z. B. Höchstzahlverfahren oder Divisorverfahren). Im Juli 2024 stimmte der Landtag wieder über Änderungen bei der Berechnung der Sitzverteilung in den Räten und Kreistagen beim Kommunalwahlrecht ab. Verabschiedet wurde mit den Stimmen der Regierungsparteien CDU und Grüne sowie der größten Oppositionspartei SPD ein Quotenverfahren mit prozentualem Restausgleich, um einen gerechteren Erfolgswert der Stimmen zu erreichen und eine weitere Zersplitterung der Kommunalparlamente zu verhindern. Das gebräuchliche Divisorverfahren mit Standardrundung nach Sainte-Laguë wirkt eher zugunsten kleiner Parteien und Wählergruppen. Die verfassungsgerichtliche Rechtsprechung billigt dem Gesetzgeber bei der Wahl des Zuteilungsverfahrens der Sitze einen gewissen Ermessensspielraum zu. Die FDP will allerdings gegen das neue Verfahren zur Kommunalwahl 2025 vor dem Landesverfassungsgerichtshof klagen. Ergebnis offen …

Obwohl das bis zur Kommunalwahl 2004 angewendete Verfahren nach Hare/Niemeyer bei der Verteilung des letzten Sitzes in bestimmten Fällen kleinere Parteien begünstigte, hatte der nordrhein-westfälische Landesverfassungsgerichtshof in Münster mit seinem Urteil vom 6. Juli 1999 auch die Fünf-Prozent-Klausel bei Kommunalwahlen für verfassungswidrig erklärt, weil sie die Chancengleichheit der kleineren Parteien verletze. Daraufhin hob der Landtag am 14. Juli 1999 einstimmig die Fünf-Prozent-Klausel mit sofortiger Wirkung auf. Damit erhöhte sich, bedingt durch die Zahl der zu vergebenden Mandate, einschließlich der Gemeindegröße, der Anteil der in den Gemeinden vertretenen kleineren Parteien und Wählergruppen. Die Installierung einer »verdeckten«, nicht offiziell benannten Sperrklausel durch die damalige Landesregierung mit der Mindestsitzzahl 1 aus dem reformierten Kommunalwahlgesetz von 2007 erklärte das Landesverfassungsgericht am 16. Dezember 2008 für verfassungswidrig, da es in einem Gemeinderat mit zwanzig Sitzen faktisch wieder eine Fünf-Prozent-Sperrklausel bedeutet hätte. Und auch eine in der Landesverfassung verankerte 2,5-Prozent-Hürde wurde vom Verfassungsgerichtshof im Jahr 2017 aus praktisch identischen Gründen aufgehoben.

**Tab. 11:** Ratswahlen in den kreisfreien Städten und Kreisen 1946–2020

| Jahr | Wahlbeteiligung | SPD | CDU | FDP | Grüne | Sonstige |
|---|---|---|---|---|---|---|
| 1946 | 74,4 | 33,4 | 46,0 | 4,3 | – | 16,3 |
| 1948 | 69,0 | 35,9 | 37,6 | 6,9 | – | 19,6 |
| 1952 | 76,0 | 36,1 | 35,6 | 12,6 | – | 15,7 |
| 1956 | 76,9 | 44,2 | 38,2 | 9,6 | – | 8,0 |
| 1961 | 78,2 | 40,7 | 45,0 | 10,2 | – | 4,1 |
| 1964 | 76,2 | 46,6 | 43,1 | 8,0 | – | 2,3 |
| 1969 | 68,6 | 45,6 | 45,7 | 6,3 | – | 2,4 |
| 1975 | 86,4[1] | 45,5 | 46,1 | 7,1 | – | 1,3 |
| 1979 | 69,9 | 44,9 | 46,3 | 6,5 | 0,9 | 1,3 |
| 1984 | 65,8 | 42,5 | 42,2 | 4,8 | 8,2 | 2,3 |
| 1989 | 65,6 | 43,0 | 37,5 | 6,5 | 8,3 | 4,7 |
| 1994 | 81,7[1] | 42,3 | 40,3 | 3,8 | 10,2 | 3,5 |
| 1999 | 55,0 | 33,6 | 49,1 | 4,2 | 6,7 | 6,4 |
| 2004 | 54,4 | 31,7 | 43,4 | 6,8 | 10,3 | 7,8 |
| 2009 | 52,3 | 29,4 | 38,6 | 9,2 | 12,0 | 10,8 |
| 2014 | 50,0 | 31,4 | 37,5 | 4,7 | 11,7 | 14,7 |
| 2020 | 51,9 | 24,3 | 34,3 | 5,6 | 20,0 | 15,8[2] |

Wahlbeteiligung und Stimmenanteile in Prozent. [1] Die hohen Wahlbeteiligungen bei den Kommunalwahlen 1975 und 1994 sind dadurch begründet, dass zum gleichen Zeitpunkt Landtagswahlen (1975) bzw. Bundestagswahlen (1994) stattfanden. [2] Dabei entfielen auf die AfD 5,0 Prozent, auf Die Linke 3,8 Prozent, und die verschiedenen unabhängigen Wählergruppen erhielten 4,4 Prozent.

Im Unterschied zu den Bürgermeisterwahlen sind die Ratswahlen in Nordrhein-Westfalen Parteienwahlen. Kennzeichen dieser Wahlen sind

- der abnehmende Stammwähleranteil, der allerdings über dem Anteil bei den Direktwahlen der Bürgermeister liegt;
- die geringe Wählermobilisierung, die seit Ende der 1990er-Jahre zu den niedrigen Beteiligungen an Kommunalwahlen führt;
- der Einfluss der Parteiorientierung auf das Wahlverhalten, der trotz einiger Unterschiede zwischen den Wahlebenen als gesamtsystemischer Faktor zu betrachten ist.

## 4.2 Bürgerbegehren und Bürgerentscheid – echte Formen unmittelbarer Demokratie

Der bekannte Direkte-Demokratie-Forscher Silvano Möckli aus der Schweiz bewertet die Nutzung direktdemokratischer Instrumente folgendermaßen: Diese »dienen den Parteien als Werkzeuge, unliebsame Entscheidungen zu verhindern bzw. eigene Forderungen wenigstens teilweise durchzusetzen« (Möckli 1994, 233). Positiver ausgedrückt erhalten die Bürgerinnen und Bürger auf kommunaler Ebene von den verantwortlichen Entscheidungsträgern vielfältige Möglichkeiten der Beteiligung, z. B. Einwohnerantrag, teilweise Bürgerhaushalt, Bürgerräte oder Mediationsverfahren. Doch können die genannten Beteiligungsinstrumente aufgrund ihres informellen Charakters keine verbindlichen politischen Entscheidungen erzwingen. Wenn es um unmittelbare bürgerschaftliche Entscheidungsrechte in politischen oder administrativen Fragen geht, können in der deutschen Selbstverwaltungsorganisation auf kommunaler Ebene nur Bürgerbegehren und Bürgerentscheid als Elemente direkter Demokratie gelten. Nur durch diese Instrumente wird den Bürgerinnen und Bürgern bei wichtigen kommunalen Angelegenheiten (z. B. über die Nutzung öffentlicher Einrichtungen oder die Erstellung von Verkehrskonzepten) ein unmittelbares Mitspracherecht eingeräumt. Sie bilden das Kernstück unmittelbarer Demokratie in der nordrhein-westfälischen Gemeindeordnung und sind in den Bestimmungen des § 26 GO (analog § 23 Kreisordnung) enthalten. Alle wahlberechtigten Bürgerinnen und Bürger können *beantragen*, dass sie an Stelle des Rates über eine Angelegenheit der Gemeinde selbst *entscheiden*. Der Antrag als solcher ist das Bürgerbegehren, die Abstimmung in der Sache der Bürgerentscheid. Der Rat kann außerdem mit einer Mehrheit von zwei Dritteln der gesetzlichen Zahl der Mitglieder beschließen, dass über eine Angelegenheit der Gemeinde ein Bürgerentscheid stattfindet, der sogenannte Ratsbürgerentscheid.

In Nordrhein-Westfalen wurden beispielsweise seit 1994, also seit Einführung dieses Partizipationsinstruments, bis Ende 2022 943 Bürgerbegehren eingereicht (die Angaben beruhen auf Erhebungen von Mehr Demokratie e. V. aus dem *Bürgerbegehrensbericht 2023*). Damit kommt weniger als ein Zehntel der Gemeinden und Städte in Nordrhein-Westfalen jährlich mit einem offiziellen Bürgerbegehren in Berührung. Außerdem wurden rund 35 Prozent dieser Bürgerbegehren für unzulässig erklärt. Durchschnittlich nur gut zwei Prozent der Kommunen haben in Nordrhein-Westfalen bisher pro Jahr einen Bürgerentscheid durchgeführt. Rund 38 Prozent der Bürgerentscheide waren dabei im Sinne der Bürgerbegehren erfolgreich. Ihr Ziel verfehlten allerdings über vierzig Prozent der Entscheide schon deswegen, weil die Mehrheit nicht mindestens gestaffelt zehn bis zwanzig Prozent (bis 2000 25 Prozent, bis 2011 20 Prozent) der Abstimmungsberechtigten ausmachte. Mit dieser hohen Quote der Nicht-Erreichbarkeit lag Nordrhein-Westfalen auf dem letzten Platz eines Ländervergleichs, denn der Anteil im Bundesdurchschnitt beträgt lediglich zwölf Prozent. Wie bereits eine empirische Untersuchung vor einigen Jahren zeigte (Kost 2002), ist das Abstimmungsquorum bzw. die zur Wahl eines Sachverhaltes erforderliche Zahl von Wählern – neben dem Negativkatalog und dem Zwang eines Vorschlags zur Kostendeckung – eine beachtliche »institutionelle Hürde« bei der Realisierung eines Bürgerbegehrens bzw. eines Bürgerentscheids.

Im Dezember 2011 reagierte daher der nordrhein-westfälische Landtag und vereinfachte die Durchführungsbestimmungen für Bürgerbegehren. Die damalige Minderheitsregierung aus SPD und Grünen (und in dem Fall unterstützt von den Linken) änderte die Gemeindeordnung und ermöglichte bspw. die bis dato ausgeschlossene Einleitung von Bauleitplanverfahren. Damit ließen sich nun auch erstmalig Begehren über den Bau von Einkaufszentren oder die Ausweisung von Gewerbegebieten realisieren. Zudem wurde der Zwang des Kostendeckungsvorschlags durch die einfachere Kostenschätzung ersetzt, die zudem nunmehr nicht die Initiatorinnen und Initiatoren eines Bürgerbegehrens, sondern die Kommunalverwaltungen selbst erstellen müssen. Die dabei von den Verwaltungen errechneten Kosten müssen diese dann nur noch auf ihre Unterschriftenliste übernehmen. Nicht zu unterschätzen war auch die Änderung bzw. Einführung der bereits erwähnten gestaffelten Abstimmungshürde bei Bürgerentscheiden. So liegt in Städten mit über 50 000 Einwohnern die Hürde nur noch bei 15 Prozent und in Kommunen mit über 10 000 Einwohnern bei zehn Prozent. Auf diese Weise hat Nordrhein-Westfalen deutlich anwendungsfreundlichere Regelungen für Bürgerbegehren und Bürgerentscheid erhalten. Im Dezember 2018 hat der Landtag zudem eine weitere Verbesserung der Regeln für Bürgerbegehren beschlossen: Seit 2019 können direktdemokratische Initiativen in Städten und Gemeinden bereits vor Beginn der Unterschriftensammlung auf ihre Zulässigkeit geprüft werden. Bisher geschah dies erst nach Einreichung der Unterschriften. Nordrhein-Westfalen ist im Vergleich aller Bundesländer mittlerweile das Flächenland, in denen pro Kommune am häufigsten Bürgerbegehren initiiert werden. Außerdem gelten in Nordrhein-Westfalen seit 2022 Transparenzpflichten für Zuwendungen von Dritten bei einem Bürgerbegehren. Eine namentliche Nennung ist ab einer Summe von 10 000 Euro verpflichtend.

Dennoch ist zu beobachten, dass diese Partizipationsinstrumente in Nordrhein-Westfalen überwiegend auf den Widerstand der Gemeinderäte und der Kommunalverwaltungen stoßen, obwohl es weder die Regel ist, dass bei Bürgerentscheiden diffuse Sachthemen zur Abstimmung gelangen, noch die Verantwortung der gewählten Ratsvertreter plebiszitär ausgehebelt wurde. Die überschaubare Anwendung bestätigt eigentlich den Ausnahmecharakter des Gemeindeparagraphen über Bürgerbegehren und Bürgerentscheid. Insgesamt wurden Bürgerbegehren und Bürgerentscheid, nicht zuletzt wegen der Zulässigkeitsvoraussetzungen, von den Bürgerinnen und Bürgern sowie Interessengruppen dosiert angewendet. Die Relevanz von Bürgerbegehren und Bürgerentscheiden ist in den vergangenen Jahren aber deutlich gestiegen. Hin und wieder erinnerte diese Form der unmittelbaren Bürgerbeteiligung die kommunalpolitisch Verantwortlichen daran, dass auch ihre Handlungssouveränität inhaltlich und zeitlich begrenzt ist und der Bürgerstatus im Hinblick auf eine ausgeweitete Dimension von politischer Partizipation gegenüber (möglicher) Uneinsichtigkeit und Ignoranz an Einfluss gewonnen hat. Ein Mehr an direkter

Demokratie kommt durch das geschaffene institutionalisierte Partizipationsinstrument jedoch bloß tendenziell zustande.

## 5 Parteienlandschaft im Wandel

Die Parteien stehen offenbar nicht mehr hoch im Kurs. Bei der Kommunalwahl 2020 gingen gerade einmal mehr oder weniger die Hälfte der Wählerinnen und Wähler zu den Urnen, um bei den Parteien und ihren Kandidaten ihre Stimmen abzugeben: Die Wahlbeteiligung lag landesweit bei 51,9 Prozent (das Rekordtief war 2014 mit fünfzig Prozent). Die größte Wahlmüdigkeit war bei der Ratswahl in Duisburg mit einer Beteiligung von nur noch 39,1 Prozent zu verzeichnen (minus 1,3 Prozentpunkte gegenüber 2014). Die höchste Wahlbeteiligung einer kreisfreien Stadt gab es in Münster mit 63 Prozent, danach folgte zusammengerechnet der Kreis Coesfeld mit 62,3 Prozent. Läutet hier bereits auf kommunaler Ebene das Totenglöckchen für die Parteien? Nun, soweit ist es wohl doch noch nicht – auch weil die demokratischen Parteien in Nordrhein-Westfalen fest verankerte regionale Wurzeln aufweisen. Aber Setzrisse in einem fluid gewordenen Parteiensystem sind nicht zu übersehen.

Im Laufe der nordrhein-westfälischen Wahlgeschichte haben neben der Konzentration auf die beiden großen Parteien CDU und SPD bisher noch FDP, Die Grünen, Zentrum, DKP sowie viele Rathausparteien in Form von Wählergruppen in den Kreisen, Städten und Gemeinden eine größere Rolle gespielt. Seit 1999 hat sich das bis dahin vorherrschende Kräftegleichgewicht zwischen CDU und SPD auf kommunaler Ebene in Nordrhein-Westfalen (unter Berücksichtigung verschiedener regionaler Ausprägungen) zugunsten der CDU verschoben (▶ Tab. 11). Dennoch verzeichnete die CDU 2020 mit 34,3 Prozent ihr historisch schlechtestes Wahlergebnis bei Kommunalwahlen in Nordrhein-Westfalen. Die SPD »eiferte« ihr nach, da sie 2020 ebenfalls das historisch schlechteste Ergebnis einfuhr. Die Partei sank landesweit mit 24,3 Prozent erstmalig unter 25 Prozent. Selbst in den Großstädten, bis auf einige Kommunen im Ruhrgebiet, verlor sie ihre einstige Vormachtstellung. Die Grünen erzielten in den Großstädten überproportional gute Ergebnisse – in Aachen erreichten sie mit 34,1 Prozent ihr bestes Großstadtergebnis und wurden deutlich wie nie prozentual drittstärkste Kraft in Nordrhein-Westfalen. Die FDP zeigte sich auf niedrigem Niveau leicht verbessert: Mit landesweit 5,6 Prozent lag sie knapp über dem Gesamtergebnis von 2014 mit 4,7 Prozent. Die Linke blieb mit 3,8 Prozent klar unter ihren Ansprüchen. Die rechtspopulistische und in Teilen als rechtsextremistisch eingestufte AfD konnte bei der Kommunalwahl 2020 zwar Mandate hinzugewinnen, verfehlte aber mit fünf Prozent der Gesamtstimmen die Erwartungen. Bei Veröffentlichung dieses Buches dürfte aufgrund der gesellschaftlichen Stimmungslage in Deutschland die Zustimmung für die AfD allerdings wohl höher liegen. Man darf auf das Ergebnis der Kommunalwahlen 2025 im bevölkerungsreichsten Bundesland sehr gespannt sein. Schließlich dokumentierten die freien und unabhängigen Wählergruppen mit einem landesweiten Ergebnis von 4,4 Prozent, dass sie insbesondere in kleineren Städten und Gemeinden eine durchaus wichtige Rolle spielen und die örtlichen Parteiensysteme auflockern. Eine vergleichbare Bedeutung wie bspw. die Wählergemeinschaften in Baden-Württemberg erringen sie jedoch nicht. Insgesamt sind die Wählerinnen und Wähler in Nordrhein-Westfalen noch beweglicher geworden, und die Bindungen an soziale Milieus haben sich erkennbar gelockert – Wechselwähler spielen eine zunehmend zentrale Rolle, und die Mehrheit der Nichtwähler irritiert schon längst die Parteien bzw. fordert das demokratische System hinsichtlich seiner Selbstwirksamkeit heraus.

## 6  Kommunalpolitik im Umbruch

Die politischen Kräfteverhältnisse haben sich auch deshalb weiter verschoben, weil die Direktwahl der Bürgermeister und Landräte sowie die direkten Partizipationsinstrumente (Bürgerbegehren und Bürgerentscheid) Persönlichkeiten und Sachthemen deutlicher in den Vordergrund gerückt haben. Dadurch wurde die Bedeutung der Parteien etwas relativiert, aber sie spielen dennoch als Akteure im politischen System einen wichtigen Part. Das nordrhein-westfälische Parteiensystem ist weiterhin recht stark ausgeprägt und in seinen Entscheidungslogiken immer noch überwiegend konkurrenzdemokratisch ausgelegt (im Gegensatz zur konkordanzdemokratischen Ausrichtung mit eher geringer Parteipolitisierung in Baden-Württemberg). Dadurch können z. B. in Nordrhein-Westfalen gerade dort Konfliktsituationen entstehen, wo die Parteizugehörigkeit eines Bürgermeisters von der Parteienmehrheit im Rat abweicht. Hier sind insbesondere in schwierigen Haushaltssituationen Bürgermeister mit Verwaltungserfahrung gefragt, um gegenüber den Parteien bestehen zu können sowie Durchsetzungs- und Handlungsfähigkeit zu demonstrieren.

Vielleicht bieten Diskussionen wie z. B. die Öffnung der bisher starren Parteilisten bei Wahlen für das Panaschieren und Kumulieren[1] einen Anknüpfungspunkt für eine gerechtere und spannendere Beteiligung der Bürgerinnen und Bürger an Wahlen bzw. der Parteiendemokratie. Nordrhein-Westfalen und das Saarland sind die beiden letzten Flächenländer, in denen nicht »à la carte« gewählt werden kann, also kein personenorientiertes Kommunalwahlrecht mit Kumulieren oder Panaschieren zur Verfügung steht. Ob dadurch der existierende Wählerfrust beseitigt werden kann, bleibt offen. Aber es gilt, dass Parteien und Wahlen ein wichtiges Grundelement demokratischer Mitbestimmung sind. Schließlich ist es nie zu spät und gleichzeitig eine demokratische Kernaufgabe, durch eine glaubwürdige und überzeugende Politik die Verdrossenheit der Bürgerinnen und Bürger an den Parteien zu verringern. So werden weiterhin die schwierige Situation der Gemeindefinanzen, die Aufnahme von geflüchteten Menschen in die Gemeinden, die Bereitschaft zu kommunalpolitischem Engagement sowie der auch für Nordrhein-Westfalen relevante Faktor der Gemeindegröße das politische Klima in den Kommunen des bevölkerungsreichsten Bundeslandes in den kommenden Jahren nachhaltig beeinflussen.

---

1 Die beiden Fachbegriffe lassen sich auch mit »Verteilen« und »Häufeln« der Stimmen übersetzen. So können beispielsweise die Wähler in Süddeutschland mehrere Stimmen auf unterschiedliche Parteilisten verteilen (panaschieren) oder bei einem Kandidaten aufhäufen (kumulieren).

# Literaturhinweise

Gehne, David H. (2008): Bürgermeisterwahlen in Nordrhein-Westfalen. Wiesbaden (VS Verlag für Sozialwissenschaften).
Korte, Karl-Rudolf (2020): Wahlen in Nordrhein-Westfalen. Kommunalwahl – Landtagswahl – Bundestagswahl – Europawahl. 5. Aufl., Frankfurt am Main (Wochenschau Verlag).
Kost, Andreas (2002): Demokratie von unten. Bürgerbegehren und Bürgerentscheide in NRW. Schwalbach/Ts. (Wochenschau Verlag).
Kost, Andreas (2010): Kommunalpolitik in Nordrhein-Westfalen. In: Kost, Andreas/ Wehling, Hans-Georg (Hrsg.): Kommunalpolitik in den deutschen Ländern. Eine Einführung. 2. Aufl., Wiesbaden (VS Verlag für Sozialwissenschaften), S. 231–254.
Kost, Andreas (2021): Die Entwicklung der direkten Demokratie in Nordrhein-Westfalen. In: Heußner, Hermann K./Pautsch, Arne/Wittreck, Fabian (Hrsg.): Direkte Demokratie. Festschrift für Otmar Jung. Stuttgart (Richard Boorberg Verlag), S. 331–348.
Kost, Andreas (2022): Bürgermeister in Nordrhein-Westfalen. In: Witt, Paul (Hrsg.): Karrierechance Bürgermeisteramt. Leitfaden für die erfolgreiche Kandidatur und Amtsführung. 3. Aufl., Stuttgart (Richard Boorberg Verlag), S. 243–257.
Marschall, Stefan (Hrsg.) (2013): Parteien in Nordrhein-Westfalen. Essen (Klartext Verlag).
Möckli, Silvano (1994): Direkte Demokratie. Ein Vergleich der Einrichtungen und Verfahren in der Schweiz und Kalifornien, unter Berücksichtigung von Frankreich, Italien, Dänemark, Irland, Österreich, Liechtenstein und Australien. Berlin/Stuttgart/Wien (Nomos Verlag).

# Rheinland-Pfalz

*Sarah Scholl-Schneider und Hubert Stubenrauch*

## 1 Kommunale Selbstverwaltung – Wurzeln und Gegenwartsbezug

»Sach-, Orts- und Personenkenntnis und lebhaftes Interesse an den Geschäften ist wichtiger als aller Formenkram«. Dieser für das Thema Kommunalpolitik höchst denkwürdige Satz stammt aus dem Jahr 1807. Und er stammt aus dem heutigen Bundesland Rheinland-Pfalz: In seiner *Nassauer Denkschrift* skizzierte der 1757 in Nassau geborene Heinrich Friedrich Karl Freiherr vom und zum Stein seine Gedanken zur Reform des preußischen Staates. Sein Grundgedanke lautete, der »Nation einen Anteil an der Geschäftsführung unter gewissen Einschränkungen« zu übertragen. Steins Gedanken bilden die Wurzeln des Prinzips kommunaler Selbstverwaltung, wie sie heute im Grundgesetz und in Art. 49 der Landesverfassung verfassungsrechtlich gewährleistet ist – auch wenn Stein den Begriff der kommunalen Selbstverwaltung damals selbst freilich nicht verwendet hat. Es ging ihm auch mitnichten um eine Etablierung demokratisch-egalitärer Beteiligungsformen. Sein Blick richtete sich ausschließlich auf die Eliten, konkret auf Besitzende, denen er Kenntnisse und besonderes Interesse unterstellte und durch deren Beteiligung er die Chance sah, »mehr Sach- und Ortskenntnis, mehr tätiges Interesse für den verwalteten Bezirk und die verwalteten Personen in die Kollegien zu bringen, als durch die Zusammensetzung aus lauter Staatsdienern entsteht.«

Die historische Perspektive auf ein Thema führt meist schmerzhaft vor Augen, wie viel Kontextwissen nötig ist, um Sachverhalte aus anderen

Jahrhunderten sinnvoll einordnen zu können.[1] Gleichzeitig zeigt meist selbst ein oberflächlicher Blick bereits, wie gewinnbringend es ist, historische Entwicklungen auf ihren Gegenwartsbezug hin zu befragen. Könnte der oben zitierte Satz Steins nicht auch als Argument für das derzeit in Rheinland-Pfalz diskutierte Absenken des Wahlalters auf 16 Jahre dienen, wo doch »tätiges Interesse« heute vielfach gerade von jungen Menschen gezeigt wird? Zeigt genau dieser Satz nicht im Kern das auf, was im Zuge zahlreicher Zuwanderungswellen seit der Mitte des 20. Jahrhunderts die Stärke der kommunalen Selbstverwaltung ausmacht? Und schließlich: Braucht es denn grundsätzlich nicht nur jene von Stein adressierten Menschen, die sich einbringen und mitmachen, sondern auch solche wie ihn selbst, die aus der Praxis heraus Gegebenheiten hinterfragen und neue Wege aufzeigen?

Die Kommunalpolitik in Rheinland-Pfalz ist ganz im Sinne des hier eingenommenen Einstiegsblickwinkels auf das Thema Reform ein höchst dynamisches Feld. Seit den vor nun über 200 Jahren formulierten Ideen Steins hat sie sich extrem weit(er) entwickelt, zahlreiche Änderungen erfahren und prägt seit inzwischen 77 Jahren erfolgreich die Demokratie in Rheinland-Pfalz. Die großen Veränderungen – die allesamt unter der Überschrift »Reform« stehen – sollen hier zunächst skizziert werden, um dann in den weiteren Abschnitten die derzeitige Kommunalstruktur vorzustellen. Abschließend werden Fragen der Krisenbewältigung sowie Herausforderungen und Chancen für die Zukunft erörtert. Gerade wegen ihrer Dynamik und Prozesshaftigkeit, ihrer regionalen Spezifik und unterschiedlicher Ausgangslagen stellt es jedoch eine große Herausforderung dar, »die« rheinland-pfälzische Kommunalpolitik *per se* auf wenigen Seiten darzustellen. Ganz bewusst werden wir daher eine breite Palette an Perspektiven – juristische, politikwissenschaftliche, historische sowie nicht

---

1 Umso höher ist der Wert des Projektes »Demko – Demokratie kommunal. Die Stadträte von Rheinland-Pfalz in der frühen Nachkriegszeit« der Universität Trier einzuschätzen, das für die Jahre 1945 bis 1965 die Generation des demokratischen Neuanfangs im Bundesland zwischen Ahrweiler und Zweibrücken in einer Datenbank mit rund 2500 Personeneinträgen zu Ratsherren und -frauen dokumentiert. Siehe hierzu: https://demko.uni-trier.de/ [24.03.2024].

zuletzt auch politikdidaktische – in die folgenden Ausführungen einbringen, um sie möglichst facettenreich zu präsentieren.[2]

## 2 Historische Entwicklung und Traditionen

Das heutige Bundesland Rheinland-Pfalz existiert seit 1946. Es entstand auf dem nördlichen Teil der französischen Besatzungszone und umfasste neben der Pfalz die damaligen Regierungsbezirke Trier, Koblenz, Mainz und Montabaur. 1947 wurden die Gemeinden durch Art. 49 der Verfassung für Rheinland-Pfalz unter eigener Verantwortung die ausschließlichen Träger der gesamten örtlichen öffentlichen Verwaltung. Durch das Selbstverwaltungsgesetz von 1948 wurde ein einheitliches demokratisches Gemeinderecht für das Bundesland geschaffen: Die Gemeindeordnung (GemO). Doch trotz dieses einheitlichen Kommunalverfassungsrechts bestanden regionale Besonderheiten – und bestehen gerade mit Blick auf die Pfalz teils bis heute.

Die damaligen Unterschiede betrafen vor allem die Frage von Haupt- und Ehrenamtlichkeit und beruhten auf den unterschiedlichen Traditionen des Kommunalrechts in Deutschland. So galt in den Regierungsbezirken Koblenz und Trier die sogenannte Rheinische Amtsverfassung mit hauptamtlichem Amtsbürgermeister sowie Verwaltung, wohingegen in den Landgemeinden der Bezirke Mainz und Montabaur die Ehrenamtlichkeit vorherrschte. In der Pfalz mischten sich Elemente aus beiden Formen mit hauptamtlichen »Gemeindesekretären« und ehrenamtlichen Bürgermeistern. Bis heute erhalten hat sich überdies auch der Bezirksverband Pfalz, ein Kommunalverband höherer Ordnung, der auf napoleonischem sowie bayerischem Recht beruht und der damit bis heute die da-

---

2 Eine andere, durchaus sinnvoll ergänzende Art der Präsentation hat die Friedrich-Ebert-Stiftung mit ihrer »Lernlandkarte zur Kommunalpolitik in Rheinland-Pfalz« vorgelegt. Online abrufbar unter https://www.fes.de/onlineakademie/interaktive-infografiken/lernlandkarte-rheinland-pfalz [24.03.2024].

malige Zugehörigkeit der Pfalz zu Bayern – das ebenfalls bis heute in Bezirke gegliedert ist – eindrücklich markiert. Seine Aufgaben u. a. in den Bereichen Kultur und Soziales/Gesundheit werden in den übrigen Landesteilen überwiegend vom Land wahrgenommen.

Doch weniger die Uneinheitlichkeit als vielmehr die Bedarfe, die durch die tiefgreifenden Veränderungen der Lebensverhältnisse (wirtschaftlicher Aufschwung, Industrialisierung, Strukturwandel, Massenmotorisierung, Technisierung etc.) spätestens in den 1960er-Jahren immer sichtbarer wurden, machten eine grundlegende Reform notwendig. Eine entscheidende Rolle spielte dabei vor allem die Größe der Gemeinden. Denn die kommunale Landschaft in Rheinland-Pfalz war von einer Vielzahl kleiner Gemeinden geprägt, die nicht (mehr) in der Lage waren, den veränderten Erfordernissen sowohl nach Einwohnerzahl als auch nach Finanz- und Verwaltungskraft nachzukommen.

Zwischen 1966 und 1974 wurde daher ein gewaltiges Reformvorhaben mit insgesamt 18 Landesgesetzen zur Verwaltungsvereinfachung umgesetzt. Diese zielten auf Funktionalreformen (Veränderung der Aufgabenverteilung), Verwaltungsstrukturreformen (Neugestaltung des Verwaltungsaufbaus) und schließlich auf eine kommunale Gebietsreform (Veränderung territorialer Zuschnitte). Die Zahl der Regierungsbezirke wurde von fünf auf drei und die Zahl der Landkreise von 39 auf 24 reduziert. Kernstück dieser Reform war die Bildung von Verbandsgemeinden, die neben und anstelle der Ortsgemeinden gesetzlich zugewiesene Selbstverwaltungsaufgaben der örtlichen Gemeinschaft wahrnehmen. Verbandsgemeinden waren lange eine rheinland-pfälzische Besonderheit; inzwischen kann es sie auch in Sachsen-Anhalt und Brandenburg geben. Die meisten anderen Flächenländer haben sogenannte Einheitsgemeinden gebildet, entweder durch Eingemeindungen oder durch Auflösung von Gemeinden und Neubildung in größerem Zuschnitt. Dort sind viele siedlungsstrukturell nach wie vor vorhandene Orte keine rechtlich selbstständigen Gemeinden mehr, sondern nur noch Ortsteile ohne eigenen Bürgermeister bzw. eigene Bürgermeisterin und Gemeinderat.

Anders in Rheinland-Pfalz: Durch die Bildung der Verbandsgemeinden konnten die meisten Gemeinden, auch kleine Dörfer, in ihrer rechtlichen Selbstständigkeit als Ortsgemeinden mit eigenem Gemeinderat und – ehrenamtlichen – Bürgermeisterinnen oder Bürgermeistern (Ortsbürgermeister) erhalten bleiben. So gibt es nach wie vor eine ganze Reihe von Ortsgemeinden, die weniger als 100 Einwohnerinnen und Einwohner haben. Eine Mindesteinwohnergröße ist gesetzlich nicht festgelegt. Im Zuge dieser Reform wurden außerdem die Zuständigkeiten im staatlichen und kommunalen Bereich neu geordnet.

Den nächsten großen Schritt stellte das Verwaltungsorganisationsreformgesetz dar, mit dem die staatliche Mittelinstanz neugestaltet wurde. Die zuletzt drei Bezirksregierungen Koblenz, Rheinhessen-Pfalz und Trier wurden zum Jahr 2000 aufgelöst und durch zwei Struktur- und Genehmigungsdirektionen sowie eine Aufsichts- und Dienstleistungsdirektion und ein Landesuntersuchungsamt ersetzt.

Derzeit befindet sich das Land in einer 2010 eingeleiteten Kommunal- und Verwaltungsreform, die Funktional- und Gebietsreformen miteinander verbindet. Dabei wurde nach einem umfassenden Beteiligungsprozess und mit wissenschaftlicher Beratung zunächst eine landesweite Gebietsreform auf der Ebene der Verbandsgemeinden und verbandsfreien Gemeinden durchgeführt, für die jeweils Einwohnermindestzahlen festgelegt wurden. Bislang ist die Zahl der Verbandsgemeinden von 163 auf 129 und die der verbandsfreien Gemeinden von 29 auf 21 verringert worden. Von einer weiteren Stufe des Reformprozesses werden voraussichtlich einige Landkreise und kreisfreie Städte betroffen sein.

Sämtliche Gebietsreformen in Rheinland-Pfalz haben bisher zu einer territorialen Ausdehnung und damit auch entsprechenden Erhöhung der Einwohnerzahl von Kommunen geführt. So befinden sich Prozesse von Gebietsänderungen immer im Spannungsfeld von der Leistungsfähigkeit einer Gebietskörperschaft einerseits und deren Rechtsnatur als Selbstverwaltungskörperschaft andererseits. Der zentrale Dreh- und Angelpunkt ist ein höchst menschlicher: Wie viel nachhaltiges politisches Ehrenamt und Engagement ist möglich, wie viel Nähe und Überschaubarkeit der Verhältnisse dafür nötig? Ein Blick auf die Kommunalstruktur von Rheinland-Pfalz soll die Rahmenbedingungen verdeutlichen, unter denen eine effiziente Verwaltung und sinnvoll geartete Beteiligungsmöglichkeiten stehen.

## 3 Kommunalstruktur

Auf einer Fläche von knapp 20 000 Quadratkilometern und mit rund vier Millionen Einwohnerinnen und Einwohnern liegt Rheinland-Pfalz deutschlandweit in Bezug auf die Bevölkerungsdichte nur knapp unter dem Durchschnitt. Ein durchschnittliches Bundesland? Mit Blick auf die kommunale Gliederung mitnichten. Denn mit mehr als 2300 Gemeinden liegt Rheinland-Pfalz hier ganz vorn. Rechnet man diese Zahlen dann wiederum mit den Einwohnerzahlen auf, kommt das Bundesland auf den niedrigsten Durchschnittswert von Einwohnerinnen und Einwohnern je Gemeinde, nämlich rund 1750. Im Vergleich dazu hat die Durchschnittsgemeinde im benachbarten Nordrhein-Westfalen über 40 000 Einwohnerinnen und Einwohner. Auch gibt es für den Status einer kreisfreien Stadt keine Mindesteinwohnerzahl, weshalb von den insgesamt zwölf kreisfreien Städten in Rheinland-Pfalz die meisten recht klein sind. Mit dem gut 34 000 Einwohnerinnen und Einwohnern zählenden Zweibrücken liegt hier auch die kleinste kreisfreie Stadt Deutschlands.

In den kreisfreien Städten sind die Kreis- und die Gemeindeebene zusammengeführt. Alle anderen kommunalen Körperschaften gliedern sich in die zwei genannten Ebenen ein. Zunächst sind die Landkreise zu nennen, von denen es in Rheinland-Pfalz heute noch 24 gibt. Sie sind ebenfalls verhältnismäßig klein. Auf der Ebene der kreisangehörigen Kommunen haben wir es mit vier unterschiedlichen Formen zu tun: Mit 129 Verbandsgemeinden, denen 2260 Ortsgemeinden angehören, ferner mit 21 verbandsfreien Städten bzw. Gemeinden und acht großen kreisangehörigen Städten. Im Folgenden soll deren Status jeweils über deren Aufgaben verdeutlicht werden.

Zunächst muss jedoch die Frage gestellt werden, welche Aufgaben von der kommunalen Ebene überhaupt übernommen werden müssen. Das rheinland-pfälzische Kommunalrecht geht von einer dualistischen Aufgabenstruktur aus. Dabei wird unterschieden zwischen Selbstverwaltungs- und Auftragsangelegenheiten. Die Selbstverwaltungsaufgaben, die im Grundgesetz und in der Landesverfassung auch als Angelegenheiten der örtlichen Gemeinschaft bezeichnet werden, lassen sich aufteilen in freiwillige (z. B. Schwimmbäder, Stadtbüchereien) und pflichtige, also gesetzlich vorgeschriebene (z. B. Wasserversorgung und Abwasserbeseitigung, Feuerwehr, Trägerschaft von Schulen). Darüber hinaus gibt es Auftragsangelegenheiten, also vom Land auf die Kommunen übertragene administrative Aufgaben (z. B. Standesamt, Einwohnermeldeamt, Straßenverkehrsrecht, Bauaufsicht).

Die kreisfreien Städte nehmen für ihr Gebiet neben den Aufgaben der Gemeinde grundsätzlich auch alle den Landkreisen übertragenen Aufgaben wahr (Selbstverwaltungs- und Auftragsangelegenheiten). Damit bündeln sich in den kreisfreien Städten alle kommunalen Aufgaben in einer einzigen Gebietskörperschaft. Die Zuständigkeit für die Auftragsangelegenheiten liegt beim Oberbürgermeister bzw. bei der Oberbürgermeisterin, der oder die – was die inhaltliche Erledigung der Aufgaben betrifft – insoweit dem unbeschränkten Weisungsrecht der zuständigen Fachaufsichtsbehörden des Landes untersteht.

Die großen kreisangehörigen Städte und Gemeinden nehmen eine Stellung zwischen den kreisfreien Städten und den verbandsfreien Gemeinden ein: Sie sind nicht nur verbandsfrei, sondern erledigen auch einige Aufgaben der Landkreise (überwiegend Auftragsangelegenheiten, z. B. die Bauaufsicht).

Die verbandsfreie Gemeinde ist nach der rheinland-pfälzischen Kommunalverfassung der Grundtypus der Gemeinde, auch wenn zurzeit nur 21 Städte und Gemeinden diesen Status haben. Verbandsfreie Gemeinden sind kreisangehörig, erfüllen also nur alle Aufgaben der Gemeindeebene (Selbstverwaltungs- und Auftragsangelegenheiten). Sie besitzen damit nicht die Zuständigkeiten, die die kreisfreien und großen kreisangehörigen Städte zusätzlich wahrzunehmen haben. Verbandsfreie Gemeinden verfügen – wie kreisfreie und große kreisangehörige Städte – über eine hauptamtliche Verwaltung.

Die weitaus überwiegende Zahl (2260) der rheinland-pfälzischen Gemeinden ist verbandsangehörig: Diese Gemeinden, die die Bezeichnung »Ortsgemeinden« führen (wobei auch für Ortsgemeinden die Bezeichnung »Stadt« möglich ist), gehören nicht nur einem Landkreis, sondern auch einer der insgesamt 129 hauptamtlich verwalteten Verbandsgemeinden an. Die Verbandsgemeinden selbst sind keine Gemeinden, sondern Gemeindeverbände. Die Ortsgemeinden weisen gegenüber den verbandsfreien Gemeinden im Wesentlichen folgende Besonderheiten auf: Sie verfügen –

neben dem Ortsgemeinderat (Stadtrat) – über eine ehrenamtliche Bürgermeisterin bzw. einen Bürgermeister (Orts- bzw. Stadtbürgermeister), haben jedoch kein hauptamtliches Verwaltungspersonal; ihre Verwaltungsgeschäfte werden in ihrem Namen und ihrem Auftrag von der Verbandsgemeindeverwaltung geführt. Ein Teil der gemeindlichen Selbstverwaltungsangelegenheiten ist auf die Verbandsgemeinden übertragen worden (z. B. die Flächennutzungsplanung, der Brandschutz, die Wasserversorgung und die Abwasserbeseitigung). Im Übrigen gilt jedoch auch für die Ortsgemeinden der Grundsatz der Allzuständigkeit, insbesondere das Recht, sich aller örtlichen Angelegenheiten anzunehmen, die nicht ausdrücklich anderen Stellen zugewiesen sind. In der Praxis liegen die Schwerpunkte vor allem in der baulichen Entwicklung, der Entscheidung über Herstellung und Ausbau der Ortsstraßen und der Wirtschaftswege, der Dorferneuerung, der Unterhaltung und Pflege der bestehenden Einrichtungen (z. B. Kindergärten, Spielplätze, Bürgerhäuser), der Gestaltung der Gemeinde als Kultur- und Lebensraum sowie dem Erlass von Satzungen, insbesondere auch von Bebauungsplänen. Sie verfügen über einen eigenen Haushalt. Auftragsangelegenheiten nehmen die Ortsgemeinden grundsätzlich nicht wahr, sondern deren zuständige Verbandsgemeindeverwaltung.

Charakteristisch für die Verbandsgemeinden ist, dass sie als Gebietskörperschaften neben und anstelle der Ortsgemeinden gesetzlich zugewiesene Selbstverwaltungsaufgaben der örtlichen Gemeinschaft wahrnehmen. Ferner können die Verbandsgemeinden weitere Selbstverwaltungsaufgaben der Ortsgemeinden übernehmen, soweit bestimmte Voraussetzungen (dringendes öffentliches Interesse, qualifizierte Zustimmung) vorliegen.

Die Landkreise sind ebenfalls Gemeindeverbände, im Aufbau des Kommunalsystems jedoch kommunale Gebietskörperschaften und Verwaltungseinheiten oberhalb der Gemeindeebene. Als Behörde des Landkreises nimmt die Kreisverwaltung Selbstverwaltungsaufgaben und Auftragsangelegenheiten wahr. Daneben ist die Kreisverwaltung für einen eng umgrenzten Aufgabenbereich (insbesondere Kommunalaufsicht über die kreisangehörigen Gemeinden und Verbandsgemeinden) auch staatliche Verwaltungsbehörde des Landes. Im Bereich der Selbstverwaltung können dies überörtliche, kreisgebietsbezogene Aufgaben sein, aber auch kommunale Aufgaben, die auf zulässige Weise auf die Landkreise »hochgezont« wurden.

## 4 Ehrenamt und Wahlen

Aus der dargestellten besonderen Kleinteiligkeit der Kommunalstruktur und damit der Vielzahl rechtlich selbstständiger Gemeinden folgt, dass bei den alle fünf Jahre stattfindenden Kommunalwahlen landesweit rund 35 200 Mandate in den kommunalen Volksvertretungen (Ortsbeiräten, Gemeinde- bzw. Stadträten, Verbandsgemeinderäten, Kreistagen sowie in der Pfalz dem Bezirkstag) zu vergeben sind.

In den größeren Kommunen, in denen die politischen Parteien eigene Ortsverbände bzw. -vereine gebildet haben, konkurrieren bei den Kommunalwahlen regelmäßig Parteien und Wählergruppen um die zu vergebenden Mandate (sogenannte Verhältniswahl). In den kleineren Gemeinden, insbesondere in vielen Dörfern, sind die politischen Parteien wegen der geringen Einwohner- und Mitgliederzahl zumeist nicht mit eigenen Gliederungen repräsentiert, sodass dort vielfach für die Wahl des Gemeinderats keine Verhältnis-, sondern eine reine Personenwahl (sogenannte Mehrheitswahl) stattfindet. So wurden bei den Kommunalwahlen des Jahres 2019 von den insgesamt zu besetzenden rund 35 200 Mandaten knapp 22 000 auf dem Wege der Verhältniswahl und rund 13 250 durch Mehrheitswahl vergeben. Bemerkenswert ist auch, dass bei den Verhältniswahlen landesweit Wählergruppen mehr Mandate erzielt haben als jeweils die »großen« politischen Parteien.[3]

Diese kommunalpolitische Struktur hat zur Folge, dass besonders in Rheinland-Pfalz den politischen Parteien in den kommunalen Vertretungen eine wesentlich geringere Bedeutung zukommt als auf Bundes- und

---

3 Wählergruppen 7317, CDU 6678, SPD 5341, GRÜNE 1446, sonstige 1155; Quelle: Landeswahlleiter Rheinland-Pfalz. Online abrufbar unter https://www.wahlen.rlp.de/kommunalwahlen/ergebnisse-1 [24.03.2024].

Landesebene. Auch sind feste Koalitionen von Parteien und Wählergruppen nicht dominant. Ohnehin eignen sich die meisten kommunalpolitischen Themen und von den Räten zu entscheidenden Fragen nicht für ideologische Auseinandersetzungen. Denn wie ein Neubaugebiet gestaltet, ob eine Gemeindestraße geteert oder gepflastert und mit welchem Aufwand ein Kinderspielplatz hergestellt werden soll, hat mit politischer Farbenlehre wenig bis gar nichts zu tun. So sind in Rheinland-Pfalz im kommunalen Bereich konkordanzdemokratische Elemente vorherrschend (Bogumil/Holtkamp 2023, 181 ff.). Kommunalpolitik ist damit im besten Sinne gelebte Provinzialität.

Mit diesem Befund geht einher, dass dem Ehrenamt in der Kommunalpolitik des Bundeslandes eine überragende Bedeutung zukommt. Dies belegt nicht nur die enorme Anzahl der Mandate in den kommunalen Vertretungsorganen, sondern auch die Vielzahl der ehrenamtlich tätigen Ortsbürgermeisterinnen und -meister sowie der Beigeordneten, die diese bei Bedarf zu vertreten haben. Das in der Gemeindeordnung strikt eingehaltene Prinzip der Ehrenamtlichkeit in den Ortsgemeinden führt vor allem in größeren Ortsgemeinden dazu, dass das sehr zeit- und arbeitsaufwändige Amt einer Ortsbürgermeisterin bzw. eines Ortsbürgermeisters mit einer hauptberuflichen Tätigkeit nur schwer in Einklang zu bringen ist. Regelmäßig sind nur wenige Personen zur Übernahme dieses Amts bereit, sodass es in manchen Orten über viele Jahre hinweg von immer derselben Person ausgeübt wird. Das kann zu kommunalpolitischen Verkrustungen führen. Und nicht selten ist es mit großen Schwierigkeiten verbunden, eine geeignete Person für die Nachfolge zu motivieren.

Da in Rheinland-Pfalz die Bürgermeisterinnen und -meister und Landrätinnen und -räte grundsätzlich direkt gewählt werden, sind auch in den größeren Kommunen bis hin zu den kreisfreien Städten und den Landkreisen Einfluss und Bedeutung der politischen Parteien eher gering. Vielfach zeigt sich, dass die Persönlichkeit der Kandidierenden für diese Spitzenämter für die Wahlberechtigten wichtiger ist als eine eventuelle Parteizugehörigkeit. Deshalb können sich die Amtsinhaberinnen bzw. -inhaber oftmals nicht auf eine feste politische Mehrheit in den Räten und Kreistagen stützen, sodass ihnen eine integrierende Rolle zukommt.

Sarah Scholl-Schneider und Hubert Stubenrauch

# 5 Beteiligungsmöglichkeiten außerhalb von Wahlen

Das Kommunalverfassungsrecht in Rheinland-Pfalz enthält – wie in anderen Bundesländern – eine Reihe bürgerschaftlicher Beteiligungsformen, die außerhalb von Wahlen eine Teilhabe der Bürgerinnen und Bürger an den kommunalpolitischen Entscheidungen sichern.

Mit einem Bürgerentscheid können die Wahlberechtigten anstelle des Gemeinderats in einer wichtigen Gemeindeangelegenheit eine verbindliche Sachentscheidung treffen. Der Bürgerentscheid wird ähnlich wie eine Wahl als »Volksabstimmung« durchgeführt und hat dieselbe Qualität wie ein Gemeinderatsbeschluss – allerdings mit der Besonderheit, dass der Gemeinderat einen Bürgerentscheid frühestens nach drei Jahren abändern kann. Ein Bürgerentscheid findet statt, wenn entweder der Gemeinderat seine Durchführung zu einer bestimmten Sachfrage beschließt und die Entscheidung damit in die Hände der abstimmungsberechtigten Bürgerinnen und Bürger legt. Oder die Initiative kommt von den Bürgerinnen und Bürgern selbst, wenn sie mit einem zulässigen Bürgerbegehren einen Bürgerentscheid verlangen. Dabei muss das Begehren je nach Größe der Kommune von einer Mindestzahl wahlberechtigter Bürgerinnen und Bürger unterzeichnet sein. Für die Stadt Mainz hatte ein Bürgerentscheid im Jahr 2018, der einen Stadtratsbeschluss zum Bau eines Museumsneubaus kippte (den sogenannten Bibelturm als Anbau des Gutenbergmuseums), Folgen über das konkrete Sachthema hinaus. Bemerkenswert waren nicht nur die breit geführte Debatte und die hohe Beteiligung am Bürgerentscheid (40 %, davon 77,3 % gegen den Bau). Der parteilose Initiator und Sprecher der Bürgerinitiative gegen den Bibelturm konnte überdies bei den Wahlen zum Oberbürgermeister 2023 auf sein Engagement und die damit verbundene Sichtbarkeit aufbauen und gewann die Wahl. In Mainz hatte seit 1949 durchgehend die SPD das Stadtoberhaupt gestellt.

Beim Einwohnerantrag handelt es sich um ein besonderes Antragsrecht der Einwohnerinnen und Einwohner mit dem Ziel, dass der Gemeinderat über eine bestimmte Angelegenheit der örtlichen Selbstverwaltung beraten und entscheiden muss. Auch wenn der Gemeinderat bei seiner Entscheidung nicht inhaltlich gebunden wird, kann durch einen von vielen Einwohnerinnen und Einwohnern unterzeichneten Einwohnerantrag eine erhebliche kommunalpolitische Kraft erzeugt werden. Zudem können an dieser Form der Mitwirkung nicht nur Bürgerinnen und Bürger teilhaben, sondern alle Einwohnerinnen und Einwohner, die das 14. Lebensjahr vollendet haben, mithin auch Jugendliche und Personen mit einer anderen Staatsangehörigkeit. Ein zulässiger Einwohnerantrag darf nicht dadurch unterlaufen werden, dass zu seinem Gegenstand vor einer Beschlussfassung des Gemeinderats vollendete Tatsachen geschaffen werden.[4]

Die Einwohnerversammlung dient der Unterrichtung der Einwohnerinnen und Einwohner über wichtige Gemeindeangelegenheiten. Außerdem kann der Gemeinderat bei seinen öffentlichen Sitzungen den Einwohnerinnen und Einwohnern Gelegenheit geben, Fragen aus dem Bereich der örtlichen Verwaltung zu stellen oder Anregungen und Vorschläge zu unterbreiten. Mit der Einwohnerfragestunde ist den Einwohnerinnen und Einwohnern im verstärkten Maße die Möglichkeit zur Information und laufenden Beteiligung am gemeindlichen Willensbildungsprozess eröffnet.

Über das kommunale Petitionsrecht besitzt auch auf kommunaler Ebene jeder das Recht, sich einzeln oder in Gemeinschaft schriftlich mit Anregungen oder Beschwerden aus dem Bereich der örtlichen Verwaltung an den Gemeinderat zu wenden.

Die amtliche Einwohnerbefragung schließlich ist in der rheinland-pfälzischen Kommunalverfassung nicht ausdrücklich geregelt. Sie hat sich als – grundsätzlich zulässige – Beteiligungsform in der kommunalen Praxis herausgebildet. Die gemeindlichen Organe werden – anders als bei einem Bürgerentscheid – durch das Ergebnis der amtlichen Einwohnerbefragung, die ein momentanes Stimmungsbild der Einwohnerinnen und Einwohner zu einer Gemeindeangelegenheit wiedergibt, nicht gebunden.

---

4 Vgl. hierzu den Fall »Trierer Platanen«, Beschluss des OVG Rhl.-Pf. vom 01.12.1994, NVwZ 1995, 411. Der Stadt wurde im Wege einer einstweiligen Anordnung die Fällung von Bäumen untersagt, bis der Stadtrat über einen Einwohnerantrag beschließt, mit dem deren Erhaltung begehrt wurde.

# 6 Krisen, Umbrüche, Chancen

Von den 100 am höchsten verschuldeten Landkreisen und kreisfreien Städten Deutschlands liegt etwa ein Drittel in Rheinland-Pfalz, darunter auch die Schlusslichter im bundesweiten Schuldenranking: die Stadt Pirmasens und der Landkreis Kusel in der Westpfalz. Im Landkreis Ahrweiler ist im Jahr der Flutkatastrophe 2021 die Pro-Kopf-Verschuldung von 192 Euro im Jahr 2020 auf 507 Euro drastisch gestiegen. Die vielerorts unzulängliche Finanzausstattung ist für die kommunalpolitische Arbeit extrem demotivierend. Deshalb sind in der Ortsgemeinde Freisbach im Landkreis Germersheim im Jahr 2023 aus Protest gegen eine nicht lösbare Haushaltsmisere der gesamte Gemeinderat und der Ortsbürgermeister zurückgetreten. Immer wieder kommt es auch zu Verfassungsbeschwerden, die Kommunen wegen unzureichender Finanzausstattung gegen das Land erheben.

Eine strukturell weit über dieses Problem hinausgehende Herausforderung stellt das kontinuierlich nachlassende kommunalpolitische Engagement dar. Bislang war die extreme Kleinteiligkeit der rheinland-pfälzischen Kommunalstruktur der beste Garant dafür, dass sich viele Bürgerinnen und Bürger in den kommunalen Vertretungen für die Belange der örtlichen Gemeinschaft eingesetzt haben. Der enge Bezug der Mandatsträgerinnen und -trägern zu den Bedürfnissen der Bevölkerung, die informelle Rückkopplung mit den Einwohnerinnen und Einwohnern und daraus folgend die zumeist breite Akzeptanz kommunaler Entscheidungen in der Bevölkerung sind unschätzbare Vorteile dieses Systems. Auch die Wahlbeteiligung ist in kleinen Gemeinden durchschnittlich höher, was großes Potenzial für ein Bundesland mit vielen kleinen Gemeinden darstellt. Leider verstärkt sich jedoch auch in Rheinland-Pfalz die seit Jahren bundesweit festzustellende Entwicklung, dass sich die nachwachsende Generation nicht mehr in gleichem Maße in formelle Strukturen des gesellschaftlichen Miteinanders einbringt (insbesondere Vereine, Parteien, kommunale Gremien), sondern eher themen- und situationsbezogen und damit häufig nur temporär agieren will. Deshalb fällt es den politischen Parteien und Wählergruppen immer schwerer, jüngere Menschen nicht nur als Mitglieder, sondern auch und gerade für eine Kandidatur zu den kommunalen Volksvertretungen zu gewinnen. Diesem Trend zuträglich ist zudem eine besorgniserregende Zunahme von Gewalttaten, Hassreden und Bedrohungen gegenüber Kommunalpolitikerinnen und -politikern sowie Angehörigen der »Blaulichtfamilie«, nicht zuletzt im digitalen Raum. Aus dem Kommunalen Monitoring des Bundeskriminalamtes geht hervor, dass 35 Prozent der Befragten in Rheinland-Pfalz bereits Anfeindungen in Form von Hasspostings oder tätlichen Übergriffen erlebt haben. In den inzwischen dazu bewusst eingeräumten Debattenräumen, z. B. dem Format der »Argumentationstrainings gegen Stammtischparolen für kommunalpolitische Aktive«,[5] wird immer wieder auch deutlich, dass Männer und Frauen auf unterschiedliche Art betroffen sind. Es wird in Zukunft nicht nur die politische Bildung gefordert sein, diesen Entwicklungen entgegenzuwirken.

In diesem kurzen Abriss der Kommunalpolitik in Rheinland-Pfalz sind lauter Superlative zur Sprache gekommen: das Bundesland mit den meisten kleinen Gemeinden – unter anderem der allerkleinsten! –, mit der kleinsten kreisfreien Stadt Deutschlands, mit den höchst verschuldeten Städten und so weiter. Hier ist wenig Durchschnitt zu spüren, sondern Besonderheiten springen ins Auge. Nur sind das allesamt Fakten, die über das Bundesland hinaus keine große Wirkung entfalten.

Ein kommunaler Akteur aus Rheinland-Pfalz hatte über Jahrzehnte hingegen viel Einfluss, und zwar die verbandsfreie Gemeinde Haßloch in der Pfalz als die »durchschnittlichste Kommune« Deutschlands. Seien es Miete, Gehalt oder eben Konsum, Haßloch war so perfekt durchschnittlich, dass dort Marktforschung betrieben wurde: 35 Jahre lang hat ein Marktforschungsinstitut dort das Kaufverhalten von rund 2500 Privathaushalten erfasst. Die 21 000 Haßlocherinnen und Haßlocher beeinflussten somit, was für über 80 Millionen Einwohnerinnen und Einwohner Deutschlands in den Regalen landen würde. Ob es im Haßlocher Gemeinderat ebenso durchschnittlich zugeht wie in seinen Haushalten? Darüber kann man sich bei Interesse an Kommunalpolitik wie überall im Bundesland nicht nur über öffentliche Sitzungen, sondern auch über transparente Dokumentationen und Berichterstattungen ein Bild machen.

---

5 Für weitere Informationen zu diesem Format der LpB Rheinland-Pfalz siehe https://s.rlp.de/7EeEM [24.03.2024].

Dazu braucht es nur eines: des eingangs zitierten »lebhaften Interesses an den Geschäften«.

## Literaturhinweise

Bogumil, Jörg/Holtkamp, Lars (2023): Kommunalpolitik und Kommunalverwaltung. Eine praxisorientierte Einführung. Bonn (Bundeszentrale für politische Bildung).

Gemeinde- und Städtebund, Landkreistag und Städtetag Rheinland-Pfalz (2024): Kommunalbrevier Rheinland-Pfalz. Mainz (Eigenverlag).

Höhlein, Burkhard/Manns, Winfried/Psczolla, Agneta/Stubenrauch, Hubert (2017): Handbuch der Gemeinderatssitzung. Mainz (Gemeinde- und Städtebund Rheinland-Pfalz).

Stubenrauch, Hubert (2022): Kommunalrecht Rheinland-Pfalz. Baden-Baden (Nomos Verlag).

# Saarland

*Jürgen Wohlfarth*

## 1 Rahmenbedingungen und Verwaltungsstrukturen im Überblick

Seit der Rückgliederung des Saargebietes an das Deutsche Reich galt dort seit dem 1. März 1935 die Deutsche Gemeindeordnung. Nach dem Ende des Zweiten Weltkrieges gab es eine erste rechtliche Regelung in einer Verordnung der Militärregierung vom 5. August 1946 über Gemeindewahlen im Saarland. Diese fanden drei Wochen später statt. Eine eingerichtete Verwaltungskommission hob die zunächst fortgeltende Deutsche Gemeindeordnung zum 21. Februar 1947 auf. Ein am französischen *Code des Communes* orientiertes Übergangsrecht endete am 10. Juli 1951. Der Saarländische Landtag beschloss eine an westlichen Vorbildern orientierte Gemeindeordnung. Das heutige Kommunalselbstverwaltungsgesetz in seiner Grundfassung ist nach vierjähriger Beratung am 15. Januar 1964 in Kraft gesetzt worden. Eine bundesweit einmalige Besonderheit war die Zusammenfassung der Gemeinde-, Amts- und Kreisordnung in einem Gesetzeswerk.

1970 gab der Landtag den Auftrag zu einer grundlegenden Gebiets- und Verwaltungsreform mit dem Ziel, größere und vor allem leistungsfähigere Verwaltungseinheiten zu schaffen. Das resultierende Gesetz zur Neugliederung der Gemeinden und Landkreise des Saarlandes vom 19. Dezember 1973 löste fast alle seinerzeit bestehenden Gemeinden auf (341 von 345) und bildete fünfzig neu. Die Anzahl der Landkreise verringerte sich von sieben auf fünf. Daneben entstand als kreisähnliches Konstrukt eigener Art der Stadtverband Saarbrücken. Die Neugliederung wurde vor allem von folgenden konzeptionellen Elementen getragen:

- Landkreise mit ca. acht bis 15 Gemeinden und einer Regeleinwohnerzahl von 150 000;
- Gemeinden mit mindestens 8000 Einwohnern in ländlichen und 15 000 Einwohnern in Ballungsgebieten;
- wenigstens zwanzig hauptamtlich Beschäftigte bei einer Verwaltung;
- Entfernung zwischen Ortsrand und Verwaltungssitz ca. zehn Kilometer.

Saarbrücken ist die einzige Großstadt und Landeshauptstadt. Mittelstädte mit besonderen Zuständigkeiten in der Auftragsverwaltung sind St. Ingbert und Völklingen. Kreisfreie Städte gibt es nicht. Gegenwärtig sind fünf Landkreise eingerichtet. Die Landkreise erfüllen im Kreisgebiet überregionale freiwillige und pflichtige Selbstverwaltungsaufgaben. Dazu gehören u. a. Bau und Unterhaltung der Kreisstraßen, Sicherstellung des ÖPNV, weiterführende Schulträgerschaften und Erwachsenenbildung. Der Schwerpunkt pflichtiger Aufgaben liegt in der Schul-, Sozial- und Jugendverwaltung. Weisungsgebundene Auftragsangelegenheiten betreffen u. a. den Brand- und Katastrophenschutz, Gesundheitsdienst, Infektionsschutz und einige staatliche Aufgaben anstelle der kreisangehörigen Gemeinden wie z. B. die Bauaufsicht. Von der jeweiligen Aufgabenkategorie hängen die internen Erledigungskompetenzen ab: Selbstverwaltungsaufgaben entscheiden je nach Bedeutung und finanzieller Auswirkung der Kreistag, der Kreisausschuss oder der Landrat. Die Auftragsverwaltung liegt immer in der Hand des Landrates und seiner Verwaltung ohne Gremienbeteiligung.

Die im Jahr 2007 breit diskutierten und mit Gutachten unterlegten Überlegungen zu einer Funktionalreform mit Wirkung auf den Zuschnitt der Gemeindeverbände waren politisch nicht durchsetzbar. Das am 1. Januar 2008 in Kraft getretene Verwaltungsstrukturreformgesetz erbrachte im Wesentlichen Hochzonungen staatlicher Aufgaben auf Stellen des Landes sowie eine Umfirmierung des früheren Stadtverbandes Saarbrücken in Regionalverband. Dieser ist Gemeindeverband und Gebietskörperschaft mit landkreisähnlichen Merkmalen in Organisation und Aufgabenstellung. Er dient der funktionsgerechten Ordnung des Stadtumlandbereiches im Großraum Saarbrücken. Der Regionalverband hat die Befugnisse eines Planungsverbandes nach § 205 Abs. 6 Baugesetzbuch. Innerorganisatorisch entscheidet ein Kooperationsrat über die Flächennutzungs- und Landschaftsplanung. Hinzu treten einzelne Aufgaben in den Feldern des ÖPNV, der Freizeit, Erholung und des Sports. Der Kooperationsrat besteht aus den ihrer Vertretungskörperschaft weisungsgebundenen Bürgermeistern sowie weiteren Vertretern der regionalverbandsangehörigen Kommunen bei abgestufter Stimmkraft.

Seit dem 1. Januar 2008 nimmt ein neugebildetes Landesverwaltungsamt die Aufgaben der Kommunalaufsicht über die Gebietskörperschaften wahr. Oberste Kommunalaufsicht ist das Ministerium für Inneres, Bauen und Sport.

# 2 Aufgabenwahrnehmung in den Gemeinden

Die Aufgaben der saarländischen Gemeinden sind durch das Nebeneinander von originären Selbstverwaltungsangelegenheiten und übertragenen staatlichen (Fremdverwaltungs-)Aufgaben charakterisiert. Im Selbstverwaltungsbereich erfasst die sogenannte Verbandskompetenz der Gemeinden alle Angelegenheiten der örtlichen Gemeinschaft. Nach Maßgabe des Kommunalselbstverwaltungsgesetzes sind für die Erledigung von Selbstverwaltungsangelegenheiten – im Einzelfall jeweils ausschließlich – entweder der Gemeinderat, der Orts- bzw. Bezirksrat oder der Bürgermeister zuständig.

Bei den Fremdverwaltungsangelegenheiten handelt es sich um Aufgaben des Bundes oder des Saarlandes. Sie werden auf kommunaler Ebene bürgernah miterledigt. Die Übertragung solcher Auftragsangelegenheiten steht unter Gesetzesvorbehalt mit einer Kostentragungspflicht des Saarlandes. Die den Gemeinden und Gemeindeverbänden überantwortete Durchführungshoheit hat erhebliche Auswirkungen. Circa zwei Drittel aller hoheitlichen Aufgaben sind aus der Perspektive der Gemeinden und Landkreise Fremdverwaltungsangelegenheiten. Sie beanspruchen etwa drei Viertel ihrer Verwaltungskraft.

Die Bedrohung kommunaler Handlungsfähigkeit durch Unterfinanzierung und die Folge extremer Liquiditätskredite in Höhe von ca. zwei Milliarden Euro waren im Jahr 2019 der Grund für ein Saarlandpaktgesetz. Von dieser Schuldenlast trägt das Saarland die Hälfte. Die übernommenen Kredite der am Pakt teilnehmenden Gemeinden und Gemeindeverbände sollen innerhalb von 45 Jahren getilgt werden.

Nach den gesetzlich festgelegten Zuständigkeiten in der Auftragsverwaltung ist immer die Gemeinde als Gebietskörperschaft ausführungsverpflichtet. Im Außenverhältnis wird allein der Bürgermeister tätig. Dies bedeutet, dass die kommunalen Gremien keine Befassungs- und Entscheidungsrechte haben. Im Fremdverwaltungsbereich haben die zuständigen Behörden des Saarlandes Weisungsbefugnisse gegenüber den Gemeinden und Gemeindeverbänden. Auch wenn solche Rechte sehr selten beansprucht werden, ist dies ein wichtiger Unterschied zu den Autonomieprinzipien des Selbstverwaltungsrechtes.

## 3 Interkommunale und grenzüberschreitende Zusammenarbeit

Bei den Aufgaben der Abfallentsorgung und überörtlichen Entwässerung ist das Saarland nicht den Weg einer Hochzonung auf die Gemeindeverbände gegangen. Schon 1980 hat der saarländische Gesetzgeber alle Gemeinden zur Hausabfallentsorgung in einem Zwangszweckverband zusammengeschlossen, dem Kommunalen Abfallentsorgungsverband Saar (KABV). Allerdings sind einige Restzuständigkeiten bei den einzelnen Gemeinden verblieben. Dazu gehört das Einrichten und Betreiben von Deponien für Erdaushub und Bauschutt. Die Gemeinden müssen auch Einrichtungen zur Kompostierung von Grünschnitt und vergleichbaren

Materialien vorhalten. Rechtswidrig abgelagerte Abfälle haben sie zu entsorgen. Für den Zweckverband setzen sie die Abfallentsorgungsgebühren fest und führen sie an den Verband ab. Schließlich müssen sie auch Abfallberater bestellen. Die früheren Gemeinden mit eigenem Fuhrpark stellen diesen dem Verband zur Verfügung.

Die Pflicht zur Beseitigung des Abwassers ist auf Gemeinden und einen Abwasserzweckverband aufgeteilt. Bei dieser Pflichtenverteilung ist es Sache der Gemeinden, das auf ihrem Gebiet anfallende Abwasser zu sammeln und den Anlagen des Verbandes zuzuführen. Bau, Betrieb und Unterhaltung der Hauptsammler und Klärwerke fallen in den Verantwortungsbereich des Abwasserverbandes. Öffentlich geführte Debatten über Standortnachteile aufgrund zu hoher Abgaben begünstigten den im Detail umstrittenen Schritt des Saarländischen Landtages zur Zusammenlegung von Abfallentsorgungs- und Abwasserverband zu einem Entsorgungsverband (EVS) mit Wirkung vom 1. Januar 1998. Mittlerweile haben die Verbandsmitglieder eine Austrittsmöglichkeit, also die Option, diese Aufgaben wieder selbst zu erledigen. Die strukturelle Finanzschwäche der saarländischen Gemeinden hat die freiwillige kommunale Gemeinschaftsarbeit herausgefordert und beflügelt. Hauptsächliche Themenfelder sind Kooperationen bei Kultureinrichtungen, der Wassergewinnung, Energieversorgung, Datenverarbeitung und dem öffentlichen Personennahverkehr.

Im Westen und Süden fällt die Landesgrenze des Saarlandes mit der Staatsgrenze der Bundesrepublik Deutschland zu Luxemburg und Frankreich zusammen. In der Vergangenheit war die grenzüberschreitende Zusammenarbeit vor allem durch Treu und Glauben und nicht durch ausgeklügelte Regelungswerke bestimmt. Nach Änderung der Landesverfassung und Anpassung des Gemeinderechtes im Jahr 1992 sind grenzüberschreitende Beziehungen zwischen benachbarten Gebietskörperschaften jetzt ausdrücklich zulässig und werden vom Land unterstützt. Auf französischer Seite gilt Entsprechendes nach dem »Loi Joxe/Marchand«. Die weitere Grundlage für hoheitliche Kooperationsformen liefert seit 1996 das »Karlsruher Übereinkommen«, ein Staatsvertrag zwischen Frankreich, der Bundesrepublik Deutschland, dem Großherzogtum Luxemburg und der Schweiz. Seit langer Zeit besteht ein grenzüberschreitender Bus- und Straßenbahnverkehr.

»QuattroPole« ist eine Plattform zur Verbindung der Großregion Saar-Lor-Lux. Träger dieses interregionalen Netzwerkes sind die Städte Saarbrücken, Metz, Trier und Luxemburg. Im November 1997 haben zudem 22 französische und zehn saarländische Gemeinden einen privatrechtlichen Verein »Zukunft SaarMoselle Avenir« gegründet. Der Vereinszweck besteht in der Bearbeitung von Projekten und Initiativen auf den Gebieten Wirtschaft, Infrastruktur, Tourismus, Kultur, Bildung, Umweltschutz und kommunale Planung. Städtepartnerschaften sind nicht auf europäische Regionen beschränkt. Traditionell bestehen sie vielfältig mit französischen Gemeinden.

## 4 Bürgermeister bzw. Bürgermeisterinnen und Beigeordnete

Neben dem Gemeinderat ist der Bürgermeister das andere Organ der dualistischen saarländischen Bürgermeisterverfassung. Das Kommunalselbstverwaltungsgesetz hat den beiden Organen Rat und Bürgermeister voneinander abgegrenzte Aufgaben zugewiesen. Die Zuständigkeit des einen Organs schließt eine konkurrierende Zuständigkeit des anderen Organs also aus. Beide Organe stehen sich rechtlich gleichgewichtig gegenüber. Durch Direktwahl werden beide Organe personalisiert. Sie haben damit die gleiche demokratische Legitimation. Das vom Gesetzgeber gewollte Prinzip der strikten Funktionstrennung schließt theoretisch Kompetenzkonflikte aus. Treten sie dennoch auf, müssen sie über die Kommunalaufsicht oder ein Kommunalverfassungsstreitverfahren geklärt werden. Der Gemeinderat hat im Saarland keine Allzuständigkeit und in Bürgermeisterangelegenheiten kein Kontroll- und Auskunftsrecht.

Vom Status des öffentlichen Dienstrechtes sind Bürgermeisterinnen und Bürgermeister Beamte auf Zeit. In Städten mit mehr als 30 000 Einwohnern führen sie die Amtsbezeichnung Oberbürgermeister. Durch Direktwahl der Bürgerinnen und Bürger einschließlich der Unionsbürgerinnen und -bürger werden sie für die Dauer von zehn Jahren gewählt. Formales Eignungsmerkmal ist zunächst eine grundsätzliche Wählbarkeit. Es müssen vorliegen: die deutsche Staatsangehörigkeit bzw. die Unionsbürgerschaft, die Vollendung des 25. Lebensjahres am Tag der Wahl, die Wählbarkeit zum Deutschen Bundestag oder zum Europäischen Parlament und die Gewähr für ein jederzeitiges Eintreten zugunsten der freiheitlichen demokratischen Grundordnung im Sinne des Grundgesetzes. Wählbarkeitshindernis ist die Vollendung des 65. Lebensjahres am Tag des Beginns der Amtszeit. Bei Gemeinden mit bis zu 20 000 Einwohnern schweigt das Gesetz zu Eignungsmerkmalen im Einzelnen. In Gemeinden mit mehr als 20 000 Einwohnern muss der Bürgermeister oder die Bürgermeisterin – ersatzweise ein hauptamtlicher Beigeordneter oder ein anderer leitender Beamter der Gemeinde – die Befähigung zum höheren Verwaltungsdienst oder zum Richteramt besitzen. Er oder sie kann voraussetzungs- und begründungslos durch die Wahlberechtigten abgewählt werden. Die Hürden des vom Rat einzuleitenden Abwahlverfahrens sind hoch und formalistisch. Auch deshalb können Bürgermeisterinnen und Bürgermeister neuerdings mit Zustimmung von zwei Dritteln der Ratsmitglieder wegen eines Vertrauensverlustes ihre Versetzung in den Ruhestand beantragen.

Der Bürgermeister führt den Vorsitz im Gemeinderat und seinen Ausschüssen, hat allerdings kein Stimmrecht. In den Ausschüssen für Finanz- und Personalangelegenheiten gibt es die Möglichkeit, den Vorsitz an einen für diesen Sachbereich eingesetzten hauptamtlichen Beigeordneten zu delegieren.

Als Organ ist er auch gesetzlicher Vertreter der Gemeinde. Interessanterweise nimmt das Kommunalselbstverwaltungsgesetz von den Repräsentationserfordernissen eines Bürgermeisters oder einer Bürgermeisterin keine Notiz. Gleichwohl ist die Außendarstellung der Gemeinde eine gesellschaftlich wichtige und vom Arbeitsaufwand intensive Tätigkeit.

Mit dem Amt des Bürgermeisters geht die Leitung der Verwaltung einher. Zur Leitungsbefugnis gehört unverzichtbar das Recht, die Verwaltung zu organisieren, die Geschäfte zu verteilen und die Bediensteten auf den verschiedenen Dienstposten einzusetzen. Organisatorische Handlungsmittel dabei sind Aufgabengliederungs- und Geschäftsverteilungsplan. Zur Steuerung des Verwaltungsablaufes erlässt der Bürgermeister bzw. die Bürgermeisterin allgemeine Dienstanweisungen sowie Einzelanordnungen. Die Aufbauorganisation in den saarländischen Gemeinden gliedert sich in die Sparten: Allgemeine Verwaltung, Finanzverwaltung, Rechts- und Ordnungsverwaltung, Schul- und Kulturverwaltung, Sozial- und Gesundheitsverwaltung, Bauverwaltung, Öffentliche Einrichtungen, Wirtschaft und Verkehr. Ein Dezernat gliedert sich in Fachämter, zu denen wiederum verschiedene Abteilungen und Sachgebiete gehören. In der saarländischen Bürgermeisterverfassung läuft jeder Kontakt zwischen Organisationseinheit und Gremien über den Bürgermeister bzw. die Bürgermeisterin und umgekehrt. Dies fordert die sogenannte Mediatstellung des Bürgermeisteramtes.

Der Bürgermeister beruft qua Amt den Gemeinderat und seine Ausschüsse ein und setzt die Tagesordnung fest. Dazu fertigt er oder sie Vorlagen mit Beschlussvorschlägen und Sachdarstellungen. Der Bürgermeister bzw. die Bürgermeisterin hat aber nicht nur die Beschlüsse des Rates und der Ausschüsse vorzubereiten. Er oder sie muss anschließend auch die getroffenen Entscheidungen ausführen. Dabei hat er oder sie ein formelles und materielles Prüfungsrecht. Rechtswidrigen Entscheidungen muss unverzüglich widersprochen werden. Im Zweifel hat er oder sie die Kommunalaufsicht anzurufen.

Die Bürgermeister und Bürgermeisterinnen sind alleinige Akteure im Fremdverwaltungsbereich. Befassungs- und Entscheidungsrechte der kommunalen Gremien bestehen nicht. Im Selbstverwaltungsbereich bearbeiten sie mit ihrem Apparat die ihnen durch den Rat oder einen Ausschuss übertragenen Selbstverwaltungsangelegenheiten. Solche Geschäfte lassen sich nicht zahlenmäßig oder katalogisiert umschreiben. Sie hängen von der Größe, Verwaltungs- und Finanzkraft der Gemeinde ab: Die Angelegenheit darf nicht von grundsätzlicher Bedeutung für die Gemeinde oder von größerer Tragweite für den Gemeindehaushalt sein. Sie muss mit einiger Regelmäßigkeit wiederkehrend vorkommen. Der Bürgermeister bzw. die Bürgermeisterin hat auch in Ratsangelegenheiten unter engen Voraussetzungen ein Eilentscheidungsrecht. In Gemeindeunternehmen, Zweckverbänden u. Ä. ist er oder sie für die Gemeinde automatisch Mitglied.

Die Beigeordneten einer Gemeinde vertreten den Bürgermeister bzw. die Bürgermeisterin, sollte er oder sie verhindert sein, und leisten einen

Beitrag zur arbeitsteiligen Verwaltung. Sie sind entweder ehren- oder hauptamtlich tätig. Die ehrenamtlichen Beigeordneten werden bei seiner Konstituierung aus der Mitte des Gemeinderates gewählt. Die hauptamtlichen Beigeordneten sind dem Status des Bürgermeisters stark angeglichen. Auch sie sind Beamte auf Zeit für die Dauer von zehn Jahren. Auf dem Papier werden sie nach dem Grundsatz der Bestenauslese vom Gemeinderat gewählt. Tatsächlich stehen sie im Grenzbereich zwischen Beamten- und Kommunalverfassungsrecht und damit auch im Schnittpunkt politischer Willensbildung und fachlicher Verwaltung. Das Gesetz fordert mindestens die Befähigung für den gehobenen Dienst in der allgemeinen Verwaltung bzw. eine vergleichbare Qualifikation. Im Zusammenwirken zwischen Bürgermeister und Rat werden üblicherweise sowohl ehren- als auch hauptamtlichen Beigeordneten bestimmte Geschäftszweige zur Erledigung übertragen. Allerdings geschieht dies im Saarland nicht weisungsfest. Die Beigeordneten bleiben an Dienstanweisungen und Einzelanordnungen des Bürgermeisters gebunden. Der Erste Beigeordnete ist tatsächlicher und rechtlicher Verhinderungsvertreter des Bürgermeisters. Er oder sie übernimmt bei Abwesenheit des Bürgermeisters *in toto* dessen gesamte Funktion. Dies unterscheidet ihn bzw. sie von den übrigen Beigeordneten, auf die eine Vertretungsbefugnis nur in der vom Rat festgesetzten Reihenfolge entfallen kann.

# 5  Der Gemeinderat

Wie in anderen Bundesländern auch besteht der Gemeinderat im Saarland aus den durch Urwahl hervorgegangenen ehrenamtlichen Mitgliedern. Wahlberechtigt sind Deutsche und Unionsbürgerinnen und -bürger, die am Wahltag das 18. Lebensjahr vollendet haben und seit mindestens drei Monaten in der Gemeinde wohnen. Bei der Wählbarkeit beträgt das Erfordernis des Wohnens in der Gemeinde sechs Monate. Die Anzahl der Ratsmitglieder ergibt sich aus der Größe der Gemeinde. Sie reicht von 27 bis 63 Personen. Durch Satzung kann die Zahl auf die nächstniedrige

Gemeindegrößenklasse abgesenkt werden. Die Amtszeit des Rates, der kein Parlament, sondern Verwaltungsorgan ist, beträgt fünf Jahre. Die prinzipielle Unentgeltlichkeit der ehrenamtlichen Tätigkeit führt nur zu einem geringfügigen Kostenerstattungsanspruch zugunsten der Ratsmitglieder. Darunter fallen eine pauschalierte Aufwandsentschädigung, der nachgewiesene Verdienstausfall für die Teilnahme an Sitzungen und Sitzungsgelder. Das Kommunalselbstverwaltungsgesetz garantiert den Ratsmitgliedern das Teilnahmerecht an Sitzungen, das Rederecht, Antrags- und Stimmrecht. Diese Mitwirkungsansprüche sind einklagbar. Die Gruppenarbeit im Gemeinderat und seinen Ausschüssen wird von Fraktionen geleistet, die faktisch meist Fraktionsdisziplin beanspruchen. Leider ist das Recht der Ratsfraktionen im Gemeinderat bisher vom Gesetzgeber nicht näher definiert worden. Eine Fraktion muss aus mindestens zwei Mitgliedern bestehen. Die Fraktionsarbeit finanziert sich aus gemeindlichen Zuwendungen, über die der Gemeinderat im Haushaltsplan selbst befindet. Auch wenn die Fraktionen rechtlich Teilorgane des Rates sind, verstehen sie sich politisch eher als Gliederungen ihrer Partei. Im Saarland dominieren die Traditionsparteien das Geschehen in den Räten. Nur vereinzelt ist es bisher zu tatsächlich frei handelnden Wählervereinigungen gekommen.

Die Erledigung der Selbstverwaltungsangelegenheiten verteilt die dualistische saarländische Bürgermeisterverfassung, wie bereits oben gesagt, auf die gleichgewichtigen Organe Gemeinderat und Bürgermeister. Für die Kompetenzabgrenzung gilt: Wenn die Angelegenheit nicht dem Bürgermeister unentziehbar zugewiesen ist (Leitung der Verwaltung; Geschäft laufender Verwaltung; staatliche Auftragsangelegenheit), kann der Rat durch Beschluss selbst entscheiden. Er darf aber auch per Geschäftsordnung, Satzung oder Einzelakt (Beschluss) an den Bürgermeister, einen Fachausschuss, Orts- bzw. Bezirksrat delegieren. Allerdings sind einige Aufgaben prinzipiell nicht delegationsfähig. Zu dem Katalog der Vorbehaltsaufgaben gehören 29 Regelungspunkte wie z. B. Satzungserlass, Errichtung von öffentlichen Einrichtungen und wirtschaftlichen Unternehmen.

Die hauptsächliche Sacharbeit in Ratsangelegenheiten erfolgt in den Ausschüssen. Der Gemeinderat darf aus seiner Mitte vorberatende und mit Ausnahme der Vorbehaltsaufgaben auch beschließende Ausschüsse bilden.

Beschließende Ausschüsse tagen öffentlich, vorbereitende Ausschüsse sind dagegen immer nichtöffentlich. Anzahl der Ausschüsse und Mitglieder legt der Rat durch Beschluss oder Geschäftsordnung für eine Wahlperiode fest. Ein Ratsausschuss ist ein verkleinertes Abbild des Rates. Eine Zuwahl von sachkundigen Einwohnern und Einwohnerinnen ist im Saarland nicht vorgesehen. Nur im Rahmen seiner Innenkompetenz gesteht das Gesetz dem Gemeinderat gegenüber dem Bürgermeister einen Kontroll- und Auskunftsanspruch zu. Vergleichbares gilt für Entscheidungen der Orts- bzw. Bezirksräte. In Geschäften laufender Verwaltung sowie bei Fremdverwaltungsangelegenheiten setzt sich dagegen die Autonomie des Bürgermeisters durch.

# 6 Orts- und Bezirksratsverfassung

In den Ländern sind Anfang der 1970er-Jahre zur Förderung der Eigenheit, zur bürgernahen Gestaltung von Ortspolitik, aber auch zum weiteren Abbau von Verwaltungskonzentration Ortsratsverfassungen entstanden. Der saarländische Gesetzgeber hat die durch die Gebietsreform im Jahre 1974 aufgelösten Gemeinden mit mehr als 200 Einwohnern für die Dauer von fünf Jahren zu Gemeindebezirken erklärt. Nach Ablauf dieser Periode wurde die Unterteilung des Gemeindegebietes in das Ermessen der Kommune gestellt. Von dieser Möglichkeit machten damals 44 der fünfzig saarländischen Gemeinden Gebrauch. Gegenwärtig sind 316 Stadt- und Gemeindebezirke gebildet. Besonderheiten gelten für die Landeshauptstadt Saarbrücken. Als einzige Stadt im Saarland mit mehr als 100 000 Einwohnern verfügt sie über vier Stadtbezirke.

Die Wahl des Ortsrates findet zeitgleich mit der Gemeinderatswahl statt. Die Amtszeit beträgt fünf Jahre. Die Rechtsstellung der ehrenamtlich tätigen Ortsratsmitglieder ähnelt ganz wesentlich der der Ratsmitglieder. In Selbstverwaltungsangelegenheiten des Gemeindebezirkes hat der Ortsrat ein umfassendes Antrags- und Vorschlagsrecht. In allen wichtigen, den Gemeindebezirk betreffenden Angelegenheiten besteht ein Anhörrecht.

Zur inhaltlichen Unterstreichung der Bezirksqualität räumt der Gesetzgeber dem Orts- bzw. Bezirksrat einzelne ausschließliche Entscheidungsbefugnisse ein. Eine sachliche Eingrenzung folgt daraus, dass der Rat im Haushaltsplan Mittel für den Bezirk ausweisen und bereitstellen muss. Letztentscheidungsrechte in den Bezirken betreffen vor allem die Ausstattung von öffentlichen Einrichtungen, die Pflege des Ortsbildes, die Vereinsförderung, die Heimatpflege und auch die Benennung von Straßen. Der Ortsrat wählt aus seiner Mitte für die Dauer der Amtszeit einen Vorsitzenden. Dieser ist Ehrenbeamter und heißt Ortsvorsteher. Der Einheitlichkeit der Gesamtgemeinde dienen pflichtige Ortsvorsteherkonferenzen. In den Bezirken der Landeshauptstadt Saarbrücken wird die beschriebene Funktion von ehrenamtlichen Bezirksbürgermeistern und Bezirksbürgermeisterinnen wahrgenommen.

# 7 Sonstige Partizipations- und unmittelbare Demokratieformen

Mitwirkungsmöglichkeiten am Ratsgeschehen außerhalb von Mitgliedschaftsrechten (der Organträger) beruhen auf Gesetz oder wenigstens Satzung. Daneben erlaubt die Organisationshoheit der Gemeinden die Bildung von Beiräten, Kommissionen u. Ä. mit empfehlendem Charakter. Der seit 2008 aus dem früheren Ausländerbeirat entwickelte Integrationsbeirat besteht zu zwei Dritteln aus Nichtdeutschen, zu einem Drittel aus hinzu gewählten Mitgliedern des Gemeinderates. Die nichtdeutschen Mitglieder werden nach Grundsätzen des Kommunalwahlrechtes auf der Basis einer Satzung durch die ausländischen Einwohner und Einwohnerinnen direkt gewählt. Die Bestimmung der Mitglieder aus der Mitte des Rates erfolgt im Wege der Einigung oder aufgrund eines Wahlverfahrens. Potenzielle Betätigungsfelder des Integrationsbeirates sind nur Selbstverwaltungsangelegenheiten, und zwar die Bereiche Schule und Kultur, Sport, Freizeit, Bauleitplanung und Verkehr. Neben dem Befassungsrecht des Integrationsbeirates besteht ein konkretes Antragsrecht auf Beratung und Entscheidung gegenüber dem Gemeinderat.

Die Interessenwahrung behinderter Menschen erfolgt durch Behindertenbeauftragte mit besonderen Teilhaberechten am Ratsgeschehen auf der Grundlage des Saarländischen Behindertengleichstellungsgesetzes. Vorhaben im Interessenbereich von Kindern und Jugendlichen können Beteiligungen über interne oder externe Sachwalter veranlassen. Eine gemeinderechtliche Absicherung besteht seit kurzem auch für vielerorts bereits eingerichtete Seniorenbeiräte. Bei spezifischen Verhandlungsgegenständen haben die Frauenbeauftragten gesetzesunmittelbar Rede- und Gestaltungsrechte. Die Vorsitzfunktion im Personalrat berechtigt in aufgabenbezogenen Tagesordnungspunkten ein Rederecht im Gemeinderat. Durch Ratsbeschluss dürfen außerdem Sachverständige, Einzelpersonen oder Personengruppen zu Sachthemen angehört werden.

Der Gemeinderat kann bei öffentlichen Sitzungen Einwohnern, Einwohnerinnen und gleichgestellten Personen bzw. Personenvereinigungen Gelegenheit geben, Fragen aus dem Bereich der kommunalen Selbstverwaltung zu stellen, sowie Anregungen und Vorschläge zu unterbreiten. Keine Rechte bestehen hinsichtlich der in der Gemeinde wahrgenommenen Fremdverwaltungsangelegenheiten.

Die Gemeinde kann zu wichtigen Angelegenheiten eine Befragung ausschließlich in anonymisierter Form auf freiwilliger Basis durchführen. Von einem Mehrheitsvotum dürfte eine stark präjudizierende Wirkung ausgehen. Die Bürger und Bürgerinnen können auch beantragen (Bürgerbegehren), dass sie anstelle des Gemeinderates über eine Angelegenheit der Gemeinde selbst entscheiden (Bürgerentscheid). Das Sachanliegen muss dafür in die Innenkompetenz des Gemeinderates fallen und über die vom Gesetz verlangten Unterstützungsunterschriften verfügen (zwischen 2000 und 18 000). Die zu entscheidende Angelegenheit muss mit »Ja« oder »Nein« zu beantworten sein. Bei Finanzwirksamkeit ist ein Kostendeckungsvorschlag notwendig. In etlichen Angelegenheiten ist das Bürgerbegehren unzulässig. Dazu zählen Fragen der Organisations-, Personal- und Finanzhoheit, der Rechnungsprüfung, der Planfeststellungs- und Bauleitplanverfahren mit eigener Öffentlichkeitsbeteiligung, Rechtsbehelfsverfahren und selbstverständlich Anträge mit gesetzeswidrigen Zielen. Über die Zulässigkeit des Bürgerbegehrens hat der Gemeinderat zu entscheiden. Er kann auch beschließen, das Anliegen von sich aus im Sinne des Begehrens zu erledigen, bevor es zu einem Bürgerentscheid kommt. Andernfalls findet innerhalb von drei Monaten ein Bürgerentscheid – Urabstimmung der Bürger und Bürgerinnen – statt. Seit Einführung solcher Regelungen im Jahr 1997 kam es nur vereinzelt zu Einwohnerbefragungen und Bürgerbegehren.

# 8 Entwicklungstrends

Dezentralisierungs- und Ausgründungstendenzen halten auch im Saarland an. Freilich erfordern sie eine angemessene Betriebsgröße. Immerhin unterhalten die saarländischen Kommunen ca. 100 Eigenbetriebe und 200 Beteiligungen an Unternehmen in privater Rechtsform. Für die Größe des Landes beachtlich ist die traditionelle kommunale Gemeinschaftsarbeit. So wurden bei einer Umfrage des Saarlandes 48 Zweckverbände mit 265 Beteiligten gezählt. Die hauptsächlich angewendeten Fälle für Zweckverbände sind: Versorgung, Entsorgung, Entwässerung, öffentlicher Personennahverkehr, Notfallrettung, Tierkörperbeseitigung, Informationstechnologie und Sparkassen.

Die Investitionslage der saarländischen Gebietskörperschaften ist prekär. Es fehlen die erforderlichen Mittel für Investitionen in städtische Einrichtungen wie Bäder, Straßen, Kanäle und Gebäude. Allein in die 162 Grundschulen müssten 700 Millionen Euro investiert werden. Ein aufgabengerechter Finanzausgleich mit einer adäquaten Kommunalquote im Landeshaushalt ist seit vierzig Jahren überfällig. Die Hebesätze der Grundsteuer und Gewerbesteuer befinden sich auf höchstem Niveau. Das politisch verfolgte Ziel einer Altschuldenbefreiung durch den Bund ist verfassungsrechtlich nicht aussichtsreich. Aktuelle Herausforderungen wie Flüchtlingsversorgung, Klimaschutz, Digitalisierung, Energie-, Wärme- und Mobilitätswende bringen die Kommunen an die Grenzen ihrer finanziellen Handlungsfähigkeit.

# Literaturhinweise

Gross, Markus (2008): Die Reform des Stadtverbandes Saarbrücken. Saarbrücken (Verlag Alma Mater).
Gröpl, Christoph/Guckelberger, Annette/Wohlfarth, Jürgen (2023): Landesrecht Saarland. 4. Aufl., Baden-Baden (Nomos Verlag).
Hesse, Joachim Jens (2004): Überprüfung der kommunalen Verwaltungsstrukturen im Saarland. Berlin/Saarbrücken (Saarländisches Ministerium für Inneres und Sport).
Lehné, Hermann/Weirich, Rainer/Messerle, Alexandra (2021): Saarländisches Kommunalrecht. Loseblattsammlung. Baden-Baden (Nomos Verlag).
Marsch, Nikolaus/Wohlfarth, Jürgen (Hrsg.) (2023): Saarländisches Datenschutzgesetz. Handkommentar. Baden-Baden (Nomos Verlag).
Schoch, Friedrich (1997): Verfassungsrechtlicher Schutz der kommunalen Finanzautonomie. Darstellung am Beispiel saarländischer Gemeinden. Stuttgart (Richard Boorberg Verlag).
Wohlfarth, Jürgen (2003): Kommunalrecht. 3. Aufl., Baden-Baden (Nomos Verlag).

# Freistaat Sachsen

*Werner Rellecke*

## 1 Zur Geschichte der kommunalen Selbstverwaltung

Sachsen blickt auf eine lange staatliche Tradition zurück. Die heutigen Landesteile gehören mit wenigen Ausnahmen und Unterbrechungen seit etwa 400 Jahren zum Kurfürstentum, Königreich oder Freistaat Sachsen. Als im 19. Jahrhundert die Entwicklung zu einem modernen Staatswesen einsetzte, ging es in den Städten und Dörfern um den Abbau ständischer Schranken und exklusiver Bürgerrechte. Zu Beginn des Jahrhunderts erfolgte die rechtliche Gleichstellung von Reformierten und Katholiken sowie bis 1866 der jüdischen Einwohner mit den zuvor privilegierten Lutheranern. Die Allgemeine Städteordnung von 1832 und die Landgemeindeordnung von 1838 setzten eine Entwicklung der landesweiten Vereinheitlichung kommunaler Eigenständigkeit und Zuständigkeit in Gang.

Im Rahmen der Industrialisierung entstand der ausgesprochen (klein-)städtische Charakter des Landes. Die Großstädte Leipzig, Dresden und Chemnitz wuchsen in ihre bis heute bestehende Rolle als sächsische Oberzentren hinein. Am 1. August 1923 erhielt Sachsen seine erste demokratische Gemeindeordnung (zugleich für Städte und Landgemeinden), die die Selbstverwaltungskompetenzen nochmals stärkte und mit der die Eingliederung bis dahin noch selbstständiger Gutsbezirke in benachbarte Gemeinden abschließend vollzogen wurde. So heißt es in § 1 (2): »Wer in Sachsen wohnt, muß zu einer Gemeinde gehören.« Es wurde zwischen Gemeindebürgern und Gemeindeeinwohnern unterschieden, wobei zu den Gemeindebürgern alle Deutschen (männlich und weiblich) zählten, die das 20. Lebensjahr vollendet hatten und in der Gemeinde wohnten.

Während der Zeit des Nationalsozialismus wurden die sächsischen Kommunen mit dem Einparteienstaat gleichgeschaltet. Im Zuge allgemeiner Vereinheitlichung der kommunalen Strukturen auf Reichsebene wurden 1939 die vorherigen Kreishauptmannschaften zu Regierungsbezirken, die Amtshauptmannschaften zu Landkreisen und die kreisfreien Städte zu Stadtkreisen umbenannt.

Nach Abschaffung der Länder der DDR im Jahre 1952 funktionierte der gesamte Staatsapparat nach den Prinzipien des sogenannten Demokratischen Zentralismus. Unter der staatlichen Zentralebene agierten die »Örtlichen Organe der Staatsmacht« als Volksvertretungen und Volksvertretungsorgane innerhalb von Bezirken, Kreisen, Städten, Stadtbezirken und Gemeinden. Neben den staatlichen Stellen spielte die SED eine allzuständige Rolle. Es galt eine strikte Hierarchie, die den direkten Zugriff von Berlin bis in die einzelnen Kommunen garantierte.

Die Friedliche Revolution des Jahres 1989 und die Wiedervereinigung Deutschlands im Oktober 1990 brachten eine demokratische Neuordnung und eine tiefgreifende Umstrukturierung der sächsischen Kommunen. Als Übergangsregelung fungierte die Kommunalverfassung der DDR-Regierung unter Lothar de Maizière vom 17. Mai 1990. Mit dem Ländereinführungsgesetz vom 22. Juli 1990 wurde die Kommunalhoheit in die Zuständigkeit der neuen Länder überführt. In diesem Rahmen galt die Kommunalverfassung von 1990 bis zum Inkrafttreten von Landkreis- und Gemeindeordnungen der neuen Länder.

# 2 Kommunale Gebietsreformen

In Sachsen wurde 1992 die neue Landesverfassung verabschiedet. Am 1. Mai 1993 trat die Sächsische Gemeindeordnung und am 19. Juli 1993 die Sächsische Landkreisordnung in Kraft. Zum neuen Freistaat Sachsen, der sich maßgeblich aus den vorherigen Bezirken Dresden, Leipzig und Karl-Marx-Stadt (Chemnitz) zusammensetzte, zählten 48 Kreise und sechs kreisfreie Städte. Sie wurden nun im Rahmen einer Kreisgebietsreform (Gesetz vom 24. Juni 1993) in 22 Landkreise sowie sieben kreisfreie Städte gegliedert. Die Umsetzung erfolgte sukzessive bis 1996.

Im Zuge der Neustrukturierung der Kreise hatte sich die Zahl der Gemeinden durch Zusammenschlüsse bereits deutlich verringert. 1998 trat eine Gemeindegebietsreform in Kraft. Aus ursprünglich 1626 Städten und Gemeinden entstanden 537 selbstständige Einheiten in Form von 332 Städten und Gemeinden im herkömmlichen Sinne sowie 205 Einheitsgemeinden (Zusammenschluss mehrerer ehemals selbstständiger Gemeinden). Zudem wurden 116 Verwaltungsgemeinschaften mit einem Verwaltungszentrum (erfüllende Gemeinde) für benachbarte selbstständige Gemeinden und zehn Verwaltungsverbände als Zusammenschlüsse selbstständiger Gemeinden ohne ein Verwaltungszentrum eingerichtet. Die größeren Städte und Großstädte erzielten dabei durch erhebliche Eingemeindungen bedeutende Gebietszuwächse. Der Reformprozess war damit jedoch noch nicht beendet, sondern erlangte erst mit der zweiten Kreisgebietsreform (Verwaltungs- und Funktionalreform) seinen bisherigen Abschluss. Diese trat am 1. Januar 2009 in Kraft.

Seitdem existieren in Sachsen drei kreisfreie Städte sowie zehn Landkreise mit 53 sogenannten Großen Kreisstädten und (nach aktuellem Stand) weiteren 113 kreisangehörigen Städten und 249 kreisangehörigen Gemeinden. Dies ergibt insgesamt 418 Gemeinden. Zur Großen Kreisstadt können entsprechend der Sächsischen Gemeindeordnung § 3 auf Antrag Städte mit mehr als 17 500 Einwohnern ernannt werden. Sie genießen einige zusätzliche Kompetenzen gegenüber anderen Gemeinden.

# 3 Kommunale Gliederung und Bevölkerung

Im Freistaat Sachsen leben 4 088 643 Einwohner auf einer Fläche von 18 450 Quadratkilometern (Stand: 30.09.2023). Die Bevölkerungsdichte je

Quadratkilometer belief sich 2023 auf 222 Personen gegenüber z. B. 533 in Nordrhein-Westfalen oder 70 in Mecklenburg-Vorpommern.

In Sachsen wird zwischen »Freistaat« und »Land« unterschieden. Unter »Freistaat« ist die unmittelbare Staatsverwaltung zu verstehen, die einerseits von der Staatsregierung, andererseits von den ihr unterstehenden staatlichen Verwaltungsbehörden ausgeübt wird. Die staatliche Ebene reicht von Landtag und Landesregierung an der Spitze bis zur Landesdirektion als Verwaltungsebene direkt oberhalb der Kommunen. Als »Land« werden der Freistaat und die kommunale Ebene bezeichnet.

Die Landesdirektion ging aus der früheren Bezirksstruktur hervor und hat seit 2012 ihren Hauptsitz in Chemnitz sowie jeweils eine Dienststelle in Leipzig und Dresden. Zur Landesverwaltung allgemein (aber nicht zur staatlichen Verwaltung) zählen die Träger der Selbstverwaltung als Gemeinden, Landkreise oder andere Gemeindeverbände (Sächsische Verfassung, Art. 82).

Im historischen Vergleich haben fast alle sächsischen Kommunen seit dem Zweiten Weltkrieg erheblich an Einwohnern verloren. In ganz Sachsen lebten 1945 etwa 5,2 Millionen Menschen. Der Bevölkerungsrückgang wurde vorrangig verursacht durch die Fluchtbewegungen aus Sowjetischer Besatzungszone und DDR sowie einen deutlichen Geburtenrückgang Anfang der 1990er-Jahre. Negative Wanderungssalden nach der Wiedervereinigung traten in größerem Umfang erst 1999 auf. 1990 lebten 4 775 914 Einwohner in Sachsen und damit etwa 700 000 Einwohner mehr als heute.

Die folgende Tabelle zeigt, dass alle sächsischen Landkreise in den zurückliegenden Jahren erhebliche Bevölkerungsrückgänge zu verzeichnen hatten. Die kreisfreien Städte Dresden und Leipzig erzielten im selben Zeitraum hingegen kräftige Zugewinne (▶ Tab. 12).

Tab. 12: Bevölkerungsrückgänge und Bevölkerungszugewinne

| Landkreis/kreisfreie Stadt | Einwohnerzahl (2007) | Einwohnerzahl (2021) | Fläche in km² |
|---|---|---|---|
| Bautzen | 333 470 | 296 300 | 2390,62 |
| Erzgebirgskreis | 382 571 | 328 700 | 1828,35 |

**Tab. 12:** Bevölkerungsrückgänge und Bevölkerungszugewinne – Fortsetzung

| Landkreis/kreisfreie Stadt | Einwohnerzahl (2007) | Einwohnerzahl (2021) | Fläche in km² |
|---|---|---|---|
| Görlitz | 288 735 | 248 300 | 2106,09 |
| Leipzig | 274 532 | 258 200 | 1646,76 |
| Meißen | 259 343 | 239 300 | 1452,37 |
| Mittelsachsen | 340 115 | 299 300 | 2111,49 |
| Nordsachsen | 214 184 | 197 500 | 2019,82 |
| Sächsische Schweiz/Osterzgebirge | 257 655 | 244 000 | 1653,60 |
| Vogtlandkreis | 253 672 | 221 400 | 1411,96 |
| Zwickau | 352 947 | 309 600 | 949,35 |
| Chemnitz | 244 951 | 243 100 | 220,86 |
| Dresden | 507 513 | 555 400 | 328,30 |
| Leipzig | 510 512 | 601 900 | 297,60 |

Quelle: Statistisches Landesamt des Freistaates Sachsen.

Seit 2015 erhöhte sich der Zuzug von Flüchtlingen und damit der Ausländeranteil erheblich. Lebten 2014 noch lediglich 117 057 Ausländer im Freistaat Sachsen (2,9 % der Gesamtbevölkerung), so waren es 2022 insgesamt 297 598 (7,3 % der Gesamtbevölkerung). Die wachsende Zahl an Zuwanderern (vorrangig Flüchtlinge) trägt maßgeblich dazu bei, dass der Trend zum Bevölkerungsrückgang in Sachsen zwar nicht umgekehrt, aber verlangsamt werden konnte. Die 8. Regionalisierte Bevölkerungsvorausberechnung des Statistischen Landesamtes Sachsen von 2022 prognostiziert für 2040 im ungünstigsten Fall einen Rückgang auf 3 727 220 Einwohner und im günstigsten Fall auf 3 894 690 Einwohner. Mit den höchsten Einbußen müssen der Erzgebirgskreis (mindestens 15 %) und der Vogtlandkreis (mindestens 13 %) rechnen. Ein Bevölkerungswachstum erfahren weiterhin voraussichtlich nur Leipzig und Dresden. Beide Großstädte nehmen gemeinsam mit Chemnitz eine zentrale Stellung in der

Infrastruktur des Freistaates ein. Hier lebt ein Drittel der sächsischen Einwohnerschaft. Hinzu kommt jeweils ein Umfeld von Nachbargemeinden, das eng mit den Oberzentren verbunden ist.

Bei insgesamt 418 Gemeinden ist die Gemeindestruktur im Großraum Chemnitz/Westsachsen (kreisfreie Stadt Chemnitz und 181 Gemeinden mit 1 411 556 Einwohnern) und im Großraum Dresden/Oberlausitz (kreisfreie Stadt Dresden und 174 Gemeinden mit 1 598 250 Einwohnern) feingliederiger als im Großraum Leipzig/Nordsachsen (kreisfreie Stadt Leipzig und 60 Gemeinden mit 1 076 346 Einwohnern).

Die Gemeindestruktur im Freistaat ist unabhängig von den Strukturreformen von 1998 und 2009 immer noch stark geprägt durch kleine Landstädte und Dörfer mit einer Einwohnerzahl von unter 5000. Sie machen mehr als 50 Prozent aller Gemeinden aus (▶ Tab. 13).

**Tab. 13:** Sächsische Gemeinden nach Größenklassen

| Größenklasse | Gemeinden |
|---|---|
| bis zu 500 | 1 |
| 501–1000 | 17 |
| 1001–2000 | 73 |
| 2001–3000 | 73 |
| 3001–5000 | 96 |
| 5001–10 000 | 91 |
| 10 001–20 000 | 43 |
| 20 001–50 000 | 18 |
| 50 001–100 000 | 3 |
| 200 001–500 000 | 1 |
| 500 001 und mehr | 2 |
| **Summe** | **418** |

Quelle: Statistisches Landesamt des Freistaates Sachsen (Stichtag 01.01.2024).

## 4 Finanzen und Rechtsaufsicht

Die Finanzierung der Arbeit der Landkreise erfolgt vorrangig durch Zuweisungen des Freistaates und Umlagen der Gemeinden. Den Gemeinden stehen dagegen in größerem Umfang eigene Steuereinnahmen, aber auch Gebühren zur Verfügung, um ihre freiwilligen Aufgaben zu erfüllen. Für die Finanzierung der Pflichtaufgaben haben die Kommunen Anspruch auf entsprechende staatliche Zuweisungen. Allerdings beklagt sich der Sächsische Städte- und Gemeindebund zunehmend darüber, dass immer mehr Aufgaben ohne angemessenen Finanzausgleich übertragen werden. Dies betrifft aktuell z. B. das sächsische Integrations- und Teilhabegesetz oder die kommunale Wärmeplanung. In mehrfacher Hinsicht scheint eine schärfere finanzielle und organisatorische Trennung zwischen Aufgabenerfüllung für Bund und Freistaat und der Gestaltung der originären Aufgaben von Gemeinden, Städten und Landkreisen geboten.

Insgesamt sehen die finanziellen Eckdaten für Sachsen vergleichsweise gut aus: Nach Angaben des Statistischen Bundesamtes für 2022 weisen Freistaat und Kommunen eine Pro-Kopf-Verschuldung von 2000 Euro je Einwohnerin bzw. Einwohner aus – bei einem deutschlandweiten Durchschnitt von 8900 Euro. Das ist der geringste Wert in ganz Deutschland. Auf die kommunale Ebene entfallen hiervon 658 Euro. Dieser Wert liegt nur in Brandenburg (578 Euro) günstiger und im Bundesdurchschnitt bei 1809 Euro. Einnahmeseitig bewegt sich die gemeindliche Steuerkraft in den sächsischen Kommunen im bundesweiten Vergleich allerdings im unteren Bereich. Der Pro-Kopf-Verdienst in Sachsen lag im Jahr 2021 nach Berechnungen des Statistischen Landesamtes (Medieninformation 146/2023) bei 33 466 Euro gegenüber bundesweit 38 188 Euro. Während die Landeshauptstadt Dresden den höchsten Wert erzielte (37 661 Euro), wurde der geringste im Erzgebirgskreis ermittelt (29 392 Euro).

Die Aufgabenerfüllung durch die Kommunen wird jeweils von übergeordneten Stellen überwacht (Rechtsaufsicht). Für die kreisangehörigen Gemeinden ist das jeweilige Landratsamt die zuständige (untere) Rechtsaufsichtsbehörde, die Landkreise und die kreisfreien Städte unterstehen der Rechtsaufsicht der Landesdirektion (obere Rechtsaufsichtsbehörde); oberste Rechtsaufsichtsbehörde ist das Staatsministerium des Innern. In strittigen Fällen können Entscheidungen an jeweils höherer Stelle geprüft und bestätigt oder neu gefällt werden. Die Rechtsaufsicht bezieht sich auf die Gesetzmäßigkeit kommunalen Handelns. Bei Weisungsaufgaben gibt es zusätzlich die Prüfung der Zweckmäßigkeit der Aufgabenerfüllung; dies nennt man Fachaufsicht.

# 5 Kulturpolitik

Sachsen ist weltbekannt für seinen kulturellen Reichtum und seine Kulturpflege. Bezogen auf die öffentlichen Ausgaben für Kultur im Verhältnis zum Bruttoinlandsprodukt liegt Sachsen nach Angaben der Statistischen Ämter (Kulturfinanzbericht 2022, 25) seit Jahren deutschlandweit auf dem ersten Platz (2020: 0,78 %, gefolgt von Berlin mit 0,59 %). Bei den Pro-Kopf-Ausgaben für Kultur erreicht lediglich Berlin einen höheren Wert (2020: 243,98 Euro in Sachsen gegenüber 249,64 Euro in Berlin).

Eine sächsische Besonderheit ist das am 1. August 1994 in Kraft getretene Kulturraumgesetz (KRG). Es schreibt die Kulturpflege als Pflichtaufgabe der Gemeinden und Landkreise fest. Mit diesem Gesetz wurde ein neues Modell der Kulturpolitik verwirklicht, das auch eine angemessene finanzielle Beteiligung des Freistaates garantieren soll. Der Ansatz des Kulturraumgesetzes betont die regionale Bedeutung kultureller Einrichtungen über die Stadtgrenzen hinaus, so dass im Prinzip die Kulturpflege in größeren Gemeinden und Städten stärker gefördert wird als in kleineren. Zur Finanzierung der Aufgaben der Kulturräume leistet der Freistaat jährlich Zuwendungen in Höhe von etwa 115 Millionen Euro (2024).

Im Einzelnen wird unterschieden zwischen den »urbanen Kulturräumen« Chemnitz, Dresden und Leipzig sowie den acht ländlichen Kulturräumen Vogtland, Zwickauer Raum, Erzgebirge, Mittelsachsen, Leipziger Raum, Elbtal, Sächsische Schweiz/Osterzgebirge und Oberlausitz/Niederschlesien (KRG § 1). Die ländlichen Kulturräume sind als Zweckverbände konstituiert, deren Mitglieder sich aus den zugehörigen Landratsämtern oder kreisfreien Städten sowie im Kulturraum Oberlausitz/Niederschlesien zusätzlich durch die Stiftung für das sorbische Volk zusammensetzen.

Die slawische Minderheit der Sorben besitzt eine besondere Bedeutung für die sächsische Kulturpolitik. Rund 60 000 Sorben leben heute in der brandenburgischen Niederlausitz (20 000) und in der sächsischen Oberlausitz (40 000). Im Freistaat Sachsen garantiert die Sächsische Verfassung spezielle Schutzrechte für das sorbische Volk. Die größte sorbische Siedlungsdichte findet sich in den katholischen Dörfern im Landkreis Bautzen. Da die meisten Sorben in Sachsen katholisch sind, befinden sie sich in einer zweifachen Minderheitenrolle und verleihen der gesamten Region ein besonderes Erscheinungsbild. Äußere Zeichen ihrer Identität sind die Kirchen und Wegekreuze sowie die zweisprachigen Beschilderungen im öffentlichen Raum, also in Deutsch und Sorbisch. Im sorbischen Siedlungsgebiet müssen z. B. auch die mit den Wahlen zusammenhängenden Formulare und Ausschilderungen in sorbischer Sprache ausgefertigt werden. Bautzen kann als Hauptstadt sorbischer Kultur bezeichnet werden. Hier finden sich wichtige Institutionen wie das Sorbische Institut, die Sorbische Zentralbibliothek, das Sorbische Museum oder das Deutsch-Sorbische Volkstheater.

## 6  Kommunalpolitische Vertretung und Kommunalverwaltung

Auf kommunaler Ebene finden wir in Sachsen den Gemeinderat (in Städten als Stadtrat bezeichnet), den Ortschaftsrat (nur optional, nicht flächendeckend) und den Kreistag als demokratisch gewählte politische Vertretungsorgane.

Der Gemeinderat ist der Dreh- und Angelpunkt der Gemeindepolitik. Die sächsische Gemeindeordnung besagt: »Der Gemeinderat legt die Grundsätze für die Verwaltung der Gemeinde fest und entscheidet über alle Angelegenheiten der Gemeinde, soweit nicht der Bürgermeister kraft

Gesetzes zuständig ist oder der Gemeinderat ihm bestimmte Angelegenheiten überträgt« (GemO § 28,1). Neben dieser zentralen Entscheidungsfunktion hat der Gemeinderat in allen wichtigen Fragen auch die Ausführung seiner Beschlüsse zu kontrollieren und bei Bedarf die Behebung von Missständen zu verlangen. Die gleichen Funktionen erfüllen die Kreistage entsprechend in den Landkreisen. Die Sitzungen von Gemeinderat und Kreistag sind mit einigen Ausnahmen öffentlich. Gemeinde- und Kreisrätinnen und -räte sind ehrenamtlich tätig. Allerdings sind kommunale Ehrenämter in Sachsen nicht unbedingt freiwillig: Die Gemeindeordnung (§ 17) wie auch die Landkreisordnung (§ 15) verpflichten die Bürgerinnen und Bürger, ehrenamtliche Tätigkeiten zu übernehmen. Verweigert jemand ein angetragenes Ehrenamt, können Gemeinderat oder Kreistag zur Strafe ein Ordnungsgeld verhängen.

Die ausführenden Organe auf kommunaler Ebene sind die Gemeinde- beziehungsweise Stadtverwaltungen und die Landratsämter. Sie sind Behörden mit Beamten und Angestellten nach öffentlichem Dienstrecht und untergliedert in Ämter, Abteilungen und weitere Organisationseinheiten. Die Kommunalverwaltungen unterstehen den direkt gewählten Bürgermeisterinnen bzw. Bürgermeistern und Landrätinnen sowie Landräten, die zugleich als Vorsitzende des jeweiligen Gemeinderates oder Kreistages fungieren.

Das gültige Organisationsprinzip in den sächsischen Gemeinden und Landkreisen lässt sich dem Modell der Süddeutschen Ratsverfassung zuordnen, das mit dem sogenannten Konkordanzmodell korreliert und in den deutschen Ländern dominiert. Die Bürgermeister, Oberbürgermeister und Landräte bekleiden zentrale Positionen in der Kommunalpolitik, da sie als Schnittstelle zwischen Verwaltung und Gemeinderäten beziehungsweise Kreistagen fungieren. Sie stehen den Gemeinderäten- bzw. Kreistagen vor, bereiten deren Sitzungen (und Ausschusssitzungen) vor und sind für den Vollzug der Beschlüsse verantwortlich, wozu sie als Leiter der Verwaltungen tätig werden. Die Bediensteten der Gemeinden oder Landkreise unterstehen den Bürgermeisterinnen bzw. Bürgermeistern oder Landrätinnen bzw. Landräten, so dass Gemeinderäte und Kreistage hier keine direkte Weisungsbefugnis besitzen (GemO §§ 51 ff.; LKrO §§ 47 ff.).

## 7 Zusammensetzung und Wahl von Gemeinderat, Kreistag und Ortschaftsrat

Für die Kommunalwahlen im Freistaat Sachsen gelten die Bestimmungen des sächsischen Kommunalwahlgesetzes (KomWG) und der sächsischen Kommunalwahlordnung (KomWO). Die Bürgerschaft wählt ihre Gemeinderäte und Bürgermeister beziehungsweise Stadträte und Oberbürgermeister direkt. Ebenso werden in den Landkreisen die Mitglieder der Kreistage und die Landräte gewählt. Existieren zusätzlich Ortschaften als politische Einheiten, so werden auch Ortschaftsräte gewählt.

Die kreisfreien Städte besitzen die Möglichkeit, auf Grundlage einer Stadtbezirksverfassung Stadtbezirke zu bilden. Wird eine Stadtbezirksverfassung eingeführt, dann muss ein Stadtbezirksbeirat eingerichtet werden. Der Stadtrat kann entscheiden, ob Stadtbezirksbeiräte berufen oder innerhalb des Stadtbezirks direkt gewählt werden. Letzteres ist derzeit nur in Dresden der Fall.

Wahlberechtigt und wählbar zu allen Kommunalwahlen sind alle Einwohner einer Gemeinde oder eines Landkreises, die das 18. Lebensjahr vollendet haben, die deutsche Staatsangehörigkeit oder die Staatsangehörigkeit eines anderen Mitgliedsstaates der Europäischen Union besitzen und seit mindestens drei Monaten in der Gemeinde oder dem Landkreis wohnen beziehungsweise hier ihre Hauptwohnung unterhalten.

Die Wahlen der (Stadt- und) Gemeinderäte und der Kreisräte werden nach dem Prinzip der Verhältniswahl für eine Amtszeit von fünf Jahren durchgeführt. Jeder Wahlberechtigte besitzt drei Stimmen. Er kann diese einem einzigen Bewerber geben (die Stimmen kumulieren) oder aber auf zwei oder drei Bewerber verteilen (die Stimmen panaschieren). Wenn er seine drei Stimmen aufteilt, dürfen Bewerber auch dann die Stimmen erhalten, wenn sie unterschiedlichen Parteien oder Wählervereinigungen angehören.

**Tab. 14:** Anzahl der Kreisräte nach Größe der Landkreise

| Landkreise mit | Räte |
|---|---|
| bis zu 180 000 Einwohnern | 74 |
| bis zu 220 000 Einwohnern | 80 |
| bis zu 260 000 Einwohnern | 86 |
| bis zu 300 000 Einwohnern | 92 |
| mehr als 300 000 Einwohnern | 98 |

Quelle: LKrO § 25,2.

Vor jeder Gemeinderats- oder Kreistagswahl sind von Parteien oder Wählervereinigungen Wahlvorschläge einzureichen. Wahlvorschläge von Parteien oder Wählervereinigungen, die nicht bereits im Sächsischen Landtag oder im Kreistag beziehungsweise Gemeinderat vertreten sind, benötigen Unterstützungsunterschriften von Wahlberechtigten aus dem jeweiligen Kreis beziehungsweise der jeweiligen Gemeinde. Gestaffelt nach Kreis- beziehungsweise Gemeindegröße werden zwischen 20 und 240 Unterstützungsunterschriften verlangt (KomWG § 6b).

Die Wahlvorschläge enthalten die jeweiligen Kandidatinnen und Kandidaten für einen Wahlkreis, in dem ein Gemeinderat zu wählen ist. Jede Gemeinde bildet in der Regel einen Wahlkreis, auf Antrag können auch zwei bis sechs Wahlkreise gebildet werden. In kreisfreien Städten wird das Wahlgebiet in mindestens sechs und höchstens 12 Wahlkreise unterteilt (KomWG § 2). In Landkreisen sind mindestens acht und höchstens 20 Wahlkreise zu bilden (KomWG § 50). Nach Auszählung der Stimmen werden die Gemeinderats- oder Kreistagssitze entsprechend dem Höchstzahlverfahren nach Sainte-Laguë auf die Wahlvorschläge verteilt. Wird vor einer Wahl kein oder lediglich ein Wahlvorschlag eingereicht, so haben die Stimmberechtigten die Möglichkeit, andere Personen ihrer Wahl auf ihren Wahlschein einzutragen. In diesen Fällen kann einer Bewerberin/einem Bewerber jedoch jeweils nur eine der drei Stimmen gegeben werden. Die Sitzstärke der Stadt- und Gemeinderäte richtet sich nach der jeweiligen Bevölkerungszahl.

**Tab. 15:** Anzahl der Gemeinderäte nach Größe der Gemeinde

| Einwohnerzahl bis zu … | Räte |
|---|---|
| 500 | 8 |
| 1000 | 10 |
| 2000 | 12 |
| 3000 | 14 |
| 5000 | 16 |
| 10 000 | 18 |
| 20 000 | 22 |
| 30 000 | 26 |
| 40 000 | 30 |
| 50 000 | 34 |
| 60 000 | 38 |
| 80 000 | 42 |
| 150 000 | 48 |
| 400 000 | 54 |
| über 400 000 | 60 bis 70 |

Quelle: GemO § 29,2.

Die Gemeindeordnung erlaubt die Einrichtung von Ortschaften aus einem oder mehreren Gemeindeteilen. Hierzu hat die Gemeinde eine Ortschaftsverfassung einzuführen. Analog zur Wahl des Gemeinderates wird in Ortschaften ein Ortschaftsrat gewählt (2024: 848 Ortschaftsräte). An der Spitze des Ortschaftsrates steht der Ortsvorsteher, der allerdings nicht direkt, sondern vom Ortschaftsrat gewählt wird.

# 8 Bürgermeister- und Landratswahlen

(Ober-)Bürgermeisterinnen und (Ober-)Bürgermeister werden in Sachsen direkt für eine Amtsdauer von sieben Jahren gewählt (GemO § 51,3). Gleiches gilt für Landräte (LKrO § 47,3). Bürgermeister in Gemeinden mit über 3000 Einwohnern und Landräte sind hauptamtliche Beamte auf Zeit. Bürgermeister in kleineren Gemeinden sind in der Regel ehrenamtlich tätig. Die Bürgermeister- und Landratswahlen werden nach den Grundsätzen der Mehrheitswahl gewählt.»Wahlvorschläge können von Parteien, Wählervereinigungen und Einzelbewerbern eingereicht werden« (KomWG § 41,1 und § 56). Erhält ein Bewerber im ersten Wahlgang mehr als die Hälfte der abgegebenen Stimmen, so ist er gewählt. Erhält im ersten Wahlgang kein Bewerber die absolute Stimmenmehrheit, so wird eine Neuwahl durchgeführt. Der Bewerber, der bei der Neuwahl die meisten Stimmen (relative Stimmenmehrheit) auf sich vereinigen kann, ist gewählt. Bei Stimmengleichheit der erfolgreichsten Bewerber entscheidet das Los (GemO § 48; LKrO § 44). Im Falle einer Neuwahl können auch neue Wahlvorschläge gemacht werden oder Wahlvorschläge des ersten Wahlganges zurückgezogen werden (KomWG § 41). Mit dem Rückzug eines aussichtslosen Bewerbers wird häufig die Absicht verbunden, dass die entsprechenden Wählerinnen und Wähler sich anschließend für einen politisch verwandten und aussichtsreicheren Bewerber entscheiden.

Um das Amt einer Bürgermeisterin bzw. eines Bürgermeisters können sich alle Deutschen oder Staatsangehörige anderer Mitgliedsstaaten der Europäischen Union bewerben, die das 18. Lebensjahr vollendet haben, gleichzeitig jünger als 65 Jahre alt sind und die persönlichen Voraussetzungen für einen Beamtenstatus erfüllen (GemO § 49). Für die Bewerberinnen oder Bewerber um das Amt des Landrates gelten die gleichen Bestimmungen mit dem einzigen Unterschied, dass diese mindestens 27 Jahre alt sein müssen (LKrO § 45). Die Bewerber müssen also in beiden Fällen nicht in der Gemeinde oder dem Landkreis wohnhaft sein. Die Zulassung externer Bewerber dient dem Zweck einer besseren Kandidatenauslese. Durch die (mit Ausnahme von kleinen Gemeinden) hauptberufliche Tätigkeit der Bürgermeister und der Landräte sowie die Kombination von politischen und verwaltungstechnischen Anforderungen an die

Amtsinhaberinnen bzw. Amtsinhaber, treten Kandidaturen beruflich qualifizierter externer Bewerber in größeren Städten und Großstädten häufig auf.

Durch die Direktwahl von Landräten und (Ober-)Bürgermeistern nehmen diese eine recht unabhängige Stellung ein. Sie sehen sich oftmals Kommunalvertretungen gegenüber, in denen ihre Partei über keine Mehrheit verfügt und auch keine feste Parteienkoalition besteht. Die Sonderstellung der kommunalpolitischen Spitzenämter gegenüber den Kommunalvertretungen wird durch die Wahlperioden noch verstärkt: Da die vorgesehene Amtsdauer eines Bürgermeisters, Oberbürgermeisters oder Landrates sieben Jahre beträgt, die Amtsdauer der Gemeinde- und Kreisräte jedoch nur fünf Jahre, finden auch die jeweiligen Wahlen fast immer in unterschiedlichen Jahren statt. In der Regel werden die Gemeinderats- und Kreistagswahlen zeitgleich mit den EU-Parlamentswahlen durchgeführt.

## 9 Wahlergebnisse, Parteien und Wählervereinigungen

Von den 418 Bürgermeisterinnen und Bürgermeistern in Sachsen zählen (Stand: 31.12.2023) nach Angaben des Statistischen Landesamtes 176 oder 42,1 Prozent zu den Einzelbewerbern bzw. Einzelbewerberinnen, 119 oder 28,5 Prozent zur CDU, 99 oder 23,7 Prozent zu den Wählervereinigungen, 12 oder 2,9 Prozent zur SPD, 7 oder 1,7 Prozent zur FDP, 4 oder ein Prozent zur Partei Die Linke und einer oder 0,2 Prozent zur AfD. Die Amtsträger sind nicht immer Mitglieder der angegebenen Parteien. 306 Bürgermeister sind hauptamtlich tätig, davon tragen 56 den Titel Oberbürgermeister, 112 sind ehrenamtlich tätig. Der Frauenanteil liegt bei zwölf Prozent aller Amtsträger und das Durchschnittsalter bei 53 Jahren.

An der Spitze der zehn sächsischen Landkreise stehen neun Landräte der CDU und ein parteiloser Landrat. In den Großstädten sieht es anders aus:

Der Dresdner Oberbürgermeister Dirk Hilbert ist FDP-Mitglied, kandidierte bei seiner Wiederwahl aber als Kandidat einer Wählervereinigung. Der Leipziger Oberbürgermeister Burkhard Jung und der Chemnitzer Oberbürgermeister Sven Schulze sind Mitglieder der SPD.

Bei Kommunalwahlen in Sachsen schneiden die großen Parteien schlechter ab als bei Landtags- oder Bundestagswahlen. Dies liegt in erster Linie an der kommunalpolitischen Konkurrenz von Wählervereinigungen bei Gemeinderats- und Kreistagswahlen sowie von parteilosen Einzelbewerbern bei Bürgermeister- und Landratswahlen. Den Parteien fällt es zunehmend schwer, eine ausreichend große Mitgliederbasis im ländlichen Raum zu rekrutieren, um bei Kommunalwahlen ein breites Bewerberfeld aufstellen zu können. Bei den Gemeinderatswahlen 2019 (ohne kreisfreie Städte) blieben sogar 195 Sitze wegen Bewerbermangels unbesetzt (Schleer 2021, 30). Vor dem Hintergrund, dass die kommunale Ebene oftmals als »Schule der Demokratie« bezeichnet wird, ist es bedenklich, dass diese »Schule« in sächsischen Kleinstädten oftmals ohne das übliche Parteienspektrum auskommen muss. Manfred Schleer (2021, 34) hat ermittelt, dass 2019 in nur sieben Prozent aller kreisangehörigen Gemeinden alle etablierten Parteien mit eigenen Wahlvorschlägen antraten. An den 416 Wahlen nahmen die FDP in 105 Gemeinden, die Grünen in 111, die SPD in 185, die AfD in 209 und die Linke in 258 Gemeinden teil. Weitgehend flächendeckend waren nur die CDU bei 370 und die Wählervereinigungen bei 397 Gemeinderatswahlen präsent. An diesem Beispiel wird deutlich, wie groß die Probleme der meisten Parteien in Sachsen sind, auf kommunaler Ebene eine Wählerbindung herzustellen.

**Tab. 16:** Wahlergebnis Gemeinderatswahlen und Mitglieder der Parteien

| Wahl bzw. Parteimitglieder | WV | CDU | Linke | SPD | Grüne | FDP | AfD |
|---|---|---|---|---|---|---|---|
| Gemeinderat 2019 in % | 25,8 | 23,8 | 12,3 | 7,6 | 8,4 | 4,6 | 15,3 |
| Gemeinderat 2024 in % | 27,7 | 22,5 | 6,5 | 6,8 | 5,9 | 2,2 | 21,3 |
| Mitglieder, 31.12.2022 | k. A. | 9500 | 6560 | 4570 | 3515 | 2224 | 2231 |

Quellen: Statistisches Landesamt und https://www.saechsische.de/sachsen/entwicklung-parteimitglieder-sachsen-5798456.html [02.02.2024]; WV = Wählervereinigungen; Ergebnisse 2024 vorläufig.

Bei den Kommunalwahlen 2024 wurden 6747 Gemeinderatssitze (einschließlich kreisfreie Städte) vergeben. Die meisten Gemeinderäte stellen die Wählervereinigungen mit 3183 Personen, gefolgt von der CDU mit 1693 und der AfD mit 1035 sowie der SPD mit 261. Die Wählervereinigungen schneiden im ländlichen Raum am besten ab. Die Grünen und die SPD erzielen in den Großstädten ihre besten Ergebnisse. Die AfD hatte in vielen Gemeinden zu wenig Kandidaten aufgestellt, so dass zahlreiche Sitze nicht wahrgenommen werden konnten.

Für die zehn sächsischen Landkreistage wurden 2024 insgesamt 896 Sitze vergeben. Hiervon stellt die AfD den größten Anteil mit 280. Die CDU büßte ihre jahrzehntelange Spitzenstellung ein und errang 244 Sitze. An dritter Stelle liegen die Wählervereinigungen mit 128 Sitzen und an vierter Stelle das Bündnis Sahra Wagenknecht (BSW) mit 75 Sitzen.

Die Wahlbeteiligung liegt in Sachsen bei den Kommunalwahlen in der Regel niedriger als bei Landtags- und Bundestagswahlen. Der Wert bewegte sich bei Gemeinderatswahlen von 2004 bis 2014 knapp unter 50 Prozent. Seitdem stieg er jedoch deutlich an und betrug 68,1 Prozent bei den Gemeinderatswahlen 2024.

## 10 Direktdemokratische Verfahren

Obwohl die Sächsische Verfassung vorsieht, dass in »kleinen Gemeinden an die Stelle der gewählten Vertretung die Gemeindeversammlung treten« kann (Art. 86), hat die Gemeindeordnung diese Möglichkeit fallengelassen. Auch in kleinsten Gemeinden bis zu 500 Einwohnern muss ein Gemeinderat mit acht Mitgliedern gewählt werden (GemO § 29,2). Allerdings schreibt die Gemeindeordnung vor (§ 22,1), dass mindestens zweimal im Jahr Einwohnerversammlungen durchzuführen sind. »Vorschläge und Anregungen« aus Einwohnerversammlungen sind von den Gemeindeverwaltungen zu prüfen und zu behandeln. Auf schriftlichen Antrag einer bestimmten Anzahl der Einwohner müssen zusätzliche Einwohnerversammlungen einberufen werden, wobei gleichzeitig die konkret zu erörternden Angelegenheiten zu benennen sind. Der Antrag muss von mindestens fünf Prozent der Einwohnerinnen und Einwohner im Alter ab 16 Jahren unterzeichnet sein.

Nach dem gleichen Verfahren kann über einen Einwohnerantrag die Behandlung konkreter Gemeindeangelegenheiten im Gemeinderat erzwungen werden (GemO § 23). Ähnlich wie auf der Landesebene (Volksentscheid) besteht auch auf kommunaler Ebene für die Wahlbevölkerung die Möglichkeit zur direkten politischen Einflussnahme über einen Bürgerentscheid (GemO § 24, LKrO § 22). Die folgenden Regelungen sind auf die Gemeinden (Bürger der Gemeinde/Gemeinderat) bezogen, gelten aber beinahe gleichlautend für die Landkreise (entsprechend Bürger des Landkreises/Kreistag), soweit nicht gesondert angegeben.

Bürgerbegehren dienen der Durchführung eines Bürgerentscheides und können von den Bürgerinnen und Bürgern einer Gemeinde vorgetragen werden (GemO § 25). Zur Beantragung der Durchführung eines Bürgerentscheids muss das Bürgerbegehren von fünf Prozent der Bürgerschaft der Gemeinde unterzeichnet sein. Über die Zulässigkeit eines Bürgerbegehrens entscheidet der Gemeinderat. Zur gleichen Angelegenheit ist innerhalb von drei Jahren nur einmal ein Bürgerbegehren möglich.

Der Bürgerentscheid kann nur über ein zugelassenes Bürgerbegehren oder einen entsprechenden Beschluss von zwei Dritteln des Gemeinderates herbeigeführt werden. Im Prozess des Bürgerentscheides dürfen alle wahlberechtigten Bürgerinnen und Bürger einer Gemeinde über eine konkrete Frage mit »Ja« oder »Nein« abstimmen. Ein Bürgerentscheid ist erfolgreich, wenn die Mehrheit aller abgegebenen Stimmen »Ja«-Stimmen sind. Die Anzahl dieser Stimmen muss allerdings mindestens der Anzahl eines Viertels aller Stimmberechtigten entsprechen. In kreisfreien Städten und Landkreisen kann dieses Quorum auf bis zu 15 Prozent gesenkt werden.

Ein erfolgreicher Bürgerentscheid besitzt den Stellenwert eines Gemeinderatsbeschlusses. Von einer Abstimmung mittels Bürgerentscheid ausgenommen sind allerdings unter anderem der Bereich von Weisungsaufgaben, innere Verwaltungsorganisation, Haushalts- und Wirtschaftspläne oder Abgaben und Entgelte (GemO § 24). Ein zulässiges Bürgerbegehren führt nicht zum Bürgerentscheid, wenn die verlangte Maßnahme vom Gemeinderat beschlossen wird.

# 11   Probleme, Erfolge und Perspektiven

Die Kommunalpolitik sieht sich – wie alle anderen politischen Ebenen – mit den großen Krisen der Zeit konfrontiert. Vor Ort, in den Dörfern und Städten, müssen die Probleme in ihrer konkretesten Form gelöst werden. Aufgrund des Bevölkerungsrückgangs – oftmals verursacht durch die Abwanderung junger Männer und insbesondere Frauen – wurde das Angebot an Schulen, Krankenhäusern oder Polizeistationen in Sachsen gestrafft, was unter anderem längere Wege erforderlich macht. Dies trifft auch auf zahlreiche Bereiche der Grundversorgung zu (Einkaufsmöglichkeiten, Ärzte, Bankdienstleistungen, Öffentlicher Personennahverkehr etc.). So fühlen sich Teile der ländlichen Bevölkerung abgehängt und perspektivlos. Gleichzeitig stellen die hohen Zuwanderungszahlen von Flüchtlingen und Asylbewerbern die Kommunalpolitik vor große Herausforderungen. Die Streitkultur wird aggressiver und immer öfter werden Amtsträger und kommunale Bedienstete zu Opfern verbaler und körperlicher Gewalt.

Vor dem Hintergrund dieser Probleme und Krisenerscheinungen müssen Landes- und Bundespolitik dafür Sorge tragen, dass die kommunale Selbstverwaltung nicht in Konkurrenz zum personellen und finanziellen Aufwand für die Auftragsverwaltung stattfindet. Funktionierende Gemeinden und Landkreise mit ausreichend großem Gestaltungsspielraum leisten einen ganz maßgeblichen Beitrag im Kampf gegen Politikverdrossenheit und politische Radikalisierung.

## Literaturhinweise

REVOSax, Recht und Vorschriftenverwaltung Sachsen. Online abrufbar unter https://revosax.sachsen.de [03.04.2024].
Schön, Franz/Scholze, Dietrich (Hrsg.) (2014): Sorbisches Kulturlexikon. Bautzen (Domowina-Verlag). In Auszügen auch online abrufbar unter https://www.sorabicon.de/kulturlexikon/ [03.04.2024].

Schleer, Manfred (2021): Kommunalwahlen 2019 – Kurzanalyse der Angebotsstruktur. In: Meißner Hochschulschriften, Heft 9, S. 23–44. Online abrufbar unter https://www.hsf.sachsen.de/fileadmin/hsf-meissen/5_Forschung/4_Meissner_Hochschulschriften/Meissner-Hochschulschriften-Heft9.pdf [03.04.2024].

Statistische Ämter des Bundes und der Länder (2022): Kulturfinanzbericht 2022. Wiesbaden (Eigenverlag). Online abrufbar unter https://www.destatis.de/DE/Themen/Gesellschaft-Umwelt/Bildung-Forschung-Kultur/Kultur/Publikationen/Downloads-Kultur/kulturfinanzbericht-1023002229004.pdf [03.04.2024].

Statistisches Landesamt des Freistaates Sachsen. Online abrufbar unter https://www.statistik.sachsen.de [03.04.2024].

Verfassung der Deutschen Demokratischen Republik vom 9. April 1968 in der Fassung vom 7. Oktober 1974. Online abrufbar unter https://www.documentarchiv.de/ddr/verfddr.html [03.04.2024].

Weise, Gerhard (Hrsg.) (1924): Die Sächsische Gemeindeordnung vom 1. August 1923. Dresden (Verein der Staatl. Finanzbeamten in Dresden). Online abrufbar unter https://digital.slub-dresden.de/werkansicht/dlf/335166/11 [03.04.2024].

# Sachsen-Anhalt

*Jan Bartelheimer*

# 1 Politische Geschichte

Die politische Geschichte des modernen Sachsen-Anhalts und seiner Kommunen beginnt mit der Wiedervereinigung Deutschlands am 3. Oktober 1990. Weniger bekannt ist, dass die Historie als sogenanntes Bindestrich-Bundesland weitaus älter ist und bereits 1947 ihre Anfänge nimmt. Trotz seines nur kurzen Bestehens bis 1952 diente dieses kurze Aufleuchten in der deutschen Geschichte als wichtige Referenz und legte die Grundlage für die Neugestaltung des Landes Sachsen-Anhalt nach 1990.

Ein Blick auf die Statistik zeigt, dass Sachsen-Anhalt mit seinen insgesamt 2 046 720 Hektar das achtgrößte Bundesland in Deutschland und das drittgrößte in Ostdeutschland ist. Mit einer Gesamtbevölkerung von insgesamt 2 186 643 Einwohnerinnen und Einwohnern ist es bundesweit das zehntgrößte Bundesland (Statistisches Landesamt 2022). Seit dem 1. Januar 2014 besteht Sachsen-Anhalt aus 218 Gemeinden, die sich auf drei kreisfreie Städte und elf Landkreise verteilen. Die wichtigsten Oberzentren und zugleich kreisfreien Städte sind Magdeburg als Landeshauptstadt, Halle (Saale) und Dessau-Roßlau.

Mit dem Fall des Eisernen Vorhangs lebten die Bürgerinnen und Bürger in der heutigen Region Sachsen-Anhalts nicht mehr am westlichen Rand des Ostblocks, sondern im Herzen eines neuen, demokratischen Europas und inmitten eines wiedervereinigten Deutschlands. Diese Entwicklung eröffnete völlig neue Chancen und Möglichkeiten für die hier lebenden Menschen, die im Jahr 1989 eine Diktatur friedlich überwanden, um eine moderne Demokratie aufzubauen.

In den darauffolgenden drei Jahrzehnten durchlief die Region einen umfangreichen Transformationsprozess. Traditionelle Wirtschaftszweige sahen sich gezwungen zu modernisieren – sofern sie nicht durch die Treuhand abgewickelt wurden, weil sie mit der marktwirtschaftlichen Neuorientierung nicht Schritt halten konnten. Dies traf insbesondere den im Süden angesiedelten Braunkohletagebau sowie die chemische Industrie in der Region Bitterfeld-Wolfen. Darüber hinaus waren wichtige Industriezweige wie der Schwermaschinenbau, die Elektrotechnik und die Schwerindustrie betroffen. Es folgten die Schließung und Überführung volkseigener Kombinate in private Unternehmen, was mit dem Verlust zahlreicher Arbeitsplätze einherging.

Neben dem Braunkohletagebau und der chemischen Industrie ist die Magdeburger Börde im Westen Sachsen-Anhalts traditionell eine der fruchtbarsten Agrarflächen Deutschlands. Als Flächenbundesland ist Sachsen-Anhalt agrarisch geprägt; die Landwirtschaft ist einer der wichtigsten Wirtschaftszweige. Mit der Wiedervereinigung standen die Landwirtschaftlichen Produktionsgenossenschaften (LPG) vor dem Aus. Im Zuge der agrarwirtschaftlichen Neuausrichtung rechneten viele mit der Wiedereinrichtung bäuerlicher Betriebe. Entgegen diesen Erwartungen bildeten sich erfolgreich große Agrargenossenschaften, die im Februar 1991 im Fachprüfverband der Produktivgenossenschaften in Mitteldeutschland (FPV) aufgingen. Im FPV sind bis heute 150 Agrargenossenschaften organisiert. Davon sind 86 Prozent aus Sachsen-Anhalt (Bauernzeitung 2021).

Sachsen-Anhalt konnte sich zugleich aufgrund seiner zentralen Lage und günstigen verkehrstechnischen Anbindungen als maßgebliches Drehkreuz für die Transport- und Logistikbranche etablieren. Diese Rolle musste das Bundesland nach der Wiedervereinigung erst wiedererlangen, was umfassende Ausbau- und Modernisierungsmaßnahmen der Verkehrswege zu Land und Wasser mit sich brachte. Die Fertigstellung des Abschnitts der Bundesautobahn 14 zwischen Magdeburg und Halle (Saale) im November 2000 und des Wasserstraßenkreuzes Magdeburg im Oktober 2003 zählten dabei zu den symbolträchtigsten Vorhaben.

Zugleich war die Bevölkerungsentwicklung in Sachsen-Anhalt nach 1990 von einem anhaltenden Rückgang geprägt. Dieser Trend wurde erstmals im Jahr 2022 durchbrochen. Seit 1956 wurde in diesem Jahr der größte Bevölkerungszuwachs in Sachsen-Anhalt verzeichnet – mit einem Plus von 17 390 Einwohnerinnen und Einwohnern bzw. 0,8 Prozent im Vergleich zum Vorjahr. Dies ist hauptsächlich auf die zunehmende Zuwanderung zurückzuführen, denn gleichzeitig verzeichnete Sachsen-Anhalt hinsichtlich der Geburten im Land einen Negativrekord (zu den Daten: Statistisches Landesamt 2023a, b und c).

Das Land Sachsen-Anhalt und seine Kommunen mussten sich in ihrer Rolle und Identität nach der Wiedervereinigung neu finden. Der Weg zur kommunalen Selbstverwaltung mit moderner Kommunalverfassung sollte nach 1990 noch weitere 24 Jahre dauern. In dieser Zeit durchliefen die Kommunen im Land verschiedene Umgestaltungsprozesse und Neuzuschnitte in ihren Zuständigkeiten und politischen Grenzen. Die Kommunalverwaltung musste im Zuge dieser Entwicklungen neu strukturiert werden und war erheblichen Belastungen ausgesetzt.

## 2 Der Weg zur kommunalen Selbstverwaltung

Die Historie des Landes Sachsen-Anhalts und seiner Kommunen beginnt am 21. Juli 1947. Zuvor existierte das »Land« von 1945 bis 1947 als sogenannte »Provinz« neben anderen deutschen Gliederungen der Nachkriegszeit. Bereits hier wurde an die Tradition der kommunalen Selbstverwaltung der Weimarer Republik angeknüpft. Die damit verbundenen föderalen und demokratischen Entwicklungen endeten jedoch vorerst am 25. Juli 1952 im Rahmen der Verwaltungsreform in der DDR. Der Demokratische Zentralismus wurde zur Grundlage des Staatsaufbaus erklärt und führte zur Bildung von »unhistorischen Bezirken« (Tullner 2001, 15) auf dem Gebiet des heutigen Bundeslandes mit Magdeburg, Halle und zum Teil auch Cottbus. Für fast vierzig Jahre sollte diese Verwaltungsstruktur in der DDR bestimmend sein.

Ab Herbst 1989 erreichten die Bestrebungen zur Wiedererrichtung Sachsen-Anhalts ihren ersten Höhepunkt mit der »Reföderalisierung« der DDR (Tullner 2001, 176). Die Wiedervereinigung am 3. Oktober 1990 und die Verkündung der Verfassung des Landes Sachsen-Anhalt am 16. Juli 1992 legten wichtige demokratische Grundlagen, um an die föderale Tradition und das Prinzip der kommunalen Selbstverwaltung von 1947 bis 1952 in einer modernen Demokratie anzuknüpfen. Mit der neuen Landesverfassung wurde zugleich das Recht auf kommunale Selbstverwaltung Verfassungsrecht. Gleichzeitig wurde die DDR-Kommunalverfassung vom 17. Mai 1990 mit Wirkung vom 3. Oktober 1990 Recht der fünf neu gegründeten Bundesländer im Osten Deutschlands.

## 3  Die Kreisreformen von 1994 bis 2014

Mit dem Beschluss des ersten Landtages von Sachsen-Anhalt nach der Wiedervereinigung trat am 1. Juli 1994 die erste Kreisgebietsreform in Kraft. Diese Reform hob die bestehende DDR-Kommunalverfassung auf und ersetzte sie durch die Gemeindeordnung (GO LSA) und Landkreisordnung (LKO LSA). Die kleinteilige Kreis- und Gebietsstruktur Sachsen-Anhalts blieb jedoch erhalten. Im Zuge dieser Reform wurde lediglich die Anzahl der Landkreise von 37 auf 21 reduziert. Aufgrund des noch im Aufbau befindlichen Zustands der kommunalen Selbstverwaltung war eine grundlegende Reform zu diesem Zeitpunkt nicht durchführbar. Zudem hatten mehr als 1000 Gemeinden weniger als 1000 Einwohnerinnen und Einwohner zu verwalten. Um Verwaltungskraft zu bündeln und den qualitativen sowie fachlichen Ansprüchen gerecht zu werden, schlossen sich meist bis zu zehn Gemeinden freiwillig zu Verwaltungsgemeinschaften im Gemeinsamen Verwaltungsamt zusammen, wobei zahlreiche unterschiedliche Sonderregelungen der jeweiligen Mitgliedsgemeinden zu beachten waren (Beck 2021, 246 f.).

Des Weiteren machten die fortlaufende Abwanderung der Bevölkerung und die gesamtdemographische Entwicklung in den Gemeinden eine

Neuordnung der kommunalen Struktur notwendig. Diese wurde mit Inkrafttreten des Kreisneugliederungsgesetzes 2007 in Sachsen-Anhalt auf kommunaler Ebene umgesetzt. Auf der Gemeindeebene bildeten sich die kreisangehörigen Einheits- und Mitgliedsgemeinden der Verbandsgemeinden. Auf der Kreisebene wurde festgelegt, dass ein Landkreis mindestens 150 000 Einwohnerinnen und Einwohner haben musste, was ab 1. Juli 2007 zu einer Reduzierung der Landkreise von 21 auf elf führte, um u. a. mehr Effizienz und Bürgernähe zu erreichen (Innenministerium 2005). Durch die Gemeindegebietsreform vom 1. Januar 2011 setzte sich die stetige Verringerung der Anzahl der kreisangehörigen Gemeinden fort. Von 1367 Gemeinden im Jahre 1990 war die Zahl auf 224 Gemeinden gesunken.

Ab dem 1. Juli 2014 kam es zur vorerst letzten Neugliederung im Rahmen des Gesetzes zur Reform des Kommunalverfassungsrechts und Inkrafttreten des Kommunalverfassungsgesetzes vom 17. Juni 2014 (KVG LSA). Heute gibt es in Sachsen-Anhalt noch 218 Gemeinden.

## 4 Das Kommunalverfassungsgesetz: Ein unfertiger Meilenstein?

Die Verabschiedung des KVG LSA von 2014 markierte einen wichtigen Meilenstein: Erstmalig gaben sich die Gemeinden in Sachsen-Anhalt nach 1990 eine eigene Kommunalverfassung. Dieses moderne und innovative Gesetz integrierte drei bestehende Gesetze: die Gemeindeordnung, das Verbandsgemeindegesetz und die Landkreisordnung (Beck 2021, 248). Hiermit wurde vor allem ein zeitgemäßes Kommunalrecht geschaffen, das die bürgerschaftliche Mitwirkung in Bezug auf Bürgerentscheide oder der kommunalen Haushaltsführung verbessern sollte. Ziel war auch, die kommunale Selbstverwaltung für die Städte und Gemeinden handhabbar und praxisnah zu gestalten und diese nicht zusätzlich zu belasten (Landtag 2014, 5571).

Sicherlich hätten Neuerungen für die Kommunalverfassung weitreichender sein können, was z. B. die generationenübergreifende Einbeziehung von Seniorinnen und Senioren, Kindern und Jugendlichen sowie Zuwanderinnen und Zuwanderer betrifft. Ausgeblieben ist u. a. ein aktives Fragerecht für Einwohnerinnen und Einwohnern bei öffentlichen Sitzungen und Ausschüssen. Zugleich schränkt eine starke Reglementierung durch detaillierte Form- und Verfahrensvorschriften die Arbeit der Gemeinde- und Stadträte sowie der Kreistage und der Kreisverwaltung stark ein. Formulierungen oder Vorgaben sind für ehrenamtliche Kreistagsmitglieder in der Praxis schwer verständlich und handhabbar. Eine der zentralen Forderungen des Landkreistages zur Stärkung der kommunalen Selbstverwaltung lautet daher: »Mehr Entscheidungsspielraum vor Ort und weniger zentrale Vorgaben!« (Landkreistag 2021, 8) Ein zentraler Vorschlag des Städte- und Gemeindebundes ist die Verschlankung des KVG LSA im Hinblick auf eine Deregulierung und die Beschränkung auf das Grundsätzliche (Städte- und Gemeindebund 2021, 4, 8; zum Problem vgl. ebd., 2).

## 5 Instrumente direktdemokratischer Verfahren in der Kommunalverfassung

Welche konkreten Instrumente und Möglichkeiten eröffnet die sogenannte Kommunalverfassung den Bürgerinnen und Bürgern seit 2014? Das KVG LSA ermöglicht im Rahmen der kommunalen Selbstverwaltung die bürgerschaftliche Teilhabe und Mitwirkung am kommunalpolitischen Geschehen. Neben den Möglichkeiten, sich ehrenamtlich in kommunalen Organen wie dem Gemeinde- oder Stadtrat zu engagieren, eröffnet das KVG LSA Einwohnerinnen und Einwohner sowie Bürgerinnen und Bürgern verschiedene Wege zur direkten Teilhabe und Mitwirkung in kommunalpolitischen Prozessen. Für Einwohner gibt es den Einwohnerantrag (§ 25), außerdem werden sie in der sogenannten Einwohnerfragestunde (§ 28) sowie der Einwohnerversammlung einbezogen. Für Bürger gibt es darüber hinaus die Instrumente Bürgerbegehren (§ 26) und Bürgerentscheid (§ 27).

Wie steht es jedoch um die Anwendungshäufigkeit dieser direktdemokratischen Instrumente auf kommunaler Ebene? Bereits drei Jahre nach Inkrafttreten des neuen Kommunalverfassungsgesetzes wurde 2017 im Landtag von Sachsen-Anhalt die Enquete-Kommission »Stärkung der Demokratie« eingesetzt. Expertinnen und Experten aus Kommunalpolitik, Wissenschaft, Vereinen und kommunalen Spitzenverbänden sollten sich mit der Frage befassen, wie das demokratische Zusammenwirken einer aktiven Bürgergesellschaft und der kommunalen Selbstverwaltung weiterentwickelt werden könne. Dabei ging es um eine Novellierung des KVG LSA zu Beginn der Wahlperiode 2019. Die Enquete-Kommission sprach mehrere Empfehlungen aus.

Eine wichtige Frage war, ob Veränderungen bei den Zustimmungsquoren zu Bürgerentscheiden vorzunehmen seien und, wenn ja, welche. Die Kommission empfahl eine Herabsenkung des Quorums von 25 auf 20 Prozent, um institutionelle Hürden für Einzelinteressen zu senken und sich dem bundesweiten Durchschnitt anzugleichen, was im Rahmen der Novellierung 2019 umgesetzt wurde.

Auch wurde angemerkt, dass sowohl Einwohneranträge als auch Bürgerbegehren in Sachsen-Anhalt eher eine Ausnahmeerscheinung sind und kaum Anwendung finden (Enquete-Kommission 2017, 18; vgl. Rehmet et al. 2023, 53). Ein Blick auf die Zahlen zeigt, dass von 1990 bis 2022 in Sachsen-Anhalt insgesamt 270 Anträge auf eine direktdemokratische Entscheidung (119 Bürgerbegehren und 151 Ratsreferenden[1] bzw. -begehren) gestellt und 188 Bürgerentscheide durchgeführt wurden. Im Ländervergleich steht Sachsen-Anhalt damit unter den ostdeutschen Bundesländern nach Sachsen (357) und Brandenburg (294) an dritter und bundesweit an zehnter Stelle. Statistisch findet pro Gemeinde in Sachsen-Anhalt alle 25 Jahre ein Verfahren statt. Sachsen-Anhalt liegt damit unter den Bundesländern im Mittelfeld und nimmt den 7. Platz ein. Die vergleichsweise hohe Anwendungshäufigkeit ist jedoch durch die zahlreichen Ratsrefe-

---

1 Ratsreferenden sind Bürgerentscheide, die durch einen Ratsbeschluss (z. B. Gemeinderat) zustande kommen. Vgl. § 27 Absatz 2 KVG LSA.

renden aus der Zeit der Gemeindegebietsreform zu begründen. Betrachtet man nur die Entwicklung seit der Novellierung des KVG LSA, so nimmt Sachsen-Anhalt in der Anwendungshäufigkeit von 2018 bis 2022 den 13. Platz ein: ein Verfahren pro Gemeinde alle 76 Jahre (zu den Zahlen: Rehmet et al. 2023, 14 und 20 f.).

Die Zahlen verdeutlichen, dass noch erheblich »Luft nach oben« besteht, was die Möglichkeit zur Inanspruchnahme direktdemokratischer Instrumente auf kommunaler Ebene betrifft.

## 6 Die kommunale Selbstverwaltung und ihre Interessenvertretungen

Wie bereits erwähnt, ist die kommunale Selbstverwaltung auf Grundlage des Grundgesetzes und von Art. 87 der Verfassung des Landes Sachsen-Anhalt (Verf ST) Verfassungsrecht. Städte und Gemeinden sowie Landkreise bzw. Gemeindeverbände haben grundsätzlich jene öffentlichen Aufgaben in eigener Verantwortung selbst zu verwalten, die dem Erhalt und Aufbau der kommunalen Infrastruktur bzw. der kommunalen Daseinsvorsorge dienen. In Sachsen-Anhalt zählen zu den kreisangehörigen Gemeinden die bereits oben erwähnten eigenständigen Einheits- und Mitgliedsgemeinden der Verbandsgemeinden.

Gesetzlich geregelt ist die Aufgabenerfüllung der Kommunen im KVG LSA. Grundsätzlich kümmert sich die kommunale Verwaltung eigenverantwortlich »in den Grenzen ihrer Leistungsfähigkeit« (§ 4) um die unmittelbaren öffentlichen Bedürfnisse ihrer Bürgerinnen und Bürger. Sie ist durch das Rathaus erste Anlaufstelle im Sinne des Einwohnerservices vor Ort. Zugleich ist das Rathaus Ort der demokratischen Vertretung und Willensbildung durch das Volk bei der Umsetzung oder Mitgestaltung kommunalpolitischer Prozesse in der Gemeinde durch entsprechende Organe der Kommune (§ 7). Die Aufgaben der Kommunen gliedern sich in Pflicht- und freiwillige Aufgaben (§ 5) im eigenen Wirkungskreis. Hinzu kommen die Aufgaben des übertragenen Wirkungskreises (§ 6) zur Umsetzung staatlicher Aufgaben nach Weisung bzw. Auftragsangelegenheiten von Bund und Land. Die Umsetzung aller Aufgaben wird im Wesentlichen durch Steuereinnahmen der jeweiligen Gemeinden finanziert.

Die kommunale Selbstverwaltung funktioniert dabei nach dem Subsidiaritätsprinzip. Kann z. B. eine kreisangehörige Gemeinde aufgrund ihrer Verwaltungskraft oder finanziellen Stärke die ihr übertragenen Pflichtaufgaben im eigenen oder übertragenen Wirkungskreis nicht wahrnehmen, können diese Aufgaben von der jeweiligen Einheitsgemeinde oder Verbandsgemeinde an eine nächstgrößere Gebietskörperschaft wie den Landkreis übertragen werden (§ 3 KVG LSA Abs. 2).

Gegenüber der eigenständigen Einheitsgemeinde besteht die Verbandsgemeinde aus drei bis acht selbstständigen kreisangehörigen Mitgliedsgemeinden und übernimmt gemäß § 90 KVG LSA Abs. 1 Aufgaben im eigenen Wirkungskreis, die von den Mitgliedsgemeinden auf die Verbandsgemeinde übertragen werden.

Die Erfüllung der Pflichtaufgaben im eigenen sowie der Aufgaben im übertragenen Wirkungskreis hat oberste Priorität und bindet dabei einen Großteil der Finanzen einer Gemeinde. Für die Umsetzung freiwilliger Aufgaben können nur noch die verbleibenden Mittel einer Gemeinde verwendet werden. Vor allem in bevölkerungsarmen Gemeinden, die durch Abwanderung oder Schrumpfung geprägt sind, stellt dies eine Herausforderung dar. Dieser finanzielle Spagat übt starken Druck auf die Sicherung der kommunalen Selbstverwaltung aus und macht die Verwaltung im schlimmsten Fall bewegungs- und handlungsunfähig. Eine gesicherte Grundfinanzierung bzw. Mindestausstattung ist jedoch wesentlich, um dem verfassungsgemäßen Recht auf kommunale Selbstverwaltung gerecht zu werden. In Sachsen-Anhalt ist dies durch Art. 88 Abs. 1 und 2 der Verfassung gesetzlich in Form des Finanzausgleichs geregelt.

Der Finanzausgleich zwischen Land und Kommunen ist immer wieder Bestandteil kommunalpolitischer Debatten. Das zunehmend niedrigere Steueraufkommen bei der Gewerbesteuer führt u. a. zu Belastungen bei den Kommunen in der Erfüllung ihrer Aufgaben (Städte- und Gemeindebund 2021, 5). Zudem nehmen die Anforderungen an die Zukunftsfähigkeit der Kommunen zu, was Bereiche wie den Klima- und Umweltschutz sowie die Digitalisierung betrifft. Der Finanzausgleich soll zudem eine stabile Grundlage im Spannungsfeld zwischen der Umsetzung von kommunalen Aufgaben im eigenen und übertragenen Wirkungskreis herstellen. Die finanzielle Mindestausstattung einer Kommune ist unterschritten, wenn die Wahrnehmung freiwilliger Aufgaben infolge einer unzureichenden Finanzausstattung unmöglich geworden ist (Niedersächsischer StGH 2001, par. 151). Durch den Finanzausgleich soll vermieden werden, dass durch zunehmende Pflichtaufgaben das Recht auf kommunale Selbstverwaltung in einer Kommune für die Wahrnehmung und Umsetzung freiwilliger Ausgaben ausgehöhlt wird.

Die Entscheidung über die Erfüllung freiwilliger Aufgaben nimmt eine Gemeinde nach eigenem Ermessen vor. Zu den typischen freiwilligen Aufgaben gehören Grünflächen- und Parks sowie Sportstätten und Bäder. Auch der Kulturbereich (z. B. Museen, Theater oder Bibliotheken) zählt zu den freiwilligen Aufgabenbereichen einer Gemeinde.

Gegenüber den kreisangehörigen Gemeinden übernehmen die Landkreise öffentliche Aufgaben von überörtlicher Bedeutung und helfen kreisangehörigen Gemeinden in der Erfüllung ihrer Aufgaben, wenn diese in eigener Zuständigkeit nicht erfüllt werden können. Auszugsweise sind hier wichtige kommunale Aufgaben im eigenen und übertragenen Wirkungskreis aufgeführt, die z. B. durch Gesetze des Bundes und des Landes übertragen werden (▶ Tab. 17).

Werden einer Kommune Aufgaben durch Gesetze des Bundes und des Landes übertragen, gilt der Grundsatz des Konnexitätsprinzips. Geregelt ist dieser Grundsatz in Art. 87 Abs. 3 der Verfassung Sachsen-Anhalts. Die Mehrbelastung durch Pflichtaufgaben und staatliche Aufgaben, die entweder eigenverantwortlich umzusetzen oder auf Weisung auszuführen sind, muss in angemessener Weise finanziell ausgeglichen werden. Dabei gibt der Bund seine Mittel zur Umsetzung dieser Aufgaben in der Regel nicht unmittelbar an die Kommunen weiter. Die Finanzmittel des Bundes übernimmt in diesen Fällen das Land zur Weitergabe an die zugehörigen Gemeinden.

In Sachsen-Anhalt werden die Städte, Gemeinden und Landkreise in ihren kommunalpolitischen Interessen durch zwei kommunale Spitzenverbände im Prozess der staatlichen Rechtsetzung vertreten: den Städte- und Gemeindebund Sachsen-Anhalt (SGSA) und den Landkreistag Sachsen-Anhalt.

**Tab. 17:** Kommunale Aufgaben im eigenen und übertragenen Wirkungskreis (Auswahl)

| Gesetze des Bundes | Gesetze des Landes |
|---|---|
| Übernahme der Grundsicherung für Arbeitssuchende (§ 19a SGB I sowie § 6 SGB II) | Vollzug des Aufenthaltsgesetzes im Rahmen des Aufnahmegesetzes für Ausländerinnen und Ausländer, Asylberechtigte und anerkannte Flüchtlinge (§ 1 AufnG LSA) |
| Versorgungsleistungen für Gesundheitsschäden (§ 24 SGB I) | Träger der öffentlichen Jugendhilfe (§ 1 KJHG-LSA) |
| Leistungen der Kinder- und Jugendhilfe (§ 27 SGB I) | Träger weiterführender und berufsbildender sowie Förderschulen (§ 65 SchulG LSA) |
| Sozialhilfe (§ 28 SGB I sowie § 3 SGB XII) | Übernahme der Schülerbeförderung (§ 71 SchulG LSA) |
| Abfallwirtschaft (§ 20 KrWG) | Aufgabenträger des Straßenpersonennahverkehrs (§ 1 ÖPNVG LSA) sowie Rettungsdienste (§ 4 RettDG LSA). |

Quelle: eigene Zusammenstellung, u. a. nach Deutscher Bundestag 2014, 6–11.

Dem SGSA gehören insgesamt 210 Gemeinden und Städte des Landes Sachsen-Anhalt an. Der Verband vertritt mit ca. 2,17 Millionen Einwohnerinnen und Einwohnern einen Anteil von 99,57 Prozent der Gesamtbevölkerung in Sachsen-Anhalt (SGSA 2024, 1). Gegründet wurde der SGSA am 17. September 1990 in Könnern. Die Mitglieder des SGSA bündeln sich auf Bundesebene im Deutschen Städte- und Gemeindebund sowie im Deutschen Städtetag. Dem SGSA obliegen dabei im Wesentlichen die Interessenvertretung der Verbandsmitglieder im Sinne der Wahrung und des Ausbaus der gemeindlichen Selbstverwaltung sowie des Erfahrungsaustauschs und der Zusammenarbeit unter den Mitgliedern auf Bundes- und Landesebene.

Demgegenüber wurde als kommunaler Spitzenverband der Landkreise der Landkreistag Sachsen-Anhalt von damals insgesamt 37 Landkreisen am

8. September 1990 in Bernburg gegründet. Mit der letzten Kreisgebietsreform von 2007 sind es nunmehr elf Landkreise, die dem Landkreistag angehören. Der Landkreistag von Sachsen-Anhalt vertritt ca. 1,6 Millionen Einwohner bzw. 75 Prozent der Gesamtbevölkerung des Landes (Landkreistag 2025, 1). Der Landkreistag ist zugleich Mitglied im Deutschen Landkreistag. Hier kommen alle 294 deutschen Landkreise in Berlin zusammen, die sich aus den einzelnen Verbänden der 13 Flächenländer zusammensetzen, um sich für die kommunalen Belange ihres jeweiligen Bundeslandes einzusetzen.

Eine wichtige Rolle übernehmen die kommunalen Spitzenverbände im Beratungsprozess zu Gesetzesvorhaben des Landes Sachsen-Anhalt. Dies war beispielsweise 2014 im Rahmen der Reform des Kommunalverfassungsrechts der Fall oder bei der Novellierung des Kinderförderungsgesetzes. Die kommunalen Spitzenverbände ziehen dabei ihre Erfahrungswerte und ihre Stärke aus den kommunalen Praktikerinnen bzw. Praktikern und Ehrenamtlichen vor Ort. Ihnen geht es u. a. darum, die finanzielle Selbstbestimmung in den Gemeinden und Städten zu wahren, um aufgrund von Sparzwängen oder Einsparmaßnahmen wichtige Gestaltungsspielräume der kommunalen Selbstverwaltung nicht zu verlieren.

## 7 Kommunalpolitische Institutionen und kommunale Akteure

Neben den bereits erwähnten kommunalen Spitzenverbänden zählen zu den grundlegenden kommunalpolitischen Institutionen des Landes Sachsen-Anhalt die gewählten Vertretungsorgane. Diese sind auf Ebene der Gemeinde der Gemeinde- bzw. Stadtrat und die Bürgermeisterin bzw. der Bürgermeister, der Verbandsgemeinderat und der Verbandsgemeindebürgermeister sowie auf Landkreisebene der Kreistag und Landrätin bzw. Landrat (§ 7 KVG LSA).

Die in diesen Organen der Gemeindeverwaltung vom Volk gewählten Vertreterinnen und Vertreter oder Ratsmitglieder sind Mitglieder von Parteien, Wählergruppen oder Einzelpersonen. Sie organisieren sich neben dem zentralen Gemeinde- bzw. Stadtrat oder Kreistag in kommunalen Ausschüssen und Beiräten, um z. B. über die Ausgestaltung und Umsetzung wichtiger Aufgabenbereiche zu beraten. Die wichtigsten Ausschüsse sind Finanzen, Stadtplanung, Bildung oder Sozialangelegenheiten.

Neben den gewählten Volksvertretern ist die Bedeutung von Bürgerinitiativen und Interessengruppen auf kommunaler Ebene nicht zu unterschätzen, auch wenn die Anwendungshäufigkeit direktdemokratischer Instrumente in Sachsen-Anhalt eher verhalten ist, wie oben beschrieben. Außerhalb der Vertretungsorgane versuchen sie anlassbezogen, Druck oder Einfluss z. B. auf die Kommunalverwaltung auszuüben. Sie bilden ein wichtiges Scharnier zwischen den Bürgerinnen und Bürgern und den vom Volk gewählten politischen Vertreterinnen und Vertretern in den Gemeinde- und Stadträten. Weitere Akteure außerhalb der kommunalpolitischen Institutionen und den oben genannten Akteuren sind vor allem Kultur-, Sport- oder Sozialvereine sowie die lokale Medienlandschaft.

Das Interesse, für ein kommunalpolitisches Mandat in einem Stadtrat, Kreistag, Gemeinde- oder Verbandsgemeinderat zu kandidieren, ist seit 2014 auf einem anhaltend hohen Niveau. Betrachtet man die Anzahl der Bewerberinnen und Bewerber insgesamt, so kandidierten für die Kommunalwahlen 2014 rund 16 200 und im Jahre 2019 rund 16 500 Personen für ein politisches Mandat. Für 2024 beträgt die Gesamtzahl rund 15 000 Bewerberinnen und Bewerber (zu den Zahlen: Die Landeswahlleiterin 2014, 2019 und 2024). Vor allem bei den Gemeinde- und Verbandsgemeinderatswahlen machen die Kandidierenden der Wählergruppen gegenüber den (großen) Parteien einen Anteil von ca. 40 bis 55 Prozent aus, während er bei den Stadtratswahlen der kreisfreien Städte und Kreistagswahlen bei ca. 16 Prozent liegt. Die Bedeutung unabhängiger Wählergruppen ist somit vor allem in kleineren und ländlichen Gemeinden gegenüber den politischen Parteien nicht gering zu schätzen. Den Wählergruppen wird gegenüber den etablierten Parteien oftmals mehr Bürgernähe und lösungsorientierte Sachpolitik zugetraut, was sich u. a. im Bewerberinnen- und Bewerberbild niederschlägt. Die Entwicklungen in Sachsen-Anhalt folgen dabei einem bundesweiten Trend.

# 8 Die Kommunalwahlen als landesweites Großereignis

Seit 1994 erfolgen die Kommunalwahlen zu den Stadträten in den kreisfreien Städten und zu den Kreistagen zeitgleich mit den Europawahlen. Eine Ausnahme bildeten die Jahre 2007 und 2009. In diesen Jahren fanden die Kommunalwahlen im Zuge der Kreisgebietsreform getrennt voneinander statt.[2]

Mit Inkrafttreten des neuen KVG LSA und der Neuordnung der Gemeindestrukturen werden seit 2014 auch die Gemeinderatswahlen und die Verbandsgemeinderatswahlen gemeinsam mit den Stadtrats- und Kreistagswahlen durchgeführt. Hinzu kommen seit 2019 die Ortsvorsteherinnen- und Ortsvorsteherwahlen. Zusammen mit den zeitgleich stattfindenden Europawahlen finden somit mehr als 1000 Wahlen in Sachsen-Anhalt statt (Die Landeswahlleiterin 2024). Die ehrenamtlichen Mitglieder der Gemeinde- und Verbandsgemeinderäte sowie Kreistage werden für die Dauer von fünf Jahren gewählt (§ 38 KVG LSA). Gleiches gilt für die Ortsvorsteher und die Ortschaftsräte sowie deren Ortsbürgermeister als Vorsitzende des Ortschaftsrates (§§ 82, 85). Anders verhält es sich bei den Oberbürgermeistern, Verbandsgemeindebürgermeistern, Landräten sowie Bürgermeistern der Städte und Gemeinden. Als Hauptverwaltungs- oder Ehrenbeamte sowie Leiter bzw. Repräsentanten der Kommune werden diese für eine Amtszeit von sieben Jahren gewählt (§§ 61, 96).

Das Alter der Wahlberechtigten zur Wahrnehmung des aktiven Wahlrechts im Rahmen der Kommunalwahl liegt bei 16 Jahren. Wählen dürfen dabei alle Deutschen im Sinne des Grundgesetzes und andere EU-Bürgerinnen und -Bürger, die seit mindestens drei Monaten in der Gemeinde oder in der Verbandsgemeinde wohnen und von ihrem aktiven Wahlrecht nicht ausgeschlossen sind.

---

2 Die Stadtratswahlen in Dessau-Roßlau sowie die Kreistagswahlen in neun Landkreisen wurden 2007 durchgeführt, während die Stadtratswahlen in Halle (Saale) und Magdeburg sowie die Kreistagswahlen in zwei Landkreisen 2009 stattfanden.

Wirft man einen Blick auf die Wahlbeteiligung in Sachsen-Anhalt seit 1990, ist zu erkennen, dass das Interesse an den Kommunalwahlen bis 2007 fortlaufend eingebrochen ist. Lediglich 36,5 Prozent beteiligten sich 2007 an den Kommunalwahlen zum Stadtrat in Dessau-Roßlau und den Kreistagswahlen in neun Landkreisen (Die Landeswahlleiterin 2007). Vergleichbar gering war 2009 mit 38,0 Prozent auch die Beteiligung an den Kommunalwahlen zu den Stadträten in Halle (Saale) und Magdeburg sowie den Kreistagswahlen in zwei Landkreisen (Die Landeswahlleiterin 2009). Im Vergleich dazu war das Interesse an den letzten Kommunalwahlen im Jahr 2024 mit 61,0 Prozent zwar groß, im Verhältnis zu den 73,8 Prozent im Jahr 1990 jedoch immer noch niedriger.

Wenngleich Kommunalpolitik vor der eigenen Haustür stattfindet und die Ergebnisse unmittelbare Auswirkungen auf das kulturelle und gesellschaftliche Zusammenleben in der Gemeinde oder im Stadtteil haben, leiden Kommunalwahlen unter einem stetigen Bedeutungsverlust bei den Wählerinnen und Wählern. Ergebnisse zur Wahlbeteiligung wie 1990 oder 1994 scheinen uneinholbar zu sein. Ein Trend, dem wir als Gesellschaft nicht gleichgültig gegenüberstehen dürfen, denn es geht um direkt gelebte Demokratie. Immerhin ist die Bereitschaft, für ein kommunalpolitisches Mandat zu kandidieren, wie oben gezeigt, seit den letzten zehn Jahren auf einem hohem Niveau.

## 9 Die Zukunft der Kommunalpolitik: Wertschätzung und Mitbestimmung

Die Zukunft der Kommunalpolitik ist in einer überalternden Gesellschaft generationenübergreifend zu denken. Folgt man § 80 KVG LSA, ist der Auftrag klar umrissen: Alle Menschen in einer Kommune sind mit ihren Interessen in angemessener Weise zu beteiligen. Sei es über Beiräte oder bestellte Beauftragte aus der Bevölkerung, um eine demokratische Mitbestimmung zu gewährleisten. Dies setzt voraus, dass kommunale Mandatsträgerinnen und Mandatsträger in der Ausführung ihres Ehrenamts von den Menschen in der Kommune gewürdigt und unterstützt werden. Anfeindungen und Hass nehmen gegenüber den mehr als 10 000 kommunalen Mandatsträgern stetig zu (Landkreistag 2021, 7). Die Ausübung eines kommunalen Mandats sollte im Interesse des Schutzes der Demokratie nicht zu einer Bühne für tätliche Auseinandersetzungen werden.

Darüber hinaus ist die Jugend vor Ort mitzunehmen. Regionale Politik und Demokratie vor Ort ist stark, wenn der Nachwuchs dafür begeistert und überzeugt werden kann, Verantwortung für die eigene Region zu übernehmen. Die Etablierung und Verstetigung von sogenannten Kinder- und Jugendparlamenten, Jugendbeiräten oder »Kinderstädten« sind Möglichkeiten, um kommunalpolitischen Nachwuchs zu fördern. Beispielhaft sind hier der Jugendkreistag des Landkreises Börde, der Jugendbeirat Bitterfeld-Wolfen oder der Jugendgemeinderat der Gemeinde Muldestausee als direkte Vorhaben der Gemeinden sowie die Kinderstadt »Ottopia« in Magdeburg als zivilgesellschaftliche Initiative. Die Verstetigung von solchen Beteiligungsformaten ist unerlässlich, um jungen Menschen vor Augen zu führen, wo Regeln und Normen ihres Alltags entstehen. Die Herausforderung und der Anspruch sollten vor allem darin bestehen, niedrigschwellige und ernstgemeinte Angebote zu schaffen, die Wirkung vor Ort entfalten.

Zugleich nimmt die Bedeutung der digitalen Welt gesellschaftlich unaufhaltsam zu. Neue Herausforderungen im Klima- und Umweltschutz zwingen die Gemeinden, neue Wege zu gehen. Hinter allen Zukunftsfragen und Positionen steht fortwährend die Sicherung der Zukunftsfähigkeit und der Finanzierbarkeit neuer Herausforderungen in den Kommunen, im Sinne einer bürgernahen und starken kommunalen Selbstverwaltung in den Gemeinden.

# Literaturhinweise

Bauernzeitung (2021): Agrargenossenschaften: Allen Widerständen getrotzt. In: Bauernzeitung, 23.11.2021. Online abrufbar unter https://www.bauernzeitung. de/news/sachsen-anhalt/fpv-agrargenossenschaften-allen-widerstaenden-getrotzt/ [28.03.2024].

Beck, Wolfgang (2021): Das Kommunalverfassungsgesetz des Landes Sachsen-Anhalt: Vorgeschichte, wesentliche Regelungen und Weiterentwicklung. In: Stöcker, Roger/Reichel, Mark (Hrsg.): Sachsen-Anhalt. Eine politische Landeskunde. 2. Aufl., Halle an der Saale (Mitteldeutscher Verlag), S. 246–255.

Enquete-Kommission »Stärkung der Demokratie« (2017): Bericht über die Arbeit der Enquete-Kommission für den Berichtszeitraum vom 17. März 2017 bis zum 16. Oktober 2017. Magdeburg (Landtag von Sachsen-Anhalt), Drucksache 7/2078. Online abrufbar unter https://padoka.landtag.sachsen-anhalt.de/files/drs/wp7/drs/d2078vbt.pdf [14.05.2024].

Deutscher Bundestag, Wissenschaftliche Dienste (2014): Was sind »Pflichtaufgaben der Kommunen im Auftrag des Bundes« im Bereich der sozialen Daseinsvorsorge? Online abrufbar unter https://www.bundestag.de/resource/blob/416684/0e186f925ff3307cf56649c0ca0f37fd/wd-3-192-14-pdf-data.pdf [28.03.2024].

Die Landeswahlleiterin Sachsen-Anhalt (2007): Kommunalwahlen in Sachsen-Anhalt 2007. Stadtratswahlen in den kreisfreien Städten und Kreistagswahlen. Online abrufbar unter https://wahlergebnisse.sachsen-anhalt.de/wahlen/kw07/index. html [17.02.2025].

Die Landeswahlleiterin Sachsen-Anhalt (2009): Kommunalwahlen in Sachsen-Anhalt 2009. Stadtratswahlen in den kreisfreien Städten und Kreistagswahlen. Online abrufbar unter https://wahlergebnisse.sachsen-anhalt.de/wahlen/kw09/index. html [17.02.2025].

Die Landeswahlleiterin Sachsen-Anhalt (2014): Kommunalwahlen in Sachsen-Anhalt 2014. Stadtratswahlen in den kreisfreien Städten und Kreistagswahlen. Online abrufbar unter https://wahlergebnisse.sachsen-anhalt.de/wahlen/kw14/index. html; Gemeinderatswahlen. Online abrufbar unter https://wahlergebnisse.sachsen-anhalt.de/wahlen/gw14/index.html; Verbandsgemeinderatswahlen. Online abrufbar unter https://wahlergebnisse.sachsen-anhalt.de/wahlen/vw14/index. html [alle 28.03.2024].

Die Landeswahlleiterin Sachsen-Anhalt (2019): Kommunalwahlen in Sachsen-Anhalt 2019. Stadtratswahlen in den kreisfreien Städten und Kreistagswahlen. Online abrufbar unter https://wahlergebnisse.sachsen-anhalt.de/wahlen/kw19/index. php; Gemeinderatswahlen. Online abrufbar unter https://wahlergebnisse.sachsen-anhalt.de/wahlen/gw19/index.html; Verbandsgemeinderatswahlen. Online abrufbar unter https://wahlergebnisse.sachsen-anhalt.de/wahlen/vw19/index. html [alle 28.03.2024].

Die Landeswahlleiterin Sachsen-Anhalt (2024): Kommunalwahlen in Sachsen-Anhalt 2024. Stadtratswahlen in den kreisfreien Städten und Kreistagswahlen. Online abrufbar unter https://wahlergebnisse.sachsen-anhalt.de/wahlen/kw24/index.php; Gemeinderatswahlen. Online abrufbar unter https://wahlergebnisse.sachsen-anhalt.de/wahlen/gw24/index.html; Verbandsgemeinderatswahlen. Online abrufbar unter https://wahlergebnisse.sachsen-anhalt.de/wahlen/vw24/index.html [alle 14.05.2024].

Die Landeswahlleiterin/Landeszentrale für politische Bildung Sachsen-Anhalt (2024): Kommunalwahl – Europawahlen am 9. Juni 2024 (Informationsfaltblatt). Magdeburg (Eigendruck).

Landkreistag Sachsen-Anhalt (2021): Erwartungen der Landkreise an die Landespolitik in der neuen Legislaturperiode 2021–2026 »Ländliche Räume gleichwertig weiterentwickeln!« Magdeburg (Eigenverlag). Online abrufbar unter https://www.kommunales-sachsen-anhalt.de/media/custom/2348_16305_1.PDF?1621415756 [28.03.2024].

Landkreistag Sachsen-Anhalt (2025): Der Landkreistag von Sachsen-Anhalt. Online abrufbar unter https://www.kommunales-sachsen-anhalt.de/media/custom/39_15246_1.PDF?1738679922 [17.02.2025]

Landtag von Sachsen-Anhalt (2014): Stenografischer Bericht, 66. Sitzung vom 15.05.2014. Plenarprotokoll 6/66. Online abrufbar unter https://padoka.landtag.sachsen-anhalt.de/files/plenum/wp6/066stzg.pdf [28.03.2024].

Ministerium für Inneres und Sport des Landes Sachsen-Anhalt (2005): Landesregierung beschließt den Entwurf zum Kommunalneugliederungsgesetz: Reduzierung der Landkreise von 21 auf 11. Pressemitteilung vom 18.05.2005. Online abrufbar unter https://presse.sachsen-anhalt.de/not-rated/2005/05/18/landesregierung-beschliesst-den-entwurf-zumkommunalneugliederungsgesetz-reduzierung-der-landkreise-von-21-auf-11 [28.03.2024].

Niedersächsischer Staatsgerichtshof (2001): Urteil vom 16.05.2001 – 6/99. Online abrufbar unter https://openjur.de/u/713533.html [28.03.2024].

Rehmet, Frank et al. (2023): Bürgerbegehrensbericht 2023. 2. Aufl., Berlin (Mehr Demokratie e. V.). Online abrufbar unter https://www.mehr-demokratie.de/fileadmin/pdf/2023/Berichte_Stellungnahmen/230531_MD_Buergerbegehrensbericht_2023_web.pdf [14.05.2024].

Städte- und Gemeindebund Sachsen-Anhalt (2021): Städte und Gemeinden – das starke Fundament für Sachsen-Anhalt Erwartungen an Landtag und Landesregierung für die 8. Wahlperiode (2021–2026). Online abrufbar unter https://www.kommunales-sachsen-anhalt.de/media/custom/2348_15817_1.PDF [28.03.2024].

Städte- und Gemeindebund Sachsen-Anhalt (2024): Der Städte- und Gemeindebund von Sachsen-Anhalt. Online abrufbar unter https://www.kommunales-sachsen-anhalt.de/media/custom/2348_26286_1.PDF?1720526445 [17.02.2025].

Statistisches Landesamt Sachsen-Anhalt (2023a): Bevölkerungsentwicklung: Mehr Einwohner in Sachsen-Anhalt. Online abrufbar unter https://demografie.sachsen-anhalt.de/daten-und-konzepte/aktuelle-studien/detail/bevoelkerungsentwicklung-mehr-einwohner-in-sachsen-anhalt [28.03.2024].

Statistisches Landesamt Sachsen-Anhalt (2023b): Wanderungsgewinn von über 40 000 Personen lässt Einwohnerzahl Sachsen-Anhalts 2022 erneut wachsen. Online abrufbar unter https://statistik.sachsen-anhalt.de/fileadmin/Bibliothek/Landesaemter/StaLa/startseite/Daten_und_Veroeffentlichungen/Pressemitteilungen/2023/f_Juni/174-Bevoelkerungsstruktur_2022.pdf [28.03.2024].

Statistisches Landesamt Sachsen-Anhalt (2023c): Geburtenschätzung 2023: 13 500 Kinder lebend geboren. Online abrufbar unter https://statistik.sachsen-anhalt.de/themen/bevoelkerung-mikrozensus-freiwillige-haushaltserhebungen/bevoelkerung/page#c312224 [14.05.2024].

Tullner, Mathias (2001): Geschichte des Landes Sachsen-Anhalt. 3. Aufl., Opladen (Leske + Budrich).

# Schleswig-Holstein

*Christian Martin und Anne Metten*

## 1 Kommunalpolitische Rahmenbedingungen

Schleswig-Holstein, das nördlichste Bundesland Deutschlands, ist für seine abwechslungsreiche Küstenlandschaft und die maritime Verbundenheit seiner Bewohnerinnen und Bewohner bekannt. Sein besonderes kommunalpolitisches Gefüge steht dagegen weniger im Fokus. In diesem Beitrag werfen wir einen genaueren Blick auf die Kommunalpolitik Schleswig-Holsteins und beleuchten die Besonderheiten im Vergleich zu anderen Ländern Deutschlands.

Die historische Entwicklung Schleswig-Holsteins hat die heutige Kommunalpolitik geprägt. Das Land zwischen Nord- und Ostsee hat eine bewegte Geschichte, die von wechselnden Zugehörigkeiten und Konflikten geprägt ist. Die Region war über Jahrhunderte hinweg Schauplatz politischer Auseinandersetzungen zwischen Dänemark und dem Deutschen Bund. Erst 1864 wurde Schleswig-Holstein nach dem Deutsch-Dänischen Krieg endgültig Teil des Deutschen Reiches (Bohn 2019, 15). Besonders die Zeit nach dem Zweiten Weltkrieg spielte eine entscheidende Rolle für die Ausrichtung der Kommunalpolitik. Schleswig-Holstein musste sich mit den Herausforderungen des Wiederaufbaus auseinandersetzen und wurde zu einem wichtigen Anlaufpunkt für Vertriebene und Geflüchtete. Die Bevölkerung stieg bis 1945 um rund 50 Prozent auf 2 394 300 Personen an (Wissel 1998, 247). Diese Erfahrungen förderten einen offensiven Schutz von Minderheiten in Politik und Gesellschaft, der auch in der Neugestaltung der Kommunalverfassung in den 1940er- und 1950er-

Jahren Niederschlag fand. Darin heißt es, dass die kommunalpolitischen Akteure »die nationale dänische Minderheit, die Minderheit der deutschen Sinti und Roma und die friesische Volksgruppe« schützen und fördern (§ 1 Abs. 1 Satz 4 GO).[1] Dies wird konkret bei der Wahl zum Landtag, bei der die Partei der dänischen Minderheit, der Südschleswigsche Wählerverband (SSW), von der Fünf-Prozent-Sperrklausel befreit ist.

Schleswig-Holstein legt nicht nur Wert auf seine historischen Prägungen, sondern macht es sich auch zur Aufgabe, die Verantwortung für kommende Generationen zu übernehmen, was sich im kommunalpolitischen Handeln widerspiegeln soll (§ 1 Abs. 1 Satz 3 GO). Ebenso steht die Geschlechtergleichstellung im Fokus der Kommunalpolitik, weswegen von Kreisen, Gemeinden und Ämtern Maßnahmen zur Verwirklichung des Grundrechts der Gleichberechtigung von Frauen und Männern gefordert werden (§ 1 Abs. 1a GO). Im Übrigen ist die Kommunalverfassung Schleswig-Holsteins geprägt von einem starken Bekenntnis zur dezentralen Verwaltung. Die Gemeinden und Kreise haben eine große Autonomie und können viele Entscheidungen eigenständig treffen, was ihnen ermöglicht, auf die speziellen Bedürfnisse ihrer Regionen einzugehen – besonders relevant in dem kleinteilig strukturierten Schleswig-Holstein.

## 2  Verwaltungsstruktur

In Schleswig-Holstein gibt es insgesamt 1104 Gemeinden, in denen über 2,9 Millionen Einwohnerinnen und Einwohner leben. Diese Zahlen verdeutlichen die besondere Struktur des Landes, das im bundesweiten Ver-

---

1  Die Kommunalverfassung Schleswig-Holsteins setzt sich neben der Gemeindeordnung (GO) aus der Kreisordnung (KrO) und der Amtsordnung (AO) zusammen. Der Passus zum Schutz der genannten Minderheiten sowie die nachfolgenden Ziele der Verantwortung für kommende Generationen und der Geschlechtergleichstellung finden sich auch in den beiden anderen Pfeilern der Kommunalverfassung sowie in der Landesverfassung.

gleich zwar bevölkerungsarm, jedoch äußerst gemeindereich ist (▶ Anhang). Unter diesen Gemeinden befinden sich 63, die den Status einer Stadt haben, was im bundesweiten Vergleich wenig ist. Darunter befindet sich wiederum die kleinste Stadt Deutschlands: Arnis ist nicht nur flächenmäßig mit 0,45 Quadratkilometer am kleinsten, sondern auch bevölkerungsbezogen mit 267 Einwohnern. Diese Kleinteiligkeit ist charakteristisch für viele Gemeinden in Schleswig-Holstein. So haben 701 Gemeinden weniger als 1000 Einwohner, was etwa 64 Prozent aller Gemeinden entspricht (▶ Tab. 18). Diese Gemeinden sind in elf Kreisen (anders als in den meisten Bundesländern nicht Landkreise genannt) organisiert, hinzu kommen vier kreisfreie Städte: die Landeshauptstadt Kiel, Lübeck, Flensburg und Neumünster. In den kreisfreien Städten lebt etwas

**Tab. 18:** Anzahl der Gemeinden nach Gemeindegröße

| Einwohnerzahl | Anzahl der Gemeinden |
|---|---|
| Unter 100 | 45 |
| 100–249 | 147 |
| 250–499 | 229 |
| 500–749 | 160 |
| 750–999 | 120 |
| 1000–2499 | 223 |
| 2500–4999 | 77 |
| 5000–9999 | 46 |
| 10 000–24 999 | 42 |
| 25 000–49 999 | 9 |
| 50 000–74 999 | 1 |
| 75 000–99 999 | 3 |
| 100 000–250 000 | 2 |

Quelle: Statistikamt Nord 2023.

mehr als ein Fünftel der Bevölkerung. Sie nehmen aufgrund ihrer Größe und der Stärke ihrer Verwaltung sowohl die Aufgaben einer Gemeinde als auch die Funktionen eines Kreises wahr.

Jeder Kreis verfügt über eine eigene Kreisverwaltung, die für die Verwaltung und Umsetzung von Aufgaben verantwortlich ist, die einen gesamten Kreis betreffen. Dazu gehören z. B. der öffentliche Personennahverkehr (ÖPNV), Kreiskrankenhäuser, Brandschutz, Berufsschulen sowie Aufgaben im Bereich des Katastrophenschutzes. Diese Struktur funktioniert nach dem Prinzip der Skaleneffekte, d. h. größere Verwaltungseinheiten sind in der Lage, öffentliche Dienstleistungen effizienter anzubieten als kleinere Einheiten. Geleitet wird die Verwaltung des Kreises durch die Landrätin oder den Landrat, die oder der in der Regel auch die politische Leitung des Kreises ist.

Während die Kreise als übergeordnete Verwaltungseinheiten eine zentrale Rolle in Schleswig-Holstein spielen, ergänzt die Ebene der Ämter die Organisationslandschaft der kommunalen Selbstverwaltung. Ämter sind interkommunale Kooperationen, die ähnlich wie die Kreise dem Prinzip der Skaleneffekte folgen. Das heißt, Gemeinden übertragen Aufgaben an die Ämter, um diese effizienter zu erledigen. Solche Aufgaben sind z. B. die Wasserversorgung, Bildungseinrichtungen, Förderung von Wirtschaft, Tourismus oder Sport, aber auch Internetzugang (§ 5 Abs. 1 AO). Anders als Kreise fungieren Ämter nicht als eigenständige politische Einheiten mit einer von der Bevölkerung gewählten Vertretung. Vielmehr sind Ämter Verwaltungsbehörden, die dazu dienen, die Interessen und Aufgaben mehrerer Gemeinden effizient zu koordinieren und zu verwalten. In Schleswig-Holstein gibt es insgesamt 84 solcher Ämter.

Die kleinste Einheit in der Verwaltungsstruktur sind die Gemeinden. Sie bilden die Basis der kommunalen Struktur. Hier stehen unmittelbar die Bedürfnisse der Bürgerinnen und Bürger im Fokus, und die Gemeinden sind in vielen Angelegenheiten autonom. Ihre Funktionen sind weniger exekutiver, legislativer oder judikativer Natur, sondern vielmehr verwaltungstechnischer Art. Anders als auf Landes- und Bundesebene spricht man hier nicht von kommunalen Parlamenten, sondern von kommunalen Verwaltungen. Die Gemeinden übernehmen eine Vielzahl an Aufgaben wie Bildung, Infrastruktur, Sicherheit, Gesundheit und Kultur, die größtenteils autonom geregelt werden können. Neben den Pflichtaufgaben durch Land und Bund haben sie die Verantwortung, alle öffentlichen Aufgaben in ihrem Gebiet eigenverantwortlich zu erfüllen (§ 2 Abs. 1 Satz 1 GO). Die politische Willensbildung auf kommunaler Ebene erfolgt durch die Vertreterinnen und Vertreter, die von der lokalen Bevölkerung gewählt werden. Diese Gemeinderäte formulieren und setzen politische Ziele auf kommunaler Ebene um. An der Spitze der Gemeindeverwaltung steht der Bürgermeister oder die Bürgermeisterin, der bzw. die entweder direkt gewählt oder vom Gemeinderat ernannt wird und als Bindeglied zwischen Politik und Verwaltung fungiert (▶ Kap. 4).

## 3 Kommunalpolitische Akteure und Institutionen

Kommunen sind widersprüchliche Konstrukte. Zwar spricht ihnen das Grundgesetz in Art. 28 Abs. 2 ein Selbstverwaltungsrecht zu, doch geht ihnen – anders als den Bundesländern – aus Sicht des Staatsorganisationsrechts die Staatsqualität ab. Dementsprechend sind die Kompetenzen der Kommunen lediglich abgeleitet, ihre Funktion beschränkt sich im strikten Sinn auf den Verwaltungsvollzug. Dagegen steht eine politikwissenschaftliche Auffassung, die in den Gemeinden »einen sinnvollen Rahmen politischer Entscheidungsstruktur und Planungsmöglichkeiten auf der untersten Ebene der politischen Willensbildung« (Blömker 2010, 91) sieht. Dies entspricht auch der Wahrnehmung der Bürgerinnen und Bürger vor Ort (Bogumil/Holtkamp 2001), auch wenn in Schleswig-Holstein die Beteiligung an Kommunalwahlen seit fast zwei Dekaden konstant unter fünfzig Prozent liegt (▶ Kap. 6). Ihre Erwartungen jedenfalls richten sich (auch) an die Gemeinden, in denen sie leben. In dieser Doppelnatur der Kommunalpolitik drückt sich ein Spannungsverhältnis aus, in dem kommunale Akteure und Institutionen einerseits demokratisch legitimiert, andererseits aber in ihren Kompetenzen und Möglichkeiten beschränkt sind, zumal in Zeiten knapper Kassen und ohne umfassende Möglichkeit, Einnahmen zu generieren.

Prominenteste kommunalpolitische Akteure sind die Bürgermeisterinnen bzw. Bürgermeister. Insofern sie ein Wahlamt ausüben, sind sie einerseits Politiker und repräsentieren ihre Gemeinde. Ihr Amt hängt in dieser Funktion von der politischen Unterstützung ab, die sie erfahren. Kommunen mit mehr als 8000 Einwohnern haben hauptamtliche Bürgermeister, die von den Bürgerinnen und Bürgern gewählt werden. Gemeinden unter 4000 Einwohnern werden ehrenamtlich verwaltet; hier wählt die Gemeindevertretung eine Vorsitzende bzw. einen Vorsitzenden, die bzw. der dann gleichzeitig ehrenamtlicher Bürgermeister ist. Gemeinden zwischen 4000 und 8000 Einwohnern können selbst entscheiden, ob sie sich hauptamtlich verwalten lassen wollen (§ 48 GO). Andererseits leiten Bürgermeister die Gemeindeverwaltung, sind zuständig für die Umsetzung der Beschlüsse des Gemeinderats und tragen die Verantwortung für die kommunale Ordnung und Sicherheit. Dies ist eine lange Liste von Aufgaben, die teilweise in einem potenziellen Spannungsverhältnis zueinander stehen. Die duale Funktion von Verwaltungschef und Gemeinderepräsentant verleiht dem Bürgermeister eine starke Stellung innerhalb der Kommunalverwaltung.

Im Gegensatz dazu ist der Gemeinderat das wichtigste beschlussfassende Organ der Gemeinde und approximiert für die kommunale Selbstverwaltung ein legislatives Element. Er wird ebenfalls durch direkte Wahlen der Bürger bestimmt und setzt sich aus mehreren ehrenamtlichen Ratsmitgliedern zusammen, die die verschiedenen politischen und gesellschaftlichen Strömungen der Gemeinde repräsentieren (sollen).

Ein Spannungsfeld ergibt sich aus der Frage der Machtbalance und der Autonomie der beiden Organe. Der Bürgermeister hat umfangreiche Exekutivbefugnisse und ist für die Umsetzung der Beschlüsse des Gemeinderats verantwortlich. Zudem hat er das Vorschlagsrecht für viele Entscheidungen, was seine Machtposition weiter stärkt. Der Gemeinderat hingegen besitzt die legislative Macht und entscheidet über den Haushalt, Satzungen und grundsätzliche Angelegenheiten der Gemeinde. Diese Dualität kann zu Konflikten führen, insbesondere wenn unterschiedliche politische Prioritäten und Vorstellungen bestehen. Die Direktwahl des Bürgermeisters verstärkt das Spannungsverhältnis, da sie dem Bürgermeister eine eigene starke demokratische Legitimation verleiht. Ein direkt gewählter Bürgermeister kann sich in seiner Position gestärkt fühlen und möglicherweise versuchen, den Gemeinderat zu dominieren oder seine Entscheidungen zu beeinflussen.

In der Praxis hängt es stark von den individuellen Persönlichkeiten der Beteiligten sowie von der politischen Kultur innerhalb der Gemeinde ab, ob es tatsächlich zu Spannungen kommt. Ein kooperatives und konstruktives Verhältnis zwischen Bürgermeister und Gemeinderat kann die Effizienz und Effektivität der Kommunalverwaltung erheblich steigern. Gegenseitiger Respekt und regelmäßige Kommunikation sind hierbei entscheidend. Andererseits können persönliche Rivalitäten, politische Differenzen und ein Mangel an Kommunikation zu erheblichen Konflikten führen, die die Handlungsfähigkeit der Gemeinde beeinträchtigen.

Schleswig-Holstein verfügt über verschiedene institutionelle Mechanismen, um potenzielle Konflikte zwischen Bürgermeister und Gemeinderat zu lösen. Dazu gehören rechtliche Rahmenbedingungen, die die Kompetenzen und Befugnisse der beiden Organe voneinander abgrenzen, sowie Schlichtungs- und Vermittlungsverfahren, die im Falle von Meinungsverschiedenheiten greifen können. Diese Mechanismen sind darauf ausgelegt, das Gleichgewicht zwischen den Exekutiv- und Legislativorganen zu wahren und eine reibungslose Zusammenarbeit zu fördern.

Letztlich dient das Spannungsverhältnis zwischen Bürgermeister und Gemeinderat der demokratischen Kontrolle und dem Ausgleich unterschiedlicher Interessen innerhalb der Gemeinde. Beide Organe sind auf die Unterstützung und das Vertrauen der Bürgerinnen und Bürger angewiesen und müssen im Sinne des Gemeinwohls handeln. Eine konstruktive Spannung kann daher als Motor für Innovation und Fortschritt in der kommunalen Politik dienen.

Das Verhältnis zwischen den institutionellen Akteuren Bürgermeister und Gemeinderat spiegelt sich auf gesellschaftlicher Ebene in den lokalen Interessenorganisationen wider. Die Akteure dieser Interessenrepräsentation sind traditionell politische Parteien. In Schleswig-Holstein, einem strukturkonservativen Land, ist das in der Fläche nach wie vor allem die CDU, in den größeren Städten traditionell die SPD, in jüngerer Zeit auch die Grünen. Hinzu kommt als schleswig-holsteinische Besonderheit der SSW, die Partei der dänischen Minderheit im Land, die gerade bei den jüngsten Wahlen auch unter Wählerinnen und Wählern erfolgreich war, die sich nicht der dänischen Minderheit zurechnen. Neben die Parteien treten, gerade in kleinen Gemeinden, lokale Wählergruppen und Bürgerverbindungen, die oft als einzige Alternative auf dem Wahlzettel stehen (▶ Kap. 6). Hinzu kommen Nichtregierungsorganisationen (NGOs) und Bürgerinitiativen, die eine zunehmend wichtige Rolle in der Kommunalpolitik Schleswig-Holsteins spielen. Sie bringen neue Perspektiven und Fachkenntnisse in politische Debatten ein und mobilisieren Bürgerbeteiligung außerhalb traditioneller Parteistrukturen. NGOs agieren oft in Bereichen wie Umweltschutz, soziale Gerechtigkeit und kulturelle Förderung, während Bürgerinitiativen häufig auf spezifische lokale Anliegen reagieren, wie etwa Verkehrsplanung oder den Erhalt von Grünflächen.

# 4 Wahlrecht

Die Kommunalwahlen in Schleswig-Holstein finden alle fünf Jahre statt und basieren auf dem System der personalisierten Verhältniswahl (Abschnitt I und II Gemeinde- und Kreiswahlgesetz; GKWG). Gewählt werden sowohl Gemeinde- als auch Kreisvertretungen, wobei die Wahlen organisatorisch verbunden sind. Man wird also im Wahllokal in der Regel mit zwei Stimmzetteln ausgestattet. In den Wahllokalen der vier kreisfreien Städte gibt es jedoch nur einen Stimmzettel für die Stadtverwaltung, und in Gemeinden mit bis zu 70 Einwohnern wird nur ein Stimmzettel für die Kreistagswahl ausgegeben. Hier gibt es anstelle einer Gemeindevertretung Gemeindeversammlungen (§ 7 Abs. 2 GKWG; siehe für eine Visualisierung Martin/Metten 2019, 225). Diese Versammlungen setzen sich aus den Bürgerinnen und Bürgern der Gemeinde zusammen und werden durch den Bürgermeister oder die Bürgermeisterin geleitet (§ 54 GO).

Bei einer personalisierten Verhältniswahl werden Kandidatinnen und Kandidaten direkt sowie durch Listenwahlvorschläge von Parteien oder Wählergruppen gewählt. Die Wählerinnen und Wähler können ihre Präferenzen sowohl für lokal Kandidierende in ihren Wahlkreisen als auch für

Parteien oder Wählergruppen auf Landesebene ausdrücken. Zunächst werden die Kandidierenden mit den meisten Stimmen in ihren Wahlkreisen direkt gewählt (§ 9 Abs. 5 GKWG). Anschließend erfolgt der Verhältnisausgleich über die Listen, wobei die verbleibenden möglichen Sitze[2] in der Gemeindevertretung oder im Kreistag nach den Höchstzahlen der Listen aufgefüllt werden. Erhält eine Partei oder eine Wählergruppe mehr Stimmen in den Wahlkreisen als ihr verhältnismäßiger Sitzanteil, bleiben ihr die zusätzlichen Sitze (§ 10 GKWG).

Anders als Bundes- und Landeswahlgesetze sieht das schleswig-holsteinische Kommunalwahlrecht keinen Nachteilsausgleich speziell für nationale Minderheiten vor; eine Sperrklausel existiert auf kommunaler Ebene seit 2008 nicht mehr. Die Fünf-Prozent-Hürde war nach einem Urteil des Bundesverfassungsgerichts auf Antrag der Landesverbände von Bündnis 90/Die Grünen und Die Linke abgeschafft worden. Dagegen hatte der schleswig-holsteinische Landtag als Antragsgegner argumentiert, dass ohne Sperrklausel eine parteipolitische Zersplitterung der kommunalen Vertretungen drohe. Allerdings wurden Bürgermeisterinnen und Bürgermeister sowie Landrätinnen und Landräte seit der Änderung der Kommunalverfassung im Jahr 1995 direkt gewählt.[3] Für das Bundesverfassungsgericht entfiel damit das zentrale Element, das die Fünf-Prozent-Sperrklausel rechtfertigte: die Etablierung stabiler Mehrheitsverhältnisse für die Wahl der genannten Ämter. Das Gericht sah also keine Bedrohung der Funktionsfähigkeit von Kommunalvertretungen und entschied gegen die Notwendigkeit von Sperrklauseln (BVerfG 2008, Rn. 114,

---

2  Die Größe der Gemeindevertretung und des Kreistages wird im Gemeinde- und Kreiswahlgesetz (GWKG) in § 8 geregelt: In Gemeinden mit 1250 bis 2500 Einwohnern gibt es etwa 13 Vertretende, von denen sieben direkt und sechs durch Listenwahl gewählt werden. In Kreisen mit bis zu 200 000 Einwohnenden gibt es bspw. 49 Sitze im Kreistag, wobei 25 direkt und 24 über die Liste besetzt werden. Diese Regelungen sollen eine ausgewogene Repräsentation auf kommunaler Ebene gewährleisten und die unterschiedlichen Größenordnungen von Gemeinden und Kreisen berücksichtigen.
3  Die Direktwahl wurde 2008 jedoch wieder zurückgenommen, da die Wahlbeteiligung bei der Wahl der Landrätinnen bzw. Landräte regelmäßig zu niedrig war (Schliesky/Luch/Neidert 2009, 62).

127). Somit wurde die Aufhebung der Sperrklausel durch die Stärkung direktdemokratischer Verfahren erst ermöglicht.

## 5 Direktdemokratische Verfahren

In Schleswig-Holstein bestehen neben der repräsentativen Demokratie auch direktdemokratische Instrumente, die den Bürgerinnen und Bürgern eine aktive Beteiligung an politischen Entscheidungsprozessen auf lokaler Ebene ermöglichen. Die Hauptinstrumente sind Bürgerbegehren und Bürgerentscheide.

Laut Gemeindeordnung und Kreisordnung können die Bürgerinnen und Bürger durch Unterschriftensammlungen Initiativen starten, um eine bestimmte Angelegenheit auf die politische Agenda zu setzen und darüber entscheiden zu lassen (§ 16 g GO; § 16 f KrO). Diesen Antrag auf einen Bürgerentscheid nennt man Bürgerbegehren. Wenn von den Bürgern die Initiative zur Regelung einer Angelegenheit ausgeht, spricht man von einem Initiativbegehren. Soll dagegen ein bestehender Gemeinderatsbeschluss gekippt werden, spricht man von einem Korrekturbegehren. Bürgerbegehren können eine breite Palette kommunaler Selbstbestimmungsaufgaben betreffen wie die Einführung neuer Maßnahmen oder Änderung bestehender Regelungen, etwa durch die Förderung erneuerbarer Energien, die Verbesserung der Verkehrssituation, den Schutz von Grünflächen, die Unterstützung kultureller Einrichtungen oder die Stärkung von Bildungseinrichtungen. Ein Bürgerbegehren muss die zu entscheidende Frage, eine Begründung sowie eine Kostenschätzung enthalten. Erfolgreich ist es, wenn innerhalb von sechs Monaten die erforderliche Anzahl an Unterschriften gesammelt und die Zulässigkeit durch die Kommunalaufsichtsbehörde bestätigt wird. So benötigen Gemeinden bis zu 20 000 Einwohnern Unterschriften von mindestens zehn Prozent der Stimmberechtigten, bis zu 100 000 Einwohnern mindestens acht Prozent und Gemeinden mit mehr als 100 000 Einwohnern mindestens fünf Prozent. In Kreisen beträgt die erforderliche Zahl fünf Prozent.

Das Bürgerbegehren ist nur der erste Schritt. Nach einem erfolgreichen Bürgerbegehren folgt in der Regel ein Bürgerentscheid, bei dem die Bürger direkt über die Maßnahme abstimmen. Die Entscheidung erfolgt mehrheitlich, wobei eine bestimmte Teilnahmequote erforderlich ist: Auf Kreisebene muss die Mehrheit der gültigen Stimmen mindestens fünf Prozent der Stimmberechtigten erreichen. Auf Gemeindeebene variiert dieses Quorum je nach Einwohnerzahl: Bis zu 20 000 Einwohnern sind zwanzig Prozent erforderlich, bis zu 100 000 Einwohnern 16 Prozent, und über 100 000 Einwohnern zehn Prozent. Aus den 477 Bürgerbegehren zwischen 1990 und 2022 in Schleswig-Holstein resultierten in 204 Fällen Bürgerentscheide, davon wurden 132 im Sinne des Begehrens entschieden, 72 nicht (▶ Abb. 1).[4] Im Durchschnitt wurden in den letzten 32 Jahren jährlich etwa 15 Bürgerbegehren gestartet, wobei etwa 28 Prozent davon im Bürgerentscheid erfolgreich waren.

Die Einführung direktdemokratischer Verfahren in Schleswig-Holstein war eine Reaktion auf zwei einschneidende politische Ereignisse: die Barschel-Affäre und den Fall der Berliner Mauer. Daraufhin führte Schleswig-Holstein 1990 als zweites Bundesland nach Baden-Württemberg Bürgerbegehren und Bürgerentscheide auf kommunaler Ebene ein (Kost 2006, 26). Die Barschel-Affäre 1987, die durch die Bespitzelung des SPD-Spitzenkandidaten Björn Engholm aufgedeckt wurde, schürte Misstrauen gegenüber den etablierten politischen Strukturen und verstärkte die Forderung nach Transparenz und Bürgerbeteiligung. Der Fall der Berliner Mauer 1990 und die Bürgerbewegung »Wir sind das Volk« prägten das politische Klima auch in den alten Bundesländern und führten zu einem verstärkten Streben nach mehr Mitspracherecht und direkter Einflussnahme auf politische Entscheidungen (Kellmann 2010, 328).

Die Datenbank für Bürgerbegehren bewertet die direktdemokratische Praxis in Schleswig-Holstein jedoch eher als mäßig: großer Zeitaufwand,

---

4 Von den übrigen 273 Bürgerbegehren ist ein Begehren im Stichentscheid gescheitert, 29 sind unecht gescheitert, drei haben zu wenig Unterschriften erreicht, zehn wurden nicht eingereicht, 25 nur öffentlich diskutiert, sieben zurückgezogen, bei 15 wurde ein Kompromiss getroffen, 17 wurden nur angekündigt, sechs sind offen, 50 wurden positiv erledigt durch neuen Gemeinderatsbeschluss und 110 waren unzulässig (Datenbank für Bürgerbegehren 2023).

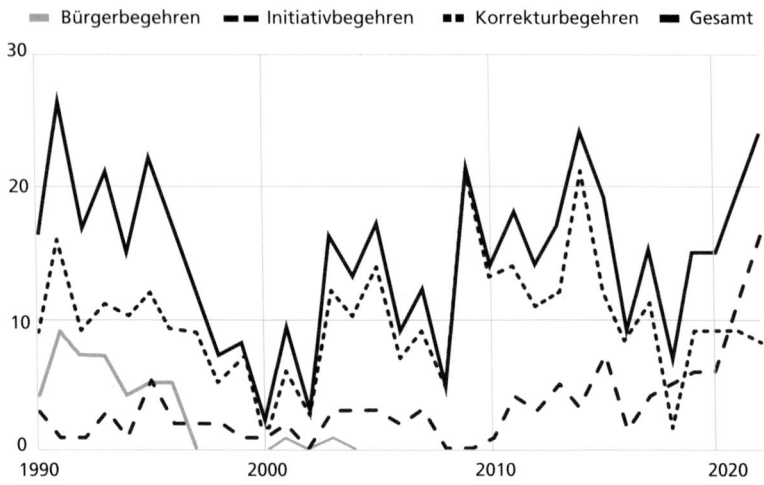

**Abb. 1:** Häufigkeit von Bürgerentscheiden, 1990–2022.
Anmerkung: In der Datenbank für Bürgerbegehren sind anfänglich Bürgerbegehren gelistet, die weder als Initiativ- noch als Korrekturbegehren kategorisiert sind, vermutlich weil eine Zuordnung nicht aufgenommen wurde oder sich nicht mehr ermitteln ließ. Von den insgesamt 477 Bürgerbegehren sind 43 solche nicht weiter kategorisierten Bürgerbegehren, 110 Initiativ- und 324 Korrekturbegehren.
Eigene Darstellung, Daten: Datenbank für Bürgerbegehren (2023).

hohe Hürden und kleine Gemeinden. Immerhin wurden diese Hürden in den Jahren 2003 und 2013 abgemildert. Die Reformen umfassten eine Sechsmonatsfrist für Bürgerbegehren, die Öffnung der Bauleitplanung für Bürgerbeteiligung und die Senkung der Quoren (Rehmet/Johannsen/Nierth 2022). In Anerkennung dieser Reformen erreichte Schleswig-Holstein im 2021er-Ranking von »Mehr Demokratie e. V.« die Note 1,8 und belegte Platz drei (Rehmet/Wiedemann 2021, 28).

Diese positive Bewertung könnte jedoch mittlerweile überholt sein. Im März 2023 wurden die Hürden für Bürgerbegehren und Bürgerentscheide in Gemeinden und Kreisen wieder erhöht. Bürgerbegehren gegen Ratsbeschlüsse zu Themen der Bauleitplanung sind nicht mehr möglich, wenn diese Beschlüsse mit Zweidrittelmehrheit gefasst wurden, erneute Begehren zur gleichen Aufgabe sind für zwei Jahre ausgeschlossen und die Zustimmungsquoren wurden erhöht. Darüber hinaus wurde geändert, dass Gemeindevertretungen ab 31 Personen beschließen können, dass eine Fraktion erst ab drei Fraktionsmitgliedern gegründet werden kann.

Als Reaktion darauf initiierten die Landtagsfraktionen von FDP und SSW ein abstraktes Normenkontrollverfahren am Landesverfassungsgericht, um die Verfassungskonformität der Änderungen zu prüfen. Einen Eilantrag gegen die Anhebung der Fraktionsmindestgrößen lehnte das Gericht im Juni 2023 ab. Gleichzeitig startete die Volksinitiative »Rettet den Bürgerentscheid!«, die in nur fünf Monaten über 27000 Unterschriften sammelte und diese im September 2023 dem Landtag übergab. Sie argumentieren, die Einschränkungen würden die direkte Bürgerbeteiligung und demokratische Prinzipien untergraben. Im Februar 2024 entschied das Landesverfassungsgericht, dass die Anhebung der Fraktionsmindestgrößen und die Änderungen bei Bürgerbegehren und -entscheiden landesverfassungsgemäß sind. Kurz vor dem Urteil stellte der Landtag die Zulässigkeit der Volksinitiative fest und überwies ihren Gesetzentwurf zur Prüfung an den Innen- und Rechtsausschuss. Sollte der Entwurf in zweiter Lesung abgelehnt werden, planen die Initiatoren ein Volksbegehren, um einen Volksentscheid herbeizuführen. Dafür müssen sie 80000 Unterschriften in sechs Monaten sammeln. Die weitere Entwicklung der Debatte um direkte Demokratie und kommunale Bürgerbeteiligung bleibt abzuwarten.

# 6  Kommunalpolitik im Umbruch

In welchem Zustand ist die Kommunalpolitik in Schleswig-Holstein? Welche Entwicklungen sind absehbar, wie sind sie zu bewerten? Wir konzentrieren uns im Folgenden auf eine spezifische Herausforderung, nämlich die schwache Beteiligung an den Wahlen zu kommunalen Vertretungen.

Die Wahlbeteiligung bei allen Kommunalwahlen liegt in Schleswig-Holstein seit den Wahlen 2008 unter fünfzig Prozent. Das ist wenig, auch im Vergleich zu anderen Bundesländern. Hinzu kommt, dass in Schleswig-Holstein eine wachsende Lücke zwischen der Wahlbeteiligung bei Kommunalwahlen und bei Wahlen zum Deutschen Bundestag klafft. Mehr als 78 Prozent der Wahlberechtigten in Schleswig-Holstein beteiligten sich an den Bundestagswahlen 2021; die Differenz zur Beteiligung an Kommunalwahlen beträgt seit einer Dekade dreißig Prozent und mehr.

Dem niedrigen Niveau der Wahlbeteiligung entspricht ein Rückgang am Interesse der Ausübung des passiven Wahlrechts – in zahlreichen Gemeinden fehlen die Kandidaten. Bei den Kommunalwahlen am 10. Mai 2023 trat in 369 der insgesamt 1100 Gemeinden außerhalb der kreisfreien Städte nicht mehr als eine Wählergemeinschaft oder eine Partei an. Das entspricht einem Anteil von über einem Drittel (▶ Tab. 19).

Wie lassen sich diese Befunde bewerten? Drückt sich darin ein beklagenswerter Zustand der kommunalen Demokratie aus? Oder handelt es sich um eine Anpassung an objektive Umstände und Bedingungen, die ohnedies wenig Spielraum für (partei-)politische Gestaltung lassen? An anderer Stelle (Martin/Metten 2019) haben wir gezeigt, dass die parteipolitische Ausrichtung der Mehrheit in einer Kommune keinen Einfluss auf bestimmte Politikbereiche hat. Wenn dieser Befund aufrechterhalten werden kann, dann ergibt sich für die Wähler daraus ein Motiv, sich weder aktiv noch passiv an den politischen Angelegenheiten ihrer Gemeinde zu beteiligen. Anders formuliert: Die ehemals politische Auseinandersetzung über einen »richtigen« Weg (auch) in der kommunalen Politik wird obsolet, wenn die Nachfrage nach umfassender Daseinsvorsorge einerseits auf ein funktionalistisches, entideologisiertes Politikverständnis andererseits trifft.

Für die Zukunft der Kommunalpolitik suggeriert diese Diagnose eine Entwicklung, die kommunales Handeln weiter entpolitisiert und die aus Perspektive der Bürgerinnen und Bürger wichtige Entscheidungen als Sachentscheidungen auf das Verwaltungshandeln verlagert. In der Tendenz ergeben sich also eine Entwertung der demokratisch gewählten Entscheidungsorgane einer Gemeinde und eine Aufwertung der kompetent handelnden örtlichen Verwaltung. Kommunales Verwaltungshandeln wäre dann nicht mehr legitimiert, weil es sich auf eine politische Unterstützung durch die Wählenden vor Ort berufen kann, sondern weil seine Ergebnisse auf allgemeine Zustimmung stoßen.

**Tab. 19:** Gemeinden ohne Parteienwettbewerb bei den Kommunalwahlen 2023

| Kreis | Anzahl Gemeinden mit nur einer Wahloption | Anzahl Gemeinden | Anteil ohne Auswahl |
|---|---|---|---|
| Dithmarschen | 59 | 116 | 50,9 % |
| Herzogtum Lauenburg | 50 | 132 | 37,9 % |
| Nordfriesland | 43 | 133 | 32,3 % |
| Ostholstein | 0 | 36 | 0 % |
| Pinneberg | 7 | 49 | 14,3 % |
| Plön | 19 | 85 | 22,4 % |
| Rendsburg-Eckernförde | 58 | 165 | 35,2 % |
| Schleswig-Flensburg | 34 | 123 | 27,6 % |
| Segeberg | 35 | 95 | 36,8 % |
| Steinburg | 57 | 111 | 51,4 % |
| Stormarn | 7 | 55 | 12,7 % |
| Summe | 369 | 1100 | 33,5 % |

Quelle: Landeswahlleitung Schleswig-Holstein.

Diesen Entwicklungen gegenüber steht die Ausweitung von Instrumenten kommunaler direkter Demokratie und Bürgerbeteiligung in »alternativen« Beteiligungsformaten. Die Frage danach, wann Bürgerbeteiligung beginnt und mit welchen verfahrensmäßigen Machtressourcen die beteiligten Bürgerinnen und Bürger auszustatten sind, verweist auf das potenzielle Spannungsverhältnis zwischen Bürgerbeteiligungsverfahren und den gewählten Vertreterinnen und Vertretern in einem repräsentativen Organ. Denn der Logik repräsentativer Demokratie entspricht es, gewählte Vertreter mit der Befugnis auszustatten, allgemeinverbindliche Entscheidungen zu treffen. Die Entscheidungen, die aus Verfahren der Bürgerbeteiligung hervorgehen, stehen in Konkurrenz zu der Legitimationsbasis, die sich aus den Wahlen zu einem repräsentativen Organ ergibt. Wem ist letztgültig die Kompetenz zum Treffen allgemeinverbindlicher Entscheidungen zuzusprechen?

Die Ausweitung von Beteiligungsverfahren kann damit als eine zusätzliche Ebene betrachtet werden, die die Komplexität von Entscheidungen erhöht. Beteiligungsverfahren können aber auch als Chance angesehen werden, nicht nur die Ergebnisse politischer Prozesse zu verbessern, sondern auch die Verfahren auf dem Weg zu den Ergebnissen so zu verändern, dass sie eine höhere Zustimmung erlangen.

Dem gegenüber stehen aus theoretischer Perspektive die ungleich verteilten Beteiligungschancen und die ungleiche Verteilung der Bereitschaft, sich in Einzelfragen bürgerschaftlich einzubringen. Die Beteiligung an einer Wahl zu einem Repräsentativorgan – auch bei Kommunalwahlen – stellt im Vergleich zu anderen Formen der politischen Einflussnahme eine kostengünstige Möglichkeit dar, politische Entscheidungen im eigenen Sinn zu beeinflussen. Mit Blick auf die ungleiche Verteilung von Beteiligungschancen ergibt sich der Befund, dass Formen der Bürgerbeteiligung nicht nur einen größeren Aufwand erfordern als ein simpler Wahlakt zu einem kommunalen Organ, sondern auch die Mobilisierung qualitativ anderer Ressourcen. So erfordert etwa die Teilnahme an einer Planwerkstatt eine längerfristige Auseinandersetzung mit einem komplexen Thema.

Die Einrichtung einer professionellen Verwaltung auf kommunaler Ebene ist keine Selbstverständlichkeit und nicht voraussetzungslos. Mit der derzeit zu beobachtenden Hinwendung zum Bürger in Form eines größeren Interesses an Beteiligungsformen jenseits von Wahlen zu Repräsentativorganen kommt das eigentliche Subjekt des Verwaltungshandelns wieder zur Geltung, das seine Gestaltungsmacht an einen professionellen Apparat delegiert hat. Freilich kehrt es mit vermehrten Machtressourcen ausgestattet zurück, mit neuem Selbstbewusstsein und mit hohen Anforderungen an die Professionalität der Verwaltung. Dem Gestaltungsinteresse der Bürger geht es nicht darum, auf das professionelle Wissen der Verwaltung zu verzichten. Vielmehr kehrt ein anspruchsvolles Subjekt auf die politische Bühne zurück, das seinen unmittelbaren Gestaltungsanspruch aus grundlegenden politischen Beteiligungsrechten ableiten zu können glaubt. Dies bringt die Verwaltung in die Lage, ihr professionelles Handeln gegenüber Laien in Einzelfragen rechtfertigen zu müssen.

# Literaturhinweise

Blömker, Mareike (2010): Local Governance in internationaler Perspektive. Akteure, Strukturen, Prozesse im deutsch-niederländischen Vergleich. Münster (Waxmann Verlag).

Bogumil, Jörg/Holtkamp, Lars (2001): Kommunale Verwaltungsmodernisierung und bürgerschaftliches Engagement. In: Heinze, Rolf G./Olk, Thomas (Hrsg.): Bürgerengagement in Deutschland. Opladen (Leske + Budrich), S. 549–567.

Bohn, Robert (2019): Historische Grundlagen: Von Schleswig und Holstein zu Schleswig-Holstein. In: Knelangen, Wilhelm/Boyken, Friedhelm (Hrsg.): Politik und Regieren in Schleswig-Holstein. Grundlagen – Politisches System – Politikfelder und Probleme. Wiesbaden (Springer Fachmedien), S. 15–32.

BVerfG (2008): Urteil des Zweiten Senats vom 13.02.2008 – 2 BvK 1/07 – Rn. 1-149. Online abrufbar unter https://www.bverfg.de/e/ks20080213_2bvk000107.html [14.07.2024].

Datenbank Bürgerbegehren (2023): Schleswig-Holstein. Online abrufbar unter https://www.datenbank-buergerbegehren.info/initiatives [14.07.2024].

Kellmann, Klaus (2010): Kommunalpolitik in Schleswig-Holstein. In: Kost, Andreas/Wehling, Hans-Georg (Hrsg.): Kommunalpolitik in den deutschen Ländern. Eine Einführung. 2. Aufl., Wiesbaden (Verlag für Sozialwissenschaften), S. 325–336.

Kost, Andreas (2006): Bürgerbegehren und Bürgerentscheid. In: Aus Politik und Zeitgeschichte, 10/2006, S. 25–31.

Martin, Christian/Metten, Anne (2019): Kommunalpolitik in Schleswig-Holstein. In: Knelangen, Wilhelm/Boyken, Friedhelm (Hrsg.): Politik und Regieren in Schleswig-Holstein. Grundlagen – Politisches System – Politikfelder und Probleme. Wiesbaden (Springer Fachmedien), S. 215–238.

Ministerium für Inneres, Kommunales, Wohnen und Sport (2023): Gesetz- und Verordnungsblatt für Schleswig-Hostein, Ausgabe Nr. 5 vom 06.04.2023.

Rehmet, Frank/Johannsen, Lea/Nierth, Claudine (2022): Bürgerbegehren in Schleswig-Holstein 2022 (Bericht). Husby (Mehr Demokratie e. V.). Online abrufbar unter https://sh.mehr-demokratie.de/fileadmin/user_upload/SH/Publikationen-SH/230302_BBB-SH.pdf [14.07.2024].

Rehmet, Frank/Wiedemann, Oliver (2021): Volksentscheidsranking 2021. Berlin (Mehr Demokratie e. V.). Online abrufbar unter https://www.mehr-demokratie.de/fileadmin/pdf/2021/2021-06-22_VE-Ranking-2021_Web.pdf [14.07.2024].

Schleswig-Holstein (2023): Kommunales. Online abrufbar unter https://www.schleswig-holstein.de/DE/Themen/K/kommunales.html [14.07.2024].

Schleswig-Holsteinischer Landtag (2022): Entwurf eines Gesetzes zur Änderung kommunalrechtlicher Vorschriften. Drucksache 20/377. Online abrufbar unter https://www.landtag.ltsh.de/infothek/wahl20/drucks/00300/drucksache-20-00377.pdf [14.07.2024].

Schleswig-Holsteinischer Landtag (2023): Entwurf eines Gesetzes zur Änderung kommunalrechtlicher Vorschriften. Drucksache 20/787. Online abrufbar unter https://www.landtag.ltsh.de/infothek/wahl20/drucks/00700/drucksache-20-00787.pdf [14.07.2024].

Schleswig-Holsteinisches Landesverfassungsgericht (2023): Mündliche Verhandlung zu Fraktionsmindestgrößen und Bürgerbeteiligung. Pressemitteilung vom 09.11.2023. Online abrufbar unter https://www.schleswig-holstein.de/DE/justiz/gerichte-und-justizbehoerden/LVG/Presse/PI/2023_11_09_Muendl_Verhandl_Fraktionsmindestgroesse.html [14.07.2024].

Schleswig-Holsteinisches Landesverfassungsgericht (2024): Anhebung der Fraktionsmindestgrößen und Änderungen bei Bürgerbeteiligung verfassungsgemäß. Pressemitteilung vom 02.02.2024. Online abrufbar unter https://www.schleswig-holstein.de/DE/justiz/gerichte-und-justizbehoerden/LVG/Presse/PI/2024_02_02_Anhebung_Fraktionsmindestgroessen.html [14.07.2024].

Schliesky, Utz/Luch, Anika/Neidert, Anne (2009): »Die Rückkehr zur mittelbaren Wahl der Landräte in Schleswig-Holstein – ein Angriff auf die Demokratie? In: Die Gemeinde – Zeitschrift für kommunale Selbstverwaltung in Schleswig-Holstein, 61 (März), S. 62–68.

Statistikamt Nord (2023) Bevölkerung der Gemeinden in Schleswig-Holstein 1. Quartal 2023 – Ergebnisse der Fortschreibung auf Basis des Zensus 2011. Hamburg/Kiel (Eigenverlag).

Statistisches Bundesamt (2023a): Bundesländer mit Hauptstädten am 31.12.2022. Online abrufbar unter https://www.destatis.de/DE/Themen/Laender-Regionen/Regionales/Gemeindeverzeichnis/Administrativ/02-bundeslaender.html [14.07.2024].

Statistisches Bundesamt (2023b): Städte am 31.12.2022. Online abrufbar unter https://www.destatis.de/DE/Themen/Laender-Regionen/Regionales/Gemeindeverzeichnis/Administrativ/05-staedte.html [14.07.2024].

Statistisches Bundesamt (2023c): Verwaltungsgliederung am 30.09.2023. Online abrufbar unter https://www.destatis.de/DE/Themen/Laender-Regionen/Regionales/Gemeindeverzeichnis/Administrativ/Archiv/Verwaltungsgliederung/Verwalt3QAktuell.html [14.07.2024].

Wissel, Manfred (1998): Demokratie und Integration: Flüchtlinge und Vertriebene in Schleswig-Holstein 1945–1950. In: Wewer, Göttrik (Hrsg.): Demokratie in Schleswig-Holstein. Wiesbaden (VS Verlag für Sozialwissenschaften), S. 247–287.

# Freistaat Thüringen

*Marion Reiser und Pierre Zissel*

## 1 Kommunalpolitische Rahmenbedingungen in Thüringen

Der kommunalen Ebene wird in Thüringen eine sehr hohe Bedeutung beigemessen. So formuliert die Thüringer Kommunalordnung seit der ersten Fassung vom 16. August 1993: »Die Gemeinden bilden die Grundlage des demokratischen Staates« (§ 1 ThürKO). Ebenso wie das Grundgesetz garantiert auch die Thüringer Verfassung die kommunale Selbstverwaltung. In dieser Rechtsstellung der Kommunen spiegelt sich wider, dass die Lebensqualität maßgeblich vom Handeln in den Gemeinden bestimmt ist. Zudem ist die kommunale Selbstverwaltung eine der zentralen Traditionslinien bürgerschaftlichen Engagements in Deutschland und gilt als »Schule der Demokratie«.

Ihre aktuelle (verfassungs-)rechtliche Stellung erhielten die Thüringer Kommunen jedoch erst im Rahmen der umfassenden Reformen im Zuge der Friedlichen Revolution von 1989/90 (zurück). Denn im sogenannten Demokratischen Zentralismus der DDR hatten die Kommunen und Bezirke als unterstes Glied der zentralen Staatsmacht keine eigenständigen Gestaltungsrechte und waren in die autoritären Weisungs- und Überwachungsstrukturen eingebunden (Wollmann 1997). Die Kommunen nahmen in der Friedlichen Revolution und im Transformationsprozess eine zentrale Rolle ein. So erzwangen – u. a. in der Folge der manipulierten Kommunalwahlen vom 7. Mai 1989 – auch in vielen Thüringer Städten und Gemeinden Bürger[1] die Einrichtung lokaler »Runder Tische«, die auf eine personelle und strukturelle Erneuerung drängten.

Formal führte die neue demokratische Kommunalverfassung der DDR am 17. Mai 1990 die Autonomie der Kommunen gemäß der deutschen Verfassungstradition (wieder) ein. Mit der Deutschen Einheit am 3. Oktober 1990 wurde die kommunale Selbstverwaltung grundgesetzlich garantiert. Die kommunale Ebene des Bundeslands Thüringen, das aus den drei DDR-Bezirken Erfurt, Gera und Suhl sowie einigen angrenzenden Gebieten wiedergegründet wurde, ist seither durch eine kleinteilige Siedlungsstruktur geprägt. Die Aufgaben und Zuständigkeiten der Kommunen änderten sich grundlegend. Sie wurden zwar auch von einigen Aufgaben entbunden (u. a. von der Versorgung mit Waren und Dienstleistungen vor Ort, vgl. Franke-Polz 2010); vor allem erhielten sie jedoch zahlreiche neue Selbstverwaltungs- und übertragene Aufgaben. Zudem gingen im Zuge der Rekommunalisierungswelle soziale und kulturelle Einrichtungen auf die Kommunen über.

Die DDR-Kommunalverfassung von 1990 ordnete überdies die innere Verfassung der kommunalen Organe. Dabei entstand ein »an den damaligen westdeutschen Kommunalverfassungen orientierter Mischtypus« (Maier/Schmitt 2008, 36). Danach war der Bürgermeister Chef der Verwaltung, wurde aber nicht direkt, sondern von der Gemeindevertretung gewählt. Mit der Thüringer Gemeinde- und Landkreisordnung und dem Thüringer Gesetz über die Wahlen in den Landkreisen und Kommunen (Thüringer Kommunalwahlgesetz), die am 16. August 1993 beschlossen wurden, wurde die DDR-Kommunalverfassung schließlich abgelöst. Die neue Kommunalverfassung orientiert sich – wie auch in Sachsen und Sachsen-Anhalt – am Modell der Süddeutschen Ratsverfassung. Entsprechend sind die zentralen kommunalpolitischen Organe seither auf der Kreisebene die direkt gewählten Landräte und Kreistage (§ 101 ThürKO) sowie auf der Gemeindeebene die direkt gewählten Bürgermeister und Gemeinderäte (§ 22 ThürKO). Insgesamt ist das institutionelle Arrangement in Thüringen durch eine starke Stellung des direktgewählten

---

1 Aus Gründen der besseren Lesbarkeit wird nur die männliche Sprachform verwendet. Sämtliche Personenbezeichnungen gelten gleichermaßen für alle Geschlechter.

hauptamtlichen Bürgermeisters, ein personenorientiertes Wahlrecht und direktdemokratische Elemente in Form von Bürgerbegehren und Bürgerentscheiden geprägt.

## 2 Gebiets- und Verwaltungsstruktur

Neben den institutionellen Rahmenbedingungen stellen die kommunalen Gebiets- und Verwaltungsstrukturen eine wichtige Rahmenbedingung für die Kommunalpolitik dar. Die kommunale Ebene in Thüringen ist durch eine sehr kleinteilige Struktur charakterisiert. Zum Zeitpunkt der Deutschen Einheit gab es 40 Kreise sowie 1707 Gemeinden, von denen mehr als die Hälfte weniger als 500 Einwohner hatte. Seither hat sich die Anzahl der Kreise und selbstständigen Gemeinden sukzessive reduziert (▶ Tab. 20): Nach der ersten großen Gebietsreform gab es zum 1. Juli 1994 in Thüringen noch 1236 kreisangehörige Gemeinden in 17 Landkreisen sowie sechs kreisfreie Städte. Aufgrund der kleinteiligen Struktur und der demographischen Entwicklung im Freistaat – sinkende Bevölkerungszahlen und ein höheres Durchschnittsalter (▶ Kap. 6) – strebte die rot-rot-grüne Landesregierung 2014 eine weitere grundlegende Gebietsreform an. Ziel war es, die Leistungsfähigkeit der Verwaltungen und die demokratische Partizipation der Bürger zu stärken (Plogmann 2019, 2).[2] Gegen dieses Vorhaben gab es in der Bevölkerung, dem Gemeinde- und Städtebund, den Oppositionsparteien sowie selbst bei lokalen Akteuren der regierungstragenden Parteien große Gegenwehr. Kritisiert wurden ein Verlust an regionaler und lokaler Identität, eine größere Distanz zwischen Politikern und Bürgern sowie längere Wege zu den Behörden. Zudem wurde kritisiert, dass die Gebietsreform nicht zu finanziellen Einsparungen führe.

2 Nach den Reformplänen sollten bezugnehmend auf das Prognosejahr 2035 in den Landkreisen mindestens 130 000 und maximal 250 000 Einwohner auf einer Fläche von 3000 km² leben und Thüringer Gemeinden eine Mindestgröße von 6000 Einwohnern haben (Plogmann 2019, 4).

Nachdem der Thüringer Verfassungsgerichtshof im Juni 2017 einer Klage der CDU-Fraktion gegen das sogenannte Vorschaltgesetz stattgab und es wegen Formfehlern für nicht verfassungskonform erklärte (VerfGH 61/1), beendete die Landesregierung das Reformvorhaben und setzt seither auf eine freiwillige Neugliederung der Kommunen. Am 31. Dezember 2023 gab es in Thüringen 624 Gemeinden in 17 Landkreisen sowie fünf kreisfreie Städte. Mit durchschnittlich 3371 Einwohnern pro Gemeinde hat Thüringen nach Schleswig-Holstein, Mecklenburg-Vorpommern und Rheinland-Pfalz die viertkleinste durchschnittliche Gemeindegröße (Stand: 12/2022).

Um den Wunsch der Bevölkerung nach Eigenständigkeit – selbst in Kleinstgemeinden – mit den funktionalen Anforderungen vereinbaren zu können, hat Thüringen ein komplexes System aus vier unterschiedlichen Gemeinde- und Verwaltungsmodellen:

1. Grundtypus sind die *gemeinschaftsfreien Städte und Gemeinden*, bei denen Politik und Verwaltung eine Einheit bilden und nach gegenwärtiger Rechtslage mehr als 3000 Einwohner haben müssen. Während diese Einheitsgemeinden zunächst die dominante Form waren, gehören diesem Typus im Jahr 2023 nur noch 77 der 624 Gemeinden an.
2. *Verwaltungsgemeinschaften* sind Zusammenschlüsse mehrerer politisch eigenständiger Gemeinden, die als Körperschaft des öffentlichen Rechts die Aufgaben des übertragenen Wirkungskreises für die Mitgliedsgemeinden wahrnehmen (§ 46 ThürKO). Hauptorgane sind die Gemeinschaftsversammlung, die aus den Bürgermeistern der Mitgliedsgemeinden sowie mindestens einem ordentlichen Gemeinderatsmitglied jeder Mitgliedsgemeinde besteht, sowie der von der Gemeinschaftsversammlung gewählte Gemeinschaftsvorsitzende als Leiter der Verwaltung. Verwaltungsgemeinschaften sind aktuell der dominierende Typus in Thüringen: Von den 624 Gemeinden sind 368 Gemeinden im Dezember 2023 Mitglied in einer der 42 Verwaltungsgemeinschaften.
3. Im Modell der *erfüllenden Gemeinde* (§ 51 ThürKO) bleiben die Gemeinden politisch ebenfalls eigenständig. Dabei übertragen die *beauftragenden* Gemeinden die Aufgaben des übertragenen Wirkungskreises an eine benachbarte Gemeinde mit mindestens 3000 Einwohner (die

Tab. 20: Entwicklung der Gebietsstrukturen in Thüringen

| Datum | Kreise (Lkr./ kreisfr. Städte) | Gemeinden insgesamt | Gemeinschafts- freie Gemeinden | Landgemeinden | Mitglied- gemeinden in Verwaltungs- gemeinschaft | Erfüllende Ge- meinden (be- auftragende) |
|---|---|---|---|---|---|---|
| 12/2023 | 22 (17/5) | 624 | 77 | 30 | 386 | 39 (92) |
| 12/2018 | 23 (17/6) | 821 | 90 | 13 | 585 | 37 (96) |
| 12/2013 | 23 (17/6) | 849 | 98 | 13 | 601 | 39 (98) |
| 12/2008 | 23 (17/6) | 959 | 120 | 0 | 700 | 37 (102) |
| 12/2003 | 23 (17/6) | 1006 | 123 | 0 | 735 | 39 (109) |
| 12/1998 | 23 (17/6) | 1053 | 116 | 0 | 789 | 41 (107) |
| 10/1990 | 40 (35/5) | 1707 | 1691 | 0 | 16 | 0 (0) |

Quelle: Thüringer Landesamt für Statistik 2024b; Maier/Schmitt 2008, 42.

erfüllende Gemeinde). Gemeinschaftsvorsitzender und Vorsitzender der Gemeinschaftsversammlung ist qua Amt der Bürgermeister der erfüllenden Gemeinde.

4. Die *Landgemeinde* ist eine 2008 eingeführte Form, bei der benachbarte kreisangehörige Gemeinden durch Fusion eine Landgemeinde mit mindestens 3000 Einwohnern bilden (§ 6 ThürKO). Die bisherigen Gemeinden verlieren zwar ihre Eigenständigkeit, verfügen aber über einen Ortschaftsrat und Ortsbürgermeister. Dieses Modell soll perspektivisch die Verwaltungsgemeinschaften ablösen, um die Einheit von politischer Gemeinde und Verwaltung zu erreichen (Thüringer Landtag 2008, 2).

# 3 Akteure und Institutionen

Das kommunale Institutionengefüge orientiert sich am Modell der Süddeutschen Ratsverfassung. Entsprechend sind auf der Kreisebene die direkt gewählten Landräte und Kreistage sowie auf der Gemeindeebene die direkt gewählten Bürgermeister und Gemeinderäte die zentralen Institutionen. Die Stellung des Bürgermeisters bzw. Landrats, der für die Dauer von sechs Jahren gewählt wird, ist aufgrund der langen Amtszeit, der direkten Legitimation und der Funktionen stark: Er ist Leiter der Verwaltung, oberster Repräsentant der Gemeinde bzw. des Kreises sowie qua Amt stimmberechtigtes Mitglied im Kommunalparlament. Sofern dieses keinen Vorsitzenden aus der Mitte der gewählten Mitglieder wählt, ist er zudem in Personalunion Vorsitzender des Gremiums. In kreisangehörigen Gemeinden mit weniger als 3000 Einwohnern ist der Bürgermeister ehrenamtlich tätig. Aufgrund der institutionell garantierten Entscheidungskompetenzen erhalten die Thüringer Bürgermeister in einer Analyse von David H. Gehne (2014) 15 von 18 möglichen Machtpunkten. Damit liegen sie im Vergleich zu ihren Amtskollegen in anderen Bundesländern im oberen Mittelfeld.

Der Gemeinderat bzw. Kreistag, der auf die Dauer von fünf Jahren gewählt wird, ist die oberste beschließende Instanz in allen Angelegenheiten des eigenen Wirkungskreises. Er kontrolliert zudem die Ausführung seiner Beschlüsse durch den Bürgermeister bzw. Landrat. Es können Ausschüsse gebildet werden, die in bestimmten Angelegenheiten auch anstelle des Rats entscheiden können. Die Zusammenarbeit der Ratsmitglieder in den Kommunalparlamenten sowie zwischen Rat/Kreistag und Bürgermeister/Landrat ist überwiegend durch konkordanzdemokratische Muster[3] und eine geringe Parteipolitisierung geprägt: So verstehen sich Thüringer Ratsmitglieder einer repräsentativen Befragung zufolge als Vertreter aller Interessen der Gemeinde und nicht als Vertreter partikularer Interessen (vgl. dazu Maier/Schmitt 2008, 163 ff.). Entsprechend gilt in kleineren Kommunen häufig die Maxime des »gütlichen Einvernehmens« (Lehmbruch 1991, 311), während in den größeren Städten der Grad der Parteipolitisierung und Parlamentarisierung höher ist (Holtmann et al. 2017). Zudem ist die Ratstätigkeit überwiegend durch eine konfliktlose Zusammenarbeit mit der Verwaltung geprägt; die Ratsmitglieder in kleinen Gemeinden sehen sogar die Unterstützung der Verwaltung als wichtiger an als deren Kontrolle. Diese konkordanzdemokratischen Muster werden auf den niedrigen Organisationsgrad der Parteien (▶ Kap. 4), die geringe durchschnittliche Gemeindegröße, die kommunalrechtlichen Rahmenbedingungen sowie auf die politische Kultur in den ostdeutschen Bundesländern zurückgeführt (Holtmann et al. 2017; Bogumil/Holtkamp 2016).

---

3 Eine kommunale Konkordanzdemokratie ist im Gegensatz zur kommunalen Konkurrenzdemokratie geprägt durch einen geringen Grad an Parteipolitisierung bezogen auf die Parteizugehörigkeit von Ratsmitgliedern und Bürgermeister, auf die Entscheidungsmuster während der Wahlperiode sowie auf das Verhalten im Rahmen der Nominierungs-, Wahlkampf- und Wahlphase (Holtkamp 2008).

## 4 Wahlrecht, Wahlbeteiligung und Wahlergebnisse

Die Bürger in Thüringen wählen die Kommunalparlamente auf der Gemeinde- und Kreisebene sowie den Bürgermeister und Landrat. Das aktive Wahlrecht haben alle wahlberechtigten EU-Bürger ab dem 16. Lebensjahr inne, die seit mindestens drei Monaten ihren Hauptwohnsitz im Wahlgebiet haben.

Für die Wahl der Kommunalvertretungen haben alle Volljährigen, die aktiv wahlberechtigt sind, das passive Wahlrecht. Wahlvorschläge können von Parteien und Wählergemeinschaften in demokratischer Versammlung aufgestellt werden (dazu ausführlich § 14 ThürKWG).[4] Das kommunale Wahlsystem ist in der Regel eine Verhältniswahl mit offenen Listen. Die Wähler verfügen dabei über drei Stimmen, können panaschieren und kumulieren und somit die Reihenfolge der Kandidaten auf den Listen beeinflussen. Wird kein oder nur ein Wahlvorschlag eingereicht, gilt das Prinzip der relativen Mehrheitswahl im Mehrpersonenwahlkreis. Die Wähler haben in diesem Fall so viele Stimmen wie Sitze zu vergeben sind, dürfen eine Stimme pro Person vergeben, können aber handschriftlich Wahlvorschläge ergänzen. Die Sitzzuteilung erfolgt nach dem Hare-Niemeyer-Verfahren. Bis 2008 gab es eine Fünf-Prozent-Sperrklausel bei Kommunalwahlen. Diese wurde jedoch durch ein Urteil des Thüringer Verfassungsgerichtshofs am 11. April 2008 aufgehoben, da sie kleine Parteien benachteilige und damit gegen das Gleichheitsgebot der Landesverfassung verstieß (VerfGH 22/05).

Das Mindestalter für das Amt des Bürgermeisters bzw. Landrats beträgt 18 Jahre (passives Wahlrecht). Für hauptamtliche Bürgermeister bzw.

---

4 Umstritten sind sogenannte Scheinkandidaturen, bei denen die Bürgermeister bzw. Landräte bei den Kommunalwahlen als Spitzenkandidat ihrer Partei bzw. Liste antreten, ihr Mandat als ordentliches Mitglied des Kommunalparlaments aufgrund von Inkompatibilität aber gar nicht annehmen können. Sie dienen als regional bekannte »Zugpferde«. Das Ministerium für Inneres und Kommunales sieht mit Blick auf die Rechtsprechung keinen Regelungsbedarf (Thüringer Landtag 2020).

Landräte gilt zudem ein Höchstalter von 64 Jahren zum Zeitpunkt der Wahl. Für ehrenamtliche Bürgermeister gibt es keine Altersgrenze, anders als hauptamtliche Bürgermeister müssen sie jedoch ihren Hauptwohnsitz in der entsprechenden Gemeinde haben. Ein Kandidat kann entweder von einer Partei bzw. Wählergemeinschaft nominiert werden oder als Einzelbewerber antreten; in beiden Fällen sind Unterstützungsunterschriften notwendig. Wird keine oder nur eine Bewerbung zur Wahl zugelassen, können Wahlvorschläge handschriftlich auf dem Stimmzettel hinzugefügt werden. Bei der Wahl gilt die absolute Mehrheitswahl: Erreicht ein Bewerber nicht die absolute Mehrheit der Stimmen, gibt es eine Stichwahl zwischen den beiden stimmenstärksten Bewerbern.[5] Das thüringische Kommunalrecht kennt die Möglichkeit der Abwahl von Bürgermeistern und Landräten aus politischen Gründen. Die Hürden dazu sind hoch, um Stabilität in den Kommunen zu gewährleisten: Zur Einleitung des Abwahlverfahrens ist eine Mehrheit von zwei Dritteln der Mitglieder der Kommunalvertretung oder ein zugelassener Einwohnerantrag (▶ Kap. 5) nötig. Ist das Verfahren eingeleitet, findet eine Abstimmung unter den Wahlberechtigten statt. Dabei gibt es ein doppeltes Quorum: Das Abwahlverfahren ist erfolgreich, wenn die Mehrheit der Wähler die Abwahl befürwortet und diese Mehrheit mindestens 30 Prozent der Wahlberechtigten beträgt. Auch wenn einzelne Abwahlverfahren hohe öffentliche Aufmerksamkeit erfahren (z. B. 2023 in Hildburghausen, wo die Abwahl u. a. mit den Stimmen der AfD-Fraktion ermöglicht wurde), stellen diese eine Ausnahme dar. So gab es im zwischen 1994 und 2016 in Thüringen insgesamt nur neun Verfahren.

Das kommunale Wahlverhalten ist davon geprägt, dass neben den politischen Parteien auch Wählergemeinschaften sowie bei Bürgermeister- und Landratswahlen auch Einzelbewerber kandidieren können. Zudem verfügt Thüringen seit der Deutschen Einheit – wie die meisten anderen ostdeutschen Bundesländer – über schwächere Parteibindungen und eine geringe Organisationsdichte der Parteien in der Fläche (Angenendt 2021;

---

5 Die Regierung Althaus (CDU) schaffte die Stichwahl im Jahr 2008 unter Verweis auf die geringe Wahlbeteiligung ab. Die Landesregierung Lieberknecht (auch CDU) führte sie im darauffolgenden Jahr auf Druck des Koalitionspartners SPD wieder ein.

Reiser et al. 2008). Dies spiegelt sich in den Stimmenergebnissen und der Sitzverteilung in den Kommunalparlamenten wider (▶ Tab. 21).

So haben die im Bundestag vertretenen Parteien bei den letzten vier Kommunalwahlen jeweils ca. 60 Prozent der Gesamtstimmen und ca. 40 Prozent der Mandate gewonnen – Tendenz abnehmend. Dabei zeigt sich eine deutliche Dominanz der Parteien in den kreisfreien Städten, wo sie jeweils mehr als 80 Prozent der Stimmen und Mandate gewinnen. In den kleinen Gemeinden hingegen sind die politischen Parteien weiterhin schwach organisiert. Am stärksten ist die CDU als Partei in den kleineren Kommunen verankert, die nach kumulierten Mandaten bisher stets stärkste Partei bei den Kommunalwahlen war.

Eine bedeutsame Rolle nehmen in Thüringen die kommunalen Wählergemeinschaften ein. Eine vergleichende Untersuchung zeigte, dass in den 2000er-Jahren in 84 Prozent der Gemeinden mindestens eine Wählergemeinschaft bei Kommunalwahlen antrat und dass die Wählergemeinschaften durchschnittlich 56 Prozent der Stimmen pro Gemeinde gewannen (Göhlert et al. 2008). Damit waren Wählergemeinschaften im Freistaat signifikant erfolgreicher als in Deutschland insgesamt (durchschnittlich 35 Prozent der Stimmen) und in Ostdeutschland (durchschnittlich 46 Prozent). Auch wenn das Statistische Landesamt Wählergemeinschaften gemeinsam mit Kleinstparteien als »Sonstige« ausweist, kann angenommen werden, dass Wählergemeinschaften weiterhin eine zentrale Rolle einnehmen: Bei den Kommunalwahlen 2024 gingen thüringenweit 46 Prozent der Stimmen an »Sonstige«. Dabei haben lokale Listen ihren Schwerpunkt in kreisangehörigen Gemeinden, wo 54 Prozent der Stimmen an »Sonstige« gingen, während in den kreisfreien Städten bundespolitisch bedeutsame Parteien dominieren und lokale Listen und sonstige Parteien nur 17 Prozent der Stimmen gewinnen konnten.[6]

Ein ähnliches Muster zeigt sich bei den Bürgermeistern (▶ Tab. 22): Von den Bürgermeistern, die im Oktober 2024 im Amt waren, haben 56 Prozent als Einzelbewerber kandidiert. Die übrigen wurden zu etwa gleichen Teilen durch eine Partei oder eine Wählergemeinschaft nominiert. Auch

---

6 Dabei muss beachtet werden, dass 2024 etwa ein Drittel der Gemeinderatswahlen (n = 210) Mehrheitswahlen waren, bei denen nur ein oder kein Wahlvorschlag (Liste) eingereicht wurde.

Freistaat Thüringen

Tab. 21: Landesweites Ergebnis der quasi-flächendeckenden Gemeinderatswahlen 2009–2024

| Wahlvorschlag | | 2009 Stimmen | 2009 Sitze | 2014 Stimmen | 2014 Sitze | 2019 Stimmen | 2019 Sitze | 2024 Stimmen | 2024 Sitze |
|---|---|---|---|---|---|---|---|---|---|
| CDU | | 28,3 % | 25,9 % | 28,6 % | 25,5 % | 22,4 % | 21,2 % | 22,0 % | 18,9 % |
| Die Linke | | 14,0 % | 7,4 % | 13,9 % | 6,7 % | 10,1 % | 5,0 % | 6,2 % | 2,7 % |
| SPD | | 14,4 % | 8,1 % | 12,6 % | 6,7 % | 9,2 % | 4,8 % | 7,8 % | 3,6 % |
| AfD | | / | / | / | / | 7,9 % | 2,7 % | 13,4 % | 5,9 % |
| Bündnis 90/Die Grünen | | 2,3 % | 0,4 % | 2,7 % | 0,6 % | 4,4 % | 1,2 % | 2,7 % | 0,6 % |
| FDP | | 4,7 % | 2,9 % | 2,4 % | 1,9 % | 3,4 % | 2,0 % | 1,9 % | 1,0 % |
| Wählergemeinschaften und Sonstige | insgesamt | 36,3 % | 55,3 % | 39,7 % | 58,6 % | 42,7 % | 63,0 % | 46,1 % | 67,3 % |
| | in kreisfreien Städten | 14,9 % | 16,8 % | 18 % | 19,4 % | 17,1 % | 17,1 % | 17,3 % | 19,0 % |
| | in kreisangehörigen Städten und Gemeinden | 42,2 % | 56,4 % | 45,9 % | 59,8 % | 50,8 % | 64,7 % | 53,9 % | 68,6 % |

Quelle: Thüringer Landesamt für Statistik 2024d.

**Tab. 22:** Bürgermeister und Landräte nach Träger des Wahlvorschlags, Oktober 2024

| Wahlvor-schlag | CDU | SPD | FDP | Linke | Wählergemein-schaft / Freie Wähler | Gem. Vor-schlag Wgem. und Partei | Einzel-bewerber | AfD | Gesamt |
|---|---|---|---|---|---|---|---|---|---|
| (Ober-)Bür-germeister | 93 | 16 | 1 | 4 | 145 | 8 | 338 | – | 605 |
| Landräte | 8 | 5 | – | – | 2 | – | 1 | 1 | 17 |

Quelle: Thüringer Landesamt für Statistik 2024c.

bei den kommunalen Exekutivämtern spiegelt sich die kommunale Verankerung der CDU wider, da sie insgesamt 93 Bürgermeister (15 %) und acht Landräte (47 %) stellt. Die Wettbewerbsintensität bei Bürgermeisterwahlen ist gering: Bei den jeweils letzten Bürgermeisterwahlen gab es nur in elf Prozent der Fälle eine Stichwahl. Mehr als die Hälfte der Wahlsieger (51 %) gewann die Wahl mit einem Stimmenanteil von mehr als 80 Prozent (▶ Kap. 6). Auch in Thüringen gilt nach Berechnungen auf Basis der Zahlen des Statistischen Landesamts, dass mit der Einwohnerzahl die Wettbewerbsintensität bei Kommunalwahlen zunimmt. Das Amt ist weiterhin eine Männerdomäne: Nur knapp 15 Prozent der Thüringer Bürgermeister sind weiblich

Einer jüngeren Untersuchung zufolge (Holtkamp/Garske 2021) liegt die Wahlbeteiligung bei Gemeinderats- und (Ober-)Bürgermeisterwahlen in den Kommunen mit mehr als 20 000 Einwohnern mit 46 Prozent etwa im bundesdeutschen Durchschnitt von 48 Prozent. Thüringen schließt sich dabei dem bundesweiten Trend an, dass die Wahlbeteiligung bei Gemeinderatswahlen mit zunehmender Ortsgröße signifikant abnimmt.

# 5 Direkte Demokratie

Die Thüringer Bürger können seit Einführung der Kommunalordnung 1993 mit direktdemokratischen Verfahren unmittelbar Einfluss auf die Kommunalpolitik nehmen. Die Verfahrensregelungen wurden 2009 und 2016 reformiert und gelten seither als sehr bürgerfreundlich: So setzte der Thüringer Landtag zunächst 2009 die Forderungen des Volksbegehrens »Mehr Demokratie in Thüringer Kommunen« um, u. a. durch die Senkung der Hürden für Bürgerbegehren und eine Ausweitung der zulässigen Themen. 2016 fasste er die Regeln für die direkte Demokratie auf kommunaler Ebene in einem eigenen Gesetz (ThürEBBG) zusammen, erweiterte die Verfahren und senkte die Hürden. Seither nimmt Thüringen in einem Ranking von »Mehr Demokratie e. V.« (Rehmet/Wiedmann 2021) für die direkte Demokratie in Kommunen unter den Bundesländern Platz 1 ein.

Bei den direktdemokratischen Verfahren werden Initiativ- und Entscheidungsinstrumente unterschieden: Zu den Initiativinstrumenten (▶ Tab. 23) gehört der Einwohnerantrag, bei dem der Rat aufgefordert wird, innerhalb von zwei Monaten über ein Anliegen zu beraten und zu entscheiden. Im Gegensatz zu den anderen Verfahren, bei denen nur Stimmberechtigte teilnehmen können, dürfen hier alle Einwohner der Kommune ab 14 Jahren gültige Unterschriften leisten. Ziel eines Bürgerbegehrens ist es, einen Bürgerentscheid zu initiieren. Der Rat bzw. Kreistag kann die Forderung des Bürgerbegehrens durch Ratsbeschluss (im Benehmen mit den Initiatoren) umsetzen, sodass der Bürgerentscheid entfallen kann. Nicht nur ein Bürgerentscheid, sondern auch ein Verfahren zur Abwahl eines Bürgermeisters bzw. Landrats kann durch ein Bürgerbegehren initiiert werden. Zentrales Entscheidungsinstrument (▶ Tab. 24) ist der Bürgerentscheid, bei dem die Bürger über den Gegenstand eines erfolgreichen Bürgerbegehrens abstimmen. Das Zustimmungsquorum beim Bürgerentscheid legt fest, dass dieser erfolgreich ist, wenn er die Mehrheit der gültigen Stimmen auf sich vereinigt und diese Mehrheit mindestens einem bestimmten Anteil der stimmberechtigten Bevölkerung entspricht. Bei Erreichung der notwendigen Mehrheiten hat der Bürgerentscheid die Wirkung eines Gemeinderats- bzw. Kreistagsbeschlusses. Der Rat bzw. Kreistag kann der Bevölkerung auch aus eigenem Antrieb einen Sachverhalt im Rahmen eines Ratsreferendums zur Abstimmung stellen. In diesem Fall haben die Bürger die Möglichkeit, zusätzlich einen »Alternativvorschlag« einzureichen und ggf. zur Abstimmung zu stellen.

Der Verein »Mehr Demokratie e. V.« bewertet die institutionellen Regelungen als »vorbildlich« (Rehmet et al. 2023, 20), da erstens die notwendigen Quoren im Bundesländervergleich niedrig sind: Das für das Bürgerbegehren erforderliche Unterschriftenquorum liegt in Gemeinden bei sieben Prozent, aber höchstens 7000 Unterschriften der stimmberechtigten Bürger, in den Kreisen bei höchstens 10 000 Unterschriften. Zweitens ist der inhaltliche Anwendungsbereich vergleichsweise weit

**Tab. 23:** Überblick der Initiativinstrumente

| Instrument | Unterschriftenquorum | Sammlungsfrist | Stimmberechtigung |
|---|---|---|---|
| Einwohnerantrag | max. 1 % | keine | 14 Jahre, mindestens 3 Monate Wohnsitz im Wahlgebiet |
| Bürgerbegehren | 4–7 % | 4 Monate | 16 Jahre, EU-Bürger |
| Alterativvorschlag (zu Ratsreferendum) | 2–3,5 % | 2 Monate | 16 Jahre, EU-Bürger |
| Abwahlbegehren | 35 % | 4 Monate | 16 Jahre, EU-Bürger |

Quelle: Kost 2019, ThürEBBG.

**Tab. 24:** Überblick der Entscheidungsinstrumente

| Instrument | Voraussetzung | Zustimmungsquorum nach Zahl der Stimmberechtigten (SB) |
|---|---|---|
| Bürgerentscheid | erfolgreiches Bürgerbegehren, das nicht durch Ratsbeschluss erledigt ist | ≤ 10 000 SB: 20 %<br>≤ 50 000 SB: 15 %<br>> 50 000 SB: 10 %<br>Landkreise: 10 % |
| Ratsreferendum | 2/3-Beschluss der Mitglieder des Gemeinderats/Kreistags | ≤ 10 000 SB: 20 %<br>≤ 50 000 SB: 15 %<br>> 50 000 SB: 10 %<br>Landkreise: 10 % |
| Abwahlentscheid | 2/3-Beschluss der Mitglieder des Gemeinderats/Kreistags oder erfolgreiches Abwahlbegehren | 30 % |

Quelle: ThürEBBG.

(Kost 2019), da seit den Reformen weniger Themen ausgeschlossen sind.[7] Drittens wurde das Verfahren bürgerfreundlicher gestaltet, da u. a. mit der

---

7 Nach § 1 ThürEBBG sind der Haushalts- und Finanzvorbehalt, der Geschäfts-

Reform 2009 der Zwang zum Kostendeckungsvorschlag entschärft wurde und seit 2016 alle Beteiligten das Recht auf eine kostenlose formelle Rechtsberatung durch das Landesverwaltungsamt haben.

Diese niedrigeren Hürden haben sich auf die Nutzung der direktdemokratischen Instrumente ausgewirkt: Während es bis zum Jahr 2010 durchschnittlich nur fünf Bürgerbegehren pro Jahr gab, sind es seither durchschnittlich elf. Insgesamt wurden bis April 2024 246 Bürgerbegehren initiiert. Damit ordnet sich Thüringen mit Platz 11 im unteren Mittelfeld der Bundesländer ein. Am häufigsten ging es um das Themenfeld Gebietsreform (30 %), gefolgt von Wirtschaftsprojekten (inkl. Windparks und Mobilfunkmasten, 15 %) und öffentliche Sozial- und Bildungseinrichtungen wie Sportstätten und Krankenhäuser (15 %). Aufgrund der Reformen halbierte sich auch die Zahl der für unzulässig erklärten Bürgerbegehren: Wurden bis 2008 fast 46 Prozent der beantragten Bürgerbegehren nicht zugelassen, sind es seit der Reform 2016 nur noch 24 Prozent (Mehr Demokratie e. V. 2022). Von den zugelassenen Bürgerbegehren waren im Zeitraum 2010 bis 2022 67 Prozent erfolgreich im Sinne der Initiatoren, bzw. sogar 78 Prozent, wenn ein Kompromiss als Erfolg gewertet wird. Dies ergibt bei den abgeschlossenen Verfahren eine Gesamterfolgsquote von 34 bzw. 39 Prozent, was dem langjährigen Bundesdurchschnitt von 39 Prozent entspricht (Rehmet et al. 2023). Insgesamt zeigt sich, dass direktdemokratische Verfahren in Thüringen bisher nur punktuell zur Politikgestaltung eingesetzt werden, ihre Relevanz jedoch in den vergangenen Jahren – auch als Folge der Reformen – gestiegen ist.

---

ordnungsvorbehalt und der Bürgermeister- bzw. Landratsvorbehalt zu nennen. Anliegen, die in diesen Themen- oder Kompetenzbereich fallen, sind nicht zulässig.

# 6 Herausforderungen und Entwicklungspotenziale

Die Thüringer Kommunen stehen weiterhin vor großen Herausforderungen. Eine zentrale Herausforderung für die Kommunalpolitik ist der demographische Wandel. Wegen der starken Abwanderung Anfang der 1990er- und 2000er-Jahre sowie des deutlichen Geburtenrückgangs nach der Wiedervereinigung sank die Bevölkerung um fast eine halbe Million auf 2 124 058 Einwohner im Jahr 2023. Bis 2040 wird ein Rückgang um weitere 13 Prozent prognostiziert (Thüringer Landesamt für Statistik 2024a; 2019). Gleichzeitig stieg der Anteil der über 65-Jährigen von 19 Prozent im Jahr 1991 auf 27 Prozent im Jahr 2022. Während für die Städte Erfurt, Jena und Weimar eine positive Bevölkerungsentwicklung erwartet wird, sind insbesondere die ländlichen Regionen vom Bevölkerungsrückgang betroffen. Entsprechend sehen auch 49 Prozent der Thüringer die Abwanderung junger Menschen aus ländlichen Regionen als große Herausforderung für den Freistaat an (Reiser et al. 2023, 37 f.). Damit verbunden ist für drei Viertel der Thüringer der Fachkräftemangel in ihrem Alltag konkret spürbar, u. a. bei der Suche nach Ärzten, Pflegekräften und Handwerkern (Reiser et al. 2024). Von der Kommunalpolitik verlangt dies, die Daseinsvorsorge an altersspezifische Bedürfnisse anzupassen und Strategien gegen den Fachkräftemangel zu entwickeln.

Auch der Erhalt der kommunalen Selbstverwaltung ist wegen der kleinteiligen Gebietsstrukturen und des Wunsches der Bevölkerung nach dem Fortbestand der politischen Eigenständigkeit ihrer kleinen Gemeinden in Teilen des Freistaats eine Herausforderung. Dies beinhaltet neben effektiven und effizienten Kommunalverwaltungen auch die ehrenamtliche lokale Selbstverwaltung: So verstärkten sich in den vergangenen Jahren die Schwierigkeiten, Kandidaten für die ehrenamtlichen Mandate und Ämter zu rekrutieren (Reiser 2017). Bei den Bürgermeisterwahlen 2022 trat in 224 der 325 Kommunen nur ein Kandidat an; in 22 Gemeinden fand sich kein Kandidat (Tutt 2022). Nach den Kommunalwahlen 2019 konnten zudem in etlichen Gemeinderäten Sitze nicht besetzt werden, da nicht genügend Kandidaten antraten. Aufgrund des demographischen Wandels, der hohen zeitlichen Anforderungen an diese Mandate und Ämter sowie der zunehmenden Anfeindungen und Angriffe auf Kommunalpolitiker (Salheiser et al. 2023) muss von einer weiteren Verschärfung der Lage ausgegangen werden.

Eine weitere große Herausforderung für die lokale Demokratie stellt die zunehmende Stärke der AfD in den kommunalen Parlamenten und Ämtern dar. So wurde mit Robert Sesselmann 2023 erstmals in Deutschland ein AfD-Kandidat zum Landrat gewählt. Nach den Kommunalwahlen 2024 ist die AfD zudem in den Thüringer Kommunalparlamenten z. T. stark vertreten. Die in Thüringen etablierten konkordanzdemokratischen Muster in den Räten werden daher zunehmend herausgefordert, da die lokalen Ortsvereine der anderen Parteien unter Druck stehen, die sogenannte »Brandmauer« auch auf lokaler Ebene strikt einzuhalten. Dies führte bisher in der Regel zu einer Blockbildung zwischen der AfD und allen anderen lokalen Akteuren. So riefen z. B. bei den Stichwahlen für die Landräte im Frühjahr 2024 die Vertreter fast aller Parteien zur Wahl des jeweiligen Konkurrenten des AfD-Kandidaten auf. Auch in den Räten wurde bisher versucht, Abstimmungsergebnisse nicht von den Stimmen der AfD abhängig zu machen und keine gemeinsamen Beschlussvorlagen einzubringen (vgl. Schroeder et al. 2024). Allerdings zeigt eine Studie in den größeren Thüringer Kommunen, dass die »Brandmauer« verstärkt dann Risse bekommt, wenn die AfD als zahlenmäßig starke bzw. stärkste Fraktion im Rat vertreten ist und entsprechend Mehrheiten aktiv gegen sie gebildet werden müssten (Zissel 2023). Aufgrund der Stimmen- und Mandatszuwächse bei den Kommunalwahlen 2024 (▶ Tab. 21) ist die AfD u. a. in neun der 17 Kreistage die stärkste Fraktion. Vor diesem Hintergrund bleibt abzuwarten, ob sich die Blockbildung und Polarisierung in den Kommunalparlamenten fortsetzt und sich der Modus der Thüringer Kommunalpolitik dadurch in Richtung Konkurrenzdemokratie entwickelt – oder ob die konkordanzdemokratischen Muster in den Räten prägend bleiben und in der Folge die »Brandmauer« in den Kommunen keinen Bestand haben wird.

# Literaturhinweise

Angenendt, Michael (2021): Rage against the party machine? Wählergemeinschaften als Alternative im kommunalpolitischen Wettbewerb. In: Zeitschrift für Politikwissenschaft, 31 (4), S. 627–641.

Bogumil, Jörg/Gehne, David H./Süß, Louisa (2024): Ehrenamtliche Bürgermeister in Deutschland. Das unbekannte Wesen. Wiesbaden (Springer Fachmedien).

Bogumil, Jörg/Holtkamp, Lars (2016): Kommunale Entscheidungsstrukturen in Ost- und Westdeutschland. Wiesbaden (Springer Fachmedien).

Egner, Björn/Krapp, Max-Christopher/Heinelt, Hubert (2013): Das deutsche Gemeinderatsmitglied. Wiesbaden (Springer Fachmedien).

Franke-Polz, Tobias (2010): Kommunalpolitik im Freistaat Thüringen. In: Kost, Andreas/Wehling, Hans-Georg (Hrsg.): Kommunalpolitik in den deutschen Ländern. 2. Aufl., Wiesbaden (VS Verlag für Sozialwissenschaften), S. 337–349.

Gehne, David H. (2014): Bürgermeister. Führungskraft zwischen Bürgerschaft, Rat und Verwaltung. Stuttgart (Richard Boorberg Verlag).

Geissel, Brigitte/Jung, Stefan (2018): Recall in Germany. Explaining the use of a local democratic innovation. In: Democratization, 25 (8), S. 1358–1378.

Göhlert, Stefan/Holtmann, Everhard/Krappidel, Adrienne/Reiser, Marion (2008): Independent local lists in East and West Germany. In: Reiser, Marion/Holtmann, Everhard (Hrsg.): Farewell to the party model? Independent local lists in East and West European countries. Wiesbaden (VS Verlag für Sozialwissenschaften), S. 127–148.

Hagen, Kevin (2020): AfD-Politiker zum Stadtratsvorsitzenden in Gera gewählt. In: Spiegel Online, 24.09.2020. Online abrufbar unter https://www.spiegel.de/politik/deutschland/gera-afd-politiker-reinhard-etzrodt-zum-stadtratsvorsitzenden-gewaehlt-a-db1feccb-46bf-4095-9b96-d5841a81a3fa [24.09.2024].

Holtkamp, Lars/Garske, Benjamin (2021): Erklärungsfaktoren kommunaler Wahlbeteiligung. Bürgermeister- und Ratswahlen im Vergleich. In: Zeitschrift für Parlamentsfragen, 52 (1), S. 29–42.

Holtmann, Everhard/Rademacher, Christian/Reiser, Marion (2017): Kommunalpolitik. Eine Einführung. Wiesbaden (Springer Fachmedien).

Institut für Demokratie- und Partizipationsforschung (IDPF) (Hrsg.): Datenbank Bürgerbegehren. Online abrufbar unter https://www.datenbank-buergerbegehren.info/ [26.04.2023].

Kost, Andreas (2010): Direkte Demokratie auf kommunaler Ebene. In: Kost, Andreas/Wehling, Hans-Georg (Hrsg.): Kommunalpolitik in den deutschen Ländern. Eine Einführung. 2. Aufl., Wiesbaden (VS Verlag für Sozialwissenschaften), S. 389–402.

Kost, Andreas (2019): Bürgerbegehren und Bürgerentscheid. In: Kost, Andreas/Solar, Marcel (Hrsg.): Lexikon Direkte Demokratie in Deutschland. Wiesbaden (Springer Fachmedien), S. 39–48.

Kuhn, Sebastian/Vetter, Angelika (2013). Die Zukunft der nationalen Parteien vor Ort. In: Niedermayer, Oskar/Höhne, Benjamin/Jun, Uwe (Hrsg.): Abkehr von den Parteien? Parteiendemokratie und Bürgerprotest. Wiesbaden (Springer VS), S. 93–124.

Lehmbruch, Gerhard (1991): Konkordanzdemokratie. In: Dieter Nohlen (Hrsg.): Wörterbuch Staat und Politik. München (Piper Verlag), S. 311–314.

Maier, Jürgen/Schmitt, Karl (2008): Kommunales Führungspersonal im Umbruch. Austausch, Rekrutierung und Orientierungen in Thüringen. Wiesbaden (VS Verlag für Sozialwissenschaften).

Mehr Demokratie e. V. (2022): Direkte Demokratie in Thüringer Kommunen 1993–2021. Fünf Jahre Thüringer Bürgerbegehrens-Gesetz (ThürEBBG). Online abrufbar unter https://thueringen.mehr-demokratie.de/fileadmin/pdf/2022/2022-02-07_Buergerbegehrens-Bericht_MD_Thueringen.pdf [16.05.2024].

MDR (2022): Gebietsreform und Verwaltungsreform in Thüringen. In: mdr.de, 02.03.2022. Online abrufbar unter https://www.mdr.de/nachrichten/thueringen/gebietsreform-thueringen-faq-100.html [24.09.2024].

Plogmann, Daniel (2019): Die gescheiterten Kreisgebietsreformen in Thüringen und Brandenburg (2014–2017): eine Ursachenanalyse. In: Zeitschrift für Landesverfassungsrecht und Landesverwaltungsrecht, 1/2019, S. 1–14.

Rehmet, Frank/Wiedmann, Oliver (2021): Volksentscheidsranking 2021. Berlin (Mehr Demokratie e. V.). Online abrufbar unter https://www.mehr-demokratie.de/fileadmin/pdf/2021/2021-06-22_VE-Ranking-2021_Web.pdf [16.05.2024].

Rehmet, Frank et al. (2023): Bürgerbegehrensbericht 2023. 2. Aufl., Berlin (Mehr Demokratie e. V.). Online abrufbar unter https://www.mehr-demokratie.de/fileadmin/pdf/2023/Berichte_Stellungnahmen/230531_MD_Buergerbegehrensbericht_2023_web.pdf [22.02.2024].

Reiser, Marion (2017): Die kommunale Ebene in Sachsen-Anhalt: Entwicklung und Herausforderungen der Kommunalpolitik seit der Wende. In: Träger, Hendrik/Priebus, Sonja (Hrsg.): Politik und Regieren in Sachsen-Anhalt. Wiesbaden (Springer VS), S. 181–200.

Reiser, Marion/Rademacher, Christian/Jaeck, Tobias (2008): Präsenz und Erfolg Kommunaler Wählergemeinschaften im Bundesländervergleich. In: Vetter, Angelika (Hrsg.): Erfolgsbedingungen lokaler Bürgerbeteiligung. Wiesbaden (VS Verlag für Sozialwissenschaften), S. 123–147.

Reiser, Marion/Küppers, Anne/Brandy, Volker/Hebenstreit, Jörg/Vogel, Lars (2023): Politische Kultur in Stadt und Land. Ergebnisse des »Thüringen-Monitors« 2022. Online abrufbar unter https://thueringen.de/fileadmin/user_upload/TSK/TM2022_lang_bf.pdf [22.05.2024].

Reiser, Marion/Küppers, Anne/Brandy, Volker/Hebenstreit, Jörg/Vogel, Lars (2024): Politische Kultur und Arbeitswelt in Zeiten von Polykrise und Fachkräftemangel.

Ergebnisse des »Thüringen-Monitors« 2023. Online abrufbar unter https://thue ringen.de/fileadmin/user_upload/Landesregierung/Landesregierung/Thueringen monitor/Politische_Kultur_Thueringen_bf.pdf [22.05.2024].

Salheiser, Axel/Dieckmann, Janine/Kamuf, Viktoria/Blüml, Mark (2023): Demokratie unter Druck. Anfeindungen auf Amtsträger*innen in der Kommunalpolitik und Beschäftigte der Kommunalverwaltung Thüringens. Online abrufbar unter https://www.idz-jena.de/fileadmin/user_upload/Publikationen/IDZ_Forschungsbericht_Angriffe_Kommunalpol_verw_2023.pdf [22.05.2022].

Schroeder, Wolfgang/Ziblatt, Daniel/Bochert, Florian (2024): Brandmauer – is still alive! Empirische Ergebnisse zur Unterstützung der AfD in den ostdeutschen Kommunen durch etablierte Parteien (2019–2024). Wissenschaftszentrum Berlin. Online abrufbar unter https://bibliothek.wzb.eu/pdf/2024/v24-503.pdf [24.10.1024].

Statistisches Bundesamt (2023): Gemeinden nach Bundesländern und Einwohnergrößenklassen am 31.12.2022: Online abrufbar unter https://www.destatis.de/DE/Themen/Laender-Regionen/Regionales/Gemeindeverzeichnis/Administrativ/08-gemeinden-einwohner-groessen.html [22.05.2024].

Thüringer Landesamt für Statistik (2019): Voraussichtliche Bevölkerungsentwicklung 2018 bis 2040 nach Kreisen (am 31.12. des jeweiligen Jahres) in Thüringen. Online abrufbar unter https://statistik.thueringen.de/datenbank/TabAnzeige.asp?tabelle=kz200121 [22.05.2024].

Thüringer Landesamt für Statistik (2024a): Bevölkerung am 30.6. nach Geschlecht und Kreisen in Thüringen. Online abrufbar unter https://statistik.thueringen.de/datenbank/TabAnzeige.asp?tabelle=kr000109 [22.05.2024]

Thüringer Landesamt für Statistik (2024b): Verwaltungsgliederung der Gemeinden nach Kreisen in Thüringen. Online abrufbar unter https://statistik.thueringen.de/datenbank/TabAnzeige.asp?tabelle=kr000110 [22.05.2024].

Thüringer Landesamt für Statistik (2024c): Gewählte Bürgermeister – aktuelle Landesübersicht. Online abrufbar unter https://wahlen.thueringen.de/datenbank/wahl1/wahl.asp?wahlart=BM&wJahr=0000&zeigeErg=LAND&auswertung=2 [22.05.2024].

Thüringer Landesamt für Statistik (2024d): Gemeinderats- und Stadtratswahlen – Wahlergebnisse. Online abrufbar unter https://wahlen.thueringen.de/kommunalwahlen/kw_wahlergebnisse_GW.asp [23.10.2024]

Thüringer Landtag (2008): Gesetzesentwurf der Fraktion der CDU. Gesetz zur Weiterentwicklung der gemeindlichen Strukturen im Freistaat Thüringen. Drucksache 4/4239.

Thüringer Landtag (2020): Kleine Anfrage der Abgeordneten Müller (Die Linke) und Antwort des Thüringer Ministeriums für Inneres und Kommunales. So genannte »Scheinkandidaturen« bei Kommunalwahlen in Thüringen und rechtliche Regelungen dazu. Drucksache 7/939. Online abrufbar unter https://parldok.thueringer-landtag.de/ParlDok/dokument/76165/sogenannte_scheinkandidatu ren_bei_kommunalwahlen_in_thueringen_und_rechtliche_regelungen_dazu.pdf [23.10.2024].

Tutt, Cordula (2022): Kommune sucht Chef. Fachkräftemangel: Jetzt werden sogar die Bürgermeister knapp, In: Wirtschaftswoche, 04.06.2022.

Wollmann, Helmut (1997): Transformation der ostdeutschen Kommunalstrukturen: Rezeption, Eigenentwicklung, Innovation. In: Wollmann, Helmut et al. (Hrsg.): Transformation der politisch-administrativen Strukturen in Ostdeutschland. Wiesbaden (VS Verlag für Sozialwissenschaften), S. 259–327.

Zissel, Pierre (2023): Der Umgang mit der Alternative für Deutschland (AfD) Thüringer Stadträten. Hält der ›cordon sanitaire‹ der Logik der Kommunalpolitik stand? Masterarbeit, Friedrich-Schiller-Universität Jena.

# Die Bedeutung der kommunalen Ebene für die Demokratie

*Siegfried Frech und Andreas Kost*

## 1 Kommunen: Schrittmacher bürgerschaftlichen Engagements

Deutschland steht vor großen Herausforderungen und ringt mit großen Themen. Um nur einige zu nennen: Klimaschutz, Integration, Demokratie, Gesundheit, Bildung, Mobilität, Kampf gegen Radikalisierungen. All diese Bereiche fordern die Demokratie heraus. Zwar ruht diese in Deutschland auf starken Fundamenten. Aber weder Politik noch Zivilgesellschaft sollten sich darauf ausruhen. Es bedarf überzeugender, abgestimmter politischer Entscheidungen sowie der Bereitschaft in der Gesellschaft, engagiert für das demokratische Gemeinwesen einzustehen. An Problemlösungen gemeinschaftlich heranzugehen, wird dabei eine immer wichtigere Fähigkeit. Demokratisch geprägte Handlungskompetenz kann durch gemeinsam errungene bzw. erarbeitete Lösungen sowie durch vielfältige und inklusive Formen der politischen Partizipation gewonnen werden.

Und hier kommt die kommunale Ebene ins Spiel: In der Gemeinde können die Bürgerinnen und Bürger in einem breiten Maße Demokratie praktisch einüben. Wieso? Die örtlichen Verhältnisse gelten als *überschaubar*, die Problemlagen als noch *durchschaubar*, die Entscheidungsprozesse als unmittelbar *beeinflussbar*, die Maßnahmen der Kommunalpolitik und Anwendungen des Kommunalrechts als persönlich *erfahrbar* (Kost 2013, 34). Die Gemeinden haben somit eine unverzichtbare Rolle als Ansprechpartner für die Bürgerinnen und Bürger. Umgekehrt fordern diese von ihrer Gemeinde konkrete Beteiligungsmöglichkeiten ein. Im Idealfall entsteht dabei zwischen (Kommunal-)Politik und Bürgerinnen und Bürgern etwas ziemlich Wichtiges, was als Bürgernähe bezeichnet werden kann. Die kommunale Ebene kann durchaus als Schrittmacherin für eine demokratische und sich weiterentwickelnde Bürgerbeteiligung angesehen werden.

## 2 Bürgerbeteiligung: nachhaltige demokratische Entwicklung

Die demokratischen Institutionen scheinen immer weniger in der Lage zu sein, Aufmerksamkeit, Interesse, Vertrauen und Unterstützungsmotive der Bürgerinnen und Bürger auf sich zu ziehen. Die Besorgnis ist zumindest nicht unbegründet, dass eine abnehmende »demokratische Integration« der Bürgerinnen und Bürger einen Nährboden für populistische Mobilisierung schafft. Neben den demokratischen Institutionen sind zivilgesellschaftliche Aktivitäten notwendig, die eine stärkere Mitsprache der gesellschaftlichen Kräfte ermöglichen, das bürgerschaftliche Engagement stärken und so dabei helfen, die Lern- und Konsensfähigkeit des politischen Systems angesichts der Flut neuer Probleme und Krisen zu sichern. Volkssouveränität und Gewaltenteilung – diese beiden Prinzipien der Demokratie sind es, deren gegenwartsgerechte Fortentwicklung heutzutage funktionierende kommunale Bürgerbeteiligung erforderlich macht.

Unter demokratietheoretischen Gesichtspunkten – insofern Bürgerinnen und Bürger die Quelle politischer Legitimation sind, Bürgerbeteiligung eine Kontrolle der Repräsentanten ermöglicht und Partizipation für Demokratie unverzichtbar ist – können Elemente kommunaler Bürgerbeteiligung oder direktdemokratische Instrumente wie Bürgerbegehren und Bürgerentscheid das politische System entlasten. Input- als auch Output-Seite des politischen Systems erfahren mit diesen Instrumenten auf jeden Fall ein Mehr an politischer Legitimation.

Die Qualität und die Wirksamkeit von Bürgerbeteiligung lassen sich nicht nur am formalen Ausgang messen. Seien es unzulässige Bürgerbegehren oder gescheiterte Bürgerentscheide: Auf den ersten Blick dominiert als Ergebnis der unmittelbaren Bürgerbeteiligung in Deutschland mit einem Anteil von ca. 60 Prozent der Misserfolg. Eine rein ergebnisorientierte Sicht der Dinge wäre aber zu eindimensional, da auch erneute Beratungen über anstehende Sachverhalte nach einem gescheiterten Bürgerbegehren bzw. Bürgerentscheid einen Erfolg oder einen Teilerfolg für die Initiatoren darstellen. In der kommunalpolitischen Praxis zeigt sich, dass eine Kombination der formalen Instrumente der Bürgerbeteiligung mit informellen Beteiligungsverfahren wie »Runden Tischen«, Mediationen oder auch Bürgergutachten zu einer breiteren Akzeptanz bei allen Beteiligten (siehe Stadt- und Gemeinderäte, Kommunalverwaltungen, Initiatoren von Begehren) führte. Insgesamt gelangte – so betrachtet – ungefähr die Hälfte der Bürgerbegehren zu einem Erfolg oder Teilerfolg. Aufgrund wechselseitiger Prozesse des Anbietens und Ablehnens, des Gebens und Nehmens in politischen Aushandlungen können Bürgerbegehren und Bürgerentscheide außerdem eine integrative Wirkung entfalten. Es trat ein sogenannter »*Bargaining*-Effekt« auf, der auf der Output-Seite des politischen Systems eine Verbesserung der politischen Situation oder auch Verständnis gegenüber den Handelnden bewirkte (Kost 2013, 49–51).

Die Wechselwirkungen von Bürgerbegehren und Bürgerentscheid stehen in einem komplexen Zusammenhang: Einerseits sind die institutionellen Zulässigkeitsvoraussetzungen der direktdemokratischen Instrumente von erheblicher Relevanz und andererseits sind auch die Auswirkungen der implementierten *policy* auf die gesellschaftlichen Akteure zu berücksichtigen, seien sie intendiert oder nicht. Ein gewisser Grad gesellschaftlicher Modernisierung lässt sich daher insbesondere anhand der kommunalpolitischen Beteiligungsformen in ihren konkreten, lokalen Ausprägungen konstatieren, die dazu dienen, eine bürgernahe, kommunale Demokratie mitzugestalten (Kost 2016).

## 3 Die besondere Rolle von Bürgermeisterinnen und Bürgermeistern

Bürgermeisterinnen und Bürgermeister sind die obersten kommunalen Repräsentanten und vertreten Rat und Gemeinde nach außen. Sie sind für die innere Organisation der Gemeindeverwaltung, die Geschäftsverteilung, die Erledigung der Geschäfte der laufenden Verwaltung und grundsätzlich auch für die Erledigung der übertragenen staatlichen Aufgaben eigenverantwortlich zuständig. Da sie somit in der Regel den kommunalen Entscheidungsprozess gestaltend prägen, können sie auch bei der Vermittlung von Bürgerbeteiligung eine wichtige Rolle einnehmen. Der persönliche Erfolg der Bürgermeisterinnen und Bürgermeistern hängt schließlich nicht selten davon ab, ob sie über Bürgernähe verfügen, dazu zählen z. B. offenes Auftreten, Redegewandtheit und Glaubwürdigkeit. Und solche persönlichen Attribute würden für jeden Bürgerbeteiligungsprozess hilfreich sein.

Weltweit leben bald 80 Prozent der Bevölkerung in Ballungsgebieten. In den Städten wird die Zukunft entschieden. Das Regionale und das Globale verschmelzen zum »Glokalen«. Und die Bürgermeisterinnen und Bürgermeister sind es, die Weltoffenheit und Ökologie machtpolitisch vor dem Neo-Nationalismus retten. In den USA hatten Bürgermeister für ihre Städte neue $CO_2$-Ziele gesetzt – gegen Donald Trumps Klimapolitik. In Polen waren und sind liberale Städte ein Bollwerk gegen die rechtspopulistische ehemalige Regierungspartei PiS (Dettling 2020).

Die neue »glokale Demokratie« hat ihre Wurzeln in der alten antiken Demokratie und setzt wie diese auf Volksnähe und Demokratie von unten. Im Nahraum des Städtischen ist Demokratie eben noch unmittelbar und erfahrbar. Städte sind auch deshalb motivierter, globale Probleme zu lösen, weil sie schneller deren Opfer werden können. Ein Beispiel liefert der Klimawandel: 80 Prozent der $CO_2$-Emissionen kommen aus den Städten, 90 Prozent der Städte weltweit liegen am Meer, an einem See oder Fluss. Wer mag da keinen Zusammenhang erkennen? Während die Klimapolitik auf nationaler Ebene meist ein Thema unter vielen ist, spielt sie sich in den Städten vor der eigenen Haustür ab. Viele Städte sind sich zudem international ähnlicher bei Umwelt-, Wohnungs- und sozialen Fragen als auf nationaler Ebene. So haben sich die Bürgermeisterinnen und Bürgermeister von London, Paris, Los Angeles, Kopenhagen, Barcelona, Mexiko-Stadt und Mailand dazu verpflichtet, ab 2025 nur noch Elektrobusse zu kaufen. Bis 2030 wollen sie weitgehend emissionsfrei sein (Dettling 2020).

Der Typus des hauptamtlichen Bürgermeisters übt auch in den deutschen Ländern in der Regel eine prägende Gestaltungskraft auf den kommunalen Entscheidungsprozess aus. Seine unmittelbare demokratische Legitimation bezieht das Amt durch seine Direktwahl. Bürgermeisterinnen und Bürgermeister sind die höchsten politischen Repräsentantinnen und Repräsentanten in Deutschland, die direkt gewählt werden. Ministerpräsidentinnen und Ministerpräsidenten, die Bundeskanzlerin oder auch der Bundespräsident wurden und werden nicht direkt gewählt.

# 4 Ausblick und Entwicklungen

Zieht man ein Zwischenfazit und wagt gleichzeitig einen Ausblick auf die deutsche Kommunalpolitik, lässt sich ein Grundaspekt nicht wegdiskutieren: Städte und Gemeinden müssen immer wieder auf neue Herausforderungen reagieren. Die Corona-Pandemie oder die große Zahl von nach Deutschland geflüchteten Menschen führte und führt eine Vielzahl von Kommunen an die Grenzen ihrer Bewältigungskapazitäten. Solche Herausforderungen lassen aber auch erkennen, dass gerade die Kommunalverantwortlichen sowie die zahlreichen ehrenamtlich Tätigen ein starkes demokratisches Fundament unseres Gemeinwesens darstellen. Um das auch in Zukunft sein zu können, benötigen die Kommunen eine ausreichende Finanzausstattung durch den Bund und die Länder! Vielleicht ist es an der Zeit, in jedem Bundesland eine zweite Kammer, ähnlich dem Bundesrat einzuführen. Darin sollten alle Kommunen des Landes zumindest indirekt vertreten sein – ausgestattet mit einem Vetorecht für Landesgesetze, die zur Umsetzung der Kommunalverwaltungen oder der Kommunalfinanzen bedürfen.

Ferner ist eine Entwicklung zur Dominanz des Bürgermeisters zu beobachten, die erweiterte Steuerungspotenziale und effizienteres wie auch nachhaltigeres Wirtschaften beinhalten kann. Hinzu kommt die Einführung von Referenden als einem weiteren direktdemokratischen Element in die Gemeindeordnungen, und zwar inzwischen flächendeckend: Bürgerbegehren und Bürgerentscheid wurden in allen Flächenstaaten eingeführt. Überall kann jetzt die Bürgerschaft entscheidend an die Stelle des Rates treten. Das ist nicht unbedingt als Entwicklung hin zur plebiszitären Demokratie auf Gemeindeebene zu interpretieren. Der Rat hat lediglich Konkurrenz bekommen, was ihn zwingt, besser zu werden, d. h. auch, sich stärker an den Wünschen der Wählerschaft zu orientieren. Bürgerbegehren und Bürgerentscheid als direktdemokratische Elemente tragen so ihren Teil dazu bei, die Funktionsfähigkeit der repräsentativen Demokratie auf Gemeindeebene zu verbessern.

Die Zukunft der Demokratie ist lokal und urban. Die »glokalen« Städte und ihre Bürgermeister und Bürgermeisterinnen formen die soziale und ökologische Wirklichkeit des 21. Jahrhunderts. Ihre Themen sind die großen Fragen unserer Zeit: Klimaschutz, Integration und Zusammenhalt, Demokratie, Gesundheit, Bildung, Mobilität – und der Kampf gegen Populismus und Extremismus. Städte, die auf Beteiligung, Lebensqualität und Offenheit nach außen setzen, haben glücklichere Bürgerinnen und Bürger, sind wirtschaftlich erfolgreicher und sozial innovativer. Im Lokalen werden die Muster der Politik von morgen entwickelt: bürgernah, pragmatisch-unideologisch und gleichzeitig kosmopolitisch. Die Revitalisierung der Demokratie liegt in den Händen der Kommunen.

# Literaturhinweise

Dettling, Daniel (2020): Die Zukunft ist »glokal«. In: stadtvonmorgen.de, 04.03.2020. Online abrufbar unter https://www.stadtvonmorgen.de/news/globalcity/die-zukunft-ist-glokal-140628/ [16.05.2024].
Kost, Andreas (2013): Direkte Demokratie. 2. Aufl., Wiesbaden (Springer VS).

Kost, Andreas (2016): Direkte Demokratie im Mehrebenensystem der Bundesrepublik. In: Gesellschaft – Wirtschaft – Politik, 65 (2), S. 223–231.

# Anhang

## Bundesländer nach Fläche, Bevölkerung und Kommunen

## Bundesländer nach Fläche, Bevölkerung und Kommunen

| Land | Fläche in km² | Rang | Bevölkerung | Rang | pro km² | Rang | Gemeinden | Rang | Darunter Städte | Rang |
|---|---|---|---|---|---|---|---|---|---|---|
| Baden-Württemberg | 35 748 | 3 | 11 280 257 | 3 | 316 | 6 | 1101 | 4 | 315 | 2 |
| Bayern | 70 542 | 1 | 13 369 393 | 2 | 190 | 10 | 2056 | 2 | 317 | 1 |
| Berlin | 891 | 14 | 3 755 251 | 8 | 4214 | 1 | 1 | 15 | 1 | 15 |
| Brandenburg | 29 654 | 5 | 2 573 315 | 10 | 87 | 15 | 413 | 10 | 113 | 9 |
| Bremen | 420 | 16 | 684 864 | 16 | 1632 | 3 | 2 | 14 | 2 | 14 |
| Hamburg | 756 | 15 | 1 892 212 | 13 | 2506 | 2 | 1 | 15 | 1 | 15 |
| Hessen | 21 116 | 7 | 6 391 360 | 5 | 303 | 7 | 422 | 8 | 191 | 4 |
| Mecklenburg-Vorpommern | 23 293 | 6 | 1 628 378 | 14 | 70 | 16 | 726 | 6 | 84 | 11 |
| Niedersachsen | 41 710 | 2 | 8 140 242 | 4 | 171 | 12 | 941 | 5 | 159 | 6 |
| Nordrhein-Westfalen | 34 113 | 4 | 18 139 116 | 1 | 532 | 4 | 396 | 11 | 272 | 3 |

# Anhang

| Land | Fläche in km² | Rang | Bevölkerung | Rang | pro km² | Rang | Gemeinden | Rang | Darunter Städte | Rang |
|---|---|---|---|---|---|---|---|---|---|---|
| Rheinland-Pfalz | 19 856 | 9 | 4 159 150 | 6 | 209 | 9 | 2301 | 1 | 130 | 7 |
| Saarland | 2572 | 13 | 992 666 | 15 | 386 | 5 | 52 | 13 | 17 | 13 |
| Sachsen | 18 450 | 10 | 4 086 152 | 7 | 221 | 8 | 419 | 9 | 169 | 5 |
| Sachsen-Anhalt | 20 555 | 8 | 2 186 643 | 11 | 107 | 14 | 218 | 12 | 104 | 10 |
| Schleswig-Holstein | 15 804 | 12 | 2 953 270 | 9 | 187 | 11 | 1106 | 3 | 63 | 12 |
| Thüringen | 16 202 | 11 | 2 126 846 | 12 | 131 | 13 | 631 | 7 | 120 | 8 |
| **Deutschland** | **357 596** | | **84 358 845** | | **236** | | **10 786** | | **2058** | |

Quelle: Darstellung von Christian Martin und Anne Metten mithilfe von Daten des Statistischen Bundesamts; Anmerkung: Flächen sind gerundet (Stand: 31. 12. 2022).

# Ergebnisse der Kommunalwahlen (2020–2024)

Die Zusammenstellung der Ergebnisse der Kommunalwahlen in den einzelnen Ländern ist aufgrund der je unterschiedlichen Wahlen für kommunale Organe lediglich eine Aussage über das Wahlverhalten der Bevölkerung. Aufgrund der verschiedenen Parameter ist eine direkte Vergleichbarkeit der Wahlergebnisse nicht immer möglich. Die Ergebnisse der Kommunalwahlen wurden bei den Statistischen Landesämtern bzw. den Landeswahlleitern abgerufen.

**Baden-Württemberg:** Ergebnis der Gemeinderatswahlen am 9. Juni 2024

| Wahlvorschlag | Stimmanteil |
| --- | --- |
| Wählervereinigungen | 36,9 % |
| CDU | 24,2 % |
| Grüne | 11,5 % |
| SPD | 11,9 % |
| AfD | 4,2 % |
| FDP | 3,6 % |
| Gemeinsame Wahlvorschläge | 3,3 % |
| Andere Parteien | 3,2 % |
| Die Linke | 1,1 % |

Wahlbeteiligung: 60,9 %

**Bayern:** Ergebnisse der Kommunalwahlen am 15. März 2020 (Wahl der Stadträte in den kreisfreien Städten und Wahl der Gemeinderäte in den kreisangehörigen Gemeinden)

| Wahlvorschlag | Stimmanteil |
|---|---|
| Wählergruppen | 29,5 % |
| CSU | 28,4 % |
| SPD | 13,5 % |
| Grüne | 11,5 % |
| Gemeinsame Wahlvorschläge | 9,3 % |
| Sonstige Parteien | 2,7 % |
| Freie Wähler | 1,8 % |
| AfD | 1,6 % |
| FDP | 1,6 % |

Wahlbeteiligung: 58,8 %

**Berlin:** Ergebnisse der Wiederholungswahl zum 19. Abgeordnetenhaus von Berlin am 12. Februar 2023 (Hauptwahl vom 26. September 2021)

| Wahlvorschlag | Erststimmen | Zweitstimmen |
|---|---|---|
| CDU | 29,7 % | 28,2 % |
| SPD | 19,9 % | 18,4 % |
| Grüne | 19,1 % | 18,4 % |
| Die Linke | 12,3 % | 12,2 % |
| AfD | 9,0 % | 9,1 % |
| Sonstige | 6,0 % | 9,0 % |
| FDP | 3,9 % | 4,6 % |

Wahlbeteiligung: 63,0 %

**Berlin:** Ergebnisse der Wiederholungswahlen zu den Bezirksverordnetenversammlungen am 12. Februar 2023 (Hauptwahl vom 26. September 2021)

| Wahlvorschlag | Stimmanteil |
|---|---|
| CDU | 27,7 % |
| Grüne | 19,5 % |
| SPD | 18,7 % |
| Die Linke | 12,6 % |
| AfD | 9,0 % |
| Sonstige | 8,3 % |
| FDP | 4,2 % |

Wahlbeteiligung: 58,1 %

**Brandenburg:** Ergebnisse der Kommunalwahlen am 9. Juni 2024 (Wahl der Gemeindevertretungen und Stadtverordnetenversammlungen)

| Wahlvorschlag | Stimmanteil |
|---|---|
| Sonstige | 39,8 % |
| AfD | 18,1 % |
| CDU | 16,7 % |
| SPD | 12,3 % |
| Die Linke | 6,1 % |
| Grüne | 4,7 % |
| FDP | 2,4 % |

Wahlbeteiligung: 66,5 %

**Bremen:** Ergebnisse der Wahlen zur Stadtbürgerschaft Bremen am 14. Mai 2023

| Wahlvorschlag | Stimmanteil |
|---|---|
| CDU | 26,9 % |
| SPD | 29,9 % |
| Grüne | 11,7 % |
| Die Linke | 11,6 % |
| Bürger in Wut (BIW) | 7,4 % |
| FDP | 5,1 % |
| Sonstige | 5,1 % |
| Volt | 2,3 % |

Wahlbeteiligung: 56,7 %

**Bremen:** Ergebnisse der Wahlen zur Stadtverordnetenversammlung Bremerhaven am 14. Mai 2023

| Wahlvorschlag | Stimmanteil |
|---|---|
| SPD | 27,0 % |
| Bürger in Wut (BIW) | 19,6 % |
| CDU | 20,3 % |
| Grüne | 13,7 % |
| Die Linke | 5,3 % |
| AfD | 5,9 % |
| FDP | 5,3 % |
| Piraten | 1,3 % |
| ÖDP | 1,1 % |

Wahlbeteiligung: 40,3 %

Ergebnisse der Kommunalwahlen (2020–2024)

**Hamburg:** Ergebnisse der Bürgerschaftswahl am 23. Februar 2020

| Wahlvorschlag | Stimmanteil |
|---|---|
| SPD | 39,2 % |
| Grüne | 24,2 % |
| CDU | 11,2 % |
| Die Linke | 9,1 % |
| AfD | 5,3 % |
| FDP | 4,97 % |
| Sonstige | 3,4 % |
| Die Partei | 1.4 % |
| Volt | 1,3 % |

Wahlbeteiligung: 63,2 %

**Hessen:** Ergebnisse der Kommunalwahlen (Kreistage, Stadtverordnetenversammlungen, Gemeindevertretungen und Ortsbeiräte) am 14. März 2021

| Wahlvorschlag | Stimmanteil |
|---|---|
| CDU | 28,5 % |
| SPD | 24,0 % |
| Grüne | 18,4 % |
| AfD | 6,9 % |
| FDP | 6,7 % |
| Wählergruppen | 5,9 % |
| Die Linke | 4,0 % |
| Freie Wähler | 3,3 % |
| Sonstige | 2,3 % |

Wahlbeteiligung: 50,4 %

# Anhang

**Mecklenburg-Vorpommern:** Ergebnisse der Kommunalwahlen (Kreistage, Stadtvertretung Schwerin, Bürgerschaft Rostock) am 9. Juni 2024

| Wahlvorschlag | Stimmanteil |
|---|---|
| AfD | 25,6 % |
| CDU | 24,0 % |
| SPD | 12,7 % |
| Die Linke | 8,8 % |
| Bündnis Sahra Wagenknecht (BSW) | 6,1 % |
| Grüne | 5,5 % |
| FDP | 2,8 % |
| Sonstige | 14,5 % |

Wahlbeteiligung: 64,2 %

**Niedersachsen:** Ergebnisse der Wahlen der Vertretungen in den Gemeinden der Landkreise und der Region Hannover am 12. September 2021

| Wahlvorschlag | Stimmanteil |
|---|---|
| SPD | 30,0 % |
| CDU | 31,7 % |
| Grüne | 15,9 % |
| Wählergruppen | 5,6 % |
| FDP | 6,5 % |
| AfD | 4,6 % |
| Sonstige | 2,9 % |
| Die Linke | 2,8 % |

Wahlbeteiligung: 57,9 %

**Nordrhein-Westfalen:** Ergebnisse der Ratswahlen in den kreisfreien Städten und Kreisen Nordrhein-Westfalens am 13. September 2020

| Wahlvorschlag | Stimmanteil |
|---|---|
| SPD | 24,3 % |
| CDU | 34,3 % |
| Grüne | 20,0 % |
| FDP | 5,6 % |
| AfD | 5,0 % |
| Wählergruppen | 4,4 % |
| Die Linke | 3,8 % |
| Sonstige | 2,6 % |

Wahlbeteiligung: 51,9 %


**Rheinland-Pfalz:** Ergebnisse der Wahlen der Stadt- und Gemeinderäte, Ortsbeiräte, Verbandsgemeinderäte, Kreistage und im Bezirksverband Pfalz der Bezirkstag am 9. Juni 2024

| Wahlvorschlag | Stimmanteil |
|---|---|
| CDU | 31,4 % |
| SPD | 20,2 % |
| AfD | 14,0 % |
| Grüne | 11,1 % |
| Wählergruppen | 10,7 % |
| FDP | 4,6 % |
| Freie Wähler | 3,9 % |
| Die Linke | 1,7 % |

Anhang

**Rheinland-Pfalz:** Ergebnisse der Wahlen der Stadt- und Gemeinderäte, Ortsbeiräte, Verbandsgemeinderäte, Kreistage und im Bezirksverband Pfalz der Bezirkstag am 9. Juni 2024 – Fortsetzung

| Wahlvorschlag | Stimmanteil |
|---|---|
| Bündnis Sahra Wagenknecht (BSW) | 1,2 % |
| Sonstige | 1,2 % |

Wahlbeteiligung: 61,7 %


**Saarland:** Ergebnisse der Wahlen der Stadt- und Gemeinderäte, Orts- und Bezirksräte sowie Kreistage am 9. Juni 2024

| Wahlvorschlag | Stimmanteil |
|---|---|
| CDU | 34,0 % |
| SPD | 30,0 % |
| Grüne | 12,6 % |
| AfD | 8,6 % |
| Die Linke | 7,5 % |
| FDP | 4,2 % |
| Sonstige | 3,1 % |

Wahlbeteiligung: 63,6 %


**Sachsen:** Ergebnisse der Wahlen der Stadträte in kreisfreien Städten und der Kreistage am 9. Juni 2024

| Wahlvorschlag | Stimmanteil |
|---|---|
| AfD | 26,9 % |
| CDU | 24,2 % |

**Sachsen:** Ergebnisse der Wahlen der Stadträte in kreisfreien Städten und der Kreistage am 9. Juni 2024 – Fortsetzung

| Wahlvorschlag | Stimmanteil |
|---|---|
| Bündnis Sahra Wagenknecht (BSW) | 8,5 % |
| SPD | 7,9 % |
| Freie Wähler | 7,6 % |
| Die Linke | 6,9 % |
| Grüne | 6,7 % |
| FDP | 2,8 % |
| Wählervereinigungen | 3,9 % |
| Freie Sachsen | 2,7 % |
| Sonstige | 1,8 % |

Wahlbeteiligung: 62,6 %


**Sachsen-Anhalt:** Ergebnisse der Wahlen der Gemeinde- und Ortschaftsräte, Stadträte und Kreistage am 9. Juni 2024

| Wahlvorschlag | Stimmanteil |
|---|---|
| AfD | 28,1 % |
| SPD | 11,9 % |
| CDU | 26,8 % |
| Wählergruppen | 12,1 % |
| Die Linke | 8,3 % |
| Grüne | 4,5 % |
| Sonstige | 5,1 % |
| FDP | 3,4 % |

Wahlbeteiligung: 60,9 %

## Anhang

**Schleswig-Holstein:** Ergebnisse der Kreiswahlen und Gemeindewahlen in den kreisfreien Städten am 14. Mai 2023

| Wahlvorschlag | Stimmanteil |
| --- | --- |
| CDU | 33,8 % |
| Grüne | 17,7 % |
| SPD | 19,4 % |
| AfD | 8,1 % |
| FDP | 6,8 % |
| Südschleswigscher Wählerverband (SSW) | 4,4 % |
| Wählergruppen | 3,8 % |
| Die Linke | 2,1 % |
| Freie Wähler | 2,1 % |
| Sonstige | 0,9 % |

Wahlbeteiligung: 49,3 %

**Thüringen:** Ergebnisse Wahlen der Kreistage, Stadt-, Gemeinde- und Ortsteilbeiräte sowie Oberbürgermeister am 26. Mai 2024

| Wahlvorschlag | Stimmanteil |
| --- | --- |
| CDU | 27,2 % |
| AfD | 25,8 % |
| SPD | 11,6 % |
| Wählervereinigungen | 11,7 % |
| Die Linke | 9,1 % |
| Grüne | 4,1 % |
| Freie Wähler | 3,6 % |
| FDP | 2,6 % |

**Thüringen:** Ergebnisse Wahlen der Kreistage, Stadt-, Gemeinde- und Ortsteilbeiräte sowie Oberbürgermeister am 26. Mai 2024 – Fortsetzung

| Wahlvorschlag | Stimmanteil |
|---|---|
| Bündnis Sahra Wagenknecht (BSW) | 2,3 % |
| Sonstige | 0,9 % |

Wahlbeteiligung: 62,7 %

# Verfahren für Bürgerbegehren und Bürgerentscheid in den Bundesländern

| Bundesland | Themen; Anwendungsbereich[1] | Bürgerbegehren; Unterschriftenhürde | Bürgerentscheid; Zustimmungsquorum |
|---|---|---|---|
| Baden-Württemberg | 00 | 4,5–7 % | 20 % |
| Bayern | 000 | 3–10 % | 10–20 % |
| Berlin (Bezirke)[2] | 000 | 3 % | 10 % |
| Brandenburg | 0 | 10 % | 25 % |
| Bremen (Stadt) | 000 | 5 % | 20 % |
| Stadt Bremerhaven | 00 | 5 % | 20 % |
| Hamburg (Bezirke)[2] | 000 | 2–3 % | kein Quorum |
| Hessen | 00 | 3–10 % | 15–25 % |

| Bundesland | Themen; Anwendungsbereich[1] | Bürgerbegehren; Unterschriftenhürde | Bürgerentscheid; Zustimmungsquorum |
|---|---|---|---|
| Mecklenburg-Vorpommern | 0 | 2,5–10 % | 25 % |
| Niedersachsen | 0 | 5–10 % | 20 % |
| Nordrhein-Westfalen | 00 | 3–10 % | 10–20 % |
| Rheinland-Pfalz | 0 | 5–9 % | 15 % |
| Saarland | 0 | 13,1–15 % | 30 % |
| Sachsen | 000 | 5 % | 15–25 % |
| Sachsen-Anhalt | 0 | 4,5–10 % | 20 % |
| Schleswig-Holstein | 00 | 4–10 % | 8–20 % |
| Thüringen | 000 | 4,5–7 %[3] | 10–20 % |

[1] Anwendungsbereich: 000 = weit; 00 = eng; 0 = punktuell.
[2] Da die Stadtbezirke deutlich weniger Kompetenzen haben als Gemeinden, sind die Anwendungsbereiche nur bedingt vergleichbar.
[3] In Thüringen beträgt das Unterschriftenquorum bei Amtseintragung sechs Prozent.
Quelle: Rehmet et al., Bürgerbegehrensbericht 2023 (Mehr Demokratie e. V.), Stand: Februar 2023.

# Bürgerbegehren, Ratsreferenden und Bürgerentscheide in den Bundesländern

| Bundesland | Anzahl Bürgerbegehren | Anzahl Ratsreferenden | Anzahl Bürgerentscheide |
|---|---:|---:|---:|
| Baden-Württemberg | 852 | 253 | 520 |
| Bayern | 2805 | 680 | 2161 |
| Berlin | 48 | 1 | 13 |
| Brandenburg | 183 | 111 | 175 |
| Bremen | 11 | – | 2 |
| Hamburg | 145 | 12 | 29 |
| Hessen | 504 | 20 | 193 |
| Mecklenburg-Vorpommern | 125 | 36 | 62 |
| Niedersachsen | 449 | 4 | 140 |
| Nordrhein-Westfalen | 911 | 32 | 283 |
| Rheinland-Pfalz | 267 | 42 | 139 |
| Saarland | 17 | – | – |
| Sachsen | 262 | 95 | 182 |
| Sachsen-Anhalt | 119 | 151 | 188 |
| Schleswig-Holstein | 523 | 68 | 349 |
| Thüringen | 228 | 5 | 67 |

Quelle: Rehmet et al., Bürgerbegehrensbericht 2023 (Mehr Demokratie e. V.), Stand: Ende 2022.

# Autorinnen und Autoren

*Jan Bartelheimer*, M. A. Politikwissenschaft, Volkswirtschaftslehre und Soziologie, leitet als Referent den Publikationsbereich der Landeszentrale für politische Bildung in Sachsen-Anhalt.

Verwaltungsrat *Thomas Euler* ist als Diplom-Verwaltungswirt seit vielen Jahren Leiter der Stabsstelle Kreisgremien und Öffentlichkeitsarbeit beim Landkreis Gießen. In seiner Freizeit ist er kommunaler Mandatsträger, Kommunalrechtskommentator und Dozent für Kommunalrecht.

*Monika Franz* ist Abteilungs- und Referatsleiterin in der Bayerischen Landeszentrale für politische Bildungsarbeit und dort Stellvertreterin des Direktors.

Prof. Dr. habil. em. *Jochen Franzke* ist Lehrbeauftragter an der Wirtschafts- und Sozialwissenschaftlichen Fakultät der Universität Potsdam. Er ist Fellow des Kommunalwissenschaftlichen Instituts der Universität Potsdam.

*Andreas Fraude*, Diplom-Politologe, ist freier Publizist und Beschäftigter in der Geschäftsstelle der Bezirksversammlung im Bezirksamt Bergedorf bei der Freien und Hansestadt Hamburg.

Prof. *Siegfried Frech* ist Honorarprofessor für Didaktik der politischen Bildung an der Universität Tübingen. Er war Publikationsreferent bei der Landeszentrale für politische Bildung Baden-Württemberg.

Prof. Dr. *Andreas Kost* ist Honorarprofessor für Politikwissenschaft an der Universität Duisburg-Essen und stellvertretender Leiter der Landeszentrale für politische Bildung Nordrhein-Westfalen.

Prof. Dr. *Christian Martin* ist Inhaber des Lehrstuhls für Vergleichende Politikwissenschaft an der Christian-Albrechts-Universität zu Kiel.

Dr. *Anne Metten* ist wissenschaftliche Mitarbeiterin am Fachbereich Politikwissenschaft an der Christian-Albrechts-Universität zu Kiel. Ihre Forschungsschwerpunkte liegen im Bereich der vergleichenden Politikwissenschaft.

Dr. *Jan Müller* ist wissenschaftlicher Mitarbeiter am Institut für Politik- und Verwaltungswissenschaften der Universität Rostock und leitet die Arbeitsgruppe Politik und Wahlen in Mecklenburg-Vorpommern.

*Peter Ottenberg* ist Geschäftsführer des Rates der Vorsteherinnen und Vorsteher der Bezirksverordnetenversammlungen von Berlin. Er leitete als Verwaltungsbeamter das Büro einer Bezirksverordnetenversammlung.

Prof. Dr. *Arne Pautsch* ist Inhaber der Professur für Öffentliches Recht und Kommunalwissenschaften an der Hochschule für öffentliche Verwaltung und Finanzen Ludwigsburg und dort zugleich Co-Direktor des Ludwigsburger Demokratie Instituts (LDI). Zuvor lehrte er als Professor für Öffentliches Recht an der Hochschule Osnabrück (2011–2014); von 2006–2011 war er hauptamtlicher Bürgermeister einer niedersächsischen Samtgemeinde.

Prof. Dr. *Lothar Probst* war Professor für Politikwissenschaft an der Universität Bremen. Dort hat er u. a. den Arbeitsbereich Wahl- und Parteienforschung am Institut für Politikwissenschaft geleitet.

Prof. Dr. *Marion Reiser* ist Professorin für Politikwissenschaft an der Friedrich-Schiller-Universität Jena und Co-Sprecherin der Sektion Lokale Politikforschung der DVPW.

*Werner Rellecke* M. A. ist Historiker und stellvertretender Direktor der Sächsischen Landeszentrale für politische Bildung.

Dr. *Sarah Scholl-Schneider* ist stellvertretende Direktorin der Landeszentrale für politische Bildung Rheinland-Pfalz. Bis 2020 war sie Juniorprofessorin für Kulturanthropologie an der Universität Mainz.

Ltd. Ministerialrat a. D. *Hubert Stubenrauch* war stellvertretender Leiter der Kommunalabteilung und Referatsleiter für Kommunalverfassungsrecht im rheinland-pfälzischen Innenministerium.

Dr. *Peter Ulrich* ist wissenschaftlicher Geschäftsführer des Kommunalwissenschaftlichen Instituts der Universität Potsdam und Lehrbeauftragter an der Wirtschafts- und Sozialwissenschaftlichen Fakultät der Universität Potsdam.

Dr. *Ludwig Unger*, Diplom-Historiker, ist Referatsleiter »Bayern und seine Regionen – Natur und Umweltschutz« der Bayerischen Landeszentrale für politische Bildungsarbeit und Lehrbeauftragter an der Technischen Hochschule Nürnberg.

*Jürgen Wohlfarth* war Verwaltungsdezernent für Recht, Ordnung, Datenschutz und Informationsfreiheit der Landeshauptstadt Saarbrücken. Er ist noch als juristischer Autor und Berater tätig.

*Pierre Zissel* ist wissenschaftlicher Mitarbeiter und Doktorand am Institut für Politikwissenschaft der Friedrich-Schiller-Universität Jena.